Ko. Myong

Shinson Hapkido

Bewegung für das Leben

ISBN 3-9804195-0-9

1. Auflage

Alle Rechte vorbehalten

© 1994 Ko Myong

Titelbild:
Zweiplus Medienagentur, Darmstadt

Textbearbeitung:
Elke Stender, Darmstadt

Reproduktion und Satz:
Gerold Riempp, Thomas Süßmilch, Matthias Rewald

Photographien:
Prof. Jochen Blume, Hamburg

Zeichnungen:
Arturo Umaña-Larios, Wien

Belichtung: K. H. Rohland, Offenbach

Druck: Manfred Weih, AW Offset-Druck, Hainburg

Gedruckt auf 100% chlorfrei gebleichtem Papier

Printed in Germany 1994

Inhalt

Vorwort   1

Grußwort   12

Über den Autor   15

Teil I: Die Bedeutung von Shinson Hapkido

Was ist Shinson Hapkido?   18

Der Inhalt von Shinson Hapkido   41

Wer kann Shinson Hapkido lernen?   47

Die Weisheit des Wassers:
Grundgedanken von Shinson Hapkido   51

Aufgaben und Ziele von Shinson Hapkido   56

Die Shinson Hapkido-Lehrmethode   61

Shinson Hapkido im Alltag   75

Teil II: Die Wurzeln von Shinson Hapkido

Die geschichtlichen Wurzeln von Shinson Hapkido   95

Die geistigen Wurzeln von Shinson Hapkido   124

Teil III: Die Anwendung von Shinson Hapkido

Hwal-In Sul: Shinson Hapkido als Heilkunst 162

Son: Der Weg zu innerer Klarheit 225

Danjeon Hohupbop: Atem ist Leben 237

Ki-Do-In Bop: Der Weg zu einem natürlichen Körper mit Ki 261

Jahse: Die Ausbildung der natürlichen Form und Haltung 295

Hyong: Der lebendige Formlauf 309

Nakbop: Fallen wie eine Katze 324

Sugi Sul und Jok Sul: Bewegungen mit Hand und Fuß 329

Vier goldene Regeln für eine gesunde und natürliche Bewegung 341

Wege der inneren und äußeren Selbstverteidigung 351

Gigu Sul: Der lebendige Umgang mit Gegenständen 399

Dobok und Ddi: Kleidung für den Weg 404

Dojang: Raum für den Weg 411

Nach-Gedanken 419

Anhang

Die Bedeutung des Shinson Hapkido-Abzeichens 430

Kleines Shinson Hapkido-Wörterbuch 431

Literaturnachweis 436

Vorwort

Als ich begann, dieses Buch zu schreiben, wußte ich noch nicht, wie schwer diese Arbeit werden würde. Ursprünglich wollte ich einfach nur die Techniken weitergeben, die ich auf dem Gebiet der asiatischen Naturheilkunde und Bewegungskunst gelernt hatte. Aber beim Schreiben wurde mir immer klarer, welch eine große Verantwortung ich mit diesem Buch übernehme. Ich überlegte, wie ich es zu einem Werkzeug des Lebens und der Gesundheit machen könnte, das von jedem Menschen gut zu verstehen und leicht anzuwenden ist. Leben und Gesundheit kommen nicht von außen und lassen sich auch nicht durch Geld oder äußerliche Techniken erwerben. Sie kommen aus dem Herzen. Es gibt viele Techniken, mit denen wir das Leben und die Gesundheit schützen und fördern können. Was aber nützen uns all diese Techniken, wenn unser Herz nicht hell und unser Geist nicht klar ist? Dann bringen sie uns nur noch mehr durcheinander! Daher möchte ich in diesem Buch mehr als nur Techniken beschreiben. Liebe Leserinnen und Leser, ich möchte Ihnen einen Weg vorstellen, auf dem die Liebe des Herzens und die Klarheit des Geistes oder – anders ausgedrückt – die Ausbildung der Menschlichkeit die Grundlage aller Techniken ist: die Lebens- und Bewegungskunst Shinson Hapkido.

Ich habe dieses Buch „Bewegung für das Leben" genannt. Damit meine ich nicht nur, daß wir uns durch körperliche Bewegung, z.B. durch Sport, Selbstverteidigung und Kampfkunst etc., bis ins hohe Alter fit halten können. Alles, was wir denken, fühlen und tun, ist Bewegung. Leben ist Bewegung! Oft bewegen wir uns aber nicht *für*, sondern *gegen* das Leben. Unser Denken, Fühlen und Handeln ist weder in Harmonie miteinander noch in Einklang mit der Natur. Oft machen wir etwas völlig anderes, als wir denken und fühlen; oder wir denken viel, tun aber wenig oder nichts. Dann bekommen wir meistens bald Verspannungen, Kopfschmerzen und Herzbeschwerden. Auch wenn wir etwas denken, fühlen und tun, was den Menschen und der Natur schadet, arbeiten wir gegen das Leben und schaden dadurch letztendlich nur uns selbst. Eine unausgewogene und unnatürliche Lebensweise kostet viel Kraft. Sie zieht Unglück und Krankheiten an. Gesund zu leben bedeutet, Körper, Herz und Geist in Harmonie miteinander und in Einklang mit den Naturgesetzen zu bringen!

Shinson Hapkido möchte Ihnen einen Weg zeigen, wie Sie Ihre natürliche Harmonie und Gesundheit wiederfinden und aufbauen können. Das ist gar nicht so schwer, wenn man sich darum bemüht, Gutes zu denken, Gutes zu fühlen und vor allem: Gutes zu *tun*. Wenn wir alles, was wir denken, fühlen und tun, in den Dienst der Liebe zu Mensch und Natur stellen, bewegen wir uns für das Leben. Wenn wir dieses große Herz und diesen klaren Geist wiederfinden, wird jede Bewegung - auch die Selbstverteidigungs- und Kampfkunst, die ein Teil von Shinson Hapkido ist - zu einem Werkzeug für die Gesundheit und das Leben. Bitte lassen Sie sich aber nicht von dem Namen Shinson Hapkido befremden oder gefangennehmen: der Name ist nicht so wichtig. Der Kern dieser Lehre hingegen ist ein alter Weg des Lebens, der für alle Menschen offen ist und von jedem leicht erlernt werden kann. Shinson Hapkido ist nur das Werkzeug, anhand dessen ich die tiefen Lebensweisheiten Asiens, die Geheimnisse der Heilkunst und die ganzheitliche Bedeutung der Bewegungskunst dargestellt habe.

Dieses Buch soll nur dem Wohle von Mensch und Natur dienen. Ich möchte damit einen Beitrag für das Leben, den Frieden und die Gerechtigkeit in der Welt leisten und mich besonders dafür einsetzen, daß nicht nur starke, sondern *alle* Menschen im Leben eine Chance bekommen. Mit jedem Wort möchte ich den Schwachen Hoffnung und Mut geben und bei den Starken Einsicht und Hilfsbereitschaft wecken. Dieser Weg des Gleichgewichts und der Mitte war beim Schreiben nicht immer leicht zu gehen. Immer wieder habe ich neu angefangen, und lange habe ich gezögert, das Geschriebene zu veröffentlichen. Allein dem wachsenden Interesse an Shinson Hapkido und der unermüdlichen Zusprache aus meiner Umgebung habe ich es zu verdanken, daß ich letztendlich doch den Mut hatte, dieses Werk zu vollenden.

Das Buch wurde in erster Linie für AnfängerInnen verfaßt; ich selbst fühle mich allerdings auch immer noch am Anfang meines Weges und denke, daß man den frischen Geist des Anfängers auch nie ganz verlieren und vergessen sollte. In diesem Sinne habe ich mich aufrichtig bemüht, den Inhalt, die Wurzeln und die Bedeutung von Shinson Hapkido in diesem Buch so klar und so einfach wie möglich darzustellen. Nun lege ich es demütig in Ihre Hände, liebe Leserinnen und Leser, und bitte Sie herzlich um Ihre offene Stellungnahme, die ich freudig annehmen werde und aus der ich gerne lernen möchte.

Als ich vor etwa fünfzehn Jahren nach Europa kam, gab ich zunächst nur die äußeren Selbstverteidigungstechniken weiter, die ich während meiner Ausbildung in Korea gelernt hatte. Aber je länger ich Hapkido unterrichtete, desto mehr erkannte ich den tiefen inneren Wert dieser Bewegungskunst für das ganze Leben. Shinson Hapkido ist ein Weg des Gleichgewichts und der Gemeinschaft, und ein solcher Weg erscheint mir in der heutigen Gesellschaft dringend nötig. Der Materialismus ist heute fast zu einer Religion geworden. Wer Geld, Technik, einen klugen Kopf und genügend Rücksichtslosigkeit besitzt, kann beinahe alles damit erreichen und unermeßlich reich werden. Aber der Materialismus macht die Menschen zu Egoisten und Einzelgängern. Wenn man genug besitzt, schließt man die Tür seines Hauses und seines Herzens einfach zu und denkt: „Was geht es mich an, wenn das Haus meines Nachbarn brennt?" Wenn man den Problemen des Lebens auf diese Weise jedoch nicht ausweichen kann, wird man schnell aggressiv und beginnt, zu hassen, zu kämpfen und Krieg zu führen. Oder man resigniert und betäubt sich mit Drogen. Naturverbundene, friedliebende und sanftmütige Menschen bleiben meistens im Hintergrund und haben nur selten die Chance, erhört zu werden.

Immer mehr Menschen sehen aber ein, daß uns diese Lebensweise in den Untergang treibt. Wenn wir in dieser Welt überleben wollen, müssen wir umdenken! Wir müssen endlich erkennen, daß alle Menschen - ob jung oder alt, Mann oder Frau, schwarz oder weiß, arm oder reich - zusammengehören und daß wir alle ein Teil der Natur, ja des ganzen Universums, sind. Die Welt ist eins! Wenn wir daran wieder glauben können, werden wir unsere wahre Menschlichkeit wiederfinden, uns wieder gegenseitig achten und vertrauen und die Natur schützen und lieben.

Ich fühle, daß der Sommer der Welt bald zuende geht. Bislang ist alles sehr schnell gewachsen und macht sich rücksichtslos Konkurrenz. Wir leben oft nicht wie Menschen, sondern wie Tiere, bei denen das Recht des Stärkeren gilt. Für die Tiere ist das auch natürlich und sinnvoll. Für die Menschen aber, deren Lebensaufgabe nicht nur in der Erhaltung der Art, sondern auch in der Entwicklung und Entfaltung von Herz und Geist besteht, ist ein solches Verhalten unwürdig. Niedriger sogar als die Tiere stellen sich diejenigen, die nicht aus Überlebensnot, sondern aus Habgier das Schwache unterdrücken und eine schier unüberwindliche Kluft zwischen den Gegensätzen schaffen. Der Abstand zwischen Geist und Körper, Mann und Frau, reich und arm wird immer größer. Auf den Köpfen der Schwachen wollen die Starken immer weiter wachsen und noch höher kommen. Niemand will nachgeben und zurückstecken. Aber während die Krone des Baumes der Menschheit immer mächtiger und höher wird, werden seine Wurzeln immer schwächer. Und wo die Wurzel der

Menschheit - die Liebe und Klarheit von Herz und Geist - schwach wird, zählen nur noch Macht, Geld und Technik. Wer dies nicht besitzt, hat ein schweres Leben. Doch wenn wir uns nicht auf unsere Wurzeln besinnen, wird der Baum der Menschheit keine guten Früchte tragen, sondern immer kränker werden und eines Tages umstürzen.

Auch die Wurzeln der Selbstverteidigungs- und Kampfkunst (Mu-Do oder Bu-Do) sind schwach geworden. Viele MeisterInnen bekämpfen sich gegenseitig nur um des Sieges willen. Sie wollen nicht einsehen, daß es bei solcher egoistischer Konkurrenz am Ende keinen Sieger geben kann. Gegeneinander zu kämpfen bedeutet, gegen das Leben zu kämpfen. Leben entsteht nur durch die Gemeinschaft und Harmonie von Körper und Geist, Mann und Frau, stark und schwach. Die Trennung der Gegensätze aber verursacht Angst, Krankheit, Gewalt und Tod. Natürlich gibt es auch in der Kampfkunst Menschen, die für Gerechtigkeit, Frieden und Menschlichkeit arbeiten. Aber mehr noch haben sich dem Materialismus verschrieben und wollen durch die Kampfkunst Geld, Macht und Ruhm erlangen.

Das „Do"-Prinzip der Kampfkunst, welches lehrt, wie man durch die Harmonie von Körper und Geist sich und andere schützen und heilen kann, gerät immer mehr in Vergessenheit. Die Kampfkunst wird oft nicht mehr benutzt, um vor Gewalt zu schützen, sondern um die Gewalt zu fördern. In den Kampfkunst-Schulen (Dojang) werden immer mehr äußerliche Techniken entwickelt und unterrichtet, aber die Ausbildung der Menschlichkeit ist nur noch selten zu finden. In dieser Zeit ist der Dojang auch nicht mehr ein Raum (Jang) für den Weg des Lebens (Do), sondern ein Raum zum Trainieren von Techniken. Kampfkunst ist dort kein ganzheitliches Training von Körper, Herz und Geist mehr, sondern nur noch ein äußerliches Erlernen und Perfektionieren von Techniken.

Viele KampfkünstlerInnen sehen nur ihren eigenen Fortschritt und ihren eigenen Vorteil; selbst wer mit dem Mund sagt, daß er *geben* möchte, will doch im Herzen meistens nur *nehmen*. Es gibt in der Welt viele KampfkunstmeisterInnen mit dem 7., 8., 9., ja sogar 10., 11. ... Dan. Aber manche dieser MeisterInnen sollte man meiner Meinung nach nicht „MeisterInnen" (Sabum) nennen, sondern eher „TrainerInnen" oder „AusbilderInnen", weil sie in erster Linie den gegenseitigen Kampf unterrichten und persönliche Vorteile daraus ziehen. Natürlich kann ich nicht sagen, das sei gut oder schlecht - wie kann ich darüber urteilen? Das kann nur das Leben und die Natur entscheiden. Ich möchte hier nur ganz klar sagen, was ich gelernt habe, nämlich daß einE „Sabum" jeden Egoismus loslassen und die Lebens- und Heilkraft (Ki) nicht für sich selbst behalten, sondern an andere weitergeben sollte.

Es gibt immer mehr Menschen, die eine Selbstverteidigungskunst trainieren und den schwarzen Gürtel tragen. Wäre es nicht schön, wenn alle Schwarzgürtel in dieser Zeit, in der das Licht vieler Herzen von einer dicken Staubschicht verdeckt wird, zum Putzlappen für den Frieden und die Menschlichkeit werden würden? Wäre es nicht ein Glück für diese Erde, wenn alle die Bedeutung des schwarzen Gürtels wirklich verstehen würden, nämlich - wie die Natur im Winter - alle Äußerlichkeiten abzulegen und zu einem fruchtbaren Boden zu werden, auf dem andere Menschen gut wurzeln und wachsen können? Mit einem schwarzen Gürtel sollte man nicht von oben auf andere Menschen herabsehen, sondern sie von unten tragen und unterstützen.

Der Weg und das wahre Ziel von Mu-Do ist nicht Kampf und Ruhm, sondern Gerechtigkeit und Frieden. Wenn wir diesen Weg nicht wiederfinden und nicht mit Do leben, werden wir niemals Frieden bekommen. In der Welt gibt es genug Kampf und Krieg. Liebe Mu-Do-AnhängerInnen, bitte wachen Sie auf! Wollen Sie beim *Krieg* mitmachen? Oder wollen Sie nicht auch aus dem Teufelskreis von Angst, Egoismus und Gewalt herauskommen und den großen Weg des Friedens und der Gerechtigkeit finden? Das ist ein Weg, den alle Kampfkunst-Familien, ja alle Menschen, gemeinsam gehen können. Wenn wir dies verstehen, wird die ständige Trennung und Verurteilung zwischen mir und Dir, meiner Kampfkunst und Deiner Kampfkunst etc. endlich aufhören. Lassen Sie uns die Hände reichen und mit vereinten Kräften auf ein gemeinsames Ziel, ein Leben ohne Angst in Frieden, Gesundheit und Menschlichkeit, hinarbeiten!

In der Welt naht die Zeit des Herbstes, die mehr einen weiblichen Charakter hat. In dieser Zeit brauchen wir keine Konkurrenz und Gewalt mehr, sondern Achtung, Vertrauen und Liebe. Wir müssen dafür sorgen, daß die Wurzeln unserer Menschlichkeit wieder atmen können und stärker werden, damit wir der Welt gesunde, reife und süße Früchte schenken können. Ich hoffe sehr, daß dieses Buch dazu beiträgt, die wahren Wurzeln von Mu-Do (oder Bu-Do) wieder bewußt zu machen und etwas mehr Achtung, Frieden, Menschlichkeit und Naturliebe in die Welt zu bringen. Dafür wäre ich sehr dankbar.

In Europa verstehen einige Menschen die innere Bedeutung von Mu-Do sehr gut, aber die meisten denken nur an Schlagen, Treten, Werfen, Bruchtests usw. Natürlich wird diese Einstellung durch das Kino, die Werbung und auch durch die Fehler vieler Politiker und Meister unterstützt. Es ist aber höchste Zeit, den Do-Grundgedanken wiederzubeleben. Mu-Do darf weder von dem Geruch eines Kampf- und Leistungssports noch von dem Schleier eines asiatischen Geheimnisses umgeben bleiben, sondern muß ein freier Weg für alle zu Gesundheit, Menschlichkeit und Frieden werden. Mu-Do soll dazu dienen, die Gegensätze wieder in ein harmonisches Gleichgewicht zu bringen. Das bedeutet z.B., schwachen Menschen die Hand zu reichen, alt und jung wieder zusammenzuführen und der Umwelt nicht Angst, sondern Achtung und Freude zu geben. Diesen klaren Weg (Chong Do) kann man nicht kaufen oder verkaufen, sondern nur durch die aktive Ausbildung von Menschlichkeit und Naturliebe verwirklichen. Durch Habgier hat noch niemand diesen Weg gefunden, aber Do öffnet sich ganz natürlich jedem, der seinen Egoismus loszulassen bereit ist und dies nicht nur denkt, sondern es auch tut.

Im Jahre 1983 unterrichtete ich Hapkido in Europa zunächst unter dem Namen „Kung Jung Mu Sul Hapkido" („die geheime königliche Kampfkunst Hapkido"). Die besten Kampfkunst- und Heiltechniken sowie das Geheimnis eines langen Lebens waren in meiner Heimat Korea früher nur dem Königshaus, einigen Mönchen und wenigen Do-Meistern vorbehalten, und die Bezeichnung „Kung Jung Mu Sul" sollte an diese alte Tradition erinnern. Aber da Hapkido heute nicht nur für Könige, sondern für alle da ist, verursachte mir diese Bezeichnung ein ständig wachsendes Unbehagen. Lange zerbrach ich mir den Kopf über einen passenderen Namen, aber es fiel mir keiner ein, den ich aus ganzem Herzen bejahen konnte. Erst nachdem ich mehrere Jahre intensiv nach der Wurzel und der innersten Bedeutung von Hapkido geforscht und lange darüber meditiert hatte, hörte ich am Sonntag, dem 15. März 1992, in der Morgenmeditation endlich den Namen „Shinson Hapkido".

Als ich die Bedeutung dieses Namens in mehreren Büchern suchte, fand ich zu meinem Erstaunen und zu meiner großen Freude, daß der Shinson-Gedanke schon Jahrtausende alt ist. Er ist nicht nur die Wurzel von Hapkido, sondern der Ursprung vieler Lehren und Künste in Korea, in anderen asiatischen Ländern und auch in westlichen Kulturen. „Shinson" bedeutet etwa „Leben in Harmonie mit dem Geist des Universums". Heutzutage wird Shinson bzw. Son (Zen) oft nur noch als eine bestimmte Richtung der Meditation angesehen, aber die Meditation ist nur einer der Wege, in Einklang mit dem universellen Geist zu kommen. Im Grunde ist jedes natürliche und harmonische Leben Shinson. Shinson kann man jederzeit praktizieren, z.B. indem man die Menschen achtet, die Natur schützt und Gutes tut. Wer in Harmonie mit Mensch und Natur lebt, schafft sich starke Wurzeln für ein gesundes, langes und erfülltes Leben.

In der Shinson-Philosophie ist kein Platz für Gewalt. Das ist auch einer der Gründe, warum ich über den Namen „Shinson Hapkido" so glücklich bin. Die Shinson-Lehre war natürlich auch schon im Kung Jung Mu Sul Hapkido enthalten - es hat sich nicht der Inhalt, sondern nur der Name geändert. „Shinson Hapkido" bedeutet etwa: „Weg zur Harmonie der Kräfte im Einklang mit dem Geist des Universums". Es ist ein Weg der Ausbildung von Körper, Herz und Geist auf der Grundlage von Naturliebe und Menschlichkeit. Dieser Weg ist für alle offen! Shinson Hapkido ist nicht nur für besondere Gruppen wie z.B. SportlerInnen da, sondern für alle. Jeder kann Shinson Hapkido lernen. Der Inhalt von Shinson Hapkido ist so vielfältig (nicht nur Gymnastik und Selbstverteidigung, sondern auch Tanz, Musik, Dichtung, Malerei, Kalligraphie, Philosophie, Naturheilkunde u.v.m.), daß bestimmt auch für Sie, liebe Leserinnen und Leser, etwas dabei ist.

Ich bin mir ganz sicher, daß die ganzheitliche Ausbildung von Körper, Herz und Geist im Sinne der Menschlichkeit und Naturliebe für jeden eine große Lebenshilfe ist. Wenn sich unser Herz und unsere Weisheit öffnen, werden wir ganz und gar verstehen, daß der Mensch ein Teil des universellen Geistes (Hanol) ist. Dieses vollständige Verstehen nennt man auch „Erleuchtung". Irgendwann wird unser Körper wieder zu Erde werden und unser Geist ins Universum zurückkehren, von wo er gekommen ist. Wenn wir unseren Egoismus loslassen und das Gesetz des Universums respektieren, können wir diesen Weg ohne Angst gehen und in Frieden leben und sterben. Shinson Hapkido kann uns dabei helfen, uns von unserem Egoismus zu befreien und zur Gemeinschaft mit anderen Menschen, mit der Natur und dem Licht des Universums zurückzufinden. Dann müssen wir nicht mehr trennen, verurteilen und gegeneinander kämpfen, sondern können uns selbst und andere achten und lieben, dankbar miteinander teilen, friedlich miteinander diskutieren und gemeinsam das Leben genießen. Shinson Hapkido wird nur diesen einen Weg gehen: den Weg der Harmonie von Mensch und Natur, der Gerechtigkeit und des Friedens.

Früher glaubte ich, daß ich Do mit meinen Techniken und mit meiner Weisheit verwirklichen könnte. Ich dachte, ich hätte Ahnung vom Leben. Dennoch war ich immer unzufrieden, bis ich eines Tages verstand, daß *meine* Technik und *meine* Weisheit auch ein Geschenk der Natur ist. Da zerbrach die Mauer zwischen dem Universum und mir und machte einem tiefen friedlichen und freien Lebensgefühl Platz. Bis ich diesen Weg fand und bis ich dies schreiben konnte, haben mich viele naturliebende Menschen gut unterrichtet. In meiner Heimat Korea heißt es: „Wenn drei Menschen beisammen sind, gibt es immer einen Lehrer." Bei allen, die in diesem Sinne meine LehrerInnen waren, möchte ich mich aus ganzem Herzen bedanken.

Sabumnim Park Hyun-Soo (Hapkido-Meister)

Tiefer Dank gebührt natürlich vor allem meinen Son- und Do-Meistern und -Lehrern, die sich mit Strenge und Liebe um meine geistige und körperliche Ausbildung bemühten. Hierfür danke ich insbesondere meinen geliebten und verehrten Lehrern Kunsunim Chong-Hwa (Son-Meister) und Sabumnim Park Hyun-Soo (Hapkido-Meister) und ihrer Do-Lehrmethode, die mir den Weg der Naturliebe und Menschlichkeit wies.

Weiterhin gedenke ich voller Dankbarkeit vieler Lehrer und Freunde aus der Kuksul-Kwan Schule, vor allem Sabumnim Kim Joung-Yun, Sabumnim Kim Chul-Soo, Sabumnim Shin Sung-Ung, Sabumnim Yun Sin-Ill und Sabumnim Kim Chong-Soo (Präsident der Yon-Bie-Kwan Schule) sowie Sonsanim Kum-San aus dem Kloster Taean Sa*. Weiterhin möchte ich Herrn Yoo Jae-Chan (Galerie Hankuk) und Herrn Shim Hun-Sup danken, mit denen mich eine tiefe Freundschaft verbindet. Auch vor den Gründerinnen und Leiterinnen von Han San Chon**, Frau Dr. Yoo Song-Suk und Schwester Lee Young-Suk, verneige ich mich in Liebe und Dankbarkeit.

An dieser Stelle möchte ich auch all denen danken, die direkt oder indirekt bei der Entstehung dieses Buches mitgewirkt haben. Meinen besonderen Dank möchte ich Herrn Prof. Jochen Blume (Shinson Hapkido-

---

* *Anders als in westlichen Ländern wird in Korea der Familienname vor dem Vornamen genannt. Mit dem Zusatz „Sabumnim" ehrt man den Meister einer Kunst. Einen Son-Lehrer/Meister nennt man „Sonsanim", einen Son-Großmeister „Kunsunim".*

** *Han San Chon: Heim für unheilbar Tuberkulosekranke in Tolsan, Korea, für das die Shinson Hapkido Association eine Patenschaft übernommen hat.*

Lehrer) aussprechen, der mit großem Engagement die Landschafts- und Bewegungsfotos für dieses Buch anfertigte und mir mit seiner Erfahrung und mit seinem kritischen Rat wertvolle Unterstützung gab. Auch bei der Shinson Hapkido-Lehrerin Elke Stender, die mir so geduldig bei der Formulierung des deutschen Textes half, bedanke ich mich von Herzen. Meinen Schülern Matthias Rewald, Gerold Riempp und Thomas Süßmilch danke ich für das Layout, meiner Schülerin Petra Wedel für die Gestaltung des Titelbilds und Herrn Manfred Weih für das Interesse und die Unterstützung bei der Herausgabe dieses Buches.

Die Zeichnungen verdanke ich Herrn Arturo Umaña-Larios, der ebenfalls Shinson Hapkido unterrichtet und es verstanden hat, dem Weg der Mitte in seinen Bildern hell und klar Ausdruck zu geben. Die wertvollen Kalligraphien wurden größtenteils speziell für dieses Buch angefertigt. Dafür danke ich aus ganzem Herzen den bekannten koreanischen Künstlern und Kalligraphie-Meistern Han-Nae, Un-San (Lee Dae-Song, Nationalpreisträger) und Ham-San (Chong Jae-Do, mehrfacher Nationalpreisträger).

Ich danke weiterhin meiner lieben Familie, die immer zu mir stand und auch in schweren Zeiten stets ein Wort des Trostes und der Ermutigung für mich hatte, sowie allen Menschen, die mir durch ihr Interesse und ihre Mitarbeit die Kraft und die Möglichkeit gaben, dieses Werk zu vollenden. In diesem Zusammenhang möchte ich besonders auch die Schülerinnen und Schüler erwähnen, die sich so freundlich als Fotomodelle für die Bewegungs- und Gemeinschaftsbilder zur Verfügung gestellt haben.

Dieses Buch ist mein Dank an die Shinson Hapkido-Familie in der ganzen Welt, die mich immer mir ihrer Geduld und ihrem Vertrauen unterstützte. Ohne sie hätte ich nie daran gedacht, dieses Buch zu schreiben, und ohne sie könnte ich auch heute nicht hier stehen und auf diesem Weg weitergehen.

Ich danke Gott, daß ich diesen Weg kennenlernen durfte. Ich möchte dieses Geschenk nicht für mich behalten, sondern mit anderen Menschen und der Natur teilen.

Darmstadt im September 1994 (Dangi 4327*)

Ko Myong

> * *Dangi: Koreanische Zeitrechnung, beginnend im Jahre 2333 v. Chr. (Dangun-Zeit)*

Worte des Son-Meisters Chong-Hwa

Kunsunim Chong-Hwa
(Son-Meister)

큰스님의 휘호(揮毫)

潛德幽光

*Wenn die Tugend voll und reif ist,
leuchtet sie wie ein sanftes Licht in tiefer Demut.*

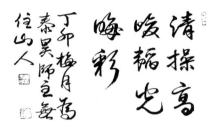

清 操 高 峻 韜光晦彩

*Ein klarer Weg braucht eine hohe Gesinnung und strenge Disziplin.
Dies hilft, die Weisheit und Tugend im Leben zu bewahren.*

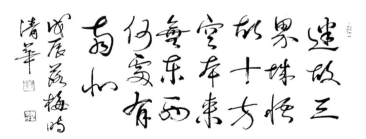

迷故三界城 悟故十方空 本來無東西 何處有南北

*Wenn Herz und Geist durcheinander geraten, wird man zum Sklaven dreier
Tyrannen: der Gier, des Materialismus sowie der Meinungen und Urteile.
In diesen drei Welten wird man gefangen.
Wenn Herz und Geist aber klar und erleuchtet sind,
bleibt man in keiner dieser Welten verhaftet.
Ost und West gibt es nicht. Warum sollte es Nord und Süd geben?*

Grußwort

Ein großes Problem der gegenwärtigen Zivilisation ist nicht nur der durch die technischen Entlastungen entstandene Bewegungsmangel, sondern auch das veränderte Verständnis von Bewegung und ihrer Bedeutung. So ist nicht nur das Berufsleben und dessen Einschränkung der natürlichen Bewegungen auf berufstypische Bewegungen problematisch, auch das Freizeitverhalten hat sich, gerade mit der Zunahme sportlichen Bewußtseins und Verhaltens, von der natürlichen Bewegung des Körpers entfernt und sich einem modernen Verständnis von Bewegung angepaßt.

Dies bedeutet zum einen, daß der Sport innerhalb der modernen Gesellschaft zum Spiegelbild des industriellen Wettbewerbs geworden ist. Im sportlichen Wettkampf ist, wie im ökonomischen, die Zahl in Form von Metern, Zeiten und Punkten zum eigentlichen Orientierungspunkt und zur Maßgabe geworden. Diese Herrschaft der Uhr, des Maßbandes und der Gewichte ist aber nicht nur im Rekordwahn des Spitzensports vorzufinden, sondern auch im Volkssport. Ob beim Jogger, Radfahrer oder Fitnesscenterbesucher, überall wird gegen Zahlen gekämpft.

Zum anderen hat die Bewegung ihre Bedeutung verloren, Räume zu erschließen und damit ein wesentlicher Teil der menschlichen Erfahrung zu sein. Die Bewegung ist von dieser primären Aufgabe abgekoppelt und zur bloßen Bewegung, zur Bewegung ohne Bewegung, geworden. Die Rollbänder in den Fitnesscentren, wo nicht mehr der Körper sich durch den Raum bewegt, sondern der Raum an dem unbewegten Körper in der Muskelaktivität aufgeht, sind nur die offensichtlichsten Erscheinung einer Degeneration des Bewegungsverständnisses.

Diese eigenartige Reduktion der natürlichen Bewegung auf Funktionalität ist kein spezielles Problem des Sports, sondern Ausdruck einer Zivilisation, die ein intimes Verhältnis zum Leben verloren hat und versucht, Gesundheit auf dem Wege perfekter körperlicher Funktionalität einzuholen. Von diesem Verhalten ist auch die Ernährung betroffen, wo durch peinliche Diäten und die Sorge um ein möglichst gesundes Eßverhalten der Körper und seine Verdauung entmündigt und funktionalisiert werden. Auch weite Teile der Medizin und des Gesundheitswesens haben den Sinn natürlicher Bewegung aus den Augen verloren, wenn sie Gesundheit und Funktionalität gleichsetzen. Die Reduktion des Köpers auf eine Maschine und die damit betriebene Entmündigung ist also nicht nur eine

Erscheinung des beruflichen Alltags, sondern auch ein Problem des modernen Gesundheitswesens.

Geht man den Gründen für dieses Mißverstehens des Lebens nach, dann liegen diese in der technischen Auslegung des Lebens. Danach scheint das Leben selbst technisch zu sein, da Geburt, Alltag und selbst das Sterben nur noch technisch zu gelingen scheinen. Mit dem Ersatz der natürlichen Bewegung durch technische ist auch das Vertrauen in die natürliche Bewegung geschwunden. So ist es eine zentrale Aufgabe des heutigen Gesundheitswesens, den Sinn von natürlicher Bewegung wieder zu verdeutlichen.

Natürliche Bewegung ist dort, wo Bewegung autonom ist, also aus der Selbststeuerung des Organismus entstammt. Diese Autonomie, die durch die Folgen der Technisierung nicht mehr erfahren und verstanden wird, muß wieder neu gelernt und geübt werden. In den vielen Jahren meiner Freundschaft zu Ko Myong habe ich erfahren dürfen, wie er die östlichen Lebensweisheiten in das moderne Verständnis übersetzt, um sie in den Dienst dieser Aufgabe zu stellen. Seine integrative Therapie ist damit ein kleiner, aber doch bedeutender Beitrag zur Reformation unserer Vorstellungen über Gesundheit und damit des Gesundheitswesens überhaupt. Ich fühle mich dem Anliegen dieses Buches in Herzlichkeit verbunden und wünsche ihm viel Erfolg!

Prof. Dr. Stephan Grätzel
Universität Mainz

Lebenslauf:
Geb. 1953 in Wemsdorf (Sachsen), 1972 Abitur, 1979 Promotion zum Dr. phil mit der Arbeit: „Der Idealismus Bradleys als Methode der Reflexion", 1988 Habilitation mit der Arbeit: „Die Entdeckung der leiblichen Vernunft", erschienen als Buch mit dem Titel: „Die philosophische Entdeckung des Leibes", Stuttgart 1989, seit 1988 Hochschuldozent für Philosophie an der Universität Mainz. Mehrere Veröffentlichungen zum Thema „Gesundheit", 1993 erschien das Buch: „Organische Zeit".

Über den Autor

Der Shinson (Zen)- und Hapkido-Meister Ko Myong aus Korea ist der Gründer der Lebens- und Bewegungskunst Shinson Hapkido.

Bereits in frühester Kindheit kam er in Berührung mit den traditionellen Bewegungskünsten Koreas, besonders mit Hapkido und Taekwondo. 1963, im Alter von zehn Jahren, begann seine Ausbildung auf dem Gebiet des Son (Zen), der Heilkunst und der inneren und äußeren Selbstverteidigungskunst. Er besuchte verschiedene Klöster und Schulen am Rande von Seoul, unter anderem die bekannte Kampfkunstschule Kuksul-Won (Kuksul-Kwan). Dort lernte er Hapkido vor allem bei Großmeister Park Hyun-Soo. Seine Jugend verbrachte er überwiegend in den Klöstern Ok Chon Am, Baek Ryon Sa und Taean Sa. In Taean Sa wurde er u.a. ein Schüler des großen Son-Meisters Chong Hwa. Auch unternahm er viele Reisen zu anderen Klöstern und Schulen überall in Korea, um dort mehr über die Kultur des Landes, die überlieferten Lebensweisheiten (Shinson) und die alten Künste (Naturheilkunde, Bewegungskunst, Kalligraphie, Dichtung etc.) zu lernen und Erfahrung zu sammeln.

1976-1978 war er Mitglied der Nationalmannschaft der Korea Hapkido Association und erlangte dort den Titel des Nationalmeisters. 1977 erhielt er den 5. Dan in Taekwondo und 1978 den 6. Dan in Hapkido. Anfang 1978 wurde Sabum (Meister) Ko Myong eingeladen, die hohe Schule der Selbstverteidigungskunst auch in Europa zu unterrichten. In Darmstadt gründete er im Jahre 1983 die Kung Jung Mu Sul Hapkido Association (1993 umbenannt in Shinson Hapkido Association), ein Zentrum für Bewegungskunst, Naturheilkunde, Friedensarbeit und Lebensweisheit. Er bildete weitere LehrerInnen aus, die ihrerseits Schulen gründeten, so daß Shinson Hapkido inzwischen in vielen Städten und Ländern Europas angeboten wird.

Mit Shinson Hapkido möchte Sabum Ko Myong die Menschen bewegen, sich wieder auf ihren natürlichen Weg zu machen: auf den Weg des Friedens, des Gleichgewichts und der Liebe zu Mensch und Natur. Dieser Weg ist für alle Menschen offen.

Kontaktadresse:
Shinson Hapkido Association, Liebigstr. 27, D-64293 Darmstadt

Teil I

Die Bedeutung von Shinson Hapkido

Was ist Shinson Hapkido ?

Wenn ich gefragt werde „Was ist Shinson Hapkido?", möchte ich manchmal ganz einfach antworten „Shinson Hapkido ist Leben". Mit dieser Auskunft können Sie, liebe Leserinnen und Leser, zunächst vielleicht nicht viel anfangen. Aber bitte haben Sie etwas Geduld. Ich habe mir in diesem kleinen Buch alle Mühe gegeben, den Sinn meiner Antwort so leicht wie möglich zu erklären, und ich würde mich sehr freuen, wenn es mir gelungen wäre, Ihnen die lebendige Bedeutung von Shinson Hapkido auf diese Weise näherzubringen.

Leben in Harmonie mit Mensch und Natur

Shinson Hapkido ist ein aus den traditionellen Bewegungs- und Naturheilkünsten Koreas entwickeltes Gesundheitstraining für jung und alt. Es lehrt, mit sich selbst, mit anderen Menschen und mit der Natur in Harmonie zu leben (Lebensweisheit) und die natürliche Heilkraft, die jeder von uns hat, auszubilden und anzuwenden (Heilkunst). Daher kann es in jeder Hinsicht ein fruchtbarer Boden für das private und berufliche Leben sein. Das Ziel von Shinson Hapkido besteht darin, den Geist der Menschlichkeit und Naturliebe zu fördern, zu verbreiten und zur vollen Reife zu bringen.

„Hapkido" heißt übersetzt etwa „Weg zur Harmonie der Kräfte" oder auch „Leben in Einklang mit der Energie des Universums":

Hap: Gemeinschaft, Harmonie, Einheit
Ki: Licht, Energie, Lebenskraft
Do: Weg, Prinzip, Lehrmethode.

Alle drei Begriffe haben eine zweifache Bedeutung: Hap bedeutet sowohl die Einheit des gesamten Universums als auch die Harmonie jedes einzelnen von uns mit sich selbst, mit anderen Menschen und mit der Natur. Ki ist die Urkraft, die das ganze Universum erschaffen hat, und die individuelle Kraft, die aus der Einheit von Körper, Geist, persönlicher Lebensenergie und Urenergie entstanden ist. Do ist das Urprinzip des Universums

(Dae Do) und unser persönlicher Lebensweg: der Weg, den wir gekommen sind, und der Weg, auf dem wir zu unserem Ursprung zurückkehren; der klare Weg (Chong Do).

Hap, Ki und Do kann man im Grunde nicht voneinander trennen:

> **Hap ist Ki, Ki ist Do, Do ist Hap.**

Durch Liebe (Hap) entsteht Leben (Ki). Unser Leben (Ki) ist unser Weg (Do). Der Weg (Do) lebt nur durch Liebe und Gemeinschaft (Hap).

Ki ist die Urenergie, aus der das ganze Universum, alles Leben und wir selbst mit Körper und Geist geboren wurden. In Einklang (Hap) mit dieser universellen Kraft (Ki) zu leben ist der Weg und das Ziel (Do) von Hapkido. Dieser Weg ist eigentlich nichts Besonderes, denn jeder Mensch ist von Natur aus ein Teil der Urenergie und hat Ki in Form von Körper, Geist und Lebenslicht. Leider wissen wir dieses Geschenk der Natur jedoch oft nicht richtig zu schätzen. Wir gehen falsch mit Körper, Geist und Lebenskraft um, verlieren unsere Energie mit zunehmendem Alter und werden müde, schwach und krank. Wir können aber jederzeit lernen, unser Ki auf natürliche Weise wiederzugewinnen und zu stärken, so daß wir bis ins hohe Alter gesund und lebensfroh bleiben. Hapkido ist ein Weg zu einem solchen gesunden und natürlichen Leben. Der Zusatz „Shinson" bedeutet, daß dieser Weg auf der Grundlage von Menschlichkeit und Naturliebe aufgebaut ist.

Das Wort „**Shin**" ist sehr alt und wurde im Laufe der Zeit unterschiedlich interpretiert. Es gibt die folgenden drei Grundbedeutungen:
- übermenschliche und übernatürliche Kraft
- geistige Kraft
- göttliche Kraft.

Die verschiedenen Auslegungen dieses Wortes haben in der Welt schon genug Verwirrung angerichtet! Ich möchte nicht noch eine weitere hinzufügen, sondern wieder zu der Wurzel zurückkehren, die allen gemeinsam ist. Wie auch immer man diese Kraft nennen mag - ob übernatürlich, geistig oder göttlich -, stets ist doch nur die *eine* Kraft gemeint, aus der alles entstanden ist, die alles erhält, und in die einst alles zurückkehren wird. Wir sind ein Teil dieser Kraft, aber wir dürfen uns nicht anmaßen, diese Kraft selbst zu werden. Wir sind Menschen, keine Götter, und sollen auch keine werden! Wir können nicht göttlich (Shin) leben, sondern nur menschlich und in Einklang mit der Kraft des Universums (Shinson).

„**Son**" (Zen) oder „**Shinson**" heißt, durch ein Leben in Harmonie mit Mensch und Natur die Gesetze des Universums zu erkennen und zu erfüllen. Es gibt vier Bedeutungen von Son:

- hell leben (Erleuchtung)
- in Einklang mit den Gesetzen des Universums (Do) leben
- Herz und Geist klar machen (innere Reinigung, Meditation)
- in Liebe und Hingabe leben, Gutes tun.

Der Shinson-Gedanke ist die Wurzel, aus der viele Religionen entsprungen sind, aber er selbst ist im Grunde keine Religion. Sein Kern ist die Suche der Menschen nach dem Sinn des Daseins und ihre tiefe Sehnsucht nach einem langen Leben in Frieden und Gesundheit. Diese Grundbedeutung hat er auch im Shinson Hapkido. Natürlich steht es jedem frei, Shinson Hapkido mit seinem eigenen Denken und Glauben zu verbinden. Dabei sollte jedoch die Toleranz und Achtung gegenüber anderen Ansichten gewahrt werden. Shinson Hapkido muß für alle Menschen offen bleiben.

Körper, Lebenskraft und Geist:
Die drei Schätze des Lebens

Shinson Hapkido ist kein theoretischer, sondern ein ganz praktischer und einfacher Weg zum Verständnis und zur Harmonie der Kräfte auf der Grundlage von Menschlichkeit und Naturliebe. Das wichtigste Werkzeug auf diesem Weg ist das Ki-Training. Nach einer alten asiatischen Lehre besteht der Mensch aus drei Formen des universellen Ki:

- aus dem Körper-Ki (Chong)
- aus dem Lebens-Ki (Saeng Ki, im folgenden oft auch nur „Ki" genannt)
- aus dem Geist-Ki (Shin).

Chong, Ki und Shin sind die drei Schätze des Lebens. Wenn diese drei Kräfte in Harmonie sind, ist der Körper gesund, die Lebenskraft stabil und der Geist klar. Dann kann man lange leben und in Einklang mit der Natur kommen.

Die Begriffe Chong, Ki und Shin haben eine doppelte Bedeutung: sie bezeichnen sowohl das Prinzip als auch die Manifestation von Körper, Lebenskraft und Geist. Ursprünglich haben Chong, Ki und Shin keine Form. Sie sind das unsichtbare Prinzip, das alle Formen erschafft (Do). Aus dem Unsichtbaren kommt das Sichtbare. Das ist ein Gesetz des Universums.

Der Geist ist die feinste und höchste Form der drei Kräfte. Wenn geistige Kraft (Shin) sich verdichtet, wird sie Energie (Ki). Wenn Energie sich verdichtet, wird sie Materie (Chong). Umgekehrt kann aber auch Chong zu Ki und Ki zu Shin werden. Im Grunde kann man die drei Kräfte nicht voneinander trennen: alle drei sind als Urprinzip des Universums gleichzeitig entstanden und bilden eine Einheit.

In der asiatischen Philosophie bezeichnet man Chong auch als das Wasser, Ki als den Wind (die Schwingung) und Shin als das Feuer des Universums. Wasser, Wind und Feuer sind lebenswichtig für uns: das Wasser trinken wir, den Wind atmen wir, das Feuer erwärmt unser Herz und erhellt unseren Geist.

Die körperliche Kraft (Chong)

Es gibt zwei Arten von Chong: das Ur-Chong, d.h. die körperliche Grundkraft, die wir bei der Zeugung und Geburt bekommen haben, und zusätzlich von außen aufgenommenes Chong (körperliche Kraft aus Nahrung, Sauerstoff, Arbeit, Bewegung usw., d.h. körperliche Nahrungsenergie im weitesten Sinne). Um unseren Körper zu erhalten und wachsen zu lassen, brauchen wir Nahrung. Ohne das Ur-Chong könnten wir die Nahrungsenergie aber gar nicht aufnehmen. Deshalb sollten wir unsere körperliche Grundkraft dankbar achten und schützen. Wenn das Ur-Chong schwach ist, nützt es meistens nichts, wenn man viel und gut ißt, weil der Körper die Nahrung gar nicht verwerten kann. Die Nahrungsenergie muß von unserer körperlichen Grundkraft aufgenommen und verwertet werden. Beide Arten von Chong müssen sich vereinen, damit unser Körper gesund und kräftig wird bzw. bleibt.

Die Lebenskraft (Ki)

Das Wasser (Chong) wird vom Wind (Ki) bewegt. Das Wort „Ki" hat viele Bedeutungen. Als erstes versteht man unter „Ki" die Urenergie, die das ganze Universum geschaffen hat. Im spezielleren Sinn ist Ki aber die Kraft, die alle Wesen leben und wachsen läßt, d.h. die Lebens- und Bewegungsgrundkraft (Saeng Ki). Aber auch die Naturkräfte wie Wind und Wetter, Helligkeit und Dunkelheit, Hitze und Kälte nennt man Ki. Weiterhin versteht man unter „Ki" die fünf Sinneswahrnehmungen des Menschen (Sehen, Hören, Riechen, Schmecken und Fühlen), sein Temperament, seinen Charakter und seine Neigungen. Alles, was man wahrnehmen kann, was aber nicht materiell ist, nennt man „Ki". Ki hat keine feste Form, ist aber als Schwingung oder Strömung im Körper erfahrbar und kann als Energie in den Organen und im Körpergewebe gespeichert werden.

Auch in der Luft ist Ki enthalten, und der Atem wird ebenfalls „Ki" genannt. Durch Bauchatmung können wir das Ki der Luft in unserem Körper sammeln und im Unterbauch konzentrieren. In der asiatischen Naturheilkunde wird gelehrt, daß das Ur-Ki, das wir bei der Zeugung und Geburt bekommen haben, wie eine Energiekugel unter dem Bauchnabel gespeichert ist. Wenn wir dieses Ki ausgegeben haben, müssen wir sterben. Durch Bauchatmung und Ki-Training können wir das Ur-Ki aber erhalten und stärken, so daß wir bis ins hohe Alter gesund und vital bleiben. Manche Menschen trainieren zwar ihren Körper, vernachlässigen aber das Ki und die Atmung. Solche Menschen, die viel körperlich trainieren oder hart arbeiten, ohne tief zu atmen, bekommen zwar dicke Muskeln, sterben aber trotzdem oft früh, weil ihr Ki erschöpft ist. Wenn das Ki aber stabil und seine Schwingung groß ist, kann man lange leben.

Die geistige Kraft (Shin)

Körper (Chong) und Lebenskraft (Ki) werden vom Geist (Shin) gesteuert. Der Ur-Geist (Hanol oder Tae-Il Shin*) ist der Schöpfer und Bewahrer des Universums. Das Symbol für den Geist ist das Feuer. Wie Feuer kann der Geist in alle Himmelsrichtungen strahlen und alles erhellen. Shin (oder geistiges Ki) durchdringt das gesamte Universum. Man sagt: „Im Stein

> * *Han = große Einheit, Ol = großes Nichts, Hanol = das Urprinzip des Universums (Do), die Vollkommenheit (alles und nichts zusammen); Tae-Il Shin = der Große Geist des Universums, auch „Il-Shim", das Eine Herz (das Große Herz) des Universums, genannt.*

schläft der Geist, in der Blume träumt er, im Tier erwacht er, und im Menschen wird er sich seiner selbst bewußt."

Eine alte asiatische Lebensweisheit lehrt, daß aus dem Ur-Feuer des Geistes ein heller Funke in unseren Kopf gefahren ist. Der Geist des Menschen nimmt eine besondere Stellung in dieser Welt ein: er ist so hell, daß er auch in die Vergangenheit und in die Zukunft sehen kann. Andere Lebewesen können dies nicht oder nur in sehr begrenztem Maße. Auch unser Körper (Chong) und unsere Lebenskraft (Ki) bewegen sich immer nur in der Gegenwart. Unser Geist (Shin) aber kann sich bewußt an Vergangenes erinnern und die Zukunft planen.

Unser Geist hat seinen Sitz jedoch nicht nur im Kopf, sondern durchdringt und erhellt unseren ganzen Körper. Wie in unserer Gesellschaft gibt es auch in unserem Körper zwar eine Art Zentralregierung, aber jede Region hat ihre eigene Verwaltung. So arbeiten z.B. unsere Organe relativ selbständig. Unser Kopf wäre völlig überfordert, wenn er sich um alles kümmern müßte. Das Dorf kennt seine eigenen Probleme besser als die Regierung. Alle Organe und Funktionen im Körper haben einen eigenen Geist, der sie steuert. Der übergeordnete Geist aber weiß, was vor sich geht, und behält letztendlich die Kontrolle über alles. Wenn dieser Geist jedoch durcheinander gerät, wird auch die Funktion der Organe gestört. Wenn wir unseren Geist hingegen entwickeln und hell machen, wird auch unser Körper klar und unsere Lebenskraft stabil. Dann können wir ohne Angst leben, weil Geist und Körper „wach" sind, sich in Einklang befinden und in allen Gefahren angemessen reagieren können. Wenn die Geisteskraft aber schwach ist, kann man seine Gesundheit nicht bewahren, selbst wenn man einen starken Körper hat. Dann kann man auch nicht die volle Reife seiner Menschlichkeit erlangen und seine Verbindung mit dem Geist des Universums erkennen.

Der zentrale Geist ist wie die Spitze einer Pyramide aus vielen kleinen geistigen Bausteinen, die sich im ganzen Körper verteilen. Er hat seinen Sitz tief im Inneren des Kopfes, in der Mitte zwischen den Augenbrauen (das „dritte Auge"). Wenn man sich auf diesen Punkt konzentriert, wird der Geist sehr stark. Wenn unser Geist genug Kraft hat, öffnet er sich und tritt in Verbindung mit dem Großen Geist des Universums (Hanol oder Tae-Il Shin). Dasselbe geschieht auch, wenn die Kraft unseres Herzens, die sich in unserer Brustmitte (im „Herzzentrum") konzentriert, überfließt. Herz und Geist gelten in der asiatischen Philosophie oft nur als zwei Aspekte ein und desselben Urprinzips. Wenn sich unser Herz voller Liebe öffnet, tritt es ebenfalls in Verbindung mit dem Großen Geist bzw. mit dem Großen Herzen (Il Shim) des Universums.

Es gibt grundsätzlich zwei Möglichkeiten, um Herz und Geist wachsen zu lassen und mit dem Großen Geist des Universums zusammenzutreffen:

Son

Durch geistige Übungen (Meditation, Gebet etc.) und liebevolle Hingabe können sich Herz und Geist öffnen und in direkten Kontakt mit dem Geist des Universums treten. Wenn wir uns z.B. körperlich entspannen, tief und ruhig atmen und alle geistige Kraft auf den Bereich zwischen den Augenbrauen konzentrieren, wird sich dort das Licht des Geistes sammeln. Dieses Licht zieht das Ki des Universums an wie ein Magnet; dadurch öffnet sich unser drittes Auge, und unser Geist wird stabil, hell und klar.

Ki-Training

Durch ein ganzheitliches Training von Körper, Lebensenergie, Herz und Geist kann die geistige Kraft wachsen, bis sie mit dem Geist des Universums zusammentrifft. Wenn unser Chong stark wird und mehr davon vorhanden ist, als der Körper für seine Funktionen braucht, fließt es über und wird zu Ki. Wenn wir mehr Ki haben, als wir für die Lebens- und Bewegungsfunktionen brauchen, fließt das Ki an seiner Quelle im Unterbauch über und steigt nach oben zu Herz und Geist (Ki wird Shin). Wenn Herz und Geist viel Kraft haben, öffnen sie sich und treten in Kontakt mit dem Großen Geist des Universums. In Korea gibt es ein Sprichwort: „Ein gesunder Körper (Chong) bringt Weisheit (Ki) hervor, Weisheit bringt Tugend (Shin) hervor."

> **Chong Chung Man - Ki Chang Gon - Shin I Myong**
> **Wenn Chong stark ist, wird Ki stabil und Shin hell.**

Shinson Hapkido ist der Weg des Ki-Trainings, bei dem geistige Übungen mit körperlichen Bewegungen und Ki-Atemtechniken verbunden werden. Diese Methode ist heutzutage für die meisten Menschen besser und einfacher zu praktizieren als der rein geistige Weg. Das Ki-Training hat das Ziel,

Körper, Lebenskraft, Herz und Geist in Harmonie miteinander und in Einklang mit dem Geist des Universums zu bringen.

Der natürliche Charakter von Körper, Lebenskraft und Geist

Körper, Lebenskraft und Geist haben ursprünglich einen ganz harmonischen Charakter und befinden sich im Gleichgewicht. Wenn wir diesen natürlichen Zustand aber stören, so heißt es in der traditionellen Heilkunde Asiens, öffnen wir Tür und Tor für Unheil und Krankheiten.

Heutzutage haben die meisten Menschen ihre harmonische Form und Balance schon längst verloren und wissen nicht mehr, wie sie sie wiederbekommen können. Durch das Ki-Training von Shinson Hapkido kann man aber jederzeit lernen, seinen ursprünglichen, ausgeglichenen Charakter wiederzufinden und auszubilden. Zu diesem Zweck enthält Shinson Hapkido drei Trainingselemente: das körperliche Training, die Energie- und Atemschulung und die Ausbildung von Herz und Geist. In diesem ganzheitlichen Trainingsprogramm wird gelehrt, wodurch wir im einzelnen die ursprüngliche Harmonie und Balance von Körper, Lebenskraft und Geist verlieren und wie wir sie wiedergewinnen und stärken können.

Der natürliche Charakter des Körpers (Bontae)

Der Körper ist das Haus, in dem unser Geist und unsere Lebenskraft wohnen. Ursprünglich ist er ein schönes Haus, beweglich und doch stabil, weich und doch kräftig und vor allen Dingen: gesund. Aber leider verliert der Körper diesen ursprünglichen Charakter (Bontae) im Laufe der Zeit meistens, weil wir ihn vernachlässigen oder überbeanspruchen. Er wird vor allem durch eine Unausgewogenheit der Sinneseindrücke und Kontakte geschädigt, und zwar durch

Song: Geräusche
Saek: Bilder, Farben
Chui: Gerüche
Mi: Geschmack
Um: körperliche Gefühle, Sex
Cho: Unfälle.

Durch eine Überflutung der Sinne, z.B. durch übermäßigen Lärm, zu starke Farben und Gerüche, zu üppiges Essen und Trinken und zuviel Sex, wird der Körper überfordert und mit der Zeit krank. Bei einer einseitigen oder unzureichenden Versorgung der Sinne hingegen verkümmert der Körper und verliert ebenfalls seine natürliche Widerstandskraft. Sowohl ein Zuviel als auch ein Zuwenig ist schädlich und verursacht Krankheiten.

Um gesund zu bleiben, müssen wir lernen, ausgewogen zu leben, unsere Sinne zu schützen und Unfälle zu verhindern. Natürlich beginnt jede körperliche Beherrschung in Herz und Geist. Wie aber der Geist den Körper beeinflußt, so kann auch der Körper auf den Geist einwirken. Allein durch das Üben einer aufrechten und entspannten Körperhaltung können wir beispielsweise genug innere und äußere Festigkeit und Klarheit entwickeln, um Verletzungen der Sinne und des ganzen Körpers zu vermeiden. Durch ein ausgewogenes und natürliches körperliches Training können wir daher Körper, Lebenskraft *und* Geist stärken und gesund erhalten. So entsteht echte körperliche Kraft (nicht nur Muskelkraft, sondern auch Widerstandskraft und Funktionstüchtigkeit der Organe, des Kreislaufs etc.), und aus dieser Kraft erwächst auch ein natürliches Vertrauen in den Körper und seine Fähigkeiten.

Der natürliche Charakter der Lebenskraft (Bonjeon)

Jeder Mensch besitzt Lebensenergie (Ki), und diese persönliche Lebenskraft wird ständig durch die Energie der Natur und des Universums gereinigt, erneuert und gestärkt. Die Natur sorgt für uns wie eine Mutter für ihr Kind. Sie gibt uns geistige und körperliche Nahrung z.B. in Form von Licht, Wärme, Wasser und den Früchten der Erde. Unsere wichtigste Energiequelle aber ist die Atmung. Atem ist Leben. Durch eine natürliche und regelmäßige Atmung wird das Ki - und mit ihm das Blut - warm und sauber gehalten, so daß es gut fließen kann. Das entspricht dem ursprünglichen, ausgewogenen Charakter der Lebenskraft (Bonjeon). Wenn wir aber unregelmäßig, zu schwach oder zu heftig atmen, kann die Lebensenergie nicht mehr gleichmäßig fließen: sie wird entweder zu langsam und zu kalt, so daß wir uns müde und antriebslos fühlen, oder zu schnell und zu heiß, so daß wir hektisch, nervös und aggressiv reagieren. Dann kann sich das Ki auch nicht mehr richtig von den verschiedenen äußeren Einwirkungen, denen es durch die Atmung unterliegt, reinigen. Diese Einwirkungen sind vor allem:

Pun: Parfüm, Düfte
Ran: Alkohol, Dämpfe
Han: Kälte
Yol: Hitze
Jin: Blitz, Spannung, Strahlung
Sup: Feuchtigkeit.

Mit diesen äußeren Einflüssen müssen wir gut umzugehen lernen, da sie die Lebenskraft sonst angreifen und aufzehren. Wenn das Ki z.B. durch Kälte, Hitze oder Feuchtigkeit geschwächt wird, bekommen wir eine Erkältung, Grippe, Lungenentzündung usw. Wenn wir die Kontrolle über Düfte, Dämpfe und Strahlungen verlieren, werden wir süchtig nach Zigaretten, Alkohol, Lösemitteln, Tabletten oder sonstigen Drogen. Aber es können auch andere Arten von Abhängigkeiten entstehen, die oft nicht als solche erkannt werden, wie z.B. die Sucht nach betörendem Parfüm, die Abhängigkeit von Menschen mit starker Ausstrahlung, die Sucht nach spannenden Erlebnissen bzw. nach Spannung und Streß in jeder Form (Arbeitssucht, Spielsucht, Fernsehsucht etc.). Es gibt in Korea ein Sprichwort, welches den verhängnisvollen Kreislauf der Sucht treffend beschreibt; es lautet: „Zuerst trinkt der Mensch den Alkohol, dann trinkt der Alkohol den Alkohol, und zum Schluß trinkt der Alkohol den Menschen."

Da wir nun nicht alle schädlichen Einflüsse völlig ausschalten können, müssen wir unsere innere Widerstandskraft stärken, um sie kontrollieren zu können. Hierbei hilft uns eine regelmäßige, ruhige und tiefe Atmung, vor allem die sogenannte „Bauchatmung" (Danjeon Hohupbop). Sie bewirkt, daß das Ki gut fließen und die schädliche Wirkung aller Einflüsse neutralisieren kann. Sie löst die inneren Blockaden und reinigt die Energiekanäle von giftigen Ablagerungen. Außerdem beruhigt und stärkt ein regelmäßiger und tiefer Atem das Herz, so daß dieses den äußeren Verlockungen und Angriffen besser widerstehen kann. Durch eine natürliche und gleichmäßige Atmung wächst eine tiefe Klarheit und Weisheit. Die Bauchatmung hilft uns, nicht nur das eigene Ki, sondern auch das Ki des Universums bewußter wahrzunehmen und besser zu verstehen. Am eigenen Leibe erfahren wir immer deutlicher, warum die Natur, die uns mit Energie versorgt, sauber und gesund sein muß, damit wir selbst gesund und gut leben können. Wir spüren zum Beispiel, warum wir nicht mit künstlicher, „toter" Energie (Sa Ki) düngen sollten, wenn wir nicht nur äußerlich große und schöne, aber innerlich kraftlose Nahrung haben möchten.

Der natürliche Charakter von Herz und Geist (Bonjil)

Herz und Geist werden in den alten Lehren und Lebensweisheiten Ostasiens oft nicht getrennt, sondern als zwei Aspekte ein und derselben Kraft betrachtet; wenn ich daher von dem Geist (Shin) des Menschen rede, meine ich gleichzeitig auch immer sein Herz (Shim) und umgekehrt. Geist und Herz sind weitaus mehr als Verstand und Gefühl! Sie bedeuten eine Art Bewußtsein im höheren Sinne, das den ganzen Menschen durchdringt - eine geistig-seelische Kraft als Quelle von Inspiration und echter Menschlichkeit.

Manche Menschen vergessen im Laufe ihres Lebens, daß sie diese Kraft tief in ihrem Innersten besitzen, und versuchen, sich Ersatz von außen zu verschaffen. Sie suchen Sicherheit und Geborgenheit in materiellem Besitz und heischen nach Anerkennung in den Augen anderer. Doch das Lebensgefühl und Selbstvertrauen, welches durch solche Äußerlichkeiten gewonnen wird, ist nicht dauerhaft und muß ständig erneuert werden. Dies endet nicht selten in einer verzweifelten Suche oder gar Sucht nach äußerlicher Befriedigung. Selbstverwirklichung ist so nicht möglich.

Jeder Mensch besitzt die innere Kraft von Herz und Geist, aber wenn sie nicht geschützt und ausbildet wird, verliert sie leicht ihren natürlichen, ausgeglichenen und hellen Charakter (Bonjil) und wird dunkel, unruhig und schwach. Herz und Geist werden vor allem durch das Auf und Ab der Gefühle beeinflußt, und zwar insbesondere durch:

Hui: Freude
Aee: Trauer
Ku: Angst
No: Ärger, Zorn
Tam: Gier
Yom: Ablehnung, Unlust.

Das Herz ist ursprünglich innerlich stabil und äußerlich sanft. Wenn wir aber zulassen, daß eine der obengenannten Empfindungen zu stark wird, gerät das Herz durcheinander, beginnt zu schwanken und verliert das Gleichgewicht. Dann kann es drei unnatürliche Formen annehmen:

- Es wird innerlich und äußerlich schwach.
- Es wird innerlich und äußerlich hart.
- Es wird innerlich schwach und äußerlich hart.

Wenn wir unser Herz vor diesem Schicksal bewahren wollen, müssen wir lernen, unsere Gefühle zu beherrschen und im Gleichgewicht zu halten. Dies gelingt uns am besten, indem wir uns entspannen, ruhig und tief atmen und unsere Aufmerksamkeit sanft nach innen richten. Solche Übungen zur Entwicklung von innerer Ruhe und Klarheit nennt man auch „Son". Son ist nichts Besonderes. Wir können es immer und überall praktizieren, nicht nur durch Entspannung und Meditation, sondern auch durch innere Achtsamkeit und positives Denken und Handeln.

Ouae Yu Nae Kang
Außen sanft und fließend, innen klar und stabil.

Son bedeutet, das Herz von den harten Schalen unserer Ängste, Erwartungen, Vorstellungen und Emotionen, die es verdunkeln, zu befreien und das innere Licht wieder leuchten zu lassen. Wenn Herz und Geist ruhig und klar werden wie ein See, in dem sich der Mond spiegelt, können wir wieder fühlen, wer wir selbst ursprünglich sind. Durch Son nehmen wir wieder Verbindung zu dem natürlichen Charakter unseres Herzens und zu der Natur selbst auf und können uns wieder als einen Teil des Ganzen erkennen.

Son entspannt den Körper, beruhigt den Atem und klärt die Gedanken und Gefühle, so daß wir auf die Herausforderungen und Probleme des Lebens gelassen und angemessen reagieren können. Son bedeutet jedoch nicht, die Gefühle zu unterdrücken, sondern sie sanft und rund zu machen. Son lehrt, Herz und Geist wie Wasser fließen zu lassen; die Gedanken und Gefühle anzunehmen, ohne sich davon mitreißen zu lassen; ihre Wellenberge und -täler auszugleichen und sie schließlich sanft in eine positive Richtung zu leiten. So entsteht große Tugend. Diese Tugend kommt aus dem Herzen, ist ganz und gar lebendig und darf nicht mit der starren, äußeren Moral verwechselt werden, die uns oft erstickt und erdrückt. Wenn das Herz innerlich stabil und voller Tugend ist, können wir es ohne Angst weit aufmachen, Licht und Leben einlassen und Platz für andere darin schaffen.

Hap: Mensch und Natur sind eins

Der Mensch ist ein Teil der Natur - nicht nur der sichtbaren, irdischen, sondern auch der unsichtbaren, universellen Natur in all ihrer Größe und Erhabenheit (Hanol). Unser Körper ist ein Geschenk der Erde, unsere Lebenskraft ein Hauch im Atem der Natur und unser Geist ein Funke aus dem Licht des Universums.

Eigentlich sind uns die Werkzeuge für das Leben auf dieser Welt nur geliehen. Wenn wir sterben, kehrt alles wieder dorthin zurück, von wo es gekommen ist: Erde zu Erde, Asche zu Asche, Licht zu Licht. Ist dann alles aus und vorbei? Die sichtbare Form zerfällt, aber das unsichtbare Ki des Universums ist ewig. Immerfort fügt es neue Formen zusammen und trennt sie wieder. Die Formen sind nur Wellen auf dem unendlichen Meer des Lebens. Die Formen sind vergänglich, nicht aber das Ki. Und von diesem unvergänglichen Ki sind wir nie getrennt! Wenn wir allerdings nur an die sichtbaren Formen glauben, bekommen wir Angst und können das Leben nicht mehr genießen. Wir weinen, schreien und kämpfen, aber es nützt uns nichts: am Ende müssen wir doch unsere äußere Form wieder loslassen.

Nur wenn wir unsere ewige Verbindung mit der Natur fühlen, können wir alle Ängste und Schmerzen überwinden. Dann können wir das Geschenk des Lebens auf dieser Erde dankbar annehmen und genießen. Wir haben das Recht zu leben. Aber wir dürfen dieses Recht nicht mißbrauchen! Wir dürfen auf dieses Geschenk nicht spucken! Wenn wir uns von unserem Nachbarn etwas leihen, sagen wir doch auch „Dankeschön", gehen sorgfältig damit um und geben es heil und sauber wieder zurück. Genauso sollten wir der Natur für das Leben, das sie uns gibt, danken, es sorgfältig benutzen und sauber wieder zurückgeben.

Achtung und Dankbarkeit zu fühlen, zu zeigen und andere daran teilhaben zu lassen, ist ein Zeichen echter Menschlichkeit. Wenn wir Achtung und Dankbarkeit für das Dasein empfinden, wird es für uns auch eine Selbstverständlichkeit, die Umwelt sauber zu halten und in Frieden miteinander zu leben.

Wir können nur mit der Natur zusammen leben. Nur in der Natur können wir geboren werden, gut wachsen, gesund leben und zufrieden sterben. In der heutigen Zeit aber haben sich die meisten Menschen innerlich und äußerlich immer mehr von der Natur entfernt und ihre Wurzeln vergessen. Statt sich selbst mit wachem Geist als Teil eines großartigen Universums zu erkennen und zu verwirklichen, bauen sie eine Mauer zwischen sich und der Natur. Und da sie nicht mehr wissen, daß sie die Natur *sind*, wollen sie sie sicherheitshalber *haben* und kontrollieren. Mit dieser Habgier stören sie aber das Gleichgewicht der Natur und betreiben unnötige Kraftverschwendung. Sie nehmen mehr, als sie brauchen, und verstopfen und blockieren ihren Energiefluß mit ihrem Egoismus und Mißtrauen, mit ihren Ängsten, Erwartungen und Emotionen. So können sie immer weniger von der Energie, die sie von der Natur bekommen, verwerten und verlieren Ki, anstatt es zu gewinnen. Dadurch wird ihr Lebenslicht immer schwächer und dunkler.

Wer immer nur haben will, denkt und handelt nicht mehr wie ein lebendiger Mensch, sondern funktioniert nur noch wie ein Roboter. Man wird dann nicht mehr von den inneren, natürlichen Bedürfnissen geleitet, sondern von äußeren, materialistischen Begierden getrieben und von außen gelenkt. Die äußere Schale wird immer größer, stärker und luxuriöser, aber das innere Licht wird mehr und mehr verdeckt. So ein Leben mag äußerlich glänzend und stabil aussehen, ist jedoch innerlich trübe und hohl. Man verliert die Lebensfreude und bekommt das Gefühl, leben zu *müssen*, anstatt leben zu *dürfen*. Menschlich und natürlich zu leben aber bedeutet, gerne zu leben.

Angst, Mißtrauen, Unzufriedenheit, Habgier und Egoismus blockieren das Wasser des Lebens (Ki), so daß Herz und Geist vertrocknen und veröden. Der normale Alltag etlicher Menschen ist leer und öde wie eine Wüste. Körper und Seele versuchen, uns auf diesen Notstand hinzuweisen, indem sie mit den verschiedensten Beschwerden und Krankheiten reagieren. Die weitverbreiteten Zivilisationsschäden wie zu niedriger oder zu hoher Blutdruck, Rheuma, Herz- und Magenbeschwerden, Diabetes, Allergien, Nervenschwäche, Streß, Vitalitätsverlust, Depressionen, Aggressivität, ja sogar Krebs, sind alarmierende Symptome unseres gestörten inneren und äußeren Gleichgewichts.

Wenn ich die Menschen anschaue, sehe ich nur selten, daß ihre Haut einen natürlichen, gesunden Glanz hat. Meistens ist sie unrein oder trocken und matt. So unsauber, trocken und kraftlos wie unsere Haut ist auch die Natur und die Erde geworden. Ich hoffe, daß nicht auch unsere Herzen so aussehen! Mit künstlichen Mitteln wollen wir der Natur und uns selbst neuen Glanz und neue Kraft verleihen. Auf diese Weise sehen wir äußerlich vielleicht sauber und gesund aus, aber innerlich gibt es noch viele Unreinheiten und Krankheiten. Manche Krankheiten kommen durch die Haut heraus. Wenn wir wirklich gesund werden wollen, dürfen wir uns aber nicht nur äußerlich behandeln, schmücken und schön machen, sondern wir müssen die Ursache der Krankheit beseitigen und die natürliche Liebe des Herzens wieder fließen lassen. Wir müssen die Mauer zwischen der Natur und uns zerbrechen. Dann werden wir unser Vertrauen, unsere Dankbarkeit und Liebe und damit auch unsere wahre Menschlichkeit wiederfinden.

All unsere Krankheiten verschwinden in der Regel, wenn wir unsere Menschlichkeit wiederfinden. Wenn sie aber aus schicksalhaften Gründen dennoch bleiben, so können wir dann zumindest besser mit ihnen umgehen und sie als Chance zur inneren Reinigung und zum inneren Wachstum betrachten. Trotz unserer Beschwerden verlieren wir den Lebensmut und die Lebensfreude nicht, weil wir wissen, welch ein großes Geschenk das Leben ist.

Wenn wir das Licht unseres Herzens wahrnehmen können, verschwindet die Angst und macht einem tiefverwurzelten Vertrauen in das Leben Platz. Dann sieht das Leben völlig anders aus. Diese Wandlung geschieht allerdings meistens nicht auf einmal. Sie ist ein langsamer Wachstums- und Reifungsprozeß, bei dem wir Geduld und Ausdauer brauchen. Wenn wir das Licht des Herzens einmal wahrgenommen haben, kann es durchaus passieren, daß wir es wieder verlieren und uns wie blind fühlen. Aber es ist da! Wir dürfen nur nicht versuchen, es festzuhalten, sondern müssen lernen, es dankbar fließen zu lassen und mit anderen zu teilen - und fest daran glauben, daß wir es wiederfinden werden. Die Sonne ist immer da!

Ki: Das Wasser des Lebens

Der Körper ist das Haus, in dem unser Geist wohnt, und als solches sollten wir ihn schätzen und pflegen. Wenn die Lebensenergie (Ki) ungestört durch dieses Haus fließt, hält sie es sauber, hell und warm, so daß der Geist sich darin wohlfühlen und entfalten kann. Jede Unregelmäßigkeit im Fluß der Lebenskraft aber beeinträchtigt das Wohlbefinden und kann auf die Dauer zu körperlichen wie geistigen Beschwerden aller Art führen. Es ist unsere Aufgabe, dafür zu sorgen, daß die Lebenskraft natürlich fließt und immer mit frischer Energie aus dem Universum aufgetankt wird, damit der Körper gesund bleibt und der Geist sich entfalten kann.

Wenn ein Auto kein Benzin mehr hat, muß es zur nächsten Tankstelle geschleppt und dort wieder aufgetankt werden. Für uns Menschen ist das Energietanken eigentlich nicht so mühsam: das ganze Universum ist voller Energie, die wir unablässig geschenkt bekommen. Wir müssen uns nur dafür öffnen! Der Mensch ist ein Kanal der Kraft. Wenn dieser Kanal offen und sauber ist, fließt die Energie des Universums automatisch hindurch und verströmt Heilkraft, Lebensmut und Lebensfreude. Je freier ein Kanal ist, desto mehr Energie kann hineinfließen.

Es gibt genug Energie - keine Sorge! Solange das Universum existiert, wird es Energie zu den Menschen strahlen. Aber viele Menschen glauben das nicht. Sie haben kein Vertrauen in die unerschöpfliche Kraft des Universums und verschließen sich ängstlich, um ihre Energie festzuhalten. Sie glauben nur, was sie mit eigenen Augen sehen oder mit Instrumenten messen können. Der größte Teil der Energie des Universums aber ist unsichtbar und kann von Instrumenten nicht erfaßt werden. Diese Energie kann nur mit dem Herzen wahrgenommen werden. Wie kann man Liebe messen? Ki ist die Liebe des Universums, die wir in keiner Form geringschätzen sollten. Wie die Liebe einer Mutter genießt man sie, ohne viel darüber nachzudenken, und erkennt ihren wahren Wert oft erst, wenn man sie plötzlich nicht mehr fließen spürt und sich einsam, schwach und krank fühlt. Ohne Ki können wir nicht leben. Wir müssen dankbar für dieses Geschenk sein und lernen, sinnvoll damit umzugehen.

Das Ki des Universums hat ursprünglich einen warmen, hellen und lebendigen Charakter, weil es Liebe, Licht und Lebenskraft ist. Würden wir in Einklang mit dieser Energie leben, könnten wir das Licht und die Liebe auf der Erde verwirklichen. Leider benutzen wir die uns geschenkte Kraft jedoch oft für Zwecke, die ihrem ursprünglichen Charakter völlig widersprechen. Wir blockieren den natürlichen Fluß der Energie und richten ihn gegen die Natur, gegen das Leben und letztendlich auch gegen uns selbst.

Wahrhaft menschlich und natürlich zu leben aber bedeutet, seine Energien nicht zu blockieren, sondern dankbar und freudig mit dem Universum auszutauschen und durch positives Denken und Handeln in eine heilsame Richtung zu leiten. Energie, die von positiven und liebevollen Gedanken und Gefühlen durchdrungen ist, öffnet, reinigt und stärkt die

Kanäle, so daß noch mehr Ki durch sie hindurchfließen kann. Sie macht die Welt hell und freundlich. Die reine Energie des Universums sucht solche sauberen Kanäle, durch die sie frei fließen und Licht in die Welt bringen kann, und strahlt stärker in sie hinein.

Ki wird nicht nur als „Wind des Universums", sondern auch als „Wasser des Lebens" bezeichnet, und wie das Wasser muß auch das Ki natürlich fließen, damit es seine reinigende und heilende Kraft behält. Man darf es weder ängstlich zurückhalten noch achtlos verschwenden. Nehmen und Geben müssen im Gleichgewicht sein.

Wenn wir den Kanal der Kraft verschließen und die Energie darin festhalten wollen, bekommen wir Verstopfung. Das Ki wird trübe und schal - und so wird dann auch unser ganzes Leben. Manche Menschen setzen zwar all ihre Kraft für gute Zwecke ein, erwarten dafür aber Dank und Anerkennung und sind zutiefst enttäuscht, wenn diese ausbleiben. Solche Menschen handeln im Grunde ihres Herzens egoistisch und verlieren Ki, weil sie ihre Kanäle mit ihren Erwartungen blockieren. Auf diese Weise geben sie dann mehr Ki aus, als sie wieder tanken können, und verzehren sich in Resignation und Verbitterung über den Undank der Welt.

Wenn wir das Ki, das wir bekommen, mit egoistischen und negativen Gedanken und Gefühlen vermischen, machen wir es dunkel und schwer, so daß es nicht mehr natürlich fließen kann. Solche negative Energie verstopft die Kanäle, schwächt die Selbstheilungskraft, vergiftet Körper und Geist und verschmutzt auch die Umwelt. Die natur- und lebensfeindliche Wirkung der negativen Energie ist zwar nicht immer sofort sichtbar - alle negativen Kräfte, die wir aussenden, werden aber mit Sicherheit irgendwann wieder auf uns zurückstrahlen. Im Universum geht nichts verloren. Das ist unser Schicksal.

Dennoch können wir ein schlechtes Schicksal jederzeit wieder zum Guten wenden: durch eine klare Entscheidung für das Licht und durch die aufrichtige Liebe des Herzens. Besonders die Kraft der Liebe hat die Fähigkeit, ein unglückliches Schicksal zu ändern. Für eine klare Entscheidung braucht man viel Energie, die manch ein von Negativität geschwächter Mensch vielleicht nicht mehr aufbringen kann. Die Liebe aber kann auch solche Menschen noch retten, denn sie rechnet und verurteilt nicht. Sie will nicht verdammen und vernichten, sondern umarmen und verzeihen. Sie ist selbst voller Licht und Wärme. Daher kann sie die Finsternis auf einen Schlag erhellen und das Eis, welches viele Herzen kalt und hart macht, wieder in das Wasser des Lebens zurückverwandeln, das es ursprünglich war.

Do: Wir gehen einen Weg gemeinsam

Ein alter Meister wurde einmal gefragt: „Was ist Do?" Er antwortete: „Do ist das Leben, das Du heute gelebt hast." Diesen Lebensweg hell und klar zu machen ist das Ziel von Shinson Hapkido.

Do ist der Weg des Lebens, und das Leben kann man nicht verstehen, indem man Bücher darüber liest, sondern nur indem man es lebt und voll ausschöpft. Do kann man auch nicht kaufen oder verkaufen. Jeder Mensch hat Do in seinem Herzen. Wenn wir unser Herz öffnen, können wir Do finden. Ich denke, um Do zu finden, sollte man nicht - wie viele der alten Meister, Mönche und Philosophen - sich in die Einsamkeit zurückziehen und in der Abgeschiedenheit meditieren. Das ist heutzutage für die meisten Menschen nicht der richtige Weg. Wir leben alle in *einer* Welt und sollten lernen, gemeinsam so damit umzugehen, daß wir in Gesundheit und Frieden miteinander leben und unsere Menschlichkeit voll entfalten können.

Do ist keine Theorie, Do muß man tun! Wenn wir unseren Weg klar machen und Gesundheit, Frieden und Menschlichkeit in unser Leben und in die ganze Welt bringen wollen, müssen wir selbst gesund, friedlich und menschlich leben! Durch geduldiges Üben von Menschlichkeit und Achtung im Umgang mit uns selbst, mit anderen Menschen und mit der Natur wächst ein tiefverwurzeltes Selbstvertrauen und eine Klarheit, die uns hilft, allen inneren und äußeren Angriffen ohne Angst und Aggressionen zu begegnen und sicher für den Frieden einzustehen.

Wenn wir unsere Menschlichkeit ausbilden und Frieden finden wollen, dürfen wir uns nicht länger nur auf Äußerlichkeiten konzentrieren, sondern müssen wieder in unser Herz blicken, um unseren ursprünglichen Charakter wiederzuentdecken. Wir müssen den Weg der Mitte (Jung Do) finden, der innen und außen, Körper und Geist, jung und alt, Mensch und Natur wieder in Harmonie bringen kann.

Shinson Hapkido ist ein ganzheitlicher Weg, der uns lehrt, den ursprünglichen Charakter von Körper, Lebensenergie und Geist wiederzufinden und alle drei Kräfte in Harmonie miteinander und mit dem Geist des Universums (Hanol) zu bringen. Körper, Lebenskraft und Geist müssen gleichmäßig ausgebildet werden. Wenn wir uns zu sehr auf eines konzentrieren, verlieren wir unser Gleichgewicht und unsere natürliche

Schönheit. Wir büßen unsere ureigene, harmonische Form ein und nehmen fremde, unnatürliche Formen an.

Shinson Hapkido ist ein Werkzeug, das uns hilft, die Verspannungen und Blockaden von Körper, Ki und Geist zu lösen, den Organismus zu entgiften und unsere natürliche Heilkraft wieder aufzuwecken. In dem Maße, wie wir unsere eigene Heilkraft wiederfinden und ausbilden, verstehen wir auch, warum wir die Natur und uns selbst nicht vergiften dürfen. Daher kann Shinson Hapkido z.B. auch drogenabhängigen Menschen helfen, sich von ihrer Sucht zu lösen. Drogen und andere unnatürliche Lebensgewohnheiten verschütten die Quelle unserer Lebenskraft und Lebensfreude. Shinson Hapkido möchte dazu beitragen, diese Quelle zu befreien, damit das Wasser des Lebens wieder hell und klar sprudeln kann. Dann können wir wieder Dankbarkeit für das Dasein empfinden und bekommen genug Mut, um das Beste aus unserem Leben zu machen. Dann können wir nicht nur unseren eigenen klaren Lebensweg (Chong Do) finden, sondern auch den Großen Weg des Universums (Dae Do) erkennen. Jeder hat seinen eigenen Lebensweg, und doch gehen wir alle gemeinsam nur den Einen Weg des Universums. Mit Do zu leben bedeutet, in Harmonie mit diesem Großen Weg zu leben. Wenn wir dies verstehen, ist es nicht mehr schwer, unsere Ängste und unseren Egoismus loszulassen, weil wir uns mit allen Menschen und mit dem ganzen Universum verbunden fühlen.

Wenn wir unsere Angst und Habgier loslassen, brauchen wir auch nicht mehr zu kämpfen. Wer sein Herz öffnet, kann drohende Gefahren lange im voraus spüren und rechtzeitig abwenden oder ihnen ausweichen. Wenn wir uns einer Gefahr aber dennoch stellen möchten oder müssen, so wissen wir, wie wir ohne Angst und Brutalität damit umgehen können. Brutalität erzeugt immer nur noch mehr Brutalität. Wenn wir diesem Teufelskreis ein Ende machen wollen, müssen wir lernen, die körperlichen und geistigen Angriffe mit Herz und Klugheit zu entschärfen und in eine positive Richtung zu lenken. Nur so können wir Frieden schaffen.

Wenn man Haß mit Haß bekämpft, siegt immer nur einer: der Haß. Wie können wir die Dunkelheit überwinden? Nur indem wir ein Licht entzünden! Haß mit Liebe, Dunkelheit mit Licht zu begegnen bedeutet aber nicht, jeder Auseinandersetzung aus dem Weg zu gehen. Im Gegenteil, es erfordert einen entschiedenen und beherzten Einsatz, der allerdings nicht die Vernichtung, sondern die Errettung und Erleuchtung der Gegenseite zum Ziel hat.

Kampfkunst (Mu-Do oder Bu-Do) ist ein Teil von Shinson Hapkido. Kampfkunst ist aber nicht gleich Kampfsport! Der Unterschied zwischen Kampfsport und Do besteht für mich darin, daß bei ersterem die Leistung, bei letzterem aber die Ausbildung der Menschlichkeit und Naturliebe im Vordergrund steht - und zwar nicht nur in der Theorie, sondern auch in der Praxis. Im übrigen ist der Kampfsport gewöhnlich sehr stark wettkampforientiert, wobei die Art des Wettkampfes nur noch selten etwas mit Do zu tun hat und meiner Meinung nach auch nicht so genannt werden sollte. Der Wettkampf an sich ist jedoch nicht unbedingt negativ zu bewerten. Auch ein Wettkampf kann den Geist von Do reflektieren, wenn er auf der Grundlage von Achtung und Menschlichkeit ausgetragen wird. Um diese Grundlage zu schaffen, müssen wir aber vor allem lernen, die eigenen „inneren Feinde" wie Egoismus, Macht-, Ruhm- und Habgier, Angst, Haß und andere negative oder unkontrollierte Gedanken und Gefühle, die unseren inneren und äußeren Frieden bedrohen, zu überwinden. Kampfkunst bedeutet daher in erster Linie, innerlich, d.h. mit sich selbst, zu kämpfen, damit die äußeren und letztendlich auch die inneren Kämpfe überflüssig werden.

Chong Mu Chong Shin
Chong Shin Tong Il
In Ja Mu Jok

Eine klare Kampfkunst hat einen klaren Geist.
Ein klarer Geist kann sich auf eins konzentrieren.
Ein Mensch voller Klarheit und Tugend hat keine Feinde.

Das Ziel von Shinson Hapkido ist nicht Kampf und Ruhm, sondern ein Leben in Gesundheit, Menschlichkeit und Frieden. Ich bezeichne Shinson Hapkido daher auch lieber als Heilkunst und als Bewegungskunst des Lebens. Shinson Hapkido ist ein Weg zur Harmonie von Ki - und Ki bedeutet Leben und Schicksal. Unser Schicksal ist aufs Engste mit dem Zustand unseres Ki verbunden. Ki können wir zwar in seiner ursprünglichen Form nicht sehen, aber durch das Schicksal wird es sichtbar. Wenn wir unser Ki falsch behandeln, machen wir unser Leben unruhig und ziehen über kurz oder lang Unglück an. Wenn wir unser Ki aber gut kontrollieren, schaffen wir uns die besten Voraussetzungen für Gesundheit, Glück und ein langes und erfülltes Leben - und können dann auch ruhig akzeptieren, wenn unser Schicksal zuende geht.

Unter dem Motto „Wir gehen einen Weg gemeinsam" wird seit 1985 in jedem Jahr ein internationales Shinson Hapkido-Sommerzeltlager veranstaltet, das stets an einem anderen Ort bzw. in einem anderen Land stattfindet. Die Grundidee dieser Veranstaltung ist es, die dicken Mauern, welche die Menschen und Völker zwischen sich errichtet haben und die auch unser eigenes Herz einengen und begrenzen, durchlässiger zu machen und nach und nach abzubauen. Eine Woche lang trennen die Sommerzeltlager-TeilnehmerInnen statt dicker Mauern nur dünne Zeltwände, und auch diese werden immer häufiger geöffnet - als Zeichen der inneren Öffnung, die sich im Laufe der Zeit vollzieht.

Ein weiteres Anliegen dieser Veranstaltung ist die Förderung der Familie. Heutzutage geschieht es oft, daß z.B. der Mann trainiert, während seine Frau zuhause bleibt - oder umgekehrt. Oder die Kinder gehen ins Training, während die Eltern daheim sind. Dieses Problem ist auch im Shinson Hapkido zu beobachten. Das Sommerzeltlager ist jedoch eine Veranstaltung für die ganze Familie. Es soll dazu beitragen, die Trennung der Familienmitglieder zu überwinden. Es ist eine gute Möglichkeit, einmal kennenzulernen, was der Ehepartner bzw. die Partnerin, die Kinder, Eltern oder Großeltern in ihrer Freizeit machen. Außerdem bietet das Sommerzeltlager eine einmalige Gelegenheit, gemeinsam einen preiswerten Urlaub in einer schönen Umgebung zu verbringen. Ein Urlaub mit der ganzen Familie ist sonst eine ziemlich kostspielige Angelegenheit, die sich sozial Schwächere kaum leisten können. Beim Shinson Hapkido-Sommerzeltlager hingegen wird darauf geachtet, daß die Teilnahme nicht am Geld scheitert.

Das Shinson Hapkido-Sommerzeltlager hat drei Ziele:

Hap: Es soll die Familie zusammenbringen, wobei hier nicht nur die Gemeinschaft von Ehepartnern, Kindern, Eltern und Großeltern etc., sondern auch die große Familie aller Menschen in der ganzen Welt gemeint ist. Daher sind besonders auch alle einsamen, schwachen und alten Menschen sowie Behinderte herzlich willkommen.

Ki: Es soll den Menschen die Möglichkeit geben, sich zu erholen, Ki zu tanken, mit der Natur in engere Verbindung zu treten und die Kultur einer anderen Stadt oder eines anderen Landes kennenzulernen. Außerdem soll es die Freude an der Bewegung und am Leben stärken.

Do: Es soll den Menschen helfen, Do, den Weg der Menschlichkeit und Naturliebe, zu finden und zu gehen.

Anfangs hatte das Sommerzeltlager für die meisten TeilnehmerInnen nur eine sportliche Bedeutung, inzwischen haben aber viele Menschen den tieferen Sinn dieser Verantstaltung verstanden - nicht nur die Shinson Hapkido-SchülerInnen, sondern auch Außenstehende. Es kommen auch immer mehr Kranke, die teilnehmen möchten, um Heilung zu finden.

Der Schutz der Natur und Umwelt ist ebenfalls ein großes Anliegen des Sommerzeltlagers und wird während der Veranstaltung auch aktiv praktiziert. Wenn die Natur schmutzig und krank ist, können wir nicht gesund leben bzw. gesund werden. Und wenn wir krank sind (nicht nur körperlich, sondern vor allem auch in unserer inneren Einstellung), wird auch die Natur krank. Eine ganzheitliche Heilung muß daher nicht nur den Menschen, sondern auch die Natur umfassen. Sich selbst und die Natur sauber zu halten ist aus diesem Grund ein wichtiger Schritt auf dem Weg zur Heilung.

Das Sommerzeltlager lehrt uns, aktiv zu leben, miteinander zu teilen und Lebensmut aufzubauen - und dies nicht nur zu lernen, sondern auch selbstverantwortlich zu tun. Auf dem Shinson Hapkido-Sommerzeltlager steht niemand vorne und kommandiert. Diese Verantstaltung lebt von der Lust jedes einzelnen, zum Gelingen selbst beizutragen, und von der Bereitschaft vieler, Verantwortung zu übernehmen. Eine Diktatur funktioniert vielleicht gut und ist einfach zu organisieren, aber sie läßt den Individuen keinen Freiraum zur persönlichen Entfaltung. Nur wenn jeder einzelne sich sowohl frei entfalten als auch Verantwortung in der Gemeinschaft übernehmen kann und will, entsteht eine wahrhaft lebendige Gesellschaft. Die ersten Schritte zu einer freien Gemeinschaft sind oft mühsam, aber dieser Weg ist für alle offen und wird mit jedem Schritt heller und leichter. Dies ist der Weg, den wir auf dem Shinson Hapkido-Sommerzeltlager gemeinsam gehen wollen.

„Die Welt ist eine große Familie"
Shinson Hapkido-Sommerzeltlager 1994 in Tømmerup, Dänemark
(ca. 850 Teilnehmerinnen und Teilnehmer)

Der Inhalt von Shinson Hapkido

Shinson Hapkido enthält drei Ki-Trainingselemente: die Ausbildung des Körpers, der Lebensenergie und des Geistes. Da aber Körper, Lebenskraft und Geist in Wirklichkeit nicht voneinander getrennt sind, sondern eine Einheit, nämlich den Menschen, bilden, kann man auch die drei Trainingselemente in der Praxis nicht voneinander trennen. Jede äußerliche, d.h. körperliche, Haltung und Bewegung ist auch inneres Training und umgekehrt.

Leider sind jedoch inneres und äußeres Training oftmals nicht in Harmonie miteinander. Wenn man sich beim Training ganz nach außen konzentriert und nur das Ziel hat, besser, schöner und stärker zu werden als andere, so hat das zwar auch eine große innere Wirkung, aber eine entgegengesetzte: je mehr man sich um äußeren Glanz bemüht, desto dunkler wird es im Inneren.

Shinson Hapkido zu trainieren bedeutet, gleichzeitig nach innen und nach außen zu schauen, beide Seiten in Harmonie miteinander zu bringen und gemeinsam weiterzuentwickeln. Shinson Hapkido ist ein Weg der Mitte (Jung Do), ein Weg des Gleichgewichts von innen und außen, oben und unten, stark und schwach. Die „inneren" und „äußeren" Trainingselemente habe ich im folgenden zwar scheinbar getrennt aufgeführt, um den Inhalt von Shinson Hapkido besser darstellen zu können; bitte denken Sie aber daran, daß man für jede Übung seinen Körper, seine Lebenskraft *und* seinen Geist braucht und daß jede äußere Form den inneren Zustand beeinflußt und umgekehrt.

Wenn man in diesem Bewußtsein trainiert, wird das Training zu einer ganzheitlichen Ausbildung.

Shin: Die Ausbildung von Herz und Geist

Ziel: Leben in Harmonie mit Mensch und Natur; Klarheit von Herz und Geist (Selbsterkenntnis, Erleuchtung); Liebe und Tugend.

Weg: innere Entspannung und Achtsamkeit; innere Reinigung. Besonders geeignet hierfür ist z.B. die Teezeremonie, die Kalligraphie, das Blumenstecken, die Meditation (meditatives Sitzen, Gehen, Tanzen, Singen etc.) sowie jede Art der liebevollen Hilfe für Mensch und Natur.

Ki: Die Ausbildung der Lebensenergie

Ziel: Stärkung der Lebenskraft, des Lebensmutes und der Lebensfreude; Selbstvertrauen; Lebensweisheit.

Weg: Bauchatmung (Ki-Atmung) zur Entwicklung und Stärkung der Lebenskraft; Aufenthalt in sauberer Natur (mit der Natur zusammen atmen); Spezialtechniken zur Stärkung von Ki (z.B. barfuß durch Schnee laufen, um zu lernen, mit Ki die eigene Temperatur zu kontrollieren; unter einem Wasserfall duschen, um alle Poren der Haut zu öffnen) u.a.

Chong: Die Ausbildung des Körpers / Techniken

Ziel: Wiederfinden und Ausbilden der eigenen natürlichen Form; menschliche Selbstverwirklichung; körperliche Kraft und Gesundheit; die Fähigkeit, sich selbst und andere zu schützen und zu heilen.

Weg:

- reine Körpertechniken (Gymnastik, Tanz, waffenlose Selbstverteidigung u.a.); Beispiele aus der Selbstverteidigung: Hand- und Fußtechniken, Fallübungen, Befreiungstechniken mit Würfen, Hebeln, Akupressurtechniken etc., Formlauf u.a.

- Techniken mit Gegenständen (z.B. Gymnastik, Tanz und Selbstverteidigung mit Gegenständen); Beispiele aus der Selbstverteidigung: Tuch- und Fächertechniken, Stock-, Messer- und Schwerttechniken u.v.m.

- Heiltechniken, Naturheilkunde (Akupressur, Akupunktur, Moxa-Behandlung, Kräuterkunde, Chiropraktik, Ki-Gong u.v.m.)

Die Shinson Hapkido-Techniken kann jeder so üben, wie es für seinen Körper und Charakter angemessen und gut ist. Die Techniken sind nicht der Zweck des Trainings, sondern nur ein Werkzeug, mit dem man daran arbeiten kann, seine natürliche Form, Gesundheit und Klarheit wiederzufinden und zu stärken.

Im Shinson Hapkido werden die äußeren Techniken wie Gymnastik, Kampfkunst, Akupressur etc. daher auch stets mit den inneren Techniken wie Son (Ausbildung von Herz und Geist) und Bauchatmung verbunden. Shinson Hapkido lehrt nicht (wie manche moderne Sportarten), Herz und Geist mit Körper und Kraft zu bewegen und zu kontrollieren, sondern den Körper und das Ki mit Herz und Geist zu bewegen und zu leiten. Das kann jeder lernen! Liebe Leserinnen und Leser, bitte denken Sie nicht „Das kann ich nie!", sondern „Das kann ich auch!" Dann ist der schwerste Schritt schon getan.

Shinson Hapkido möchte den Menschen Hoffnung, Mut und Vertrauen für das Leben geben. Leben ist Bewegung! Wahrhaft lebendig zu sein bedeutet, mit den natürlichen Bewegungen des Lebens mitzufließen. Shinson Hapkido möchte Ihnen helfen, die Freude an der natürlichen Bewegung und am Leben wiederzufinden und zu stärken.

Shinson Hapkido zu trainieren bedeutet aber nicht unbedingt, sich in Gymnastik, Kampfkunst oder Heiltechniken zu üben. Alles, was man tut, kann man im Geiste von Shinson Hapkido tun: singen, tanzen, malen, lesen, laufen, spielen, essen, trinken, arbeiten, schlafen usw. Mit Shinson Hapkido zu leben bedeutet, dankbar und großherzig, sanft und mutig, frei und gemeinschaftlich, friedlich und verantwortungsvoll, klar und ausgewogen, menschlich und natürlich zu leben. Dieser Weg steht jedem offen. Aber man kann Shinson Hapkido nicht allein durch Denken verstehen und verwirklichen, sondern man muß es auch tun.

**Durch Gehen, Gehen, Gehen lernen wir,
durch Tun, Tun, Tun erlangen wir Erleuchtung.**

Menschen vom Lande und Menschen aus der Stadt feiern Hochzeit miteinander; auch einsame Menschen werden zueinander finden und sich vermählen. Die Erde ist groß genug, damit alle auf ihr leben, essen und wohnen können. Wenn wir unseren Nächsten achten, wird diese Welt ein Ort des Friedens und der Menschlichkeit. Wenn Nord und Süd, Ost und West die Tür weit öffnen, können alle Menschen miteinander leben und feiern. Dann ist die Welt frei.

Wer kann Shinson Hapkido lernen?

> **Il Shim I Mun**
> **Ein großes Herz hat viele Türen.**

Wenn Wasser zu heiß wird, beginnt es zu kochen und verdampft; wird es hingegen zu kalt, erstarrt es zu Eis. In beiden Fällen verliert es seine ursprüngliche Form und seinen lebensfreundlichen Charakter.

Auch das Wasser der Lebenskraft, das in jedem Herzen ursprünglich klar und warm fließt, hat durch falsche Behandlung vielerorts seinen natürlichen Charakter verloren und ist bei manchen Menschen am Kochen, bei anderen hingegen zu Eis erstarrt. Wir sagen nun: „Ich bin Wasser, Du bist Eis!" und sehen die Gemeinsamkeit nicht mehr. Natürlich wissen wir alle, daß Wasser und Eis im Grunde eins sind. Was das aber wirklich bedeutet, darüber haben die meisten von uns noch nicht genug nachgedacht. Das Eis vergißt, daß es aus Wasser entstanden ist, und das Wasser weiß nicht, daß es auch Eis werden kann. Wir denken „Ich bin ich, Du bist Du! Ich bin gut, Du bist schlecht!" und bestehen stur auf unserer Meinung.

Um diese Sturheit zu lösen und die gegenseitige Trennung, Verurteilung und Vereinsamung zu überwinden, brauchen wir aber nur etwas warmes Wasser: nicht zu kühl, weil es sonst das Eis nicht schmelzen kann, aber auch nicht zu heiß, weil es sonst das kochende Wasser nicht abkühlen kann.

Shinson Hapkido ist wie ein solches warmes und klares Wasser, welches jedem - ob Wasser oder Eis - helfen kann, die ursprüngliche innere Wärme, Klarheit und Gemeinschaft wiederzuentdecken und Frieden zu finden. Und wie das Wasser hat auch Shinson Hapkido im Grunde keine feste äußere Form und Farbe. Es paßt daher in jedes Gefäß, welches sich dafür öffnet, ob groß oder klein, dick oder dünn, schwarz oder weiß. In einem viereckigen Gefäß sieht es viereckig aus, in einem runden sieht es rund aus, aber es ist doch immer dasselbe.

Shinson Hapkido wendet sich nicht an spezielle Gruppen wie z.B. Leistungssportler und Kampfkünstler, sondern an alle. Shinson Hapkido eignet sich z.B. auch für Künstler wie Maler und Musiker oder für Chirurgen, die durch ein entsprechendes Training die Sensibilität, Kraft und Sicherheit ihrer Hände verstärken können.

Jeder, ob Mann oder Frau, jung oder alt, kann Shinson Hapkido lernen. Geschlecht, Alter*, Hautfarbe, Rasse, Nationalität, Religion, Weltanschauung, Bildung, Beruf ... das alles ist im Shinson Hapkido zweitrangig. Shinson Hapkido lehrt, in jedem zuerst den *Menschen* zu sehen, nicht seine Stärken oder Schwächen, Vor- oder Nachteile. Wieviel Schalen auch immer das Herz bedecken, im Innersten eines jeden Herzens wartet das Licht sehnsüchtig darauf, wiederentdeckt und befreit zu werden.

Shinson Hapkido lehrt, nicht aufzugeben. Auch wenn man Arme und Beine nicht zu bewegen vermag, kann man das Licht des Herzens finden. Zu den Behinderten zähle ich allerdings nicht nur die körperlich und/oder geistig benachteiligten Menschen, sondern auch diejenigen unter uns, deren Herz verschlossen, taub und blind ist. Ich denke, gerade diesen Menschen kann Shinson Hapkido helfen, das Herz und das geistige Auge wieder zu öffnen.

Shinson Hapkido ist ein Weg des Gleichgewichts und der Gemeinschaft (Jung Do), der stark und schwach, groß und klein, reich und arm wieder in Frieden, Gerechtigkeit und Menschlichkeit zusammenbringen will. Shinson Hapkido ist vor allem auch der Weg des Grases (Min-Cho), das sich immer wieder aufrichtet, auch wenn es getreten und unterdrückt worden ist. Die schwachen Menschen können durch Shinson Hapkido lernen, aufzustehen und mutig ihren Weg zu gehen. Um sich endlich wieder als gleichberechtigte Menschen fühlen zu können, müssen sie aber nicht nur ihre Angst und Unterwürfigkeit, sondern auch ihre Eifersucht und ihr Mißtrauen den Starken gegenüber überwinden. Die starken Menschen hingegen müssen die Mauer ihres Egoismus, hinter der sich auch Angst verbirgt, niederreißen. Dann können sie erfahren, wieviel Freude und Erfüllung es bringt, ihre Kraft mit anderen zu teilen. Sie werden gebraucht, um den Schwächeren mit Vertrauen, Respekt, Geduld, Demut und Liebe die Hand zu reichen und ihnen zu helfen, sich aufzurichten. So wird Shinson Hapkido für alle - ob stark oder schwach - zu einer Aufgabe, an der sie wachsen können.

„Hap" bedeutet Harmonie und Gemeinschaft, und das Shinson Hapkido-Training sollte auch immer ein echtes Gemeinschaftstraining

---

* *Shinson Hapkido eignet sich für Kinder ab ca. 6 Jahren. Nach oben gibt es keine Altersbegrenzung. Meine bislang älteste Schülerin feierte im Jahre 1992 ihren 80. Geburtstag.*

sein. Wenn in einer Gruppe jeder für sich trainiert und nur seine eigenen Fortschritte im Auge hat, so ist das meiner Meinung nach kein Gemeinschaftstraining. Die Starken haben viele Vorteile, wollen immer mehr haben und unterdrücken die Schwachen. Sie wollen nicht teilen - weder Material noch Kraft, weder Herz noch Geist. So werden die Schwachen abgedrängt, verlieren den Mut und werden immer schwächer und ängstlicher, während die Starken immer stärker und irgendwann hart und brutal werden.

Obwohl wir Menschen alle miteinander leben müssen, sieht man überall statt echten gemeinsamen Teilens nur Trennung und Verurteilung: ich und Du, mein und Dein, schwarz und weiß, gut und schlecht, meine Ideologie und Deine Ideologie, meine Kampfkunst und Deine Kampf-

Eine „Shinson Hapkido-Familie"

kunst usw. Überall wird gerechnet, werden Grenzen gezogen, Mauern gebaut und Einbahnstraßen errichtet. Wir achten nur noch auf die Äußerlichkeiten, die uns trennen, statt das innere Licht zu sehen, das uns verbindet.

So ein Leben mag äußerlich stabil aussehen, ist aber innerlich ohne Halt. Es ist nur auf Mißtrauen, Angst und Druck aufgebaut. Das ist weder menschenwürdig noch natürlich. In der Natur verhält es sich umgekehrt: sie ist außen fließend, innen jedoch stabil. Jedes Tier, jede Pflanze, jeder Stein gibt sich vertrauensvoll ganz hin, erfüllt fleißig seine Aufgabe und erhält dadurch das Leben und das Gleichgewicht in der Natur. Auch wir Menschen haben eine Aufgabe in dieser Welt zu erfüllen. Das haben die meisten von uns aber vergessen, so wie sie vergessen haben, wer sie selbst eigentlich sind. Unsere Aufgabe ist es nicht, Mauern zu bauen, sondern die Mauern niederzureißen, die uns von der Gemeinschaft mit anderen Menschen, von der Verbundenheit mit der Natur und von dem Licht trennen.

Die Sonne ist immer da, aber sie wird von den Mauern unseres Mißtrauens und Egoismus verdeckt. Um diese Mauern abzubauen, wird im Shinson Hapkido-Training so viel Wert auf Achtung, Toleranz und Gemeinschaft gelegt. Deshalb bitte ich meine SchülerInnen im Training immer, ihren Egoismus loszulassen und nicht zuerst „ich", sondern „wir" zu denken. Das Shinson Hapkido-Training kann uns helfen, unseren natürlichen Charakter wiederzufinden und zu entwickeln. Dann wird unser Herz wieder innerlich stabil und äußerlich sanft, und wir bekommen genug Klarheit und Kraft, um unsere Aufgabe in dieser Welt zu erkennen und zu erfüllen. Dann können wir unsere Angst und Einsamkeit überwinden, anderen Menschen die Hand reichen und ihnen helfen, ebenfalls ihre wahre Menschlichkeit wiederzuentdecken.

Die Weisheit des Wassers: Grundgedanken von Shinson Hapkido

Fließendes Wasser wird nie faul. Es verfügt über eine große Selbstreinigungskraft, die es immer wieder klar und frisch macht. Auch wir Menschen haben eine solche Kraft: Ki, das Wasser des Lebens, das uns immer wieder reinigt, heilt und stärkt, solange es natürlich fließen kann. Die Kunst des Fließens ist das Geheimnis des Lebens. Wenn wir uns Gesundheit und ein langes Leben wünschen, müssen wir die Kunst des Fließens vom Wasser erlernen. Wie das Wasser voller Naturvertrauen fleißig fließt, die Naturgesetze respektiert, Lebenskraft spendet und das Fließen genießt, so sollten auch wir der Natur Achtung und Vertrauen entgegenbringen, aktiv leben, unsere Kraft und Liebe miteinander teilen und das Leben dankbar genießen.

Natürlich fließendes Wasser hat einen ganz ausgeglichenen und lebendigen Rhythmus: mal schnell und dynamisch, voller Lebensfreude wie ein Gebirgsbach und voller Vertrauen in die Erde wie ein Wasserfall, mal sanft und gelassen, mit ruhiger Kraft wie ein tiefer Strom und voller Klarheit wie ein See, in dem sich der Mond spiegelt. Wenn es sich ohne Angst über einen Felsen hinab zur Erde fallengelassen hat, sammelt es sich in einem ruhigen See und fließt nach einer kurzen Pause weiter in Richtung Meer. Auch unser Leben sollte so einen harmonischen Rhythmus von Spannung und Entspannung haben.

Auf seinem Weg zum Meer fließt das Wasser immer von oben nach unten. Je größer ein Fluß wird, desto tiefer neigt er sich herab. Solange das Wasser diese Demut bewahrt, fließt es natürlich und kommt seinem Ziel unablässig näher.

Ob das Wasser auf seinem Weg nun langsam oder schnell fließt, ob es von hohen Bergen herabbraust oder sich durch tiefe Täler windet, ob es die durstige Kehle eines Wanderers erfrischt oder für andere Zwecke benutzt wird: es ist immer mit sich eins und in Harmonie. Voller Vertrauen, Geduld und Demut folgt es seinem Weg zum Meer, dem Einem Weg (Il Do), mit Einem Herzen (Il Shim). Daraus können wir viel lernen.

Das Wasser kann überall hinfließen und alles miteinander verbinden: den Himmel mit der Erde, die Quelle mit der Mündung, den Berg mit dem Tal, die Natur mit den Menschen und sogar die Menschen untereinander.

*Zwei Freunde unterhalten sich beim Anblick eines Wasserfalls.
Von einem unbekannten Künstler.*

Wenn wir zusammensitzen und uns unterhalten wollen, kann uns ein Glas Wasser oder Tee helfen, die anfängliche Spannung zu lösen und die Mauern zwischen uns zu öffnen. Feste Körper können nicht verschmelzen. Das ist ein Grundsatz der Natur. Wasser aber kann vieles, was sonst starr und stolz ist, weich machen und mit anderen Dingen vereinen.

Wasser hat nicht die Aufgabe, zu trennen, sondern zusammenzubringen. Es fördert das Leben und die Gemeinschaft. Diese Aufgabe kann es vor allem deshalb gut erfüllen, weil es selbst keine feste Gestalt hat, sondern alle Formen und Farben annehmen kann. Man sagt in Korea: „Wasser hat tausend Gesichter." Wasser nimmt die Form jedes Gefäßes an, in welches es gegossen wird, ohne seinen eigenen natürlichen Charakter zu verlieren. Es ist in Einklang mit jeder Form, ob rund (Won), viereckig (Bang) oder dreieckig (Ghak). Das Wasser hat auch tausend Stimmen. Es singt in allen Sprachen und kann von allen Lebewesen verstanden werden.

Wasser hat eine unglaubliche Kraft und bricht irgendwann jeden Damm. Wasser kann Steine aushöhlen! Es spült Felsen hoch vom Berg herab, schleift sie langsam ab, poliert sie und bringt sie als runde, glänzende Kiesel zum Meer. Solche Geduld und Kraft hat das Wasser. Solche Geduld und Kraft brauchen auch wir, wenn wir unser Herz und unsere Menschlichkeit wie einen Edelstein polieren und zum Leuchten bringen wollen.

Ein Wassertropfen, der vom Himmel fällt, ist klein und schwach. Wenn sich aber viele Tropfen zusammenfinden, entsteht ein kleiner Quell oder See, aus dem ein Bach zu rinnen beginnt. Der Bach wird zum Fluß, der Fluß schwillt an zum Strom, und der Strom mündet schließlich im weiten Meer. Von dort steigt das Wasser mit Hilfe von Sonne, Wind und Wolken irgendwann wieder empor in den Himmel, von wo es gekommen ist. Und nach einiger Zeit fällt es erneut in kleinen Tropfen herab, um der trockenen Erde und den durstigen Menschen Erfrischung und Freude zu spenden. Das ist der Kreislauf der Natur und des Lebens.

Auch wir sind einst wie Wassertropfen auf diese Erde gefallen und müssen dem natürlichen Kreislauf folgen. Dann können wir gesund leben und zufrieden sterben. Viele Menschen aber blockieren den Kreislauf des Lebens - im eigenen Körper ebenso wie in der ganzen Welt. Sie ziehen alle Energie nach oben, bis ihr Herz und Kopf brennt, und lassen sie nicht wieder nach unten fließen. Wenn aber zuviel heißes Ki in den Kopf steigt, verbrennt es das Gehirn und läßt nur Asche zurück. Die Überhitzung von Kopf und Herz macht die Menschen verrückt. Sie können nicht mehr tief atmen und funktionieren nur noch wie Maschinen. Sie rennen und rennen, und wer nicht mitkommt, wird überrannt. Wenn sie aber durch eine Krankheit oder ein Unglück an eine Lebensklippe kommen, können sie nicht wie Wasser ohne Angst hinüberfließen und sich der Natur anvertrauen, sondern verzweifeln, stürzen herab wie Roboter und zerschellen am Boden.

In der heutigen Zeit denken die Menschen oft so viel, daß ihre Köpfe rauchen, aber sie tun nichts, um den Brand zu löschen. Das Feuer von Herz und Geist hat auf die ganze Welt übergegriffen. Die Welt brennt! Angst, Haß und Gewalt breiten sich immer mehr aus! Die Menschen wollen die Natur und andere Menschen besitzen und kontrollieren. Sie wollen wie Gott werden. Die Menschen sind aber nur ein kleiner Teil der Natur. Sie können sie nicht besitzen, sondern müssen sie respektieren.

Wenn wir das Brennen löschen und Frieden finden wollen, brauchen wir ein gutes Ki-Training, das uns hilft, kühle Energie nach oben zu schicken und die heiße Energie wieder nach unten zu ziehen. Nur auf diese Weise können wir Körper, Herz und Geist wieder warm und ausgeglichen machen. Shinson Hapkido ist so ein Ki-Training, mit dem man die Blockaden von Körper, Herz und Geist lösen und das Wasser des Lebens wieder in Fluß bringen kann. Shinson Hapkido lehrt, durch harmonische Bewegungen, tiefe Atmung und die Ausbildung von Herz und Geist den natürlichen Kreislauf des Lebens wiederherzustellen.

Um diese Aufgabe zu erfüllen, muß auch Shinson Hapkido selbst natürlich und lebendig wie Wasser fließen: von oben nach unten, von der Quelle zur Mündung, von den LehrerInnen zu den SchülerInnen. Es muß dabei von Herz zu Herz fließen. Das ist aber nur möglich, wenn beide Seiten ihr Herz öffnen, d.h. wenn die SchülerInnen ihren LehrerInnen aufrichtiges Vertrauen, und die LehrerInnen ihren SchülerInnen selbstlose Liebe schenken. Wenn wir Vertrauen und Liebe fließen lassen wie Wasser, wird nicht nur im Training, sondern auch in unserer Familie und in der ganzen Welt eine wunderbare Gemeinschaft entstehen. Die Eltern werden ihre Kinder lieben, und die Kinder werden ihre Eltern achten. Geschwister werden sich umarmen und in Freundschaft miteinander leben. Zwischen Mann und Frau wird Verständnis und Einklang herrschen. Die Harmonie der Familie wird sich auch auf die Nachbarn, das Dorf, die Stadt und das Land übertragen und der ganzen Welt Frieden bringen.

Um unser Leben wieder hell und frisch zu machen, brauchen wir ein regelmäßiges Ki-Training. Unregelmäßiges Training ist wie ein Tropfen auf einem heißen Stein. Aber nur wenn viele Regentropfen auf die Erde fallen, dringen sie durch Fels und Stein bis zu der tief im Boden verborgenen

Quelle vor und lassen sie wieder emporsprudeln. So können wir auch unser überhitztes und trockenes Herz nur wieder fruchtbar machen, wenn wir das Wasser des Lebens durch regelmäßiges Üben geduldig darauf gießen, bis die Quelle wieder sprudelt, überfließt und sich in die ganze Welt ergießt. Dann können wir mit dem Wasser des Lebens die Erde fruchtbar machen. Wir können süße Früchte ernten und köstliche Gerichte kochen, von denen alle Menschen satt werden. Wir können Brunnen bauen, um den Durst aller Menschen zu stillen. Und wir können mit dem Wasser des Lebens Sand und Steine verbinden, um Häuser zu errichten, in denen sich alle Menschen wohlfühlen. Geduld und Gemeinschaft sind die Tugenden, die wir vom Wasser lernen können.

Aufgaben und Ziele von Shinson Hapkido

Sinnvoll benutzt bringt das Wasser Leben und Gedeihen; wenn es aber außer Kontrolle gerät oder mißbraucht wird, kann es auch große Zerstörung anrichten. Shinson Hapkido ist wie Wasser, es darf jedoch niemals benutzt werden, um anderen zu schaden, sondern nur, um Leben und Gesundheit zu schützen und zu erhalten. Dies gilt insbesondere für die im Programm von Shinson Hapkido enthaltenen Selbstverteidigungstechniken.

Selbstverteidigung und Kampfkunst gleichen einem scharfen Messer, das man entweder dazu benutzen kann, um für die Menschen ein wohlschmeckendes und gesundes Mahl zuzubereiten oder um jemanden zu verletzen. Shinson Hapkido darf nur zum Zwecke der Gesundheit und zum Wohle von Mensch und Natur benutzt werden, es darf aber niemals zu einem Mittel der Gewalt werden!

Das Wort „Kampfkunst" steht im Shinson Hapkido in erster Linie für den geistigen Kampf gegen die eigenen Ängste und negativen Gedanken. Mit negativen Gedanken zieht man Unglück an und setzt eine Kettenreaktion von Aggressionen bei sich und anderen in Gang, die nur durch ein klares Eintreten für den Frieden beendet werden kann.

Sicherlich kann man Shinson Hapkido anwenden, um sich und andere in Notfällen zu schützen und zu verteidigen. Das eigentliche Ziel von Shinson Hapkido aber ist es, Gewalt nicht nur abzuwehren, sondern ihr von Anfang an vorzubeugen. Wenn wir innerlich klar werden und in der eigenen Mitte ruhen, ziehen wir automatisch weniger Unglück an als jemand, der sich ständig mit negativen Gedanken beschäftigt und von Furcht oder Gier beherrscht wird. Gewalt und Unglück lieben die Dunkelheit, nicht das Licht. Wenn Herz und Geist klar sind, können wir Gefahren schon früh erkennen und meiden bzw. rechtzeitig abwenden - oder auch klug und mutig durchstehen, wenn es sein muß. Dunkelheit nicht mit Dunkelheit, sondern mit Licht zu begegnen ist das Grundprinzip von Shinson Hapkido.

Der Weg und das Ziel von Shinson Hapkido ist ein langes und erfülltes Leben in Frieden, Freiheit und Menschlichkeit. Freiheit ist lebenswichtig für uns: ohne Freiheit können wir uns nicht natürlich entfalten, sondern verkümmern körperlich und geistig. Aber Freiheit bedeutet nicht Respektlosigkeit und Egoismus. Wenn wir andere Menschen nicht achten und das Brot mit ihnen teilen können, bleiben wir immer Gefangene des „Ichs" und all seiner Angst und Habgier. Nur mit Achtung, Vertrauen und Liebe im Herzen können wir die Freiheit für ihren eigentlichen Zweck, das innere Wachsen und Reifen, nutzen und Frieden finden. Freiheit darf auch nicht in der Einsamkeit enden, sondern sollte dazu dienen, das eigene Herz so weit aufzumachen, daß alle Menschen darin Platz haben.

Auch den schwachen und kranken Menschen muß das Recht auf Frieden, Freiheit und Entfaltung in der Gemeinschaft gelassen werden. Starke und Schwache, Gesunde und Kranke müssen endlich lernen, vorbehaltlos zusammenzuleben und in dem jeweils anderen zuerst immer nur den inneren, gleichberechtigten Menschen zu sehen, und nicht, was er äußerlich darstellt. Menschlich zu leben bedeutet, das zu fördern, was uns verbindet, nicht das, was uns trennt.

Alle Menschen hängen zusammen wie die Glieder einer Lichterkette. Wenn es keine Blockade und Unterbrechung in dieser Kette gibt, kann das Licht ungehindert von Anfang bis Ende hindurchfließen und alle Herzen erhellen. Wer ein klares, helles Herz hat, sollte daher den anderen Menschen seine Hände reichen, damit das Licht auch in ihre Herzen fließen kann. Mit geschlossenen Augen kann man das Licht nicht sehen. Shinson Hapkido möchte dabei helfen, die Augen des Herzens wieder zu öffnen, damit man das Licht der Natur und seine Verbindung mit dem Großen Herzen des Universums wieder wahrnehmen kann.

Mein Herz ist das Herz des Universums.
Das Herz des Universums ist mein Herz.

Shinson Hapkido soll vor allem ein Beitrag zum Weltfrieden sein - ein Knoten in dem Netz, an dem bereits viele Menschen zur Rettung der Welt knüpfen. Dauerhaften Frieden können wir nicht dadurch schaffen, daß wir kämpfen und als Sieger Frieden verkünden. Ein Frieden, der durch Kampf entsteht, wird auch immer wieder durch Kampf beendet werden. Wenn wir einen echten Frieden schaffen wollen, müssen wir lernen, andere Menschen zu respektieren und unser Brot und Leben mit ihnen zu teilen - in der eigenen Familie und Nachbarschaft ebenso wie in der ganzen Welt.

Wie wollen wir in der Welt Frieden bekommen, wenn wir es schon nicht schaffen, mit unserer Familie, mit unseren Freunden, ja nicht einmal mit uns selbst in Frieden zu leben? Wir sagen, wir wollen keinen Krieg, aber wieviel Streit und Kampf machen wir jeden Tag allein mit uns selbst? Midum: Oft kommen wir abends nach Hause und sagen: „Ich bin kaputt!" Wir denken, das Leben sei anstrengend, weil wir ständig mit anderen Menschen und den Widrigkeiten des Alltags kämpfen müssen. Aber in Wahrheit kämpfen wir meistens nicht mit anderen, sondern mit uns selbst: mit unserer eigenen Angst, Unzufriedenheit und Habgier. Das ist es, was uns so viel Kraft kostet und was jede Niederlage, aber auch jeden Sieg, so bitter macht.

Streit ist manchmal auch notwendig, aber es muß ein konstruktiver Streit auf der Basis von Achtung, Vertrauen und Liebe sein, nicht ein Streit, bei dem man unbedingt siegen und sein Gegenüber am Boden sehen will. Mit jedem egoistischen Streit und Kampf bringen wir Unfrieden in diese Welt und helfen mit bei der Ermordung der Menschlichkeit. Warum machen wir uns kaputt? Liebe Leserinnen und Leser, lassen Sie uns den Kampf beenden, bevor es zu spät ist! Wir dürfen nicht darauf warten, daß der Frieden zu uns kommt, sondern müssen selbst den Weg des Friedens gehen! Öffnen wir unser Herz und reichen uns die Hände!
Frieden kann man nur miteinander schaffen, nicht gegeneinander!

In-Kyok Suyang
In-Kyok Doya
In-Kyok Wansong

Menschlichkeit ausbilden
Menschlichkeit verbreiten
Menschlichkeit erreichen

Aufgaben und Ziele von Shinson Hapkido:

- Arbeit für Frieden und Freiheit in der Welt.
- Schutz und Förderung des Lebens und der Gesundheit.
- Schutz der Natur und Förderung einer natürlichen Lebensweise.
- Förderung des Geistes von Menschlichkeit und Naturliebe (Herz und Geist wiederfinden und klar machen; Menschlichkeit ausbilden, verbreiten und erreichen).
- Förderung der Gemeinschaft aller Menschen untereinander und mit der Natur.
- Verbreitung des Geistes von Achtung und Toleranz (Achtung vor sich selbst, vor anderen Menschen und vor der Natur - auch Toleranz und Respekt gegenüber Angehörigen anderer Bewegungskünste).
- Förderung einer positiven Lebensweise (positiv denken, fühlen und handeln).
- Bewegung für das Leben (den Geist und die Kraft von Shinson Hapkido nur zum Wohle von Mensch und Natur einsetzen).
- Harmonie der Kräfte (Jung Do: den Weg der Mitte gehen).

Jung Do - Der Weg der Mitte

信 믿음 — Midum / Vertrauen

禮 예의 — Yeey / Achtung

忍 인내 — Innee / Geduld

讓 겸손 — Giomson / Demut

愛 사랑 — Sarang / Liebe

Die Shinson-Hapkido-Lehrmethode

Midum: Vertrauen

Von Geburt an erleben wir ständig Dinge, die unser Grundvertrauen in das Leben erschüttern. Wenn wir die Geborgenheit des Mutterleibes verlassen und vom Nabel der Mutter, durch den wir bis zu unserer Geburt geatmet haben, abgetrennt werden, bekommen wir meistens den ersten großen Schock - obwohl Geburt und Abnabeln ganz natürliche und lebenswichtige Vorgänge sind.

Oft sind es ganz alltägliche Erlebnisse, die unser Vertrauen untergraben: Wenn die Mutter beim Stillen gestört wird und das Baby von der Brust nimmt, obwohl es noch nicht satt ist, wird das Baby unsicher: „Warum nimmt meine Mutter die Milch weg? Liebt sie mich nicht mehr?" Wenn das Kind von der Schule nach Hause kommt, erwartet die Mutter es vielleicht immer mit dem Mittagessen. Einmal aber ist sie nicht da, weil die Nachbarin sie gerufen hat. Enttäuscht steht das Kind vor der verschlossenen Tür und weint. Und obwohl die Mutter bald wiederkommt und es tröstet, bleibt in seinem Herzen ein nagender Zweifel: „Wird meine Mutter mich wieder allein lassen?"

Wenn wir einen Schreck bekommen, verschließt sich unser Herz und wird dunkel und schwer. In einer positiven und hellen Umgebung können wir das Herz aber meistens schnell wieder öffnen. Gute Eltern, Lehrer und Freunde können uns helfen, unsere Angst und unser Mißtrauen positiv umzuwandeln und zu überwinden. In einer negativen und dunklen Umgebung ist es jedoch schwer, das Herz wieder zu öffnen.

Nur mit offenem Herzen aber können wir die Sonne sehen und erkennen, daß die Natur immer wie eine Mutter zu uns ist und uns alles, was wir zum Leben brauchen, reichlich gibt. Saubere Luft zum Atmen, helles Sonnenlicht zum Wachsen, klares Wasser und kraftvolle Nahrung zum Leben: alles wird uns im Grunde geschenkt und reicht für alle Menschen.

Wenn wir uns aber mit Angst und Mißtrauen im Herzen verschließen, neigen wir dazu, wesentlich mehr zu nehmen, als wir brauchen. Auf dem Boden von Mißtrauen und Angst wachsen Habgier und Egoismus. Die Folge ist, daß die Starken zuviel nehmen, die Schwachen zu wenig bekommen und die Natur rücksichtslos verschmutzt und ausgebeutet wird. Zuerst sterben die Schwachen. Mit ihnen aber stirbt die Natur und die Menschlichkeit - und das wird keiner, auch der Stärkste nicht, überleben. Wenn wir selbst leben wollen und wenn wir auch unseren Kindern eine Welt des Lebens und der Menschlichkeit hinterlassen wollen, müssen wir lernen, Vertrauen zu haben, unser Herz zu öffnen und miteinander zu teilen.

In der Schule haben wir gelernt: 1 + 1 = 2. Wir glauben, daß diese Formel ein Gesetz ist. Aber ist sie nicht auch nur ein Produkt unserer Vorstellungskraft? Irgendwann hat sich jemand überlegt, daß eins und eins zwei ergeben könnte. Wer aber weiß wirklich, was alles aus der Vereinigung von eins und eins entstehen kann? In dieser Zeit schenken viele Menschen ihren Glauben und ihr Vertrauen nur dem, was sichtbare Realität ist und bewiesen werden kann. Wir vergessen, daß auch die Realität aus einem Gedanken, aus einem Traum, ja ursprünglich aus dem Nichts entstanden ist.

Seit der Zeit der industriellen Revolution haben sich die Menschen immer stärker nach außen orientiert und dadurch ihre Mitte, ihr Selbstvertrauen und ihren Glauben an die Natur verloren. Manch einer mag heutzutage Maschinen sogar lieber als seine Mitmenschen und verläßt sich mehr auf die Kraft der Technik als auf die eigenen Fähigkeiten und auf die Kraft der Natur. Maschinen können in der Tat oft schneller und besser arbeiten als Menschen, doch dürfen wir eins niemals vergessen: die Maschinen sind für die Menschen gemacht, nicht die Menschen für die Maschinen!

Zuerst waren die Maschinen für die Menschen eine große Hilfe, weil sie ihnen schwere Arbeiten erleichterten. Nun aber werden mehr und mehr Menschen von Maschinen kontrolliert oder gar ersetzt, so daß sie immer weniger Aufgaben haben und das Vertrauen in sich selbst, in andere Menschen und in die Natur immer weiter verlieren. Die Maschinen lassen die Menschen funktionieren statt umgekehrt. Die Menschen haben Angst zu versagen, weil sie nicht so perfekt arbeiten können wie die Maschinen. Aber Menschen sind von Natur aus unvollkommen und machen Fehler. Das müssen wir akzeptieren, wenn wir wie Menschen leben wollen und nicht wie Maschinen!

Was natürlich und lebendig ist, ist nie perfekt. Aber müssen wir nicht Fehler machen, um zu lernen und um uns zu entwickeln? Wie viele Menschen leben jedoch in größter Angst davor, Fehler zu begehen?! Sie möchten wie Maschinen sein und wollen ihre Fehler nicht zugeben. Sie können sich und anderen nicht verzeihen, daß sie nicht perfekt sind. Wenn wir aber aus Fehlern lernen wollen, müssen wir sie zunächst einmal akzeptieren, auch wenn es weh tut. Fehler und Schmerzen gehören zum Leben. Durch sie bekommen wir Lebenserfahrung und Verständnis für andere Menschen. Wenn wir unsere Fehler und Schmerzen in diesem Sinne positiv sehen, können wir sie akzeptieren und daran wachsen.

Allein die Natur als Gesamtheit und Gott ist vollkommen. Wir Menschen können nur unser Bestes geben, aber wir dürfen uns nicht anmaßen, vollkommen zu werden. Wenn wir unser Bestes gegeben haben, sollten wir zufrieden sein und das Leben genießen. Das ist nur menschlich und natürlich.

Die Natur war immer unsere Helferin: gestern, heute - und sie wird es auch morgen noch sein, wenn wir unseren Egoismus loslassen und wieder in Einklang mit ihr leben. Wir müssen aufhören, zu funktionieren, und wieder Vertrauen in die Kraft der Natur, die auch unsere eigene Kraft ist, bekommen. Dieses Vertrauen und diese Klarheit muß zu hundert Prozent kommen, nicht nur zu neunundneunzig Prozent. Ein Sprichwort in meiner Heimat warnt: „Der Teufel wartet auf das eine Prozent." Wenn wir einer Versuchung neunundneunzigmal widerstanden haben, beim hundertsten Male aber schwach werden, waren all die neunundneunzig vorherigen Siege so gut wie umsonst.

Wir Menschen geben dem, was wir denken, träumen, hoffen und glauben, Kraft und Wirklichkeit. Warum wollen wir unbedingt an die Dunkelheit glauben? Wenn wir Licht in die Welt bringen wollen, müssen wir uns entscheiden, an das Licht zu glauben, und alle Zweifel wegfegen - hundertprozentig! Wenn wir nicht an das Licht glauben, werden wir es nicht sehen, auch wenn wir mitten darin stehen. Wenn wir aber an das Licht im eigenen Herzen und in den Herzen aller Menschen glauben, werden wir es auch sehen. Dann fällt es uns auch nicht mehr schwer, uns selbst und andere Menschen zu achten und zu lieben und unser Leben mit anderen zu teilen. Wir müssen an die Natur glauben und ihr vertrauen! Dann können wir verstehen, daß wir eins mit ihr sind.

Yeey: Achtung

In einem Dorf lebte einst ein alter Mann. Wenn dieser Mann jemandem begegnete, grüßte er jedesmal würdevoll und verbeugte sich tief. Die Dorfbewohner sagten, der Alte sei verrückt, aber das kümmerte diesen nicht. Eines Tages starb der alte Mann. Da merkten die Dorfbewohner plötzlich, daß ihnen etwas fehlte. Auf einmal verstanden sie, was der Alte für sie getan hatte, und begannen, sich auch immer höflich zu grüßen und zu verneigen, wenn sie einander trafen. So ehrten sie das Andenken des Verstorbenen und machten ihr Dorf berühmt für seine Freundlichkeit und Höflichkeit.

Wenn man in Frieden miteinander leben will, darf man die Natur und andere Lebewesen nicht unterdrücken, sondern muß sie achten und diese Achtung auch zeigen. Die einfachste Art, Achtung zu zeigen, ist das Grüßen. Im Shinson Hapkido-Training ist das Grüßen z.B. in Form einer Verneigung eine besondere Atemtechnik. Wenn man sich verneigt, atmet man tief und langsam aus, wenn man sich wieder aufrichtet, atmet man ruhig und tief wieder ein. Wie die volle Ähre zur Zeit der Ernte neigt man den Kopf herab, nicht aus Angst, sondern als Zeichen innerer Kraft und Reife.

Liebe Leserinnen und Leser, wenn Sie etwas Gutes für sich selbst, für die Menschen und für die ganze Natur tun wollen, dann grüßen Sie tausendmal am Tag. Dadurch wird Ihre Atmung ganz tief und langsam, Sie bekommen viel Ki, und Ihr Herz wird hell und klar. Grüßen Sie den Himmel und die Erde, den Wind und die Wolken, die Bäume und die Blumen, den Wurm auf der Straße und den Vogel in der Luft. Grüßen Sie sich selbst, alle Menschen und die Natur. Machen Sie sich das Grüßen zur Gewohnheit. Damit können Sie viel Achtung und Frieden in Ihr eigenes Herz und in die ganze Welt bringen.

Wenn Menschen in dem Vertrauen oder wenigstens in der Hoffnung zusammenkommen, gemeinsam zu leben und zu lernen, ist es sehr wichtig, daß sie sich mit Achtung begegnen. Daher ist das erste, was im Shinson Hapkido-Unterricht gezeigt und gelehrt wird, Achtung - sowohl sich selbst als auch den anderen gegenüber. Nur wenn wir uns selbst achten und vertrauen, können wir auch anderen Menschen und der Natur Achtung und Vertrauen entgegenbringen.

Ohne Achtung und Achtsamkeit ist jede Übung nur ein äußerliches Training, das vielleicht kurzfristig Befriedigung verschafft, aber nicht zu dauerhafter Zufriedenheit und Ausgeglichenheit führt. In Selbstachtung und gegenseitiger Achtung zu trainieren bedeutet, nicht gegeneinander, sondern miteinander zu trainieren. Es bedeutet, nicht nur nach außen, sondern auch nach innen zu blicken: tiefer in das eigene Herz und in die Herzen der anderen. Wer sich von Herzen bemüht, sein Bestes zu geben, verdient höchste Achtung. Das innerliche Bemühen zu sehen - bei sich selbst wie auch bei anderen - und nicht nur das äußerliche Ergebnis zu beurteilen ist eine grundlegende Lehrmethode von Shinson Hapkido. Egoismus und Hochmut werden dadurch rasch abgebaut und durch aufrichtige Selbstachtung und natürliches Selbstvertrauen ersetzt. Unter dem Schaum kann man klares Wasser finden.

„Yeey" bedeutet aufrichtigen Respekt vor sich selbst und vor anderen, dankbare Achtung vor dem Leben und vor der Natur und sorgfältige Achtsamkeit im Umgang mit allen Dingen. In unserer Gesellschaft achtet man oft den Stärkeren, ver- und mißachtet aber den Schwächeren. Kommt ein König zur Tür herein, verneigen wir uns, liegt ein Wurm auf der Schwelle, zertreten wir ihn. „Yeey" bedeutet, einen Wurm ebenso zu achten wie einen König und ihm dies vielleicht sogar noch deutlicher zu zeigen, weil man ihn damit ermutigen und aufrichten kann. Achtung verbunden mit Angst und Zwang aber ist kein „Yeey". Im Gegenteil: „Yeey" braucht Freiheit, Klarheit und Mut.

Aufrichtige Achtung kommt von Herzen und fließt von Herz zu Herz. Es ist dann nicht mehr so wichtig, in welcher Form man seine Achtung zeigt, weil jede äußere Form von innerer Wärme und Schönheit leuchtet. Achtung ist eine Bewegungskunst des Herzens. Wo das Herz fehlt, wird die äußere Form starr und militärisch. Achtung darf niemals in äußeren Formen erstarren, denn dann wird sie zu einem Mittel der Ungerechtigkeit, Unterdrückung und Gewalt.

Mit Achtung im Herzen können wir unser Brot immer anderen anbieten und es mit ihnen teilen, auch wenn wir selbst noch Hunger haben. Die meisten Menschen haben es jedoch verlernt, zu teilen. Sie geben noch nicht einmal etwas ab, wenn sie satt sind. Sie essen das halbe Brot, und wenn sie satt sind, streuen sie Asche auf den Rest, damit niemand anderes davon ißt. Wenn wir das, was wir selbst nicht mehr essen können, anderen Menschen vorenthalten, sind wir noch schlimmer als Tiere. Wenn Tiere satt sind, lassen sie die Reste liegen, so daß andere noch davon essen können.

Ein kleiner Schüler bringt seinem alten und ehrwürdigen Meister einen Krug Reiswein.

Gemalt von Yi Kyong-Yun in der Choson-Ära, gegen Ende des 16. Jahrhunderts

Wenn wir uns satt gegessen haben und den Rest anderen geben, handeln wir also nur genauso wie die Tiere.

In meiner Heimat Korea gibt es eine Schlange mit dem Namen „Sal-Mo Ssa" (Schlange, die ihre Mutter frißt). Diese Schlange brütet ihre Eier im eigenen Leibe aus und wirft lebende Junge. Da sie davon sehr geschwächt wird, fallen die Jungen gleich nach der Geburt über sie her und fressen sie auf. Um diesem Schicksal zu entgehen, kriecht die Schlange auf einen Baum und windet sich so um einen Ast, daß die Jungen herunterfallen und sie nicht erreichen können.

Bei den Tieren gilt das Recht des Stärkeren. Das ist für sie nur natürlich. Die Natur des Menschen aber ist anders. Menschlichkeit bedeutet, den Schwächeren nicht zu fressen, sondern das Essen mit ihm zu teilen. Menschlich zu handeln heißt, von seinem Brote abzugeben, auch wenn man selbst noch Hunger hat, und anderen Brot anzubieten, bevor man sich selbst etwas nimmt. Wenn unser Herz von Achtung und Menschlichkeit überfließt, möchten wir sogar unser ganzes Brot verschenken, auch wenn der eigene Magen knurrt, weil uns der Hunger der anderen viel mehr schmerzt als der eigene. Dann kann es geschehen, daß der eigene Hunger und Durst trotzdem gestillt wird, weil wir das Brot der Liebe essen und das Wasser des Lebens trinken.

Innee: Geduld

Um eine Schale Reis zu essen, muß man den Reis Löffel für Löffel in den Mund nehmen. Um Shinson Hapkido zu lernen und zu verstehen, braucht man viel Geduld. Die Mauern, die das Licht unseres Herzens verdecken, sind oft fest, hart und dick. Nicht nur einmal, sondern immer wieder müssen wir uns aufrichtig bemühen, sie abzubauen.

Es kann passieren, daß das Licht der Erkenntnis in einem Moment alle Mauern sprengt und hervorbricht, aber das kommt nicht sehr oft vor. Im allgemeinen braucht man viel Geduld, um seinen Weg zu finden und zu gehen, ohne ihn wieder zu verlieren. Geduld zu haben ist aber gar nicht so schwer, wenn man tief und ruhig atmet. Durch tiefes Atmen schafft man sich innerlich Luft und wird nicht mehr von seinen Emotionen wie Angst, Unruhe, Ungeduld, Ärger und Zorn erstickt.

Manchmal steht man vor einer Aufgabe wie vor einem unüberwindlichen Berg und möchte am liebsten verzagen. Man hat kaum einen Schritt getan, will aber schon aufgeben! Wenn Sie vor so einem Berg stehen, schauen Sie nicht auf den Gipfel, der so unerreichbar fern zu sein scheint, sondern nur auf den nächsten Schritt, den Sie machen können. Holen Sie tief Luft und sagen Sie sich „Diesen Schritt kann ich tun!" und danach „Das habe ich geschafft!" So bekommen Sie Selbstvertrauen und können den Berg Schritt für Schritt überwinden. Beim nächsten Berg ist es dann schon nicht mehr ganz so schwer, weil Sie bereits Übung haben - aber um diese Übung zu bekommen, müssen Sie erst einmal über einen Berg hinübergehen!

Selbst wenn man einen Schritt nicht geschafft hat, braucht man nicht ungeduldig und ärgerlich zu werden. Aus jeder Erfahrung kann man lernen. Solange man innerlich nicht aufgibt, kommt man auf seinem Weg voran. Unser Körper ist natürlich begrenzt, und unsere äußerlichen Grenzen müssen wir akzeptieren. Die innere Kraft von Herz und Geist aber ist grenzenlos. Alle Mauern, die sie begrenzen, sind künstlich und können abgebaut werden. Mit Geduld und Ausdauer können wir lernen, unsere inneren Mauern zu erkennen, sie zu überwinden und unsere eigene Unendlichkeit wiederzuentdecken.

Mit jedem Schritt wird der Weg klarer, bis man erkennt, daß der Weg bereits das Ziel ist. Mit Geduld müssen wir allerdings auch die Schmerzen ertragen lernen, die dieser Erkenntnisprozeß vielleicht verursacht. Geduld sollte dabei aber nicht mit Zwang und Widerwillen, sondern mit Freude und Dankbarkeit verbunden werden. Geduld und Schmerzen helfen uns, innerlich zu wachsen und auch die Schmerzen der anderen Menschen zu verstehen. Wenn wir dies positiv sehen, werden wir selbst niemals verzagen und können auch andere Menschen in schweren Zeiten mitfühlend stützen und aufrichten.

Auf Krankheiten und Schmerzen kann man mit Wehleidigkeit und Verzagtheit oder mit Geduld und Mut reagieren. Es ist ein wesentlicher Unterschied, ob man sich selbst bemitleidet oder ob man sich sagt: „Diese Schmerzen wollen mich etwas lehren. Ich bin froh darüber und werde diese Lehre dankbar annehmen."

Geduld zu haben bedeutet, nicht nur an die eigenen Schmerzen, sondern auch an die Schmerzen der anderen zu denken. Wenn wir krank sind oder uns verletzt haben und wehleidig jammern, bekommen andere

Menschen einen Schreck und machen sich große Sorgen. Natürlich müssen wir um Hilfe rufen, wenn wir welche brauchen. Oft aber bereiten wir unserer Umgebung mehr Kummer als nötig, weil wir in unserem eigenen Schmerz versinken und überhaupt nicht mehr an die anderen denken. Mit etwas Geduld hingegen können wir die Schmerzen ertragen und unsere Umgebung beruhigen. Dann verliert niemand den Kopf. Im Gegenteil, alle bekommen Hoffnung, Mut und Kraft - und die Verletzung oder Krankheit selbst kann viel schneller heilen.

Mit Geduld können wir die eigenen Schmerzen überwinden und auch an andere Menschen denken. Obwohl wir selbst Hunger haben, fühlen wir auch den Hunger der anderen, können ihnen unser Brot anbieten und es mit ihnen teilen. Dann öffnet sich in unserem Herzen die Blume der Liebe und Menschlichkeit.

Giomson: Demut

Achtung und Geduld sind untrennbar mit Demut verbunden. Demut bedeutet nicht Unterwürfigkeit oder Feigheit - ganz im Gegenteil: um demütig zu sein, braucht man sehr großen Mut, der allerdings von Achtung und Geduld begleitet sein muß.

Wenn wir uns schwach und ängstlich fühlen, brauchen wir zuerst einmal Mut; wenn wir uns aber stark und mutig fühlen, brauchen wir Demut. Ohne Demut will man immer oben stehen, auf andere Menschen herabschauen und sie treten. Dann hat man kein Gefühl für die Schmerzen der anderen. Wenn man aber versteht, daß der eigene Hunger und Schmerz auch der Hunger und Schmerz der anderen ist, stellt man sich gerne auf die gleiche Stufe mit den anderen, um sie umarmen zu können. Dann sieht man nicht mehr nur die eigene kleine Welt, sondern *unsere* Welt, und obwohl man vielleicht oben, an erster Stelle stehen könnte, tritt man gerne einen Schritt beiseite, um diesen Platz jemand anderem anzubieten. So bringt man mit selbstbewußter Demut mehr Menschlichkeit in diese Welt. Achtung, Geduld und Demut kann man allerdings nicht nur durch Nachdenken verstehen und verwirklichen, sondern man muß es *tun* - auch wenn es manchmal schwerfällt.

Echte Demut ist ehrlich und bescheiden, nicht heuchlerisch und anmaßend. Ihr Handeln erwartet keine Dankbarkeit von anderen, sondern entspringt der Dankbarkeit im eigenen Herzen. Wenn ein demütiger Mensch einem Bettler auf der Straße etwas Geld gibt, dankt er dem Bettler, weil dieser zuvor sein Herz berührt und geöffnet hat.

Wenn unser Herz voller Demut ist, wissen wir, daß wir alles, was wir besitzen - unsere Nahrung, Kleidung und Wohnung, ja sogar unseren Körper und unsere Lebenskraft - auch nur von der Natur geschenkt bekommen haben. Wir brauchen uns daher nicht für besonders großzügig zu halten, wenn wir davon abgeben. Nicht *wir* geben, sondern die Natur hat uns gegeben und wir geben nur weiter. Wenn wir die Gaben, die wir bekommen haben, festhalten, beginnen sie zu faulen. Dann sind unsere Hände auch voll und können keine neuen Gaben empfangen. Nur im Geben können wir empfangen.

Wird die Demut zu deutlich zur Schau getragen, verbirgt sich hinter ihr meistens der Hochmut. Hochmut ist noch viel schlimmer als Angst und Kleinmut. Die Angst kann noch sehen und mitfühlen, der Hochmut hingegen ist stur und blind. Er bläst sich auf wie ein Ballon, doch innen ist nur Luft. Ein leerer Lastwagen klappert laut, einen vollen aber hört man nicht. Ein Herz ohne Tugend redet viel, tut aber wenig. Ein Herz voller Demut, Dankbarkeit und Liebe hingegen tut viel, ohne groß davon zu reden. Es tut Gutes so demütig und still, daß „die rechte Hand nicht weiß, was die linke tut". Die Natur aber sieht alles und gibt alles wieder zurück.

Sarang: Liebe

Natürliche Liebe ist wie klares Wasser, das freudig fließt und selbst eine Wüste wieder zum Leben erwecken kann. Wie das Wasser kann sie überall hingelangen, tief in die Erde eindringen und hoch in den Himmel hinaufsteigen, um Erfrischung und Leben zu bringen.

Wie das Wasser muß sie aber auch ständig in Bewegung sein und fließen. Wo sie stehenbleibt oder wo wir versuchen, sie festzuhalten und einzusperren, beginnt sie zu faulen. Die natürliche Liebe des Herzens kann nicht festgehalten und berechnet werden, so wie sie selbst auch nicht festhält und berechnet. Sie kennt keine Grenzen und keine Selbstsucht. Die egoistische Liebe hingegen will festhalten und abgrenzen. Sie wägt stets ab zwischen dem, was sie gibt, und dem, was sie bekommt. Hat sie etwas bekommen, so fühlt sie sich verpflichtet, es auf irgendeine Weise zurückzuzahlen; hat sie etwas gegeben, wartet sie ungeduldig auf eine Gegenleistung.

Diese Art der Liebe halten viele Menschen für normal und vernünftig, aber im Grunde ist sie eine Form des Materialismus und der Gewalt. Wie oft tun wir unseren Mitmenschen Gewalt an, weil unsere „guten Taten" auf Berechnung und Egoismus beruhen?! Ich möchte Ihnen ein Beispiel geben: Ein Mann hat nur wenig Zeit für seine Familie und wird von Schuldgefühlen geplagt. Aus diesem Grund plant er, sich an einem Abend einmal von seinen beruflichen Verpflichtungen zu befreien und seine Frau zu massieren. Das ist gut gemeint, aber ausgerechnet an jenem Abend möchte seine Frau nicht massiert werden. Er ist verstimmt und beginnt, mit ihr zu streiten, weil er sie für undankbar hält. Er merkt gar nicht, daß er seiner Frau damit Gewalt antut, weil ihm sein Plan viel wichtiger ist als sie selbst. Wo Ideen über Menschen gesetzt werden, entstehen Gewalt und Diktatur. Die Liebe dieses Mannes ist innerlich schwach und äußerlich starr. Sie fließt nicht mehr von Herz zu Herz wie lebendiges Wasser, sondern ist in äußerlichen Gesten erstarrt und beginnt, innerlich zu faulen.

Den Quell der Liebe lebendig fließen zu lassen ist nicht immer leicht, vor allem wenn der geliebte Mensch andere Wünsche und Bedürfnisse hat als wir selbst. Besonders schmerzhaft ist es, wenn wir Abschied nehmen müssen. Abschied tut weh, aber wir dürfen in diesem Schmerz nicht hängenbleiben, sonst blockiert er den Fluß des Lebens und der Liebe in unserem Herzen. Wir müssen die Liebe trotz der Trennung weiter fließen lassen, damit sie auch beim Wiedersehen noch klar und frisch ist. Dann bringt das Wiedersehen große Freude. Wenn wir die Liebe aber festhalten wollen und mit dem Abschiedsschmerz eine Mauer um sie herum bauen, verursachen wir nur Verletzungen und Tränen.

Egoistische und gewaltsame Liebe ist keine natürliche Liebe. Natürliche Liebe können wir nicht *machen*, wir brauchen sie nur fließen zu *lassen*. Die natürliche Liebe des Herzens fragt nicht: „Was kann ich haben?" sondern „Was kann ich geben? Womit kann ich den Menschen und der Natur dienen?" Liebe ist keine Theorie! Zu lieben bedeutet, das Herz zu öffnen, um seine Liebe und alles, was man hat, mit anderen zu teilen. Wenn wir mit Liebe leben wollen, müssen wir unsere Liebe mit anderen teilen. Wenn wir in Freude leben wollen, müssen wir unsere Freude mit anderen teilen.

Wenn wir gesund leben wollen, müssen wir unsere Gesundheit und Kraft mit anderen teilen. Wenn wir satt werden wollen - nicht nur körperlich, sondern auch im Herzen -, müssen wir unser Brot mit anderen teilen. Wenn wir nicht einsam leben wollen, müssen wir zu den einsamen Menschen hingehen und die Einsamkeit mit ihnen teilen. Wenn wir mit Achtung statt mit Angst leben wollen, müssen wir die Mauern der Angst abbauen, unser Herz öffnen und unsere Achtung mit anderen teilen. Das sollten wir aber nicht nur denken, sondern auch fühlen und vor allen Dingen: tun! Zu vertrauen und zu lieben bedeutet nicht, darüber zu reden, sondern es zu tun. Das ist ein Gesetz der Natur.

Wenn wir immer nur denken, wird unser Körper immer schwächer, und irgendwann wird auch unser Geist alt und schwach. Gesund zu leben bedeutet, zu denken, zu fühlen und zu tun. Wenn Körper, Herz und Geist harmonisch zusammenarbeiten, kommen wir wieder in Einklang mit der Natur. Dann bekommen wir auch immer mehr Mut und Kraft, um unser Herz zu öffnen und Liebe auszuteilen. Dies können wir ohne Angst tun, denn Liebe und Freude fließen um so reichlicher, je mehr man sie mit anderen teilt.

Achtung, Geduld und Demut sind die Werkzeuge, mit denen wir den Quell des Vertrauens und der Liebe, der in vielen Herzen verschüttet ist, wieder befreien können. Sie sind die Trainingsmethoden, mit denen wir unsere Tugend aufbauen können. Wenn wir unsere Tugend und unser Naturvertrauen wiederfinden, wird die natürliche Liebe des Herzens geboren. Dann wissen wir auch, daß wir nicht mit unserer eigenen begrenzten Kraft, sondern durch die unerschöpfliche Kraft der Natur leben. Wenn wir dies erkennen, wird die Kraft der Natur in uns emporsprudeln wie eine lebendige Quelle und die trockene Erde unserer Herzen wieder fruchtbar machen. Wenn das Wasser des Lebens in unseren Herzen wieder sprudelt und überfließt, wird es zum Bach, Fluß, Strom und mündet irgendwann in dem weiten Meer der bedingungslosen Liebe zu Mensch und Natur. Dann wird das Leben und die ganze Welt wieder schön.

Ein Mensch, dessen Herz voller Vertrauen und Liebe ist, hat eine ganz natürliche und harmonische Ausstrahlung. Sein Gesicht ist friedlich und hell. Jedes Wort, das er sagt, duftet wie eine Blume. Jede Bewegung und Berührung ist liebevoll, ohne Berechnung und Schwere, und gibt uns Hoffnung und Freude.

Wir können immer noch in dieser Welt leben, unser Dasein genießen und Hoffnung haben, weil es in der Vergangenheit stets Menschen gab, die

Vertrauen und Liebe besessen und mit anderen geteilt haben. Wollen nicht auch wir eine schöne und lebenswerte Welt an die nächste Generation weitergeben?

Wir haben die Wahl, zu leben wie ein Fisch im Aquarium oder wie ein Fisch im weiten Meer. Für welches Leben wollen Sie sich entscheiden?

Shinson Hapkido im Alltag

Wenn fließendes Wasser stehenbleibt, beginnt es zu faulen. Wenn das Ki von Körper, Geist und Lebenskraft stehenbleibt, müssen wir sterben. Das Ki des Menschen ist wie Wasser: es muß natürlich fließen und sich aktiv bewegen, wenn es klar und lebendig sein soll. Natürlich zu leben bedeutet, mit dem Strom des Lebens freudig mitzufließen und in dem Gesetz des Fließens dankbar die große Chance zum inneren Wachsen und Reifen zu sehen. Wir aber wollen das Leben und alles, was wir lieben, festhalten und sicher machen. Wir wollen *haben*, nicht *sein*.

Auf der Jagd nach Sicherheit und Glück hetzen manche Menschen atemlos durch ihr Leben und sind ständig gereizt oder völlig erschöpft. Andere resignieren und ersticken an der festgefahrenen Eintönigkeit und Langeweile ihres Daseins. Kaum jemand aber denkt ernsthaft daran, einmal eine Atempause zu machen, tief Luft zu holen und in sich zu gehen.

Diese Menschen haben einen ihrer größten Schätze verloren: das Vertrauen in die natürliche Kraft ihres Atems und die Verbindung zu der wahren Stimme ihres Herzens. Sie werden von außen gelenkt, statt von innen geleitet. Sie leben und arbeiten nicht wie lebendige Menschen, sondern wie Maschinen, die funktionieren, wenn man auf einen Knopf drückt. Auch wenn sie nicht wollen, müssen sie funktionieren. So verliert die Arbeit und das ganze Leben an Inspiration und Kreativität. Der Alltag wird zur Last und Gewohnheit. Man lebt einseitig und unnatürlich, macht freudlos jeden Tag mehr oder weniger das gleiche und bleibt in seiner inneren Entwicklung stehen.

Oft suchen Menschen Rat bei mir, die nicht wissen, warum sie in die Schule gehen oder arbeiten sollen, ja warum sie überhaupt leben. Die einzige Antwort, die ihnen einfällt, ist: um Geld zu verdienen. So ein Leben verliert aber schnell seinen Sinn. Das Leben kann man nicht kaufen. Man muß es fühlen und dankbar genießen.

Viele Menschen arbeiten, um sich mit dem verdienten Geld Freude und Liebe zu kaufen. Mit Geld wollen sie ihre Probleme lösen und das Leben angenehm machen. Ihr Leben ist in zwei Hälften geteilt: in die Zeit, in der sie arbeiten und Geld verdienen, und in die Zeit, in der sie „leben". Sie vergessen, daß auch die Arbeit ein Teil ihres Lebens ist und daß sie auch an der Arbeit Freude haben sollten. Erst arbeiten sie acht Stunden, danach wollen sie das Leben genießen. Oder sie denken, wenn sie erst viel Geld verdienen, könnten sie später, z.B. im Alter, das Leben genießen.

Diese Rechnung geht nicht auf! Wenn das Funktionieren zur Gewohnheit wird, kann man nicht auf einmal umschalten und frei leben. Wenn man acht Stunden unzufrieden lebt, kann man nicht nach Feierabend plötzlich zufrieden sein. Frieden und Zufriedenheit kann man nicht mit Geld kaufen, sondern nur durch ständiges Üben im Alltag, bei der Arbeit, ja im ganzen Leben aufbauen. Wenn wir unser Leben zweiteilen, machen wir uns selbst kaputt, verlieren viel Energie und werden zu Sklaven des Geldes. Wir sind voller Angst, den Beruf und das Geld zu verlieren, und geben unsere Freiheit für die materielle Sicherheit auf.

Es ist eine Illusion, zu glauben, mit Geld könne man sich Gesundheit, Zufriedenheit und Lebensfreude kaufen. Wir müssen gesund, zufrieden und freudig leben: das ist der einzige Weg! Aber wo man auch hinschaut, in der Schule, im Beruf, im Alltag - überall haben die Menschen ihre Lebensfreude verloren. Wir müssen unser Vertrauen in die Kraft der Natur und in das Leben wiederfinden, dann werden wir auch wieder Freude am Dasein haben. Wenn wir voller Vertrauen, Liebe und Klarheit sind, wovor müssen wir noch Angst haben?

Vertrauen, Liebe und Klarheit sind ein Zeichen wahrer Menschlichkeit. Sie sind unser größter Schatz. Um diesen Schatz zu finden, müssen wir unser Herz wie einen Edelstein ständig reinigen, schleifen und polieren, um es von den harten Mauern und spitzen Kanten der Angst und Habgier, in denen es eingeschlossen ist, zu befreien. Dann wird unser Herz wieder frei und groß, und wir können es ohne Angst weit öffnen. Dann können wir andere Menschen verstehen, sie umarmen und unser Leben mit ihnen teilen. Das ist Arbeit für den Weltfrieden. In der Welt gibt es zur Zeit nur wenig Frieden. Überall herrschen Angst, Gewalt, Egoismus und Materialismus. Man beurteilt alles mit den Augen des Materialismus statt mit den Augen des Herzens und hat den Weg der Menschlichkeit und Naturliebe (Do) verloren.

Natürlich gibt es auch Menschen, die für Frieden und Gerechtigkeit arbeiten, anderen helfen und die Liebe in die Tat umsetzen. Wenn man aber so lebt, fleißig arbeitet und sein Bestes für den Frieden tut, wird man von anderen Menschen oft falsch verstanden, argwöhnisch beobachtet oder gar verleumdet. Wer freundlich und hilfsbereit ist, wird nicht selten auch für dumm gehalten und ausgenutzt oder verspottet. Es kann sogar passieren, daß man mit seiner Freundlichkeit bei anderen Wut und Haß auslöst. Wenn Licht in die Dunkelheit strahlt, möchte sich die Dunkelheit gern verkriechen oder das Licht auslöschen. Dadurch wird manch einer, der ein helles Leben führen möchte, von seinem Weg abgebracht.

Ich möchte Ihnen ein Beispiel geben: Von unseren Freunden beginnen einige plötzlich, Drogen zu nehmen. Wir wollen dabei nicht mitmachen, aber wir möchten unsere Freunde auch nicht verlieren und besuchen sie weiterhin - vielleicht, um sie von diesem schlechten Weg wieder abzubringen. Unsere Freunde aber sagen, wir seien feige oder wir seien keine richtigen Freunde mehr, weil wir keine Drogen nehmen wollen. Durch solche Worte, Drohungen und Verlockungen oder sogar durch Zwang und Gewalt können wir verführt und von der Dunkelheit angesteckt werden. Unsere ganze Gesellschaft lebt größtenteils dunkel, ungesund und egoistisch und möchte uns gerne anstecken. Wer ein schlechtes Gewissen hat, möchte andere gerne damit infizieren. Liebe Leserinnen und Leser, wollen Sie dieses Spiel mitmachen? Oder wollen Sie sich nicht lieber von einem gesunden Leben anstecken lassen?

Im Alltag wird unser inneres Gleichgewicht ständig von Verlockungen und Drohungen angegriffen. Wenn wir unser Ki kontrollieren, können wir unsere körperliche und seelische Gesundheit verteidigen und solche Angriffe unbeschadet überstehen. Wir können ganz klar und mutig „nein" sagen. Dieses „Nein" basiert nicht auf Angst, Unlust, Streß, Depressionen oder Aggressivität, sondern auf der Klarheit von Herz und Geist. Wer diese Klarheit nicht hat, läßt sich leicht von den Verlockungen verführen und von den Drohungen ängstigen. Und wenn man einmal nachgibt, wird das Ki geschwächt, so daß man beim nächsten Mal noch weniger Widerstandskraft hat.

Wenn das Nachgeben zur Gewohnheit wird, wird es zum Charakter und zum Schicksal. Das schwache Ki zieht Krankheit und Unglück an, wodurch es immer weiter geschwächt wird. Man verliert seine körperliche und geistige Abwehrkraft, gibt immer schneller auf und wird zum Opfer des Schicksals. Oder man wird immer aggressiver und beginnt, seine Umwelt und sich selbst zu zerstören. Opfer und Täter gehören zusammen. Beide leiden an derselben Krankheit: an der Störung und Unbalance des Ki.

Die Natur ist wie ein Kraftwerk; der Mensch gleicht einer Glühbirne. Wenn das Verbindungskabel zwischen Kraftwerk und Glühbirne gestört oder gerissen ist, kann kein Strom fließen. Obwohl das Kraftwerk soviel Ki produziert, leuchtet die Glühbirne nicht. Wenn unsere Verbindung zur Natur abgebrochen ist, d.h. wenn wir unser Vertrauen und unsere Liebe zur Natur verloren haben, müssen wir im Dunkeln leben. Oft ist das Kabel aber nicht zerrissen, sondern nur stark verdreht, verwickelt und verknotet. Dann fließt das Ki sehr unregelmäßig. Das Licht geht mal an, mal aus, bis es einen Kurzschluß gibt. Wir sind ganz durcheinander und schwanken zwischen Euphorie und Depression hin und her. Mal geht es uns gut, mal schlecht. Wir leiden unter dem ständigen Auf und Ab und finden das Leben sehr anstrengend.

Wenn man lachen will, sollte man lachen, wenn man weinen will, sollte man weinen, wenn man schimpfen will, sollte man schimpfen - aber menschlich und natürlich, nicht hysterisch, böse, scharf und mit Haß im Herzen. Wir können alles machen - lachen, weinen, schimpfen ... -, doch sollten wir unser klares Herz und unsere tiefe Atmung dabei nie verlieren!

Die meisten Menschen haben aber verlernt, ihrem Herzen auf natürliche Weise Luft zu machen. In unserer Gesellschaft unterdrückt man seine Empfindungen oft, bis das Herz nicht mehr atmen kann und unter dem Druck explodiert oder zusammenbricht. Man sucht Entspannung in Äußerlichkeiten und vergißt, daß der Frieden, den man begehrt, nur im eigenen Herzen zu finden ist. Man kauft und kauft - und merkt nicht, daß man das Licht des Herzens mit immer mehr Material zudeckt. Den verblassenden inneren Glanz will man durch Luxus, Schminke, Schmuck und auffällige Kleidung ersetzen; den inneren Hunger will man mit Süßigkeiten und üppigem Essen stillen, die innere Dürre mit Alkohol beleben. Vor dem eigenen langweiligen Leben flüchtet man sich in Träume und Filme, die ein interessantes Ersatzleben bieten. Sex und Drogen ziehen viele Menschen in den verhängnisvollen Kreislauf der Gier und Sucht, der die Lebenshoffnung, die Lebensfreude und den Lebensmut zerfrißt und an dessen Ende das Schlimmste steht: der (Selbst-) Haß und die (Selbst-) Zerstörung.

Das Herz kann die materialistische Lebensweise einige Zeit durchhalten, aber über kurz oder lang wird es unzufrieden, müde, schwach und krank. Die wachsende Zahl der psychosomatischen Erkrankungen, vor allem der Herz-/Kreislaufbeschwerden bis hin zum Herzinfarkt, ist nur das äußere Symptom dieses inneren Sterbens. Trotz solcher Warnungen aber wird der Materialismus in unserer Gesellschaft gefördert, denn Menschen, die ängstlich, unzufrieden und habgierig sind, kann man leicht fangen und kontrollieren. Mit vielfältigen Verlockungen und Drohungen werden die Menschen im Alltag eingesperrt wie Tiere im Käfig. Und es gibt genug Menschen, die sich gerne fangen lassen, weil ihnen ein bequemer und scheinbar sicherer Käfig lieber ist als die unbequeme und unberechenbare Freiheit. Aber einmal gefangen, kann man sich nur sehr schwer wieder befreien, da Mut und Kraft immer weniger werden.

Das innere Licht wird von den Mauern, hinter denen man Schutz sucht, verdeckt, und die Lebenskraft wird von Angst, Mißtrauen, Unzufriedenheit, Habgier und Egoismus blockiert. Das Ki kann nicht mehr natürlich fließen und wird falsch umgewandelt: es strömt entweder zu schnell, beginnt zu kochen und explodiert in Gereiztheit und Aggressivität, oder es wird zu kalt, fließt zu langsam und erstarrt oder versinkt in der Tiefe der Gleichgültigkeit, Resignation und Depression. Da die Menschen im Alltag aber mehr Verstand haben als Tiere im Käfig, können sie in der Gefangenschaft nicht wie diese dauernd aggressiv oder traurig sein, sondern schwanken in ihren Stimmungen hin und her - auf der ewigen Suche nach Glück und Zufriedenheit.

In dieser Zeit kommen viele Menschen mit gesundheitlichen Problemen zur Beratung zu mir. Sie klagen häufig über Schmerzen, Leere und Pfeifen oder andere Geräusche im Kopf oder über Beschwerden im Herzbereich, in den Schultern, im Rücken und Kreuz. Oft suchen sie mich auf, weil der Arzt keine Ursache für die gesundheitlichen Störungen feststellen kann.

Diese Menschen sind eigentlich nicht richtig krank, sie sind meistens nur sehr verkrampft. Ihr Energie- und Blutkreislauf fließt unnatürlich oder ist blockiert. Viele dieser Menschen arbeiten im Büro oder in Lehrberufen, d.h. sie arbeiten mit dem Kopf. Aber auch andere Menschen, die überwiegend im Kopf leben, haben diese Beschwerden. Mit dem Kopf wollen sie alles planen, alle Probleme lösen und alles erreichen. Das Gefühl des Herzens und die Bewegung des Körpers kommen dabei regelmäßig zu kurz, so daß eine Unbalance zwischen Körper, Herz und Geist entsteht.

Wenn man viel denkt, muß man dies auch im Herzen fühlen und im Körper ausdrücken. Wer immer nur alles für sich behält und herunterschluckt, wird unweigerlich irgendwann Schmerzen im Herzen und im ganzen Körper bekommen. Diese Schmerzen kann man nicht mit Tabletten heilen, sondern nur indem man sein Herz mit Vertrauen, Liebe und Freude erfüllt und dies auch körperlich zeigt. Man muß sein Herz öffnen, um die Schmerzen zu lösen und herauszulassen oder umzuwandeln.

Es gibt in dieser Gesellschaft leider nicht viele Menschen, die hierbei helfen können. Nur wenige können gut zuhören und mit den ihnen anvertrauten Problemen richtig umgehen. Wenn wir Fehler gemacht haben oder Schmerzen leiden, haben wir daher oft Angst, dies zu zeigen oder zu sagen. Wir befürchten, daß darüber schlecht geredet wird und daß wir dadurch Nachteile bekommen. Wir haben Angst, das Gesicht zu verlieren und z.B. am Arbeitsplatz benachteiligt zu werden. Lieber schlucken wir alles herunter und versuchen, äußerlich ein perfektes Bild abzugeben. Wir unterdrücken unsere Schmerzen oder bestrafen und schlagen uns sogar selbst für unsere Fehler. Das Herunterschlucken kostet viel Energie, und irgendwann kommt der Punkt, an dem wir zusammenbrechen oder explodieren.

Wenn unser Herz viel schlucken muß, klopft es stark und verbraucht viel Ki. Es beginnt zu brennen. Wenn ein Haus brennt, braucht man Wasser, um es zu löschen. So braucht auch unser brennendes Herz viel Wasser, um das Feuer wieder unter Kontrolle zu bringen und in heilende Wärme umzuwandeln. Dieses Wasser zieht das Herz aus den Nieren. Die Nieren, so heißt es in der asiatischen Naturheilkunde, produzieren das Wasser der Lebens- und Sexualkraft (Ki). Wenn wir Angst, Ärger und Streß haben, müssen unseren Nieren stärker arbeiten als normal, um das Feuer des Herzens zu löschen. Dadurch werden die Nieren oft überlastet, müde und krank.

Wenn die Nieren krank werden, bekommen wir meistens auch Kreuzschmerzen und Probleme mit der Blase, welche die Arbeit der Nieren unterstützt. Das Wasser des Lebens steigt zu weit nach oben, wird in Kopf und Herz verbrannt und fließt nicht mehr zurück in den Unterleib. Der Unterleib wird sehr schwach und kann nicht mehr viel Ki produzieren. Die Nieren vertrocknen, Herz und Geist verbrennen, und unsere Lebensenergie und Sexualkraft wird sehr schwach. Dadurch werden alle Organe und Funktionen im Körper stark beeinträchtigt.

Äußerlich zeigt sich dies vor allem in Kreuz- und Rückenschmerzen, verkrampften Schultern, steifem Hals und Kopfschmerzen. Die Energie wird oft im Schulter-/Nackenbereich blockiert, so daß wir Schmerzen oder ein Leeregefühl im Kopf bekommen, unter Ohrensausen oder anderen Gehörproblemen leiden und sehr vergeßlich werden. Das Herz hat zuviel Druck und beginnt zu schmerzen (nicht nur organisch, sondern auch seelisch). Wir werden nervös, unzufrieden, gereizt und lustlos.

Wenn die Energie nicht mehr natürlich fließen kann, staut sie sich auch oft im Solar Plexus und Magenbereich. Man hat das Gefühl, daß eine Faust im Magen sitzt und nach oben drückt oder daß man einen schmerzenden Knoten im Solar Plexus hat. Wenn wir innerlich verbrennen und vertrocknen, wird auch die Haut trocken, matt und unrein. An der Hochkonjunktur der Kosmetikindustrie können wir erkennen, wieviele Menschen heutzutage dieses Problem haben.

Die beste Heilmethode besteht darin, seinem Kopf und Herzen eine Ruhepause zu gönnen, nicht mehr soviel zu denken und Angst, Ärger und Streß abzubauen. Wenn wir innerlich sehr stark brennen, müssen wir die Nieren auch mit reichlicher Flüssigkeitsaufnahme unterstützen, z.B. indem wir frisches, nicht zu kaltes Wasser und warmen Tee trinken. Viele Menschen aber trinken Alkohol, um ihren inneren Durst zu löschen. Das ist, als ob man Benzin ins Feuer gießt.

Die beste Therapie ist es, innerlich zur Ruhe zu kommen, positiv zu leben, das Herz zu öffnen und sich leicht zu bewegen. Diese Therapie sollte man aber nicht erst beginnen, wenn man bereits Beschwerden hat, sondern zum Training für das ganze Leben machen. Ich habe mit einigen Menschen gesprochen, die über 100 Jahre alt waren. Alle sagten dasselbe: sie finden das Leben schön, vertrauen der Natur und haben einen starken Glauben. Sie leben ausgewogen, positiv und aktiv bis ins hohe Alter. Was hindert uns daran, auch so zu leben?

All den Streß, den wir haben, machen wir uns nur selbst. Wir leben höchstens 100 Jahre, aber wir machen uns Sorgen für mindestens 1000 Jahre. Wir packen unseren Tag mit zehn Terminen voll, schaffen dann aber vielleicht nur fünf und nehmen die restlichen fünf abends mit ins Bett. Im Schlaf arbeiten wir weiter daran. Im Schlaf sollten wir eigentlich wie bei einer Meditation abschalten, Körper, Herz und Geist eine Ruhepause gönnen und uns mit frischer Energie aufladen. Wenn wir aber vor dem Einschlafen nicht abschalten, arbeiten wir auch im Schlaf immer weiter, verbrauchen viel Energie und erwachen gereizt oder erschöpft. Wir haben die ganze Nacht gearbeitet, statt zu schlafen, aber wenn wir frühmorgens erwachen, sind alle Termine trotzdem noch da. Dann bürden wir uns nochmal zehn Termine auf, und noch einmal ... bald können wir den Berg nicht mehr bewältigen. Wir resignieren und funktionieren nur noch, statt zu leben. Wir *können* gar nicht mehr abschalten.

Sie fragen vielleicht, wie man das Abschalten wieder lernen kann. Atmen Sie tief durch und konzentrieren Sie sich immer nur auf eine Sache. Gönnen Sie sich danach eine kleine Pause und nehmen Sie dann die nächste Aufgabe in Angriff. Sammeln Sie durch tiefe Atmung Kraft im Unterbauch (Bauchatmung), so daß die Energie von oben wieder heruntergezogen wird und die Blockaden in Kopf, Nacken, Schultern, Herz und Solar Plexus sich lösen. Dann wird Ihr Kopf wieder klar und frisch, und Ihr Herz wird hell und leicht. Dann können Sie die Arbeit und das ganze Leben wieder genießen.

Um das Leben genießen zu können, müssen wir die Klarheit des Geistes und das Gefühl des Herzens (Bonjil) wiederfinden. Alle Menschen haben Gefühl. Die Fähigkeit, tief zu empfinden und mit anderen mitzufühlen, ist ein Zeichen unserer wahren Menschlichkeit. Leider ist aber bei vielen Menschen das Gefühl ganz abgestumpft. In der ganzen Welt hat man das Gefühl verloren und ist wie betäubt. Die Grenze ist dabei erreicht, und wir befinden uns in einer sehr gefährlichen Situation. Überall gibt es immer mehr Brutalität, Gewalt, Krieg und Zerstörung. Wir wissen das wohl, werden aber kaum noch davon berührt. Unsere Nerven sind wie abgestorben. Wir können das Schreckliche, das um uns herum geschieht, gar nicht mehr richtig wahrnehmen. Wir spüren die Gefahr nicht. Unsere Gefühllosigkeit verleitet uns sogar dazu, unbewußt noch mehr Gewalt und Sensationen herbeizuwünschen. Unsere abgestumpfen Nerven brauchen immer stärkere Reize, um überhaupt etwas zu empfinden. Wenn wir aber doch noch eine Empfindung wie z.B. Angst haben, verschließen wir Augen und Ohren und wollen nichts mehr hören.

Wenn unser Gefühl abgestumpft oder abgestorben ist, können wir die Energie von Himmel und Erde (Chon-Jie Ki) nicht wahrnehmen, obwohl sie ganz in unserer Nähe ist und uns immer umgibt. Dann können wir uns diese Energie nicht einmal vorstellen, geschweige denn, sie benutzen, um Gesundheit und Harmonie zu erlangen. Wir verschwenden unsere Energie mit Äußerlichkeiten und können uns nicht wieder richtig mit Ki auftanken. Herz und Geist vertrocknen, der Körper wird schwach, und wir fallen ganz schnell um.

Ohne Gefühl und Klarheit, d.h. ohne Herz und Geist, ist das Leben leer und hohl und alles, womit man es ausfüllen will (z.B. Religion, Philosophie, Ideologie), hat keine Bedeutung. Man wird ganz betrunken von dem äußeren Glanz und gefangen von den äußerlichen Regeln. Statt sich selbst zu finden, verliert man sich immer mehr. Ohne Gefühl und Klarheit wird jede Lehre und Lebensanschauung zu einer Lüge und Droge. Ohne Gefühl und Klarheit will jede Lehre immer die Beste, Größte und einzig Wahre sein. Sie ist dann kein Weg des Lebens mehr, sondern ein Mittel der Macht und Gewalt.

Wenn unser Herz abgestumpft oder tot ist, können wir das Leben nicht mehr genießen. Wir haben Augen, aber sehen nicht. Wir haben eine Nase, aber riechen nichts. Wir haben Ohren, aber hören nicht, was die Natur uns sagt. Wir haben einen Mund, aber können nicht ehrlich sagen, was in unserem Herzen ist. Wir haben ein Herz, aber spüren keine Liebe und kein Mitgefühl. Wenn wir jedoch die Äußerlichkeiten loslasssen und wieder nach innen schauen, können wir das Licht wieder wahrnehmen. Dann öffnen sich die Augen unseres Herzens, und wir können die Welt klar sehen, den Duft der Erde riechen, die Stimme der Natur hören und mit der Natur sprechen. Dann kommen Körper, Herz und Geist wieder in Harmonie miteinander und in Einklang mit der Natur.

Wer sein Leben wieder ins Gleichgewicht bringen will, muß lernen, Herz und Geist klar zu machen und sein Ki zu kontrollieren. Wir können damit beginnen, daß wir unserem äußerlichen Leben eine gewisse Regelmäßigkeit und Ausgewogenheit verleihen, z.B. indem wir für einen natürlichen Lebensrhythmus, eine regelmäßige Bewegung und eine gesunde Ernährung sorgen. Einen dauerhaften Erfolg können diese Bemühungen aber nur dann haben, wenn sie auch von innen getragen werden. Auch im Inneren müssen wir für Ruhe und Ausgeglichenheit sorgen, indem wir uns z.B. eine tiefe und regelmäßige Atmung angewöhnen und lernen, uns sanft und vertrauensvoll nach innen zu entspannen. Dann werden sich die festsitzenden Blockaden nach und nach lösen, so daß die Lebenskraft wieder natürlich fließen kann.

Wenn Körper, Herz und Geist durch ein solch einfaches Ki-Training wieder ins Gleichgewicht kommen, wird auch unsere Verbindung zur Natur wieder lebendig. Dann können wir die unglaubliche Kraft der Natur wieder fühlen, sie aufnehmen und mit unserem eigenen Ki verbinden. Dann werden unsere Hände und Füße ganz warm oder sogar heiß, d.h. sie strömen über von Heilkraft. Der Kopf wird klar, das Herz ruhig und der Bauch warm. Alle Organe werden gereinigt, geheilt und gestärkt. Dann fühlen wir uns, als ob warmes Wasser auf gefrorenen Boden fließt: wie im Frühling erwachen alle Lebensgeister und beginnen sich zu regen. Dann bekommen wir auch wieder genug Kraft und Mut, um das Beste aus unserem Leben zu machen. Wir gewinnen unser Selbstvertrauen und unsere Zufriedenheit zurück und können das Leben wieder genießen. Man mag dies für ein Wunder oder für ein großes Geheimnis halten. Aber es ist kein Wunder oder Geheimnis. Es ist einfach die Wahrheit.

Diese Wahrheit hat keine Grenze. Ki verbindet alle Menschen untereinander und mit der Natur. Ki hat keine Mauer, keine Grenze, keine Ideologie, keine Hautfarbe. Ki fließt durch alles hindurch und umarmt alles. Wir müssen nur daran glauben und uns dafür öffnen! Ki ist das Licht und die Liebe des Universums. Je mehr Ki und Liebe wir fließen lassen und mit anderen teilen, desto mehr bekommen wir. Das ist wirklich ein Wunder!

Das Ki-Training ist in jedem Lebensabschnitt sehr wichtig. Der Mißbrauch oder die Vernachlässigung des Ki führt zu einem Verlust an Lebensqualität, der mit fortschreitendem Alter immer schwerer zu beheben ist. Dennoch ist es nie zu spät, sich um innere Heilung zu bemühen, denn das Universum hält genug heilendes Ki für uns bereit - wir müssen uns nur dafür öffnen.

Vor der Geburt

Bereits im Mutterleib kann die Unausgeglichenheit und der Streß der Eltern das Ki des Kindes beeinträchtigen, so daß es schon bei der Geburt schwach und krank ist. Man hört oft sagen, das sei Schicksal - aber möglicherweise hätten die Eltern ihrem Kind ein besseres Schicksal bereiten können, wenn sie während der Zeugung und Schwangerschaft nicht ein unruhiges und unsauberes, sondern ein gesundes und ausgeglichenes Ki ausgestrahlt hätten.

Alles, was die Eltern denken, fühlen und tun, bekommt das Kind im Mutterleib mit. Daher ist es sehr wichtig, wie die Eltern leben und miteinander umgehen. Wenn wir ein gesundes Baby haben möchten, können wir bereits lange vor der Geburt des Kindes etwas dafür tun, indem wir bei uns selbst für Gesundheit und Ausgeglichenheit sorgen und uns auch für eine gesunde und saubere Umwelt einsetzen. Wenn wir nicht wollen, daß unsere Kinder unglücklich und unzufrieden werden, müssen wir selbst glücklich und zufrieden leben. Unzufriedenheit, unaufrichtige Liebe, Streit und Gewalt zwischen Mutter und Vater oder gar den Vorwurf „Warum bist Du (bin ich) nur schwanger geworden!" spürt das Kind im Mutterleib ganz deutlich. Diese Erfahrung kann sein ganzes Leben dunkel färben. Das Baby fühlt sehr genau, ob die Liebe, die es bekommt, und die Liebe zwischen Mutter und Vater echt oder unecht ist.

Durch die aufrichtige Liebe und Wärme, das Vertrauen und die Naturverbundenheit der Eltern bekommt das Kind eine unschätzbare Hilfe mit auf seinen gesamten Lebensweg.

Kindheit und Jugend

In der Wachstumsphase ist es besonders wichtig, mit der Natur in enger Verbindung zu bleiben und nicht das Gefühl zu verlieren, daß man selbst ein Teil der Natur ist. Die Natur ist wie eine Mutter zu uns: sie ernährt und beschützt uns und gibt uns alles, was wir zum Leben brauchen. Nur in und mit der Natur ist ein gesundes Wachstum und eine natürliche Entwicklung möglich. Leider wird den Kindern und Jugendlichen heutzutage aber oftmals keine Chance gelassen, mit der Natur in Verbindung zu bleiben. Sie haben entweder keine Möglichkeit, in die Natur zu gehen, oder ihre Programme, Stundenpläne und Verpflichtungen rauben ihnen die Zeit und auch die Lust dazu.

Kinder und Jugendliche werden von dem Leistungsdruck, unter den sie bereits früh gestellt werden, oft überfordert. Der ständige äußere und innere Druck läßt sie entweder unkonzentriert, zappelig und aggressiv oder unsicher, schwach und ganz still werden. Sie büßen ihr körperliches und seelisches Gleichgewicht ein und verlieren ihre Intuition, ihre natürliche Selbstheilungskraft, die Lust am Lernen und schließlich die Lust am Leben selbst. Ihr Charakter und ihr ganzes Leben wird unnatürlich und eckig.

Unsere Kinder sind die Zukunft dieser Welt. Aber in den Kindern können wir nicht nur unsere Zukunft, sondern auch unsere Vergangenheit sehen: sie sind so, wie wir selbst einmal waren. Wenn wir das nicht vergessen, können wir immer mit den Kindern mitfühlen und sie verstehen. Die Kinder erblicken in uns ebenfalls ihre Zukunft. Wenn wir gesund leben, können wir auch den Kindern eine gesunde Zukunft ermöglichen.

Welche Eltern wünschen sich nicht, daß ihre Kinder sie respektieren und daß sie gesund und friedlich leben? Wir dürfen dies aber nicht nur von unseren Kindern erwarten, sondern müssen es ihnen auch vorleben! Dann können die Kinder von uns lernen, ohne daß wir viel reden und predigen müssen. Heute fordern wir oft, daß andere Menschen - Ärzte, Ökologen und Politiker - die Verantwortung für unsere Gesundheit und Sicherheit übernehmen. Wenn wir aber in Gesundheit und Frieden leben wollen, müssen wir selbst gesund und friedlich leben! Das kann niemand anderes für uns tun. Die Hauptverantwortung für das Leben liegt bei uns selbst. Wenn wir nur Unzufriedenheit, Angst und Haß ausstrahlen, wie sollen unsere Kinder lernen, was Frieden und Gemeinschaft ist?

Wenn sich die Eltern nicht genug Mühe geben, gesund, friedlich und menschlich zu leben, hat das zwei schwerwiegende Folgen: zum einen übertragen sie ihre eigenen Probleme auch auf die Kinder; zum anderen verlieren sie selbst ihre Gesundheit, Klarheit und Kraft und empfinden die Kindererziehung nur noch als Belastung und Streß. Ihre Liebe wird trübe und schwach. Die Kinder spüren das ganz deutlich und müssen sehr darunter leiden. Als Liebesersatz wird ihnen viel Spielzeug geschenkt und alles erlaubt. Dadurch verlieren sie aber die Orientierung und das Maß: ihre Suche nach Liebe endet daher auch leicht in einer Sucht, z.B. nach Süßigkeiten, Fernsehen, Computern, Alkohol und Drogen.

Die Unsicherheit und Angst der Erwachsenen kann sich aber auch in einer übertriebenen Liebe und Fürsorge äußern. Auch dann verlieren die Kinder ihren natürlichen Weg, werden ebenfalls ängstlich oder aufsässig und bekommen eine negative Grundeinstellung zum Leben.

Kinder müssen Kinder bleiben! Sie dürfen nicht dressiert und zu Robotern gemacht werden. Kinder brauchen auch kein Spielzeug, sondern Elternliebe! Deswegen ist es wichtig, daß jung und alt die gegenseitige Achtung und Liebe wiederfinden, miteinander leben und gemeinsam die Verbundenheit mit der Natur bewahren. Die Eltern müssen sich ständig um Zufriedenheit bemühen, damit ihre Kinder zufrieden werden können. Zufriedenheit kommt in der Regel nicht auf einmal, sondern muß wie eine zarte Pflanze gehegt und gepflegt werden, damit sie wachsen kann. Vielleicht haben die Eltern in ihrer Kindheit selbst nur Unzufriedenheit und Unglück erfahren, aber sie dürfen nicht darin steckenbleiben, sondern müssen sich Mühe geben, das Schicksal zu wenden. Nur so können sie auch ihren Kindern ein besseres Schicksal bereiten. Dies ist die große Verantwortung der Eltern - und ihre eigene große Chance.

Shinson Hapkido möchte dazu beitragen, daß jung und alt wieder zueinander finden, miteinander etwas unternehmen und gemeinsam leben. Außerdem möchte Shinson Hapkido den Eltern Mut und Kraft für die Kindererziehung geben und ihnen helfen, die ursprüngliche Balance und Harmonie der Kinder und Jugendlichen wiederherzustellen und auszubilden.

Im Shinson Hapkido-Kinderunterricht bemühen sich erfahrene LehrerInnen, die natürliche (Selbst-) Achtung der ihnen Anvertrauten zu fördern, die innere und äußere Konzentrationsfähigkeit zu stärken und die gesunde Entwicklung des Körpers zu unterstützen. Schwache und unkonzentrierte Kinder werden durch das Training geistig und körperlich gekräftigt, während zu unruhigen Kindern gezeigt wird, wie sie ihre Energie in sinnvolle Bahnen lenken können.

Mit Hilfe der Shinson Hapkido-Lehrmethode von Vertrauen, Achtung, Geduld, (De-)Mut und Liebe lernen die Kinder und Jugendlichen, sich selbst und andere zu respektieren und nicht gegeneinander, sondern miteinander zu leben. Dies wirkt sich auch in der Schule und zuhause positiv aus: mit einem gesunden Selbstvertrauen wächst in den Kindern und Jugendlichen auch die Freude am natürlichen Leben, am freundschaftlichen und hilfsbereiten Umgang mit anderen Menschen und am Lernen. Wenn die Eltern diese positive Entwicklung durch ihr Interesse und Mitwirken unterstützen, können sie das eigene Leben und das ihrer Kinder wieder hell und klar machen. Dann können alle Generationen zu einer richtigen Familie zusammenwachsen.

Liebe Eltern, ich frage Sie: „Was wollen Sie Ihren Kindern geben? Geld, ein Haus, einen Titel, Macht ... oder Menschlichkeit und Gemeinschaft, Herz und Geist?"

Die frühe und mittlere Erwachsenenzeit

Wenn wir unzufrieden sind, haben wir meistens Angst, nicht alles zu bekommen, was uns zusteht. Wir vergessen, daß alles, was wir brauchen, um glücklich und zufrieden zu sein, immer im eigenen Herzen vorhanden ist. Jeder hat Ki (Licht) im Herzen - sonst würde er nicht leben. Wenn wir aber zu sehr nach außen schauen, können wir das innere Licht nicht mehr sehen.

Unzufriedenheit ist wie ein Krebsgeschwür, welches das eigene Herz bösartig verändert und auch die Umwelt angreift. Wenn wir unzufrieden sind, strahlen wir kein Licht und keine Wärme, sondern nur noch Trübheit, Dunkelheit und Kälte aus. Wir werden traurig oder gereizt und verlieren unser Selbstvertrauen. Unzufriedenheit verursacht Habgier. Wir möchten das verlorene Selbstbewußtsein durch äußeren Glanz oder äußere Anerkennung ersetzen und beginnen, sehr oberflächlich und egoistisch zu leben. Auf diese Weise wird das innere Licht immer schwächer. Wie ein Durstender, der Salzwasser trinkt, werden wir nie satt und zufrieden. Die Unzufriedenheit beeinträchtigt auch die Harmonie in der Familie, in der Nachbarschaft, am Arbeitsplatz usw. Wenn in einer Ehe auch nur einer sein Ki falsch behandelt, ist die Harmonie der Beziehung stark gefährdet, denn das unausgeglichene Ki stört u.a. den Hormonsystem und schwächt die Liebeskraft.

Shinson Hapkido ist ein Werkzeug, mit dem man seine Unzufriedenheit und Angst überwinden und sein natürliches Selbstvertrauen wieder aufbauen kann. Das Ki-Training öffnet eine Quelle mit klarem Wasser, das den großen inneren Durst löschen und das Leben wieder frisch machen kann.

Liebe Leserinnen und Leser, wie auch immer Sie bisher gelebt haben, Sie können jederzeit mit dem Ki-Training beginnen. Sie müssen sich nur klar dafür entscheiden und es dann auch tun. Warten Sie nicht bis morgen, sondern beginnen Sie jetzt, in diesem Moment. Wer sich immer sagt „Morgen fange ich an", wird nie beginnen. Sie leben immer nur heute, jetzt - nicht morgen. Genießen Sie die Stunde, in der Sie dies lesen, und versuchen Sie, jede folgende Stunde so schön wie möglich zu machen. Es ist die kostbare Zeit Ihres Lebens, die nie wiederkehrt. Sie können sie nicht festhalten, aber Sie können sie fruchtbar machen. Ich möchte Ihnen ein Beispiel dafür geben, wie Sie Ihren Tag beginnen und die besten Voraussetzungen dafür schaffen können, daß es ein guter Tag wird:

Nehmen Sie sich an jedem Morgen ein wenig Zeit für sich. Wenn Sie morgens aufwachen, öffnen Sie nicht nur die Augen, sondern auch das Herz. Wecken Sie Ihr Herz und alle anderen Organe mit einem freundlichen Gedanken. Sagen Sie „Dankeschön" zum Leben und senden Sie einen Gruß des Friedens in die Welt. Bleiben Sie aber auch nicht zu lange liegen und träumen vor sich hin, sondern recken und strecken Sie sich genußvoll wie eine Katze. Durch das Räkeln schicken Sie eine

Extraportion Lebenskraft durch den ganzen Körper, der dann bereit für das Aufstehen ist.

Bauen Sie in Ihren morgentlichen Ablauf eine leichte Gymnastik oder Massage (besonders für die Hände und Füße) ein. Massieren, dehnen und strecken Sie sich und lockern Sie Ihre Gelenke und Muskeln, die während der Nachtruhe etwas steif geworden sind. Durch ein leichtes An- und Entspannen des Körpers im richtigen Rhythmus mit dem Ein- und Ausatmen können Sie sich mit frischer Energie aufladen. Machen Sie ein paar tiefe Atemzüge in frischer Luft und nehmen Sie sich dann 10 Minuten (oder länger) Zeit für eine Entspannung z.B. mit Autogenem Training, Yoga oder einer Meditation. Beruhigen Sie dabei Körper, Atem, Herz und Geist und richten Sie Ihre Aufmerksamkeit sanft nach innen. Beobachten Sie still, was innerlich geschieht, und halten sie nichts fest. Wenn Gedanken kommen, lassen Sie sie vorbeiziehen wie Wolken am Himmel, ohne sich damit näher auseinanderzusetzen oder darüber zu urteilen. Lassen Sie Ihren Atem immer tiefer, langsamer und sanfter fließen - wie einen endlosen feinen Faden. Dann fließt auch das Ki ruhig und entspannt, aber trotzdem kraftvoll und lebendig.

Nehmen Sie die so gewonnene innere Ruhe und Klarheit mit in den Tag hinein. Wenn Sie bemerken, daß Sie sie verloren haben, besinnen Sie sich, atmen ein paarmal tief durch und entspannen sich wieder. Haben Sie Geduld mit sich und anderen. Geben Sie Ihrem Tagesablauf einen ausgewogenen Rhythmus von Spannung und Entspannung und gönnen Sie sich zwischendurch immer wieder einmal eine Atempause. So können Sie das Ungleichgewicht des Tages ausgleichen. Die Verlockungen und Bedrohungen des Alltags werden dadurch nicht weniger, aber Sie bekommen genug Klarheit, um sie rechtzeitig zu erkennen, und genug Kraft, um gelassen und angemessen damit umzugehen.

Dieses morgentliche Ausgleichstraining bringt Ihr Ki in Harmonie und kann Ihnen den ganzen Tag lang helfen, im Gleichgewicht zu bleiben. Es ist sehr wichtig, mit welchem Ki man seinen Tag beginnt. Wenn man z.B. mit schlechter Laune aufsteht und mit dem erstbesten Menschen, dem man begegnet, einen Streit vom Zaune bricht, fängt das Ki bereits früh am Morgen an zu kochen. Das Herz klopft zu schnell, der Atem geht zu heftig, die Konzentration wird durch Streß blockiert, und die Bewegungen werden unkontrolliert. Man ist negativ geladen, sieht alles negativ und verbreitet den ganzen Tag über Negativität in seiner Umgebung. Menschen mit instabilem Ki werden davon leicht angesteckt. Eine negative Verfassung zieht Unfälle und Unglück förmlich an, so daß der kleine

Schneeball des Mißmutes, den man am Morgen geworfen hat, bis zum Abend zu einer Lawine des Mißgeschicks angewachsen sein kann, von der man überrollt wird.

Ähnlich ist es, wenn man den Tag müde, traurig und lustlos beginnt. Dann ist das Ki zu kalt und naß und fließt zu langsam. Das Herz schlägt nur schwach, der Blutdruck ist zu niedrig, der Atem zu flach und der Geist zu träge. Man versucht, sich durch Kaffee, Zigaretten, Alkohol oder Tabletten Energie und Motivation zu beschaffen. Oder man möchte sich verstecken. Solche Menschen ziehen meistens die Dunkelheit vor, bauen Mauern und möchten am liebsten ganz alleine leben. Aus dem Gefühl mangelnder Lebenskraft heraus wollen sie alles für sich allein haben. So aber kommt man nie aus dem dunklen Loch, in dem man sich versteckt, heraus; im Gegenteil: Licht und Kraft werden immer weniger, und man öffnet Tür und Tor für Krankheiten und Mißgeschicke.

Beide Extreme - zu heißes und zu kaltes Ki - sind mit Angst verbunden und ziehen ein schlechtes Schicksal an. Jeder Tag, den wir gestreßt, böse oder traurig verbringen, zieht uns tiefer herunter und macht es uns schwerer, uns wieder zu befreien. Das Ki, das wir heute dunkel färben, wird auch unseren morgigen Tag verdunkeln. Wenn man tagsüber zuviel Streß hat, sei es aus Über- oder Unterbelastung, arbeitet man auch noch nachts im Schlaf daran, kann sich nicht richtig regenerieren und erwacht gereizt oder erschöpft. Wenn man diesen Teufelskreis aber einmal durchbricht und sich an einem Tag bewußt um Ausgeglichenheit bemüht, ist es am nächsten Tag schon etwas leichter, sein Ki zu kontrollieren. Wenn man tagsüber den Streß reduziert und sich besonders auch vor dem Zubettgehen körperlich und geistig entspannt, kann man nachts besser schlafen und wacht am nächsten Morgen erfrischter auf.

Natürlich gibt es auch immer wieder Rückschläge und schlechtere Tage, denn all den Streß und die Fehlhaltungen, die man in Jahren oder Jahrzehnten aufgebaut hat, kann man gewöhnlich nicht über Nacht abbauen. Aber wenn man sich nicht entmutigen läßt, bekommt man sein Leben nach und nach immer besser in den Griff. Man darf nur nicht aufgeben, auch wenn man Schmerzen leidet. Schmerzen zeigen nur ganz deutlich, wo eine Störung des natürlichen Gleichgewichts vorliegt. Sie begleiten auch oft den Heilungsprozeß. Wenn man seine Schmerzen in diesem Sinne positiv sieht, verliert man durch sie nicht seine Kraft, sondern erlangt Menschlichkeit und Weisheit.

Das Alter

Die Natur ist viele Millionen Jahre alt. Vor ihr sind wir immer wie Kinder. Wenn wir allerdings die Verbindung zur Natur verlieren und Gefangene unseres Ich-Denkens werden, beginnen wir, unsere Jahre zu zählen und uns alt zu fühlen. Mit dem Vertrauen in die Natur verlieren wir auch unser Selbstvertrauen und unseren Lebensmut. Wir bekommen Angst vor dem Alter, vor Krankheiten und vor dem Tod. Mangelndes Vertrauen und Angst aber blockieren unsere Lebenskraft und machen uns tatsächlich so, wie wir es befürchten: alt, schwach und gebrechlich.

Die Natur ist unendlich. Das Leben ist auch unendlich. Wenn wir das Naturvertrauen und den Lebensmut nicht verlieren, können wir immer jung leben wie ein Kind. Jedes Kind bleibt für die Eltern stets ihr Kind, wie alt es auch sein mag. Wer jung bleiben will, sollte daher der Natur vertrauen und immer mit ihr mitfließen.

Wenn wir mit der Natur mitfließen und ausgewogen leben, halten wir unser Ki automatisch im Gleichgewicht - das ist nichts Besonderes. Die einfachen Menschen auf dem Lande leben nach diesem Prinzip, ohne viel darüber philosophiert zu haben, und sind oft bis ins hohe Alter gesund und rüstig. Ki bedeutet Lebenskraft, Lebensmut und Lebensfreude. Viele Menschen verlieren allerdings den Großteil ihres Ki, wenn sie alt werden, und betrachten dies als ein unabänderliches Schicksal. Alter ist aber keine Krankheit, sondern eine natürliche Stufe auf unserem Lebensweg. Das Alter ist im Grunde die schöne Zeit der Reife und Vollendung, in der wir die Früchte unseres Lebens ernten. Wenn wir dem Baum unseres Schicksals starke Wurzeln geben und ihn sorgfältig und liebevoll pflegen, wird er auch gute und gesunde Früchte tragen. Wenn wir uns aber um seine Wurzeln nicht kümmern und uns bei der Pflege keine Mühe geben, wird er keine oder nur kümmerliche Früchte hervorbringen.

Ki ist Schicksal. Aber Ki ist auch das Licht des Universums und das Wasser des Lebens, und es ist niemals zu spät, sich dieser Kraft zuzuwenden. Es kann auch einen verdorrten Baum wieder zum Leben erwecken. Daher ist es auch niemals zu spät, mit dem Ki-Training zu beginnen. Damit anzufangen, hilft schon. Es gibt die verschiedensten Methoden des Ki-Trainings - sie müssen nicht unbedingt Shinson Hapkido heißen: alle natürlichen und ausgewogenen Bewegungen wie z.B. Wandern, Schwimmen und Tanzen tragen dazu bei, die Gesundheit und Ausgeglichenheit zu fördern.

Geburt, Wachstum, Krankheit, Alter und Tod gehören zum Leben. Das Leben ist ein Tor zum Tod, der Tod ist ein Tor zum Leben. Unsere Geburt ist bereits die Vorbereitung auf unseren Tod. Wenn wir sterben, wird unser Körper wieder in die Erde zurückkehren, aus der er geboren wurde. Aber auch unser Lebenslicht und unser Geist werden dorthin zurückkehren, von wo sie gekommen sind - vielleicht um wieder in einem anderen Körper geboren zu werden.

Den natürlichen Kreislauf des Lebens müssen wir akzeptieren. Das bedeutet jedoch nicht, daß wir dem Schicksal hilflos ausgeliefert sind. Durch das Ki-Training können wir unser Leben positiv beeinflussen, so daß wir seltener krank werden und bis an unser Lebensende vital und lebensfroh bleiben. Das Ki-Training öffnet das Bewußtsein für die natürlichen Zusammenhänge, so daß wir unsere Angst vor Schmerzen, Krankheit, Alter und Tod überwinden und gelassener leben und sterben können. Die Bedeutung des Ki-Trainings kann man aber nur verstehen, wenn man es *tut*. Beginnen Sie daher noch heute damit - und tun Sie stets Ihr Bestes für die Menschen und für die Natur.

Teil II

Die Wurzeln von Shinson Hapkido

Der Kratersee „Chon-Jie" auf dem Berg „Baek-Du San"

Die geschichtlichen Wurzeln von Shinson Hapkido

Die Wurzeln von Shinson Hapkido zu finden, war für mich die schwerste Aufgabe beim Schreiben dieses Buches. Ich hatte nicht so viel Ahnung von der Geschichte meines Landes, in die ich tief hinabtauchen mußte, um zu diesen Wurzeln zu gelangen. Oft wollte ich wegen meiner Unkenntnis verzagen und am liebsten aufgeben, aber immer wieder dachte ich daran, daß der Ur-Geist von Shinson Hapkido ganz am Anfang der koreanischen Geschichte zu finden sein muß, denn er hat das koreanische Volk und dessen gesamte Kultur zutiefst geprägt. Daher habe ich mir immer wieder gesagt: was man nicht weiß, kann man lernen, und wenn man damit beginnt, hat man es schon halb geschafft. So bemühte ich mich nach Kräften, die Entwicklung des Geistes von Shinson Hapkido bis zu seinem Ursprung zurückzuverfolgen. Hierbei waren die Nachforschungen anderer auf den verschiedensten Gebieten - Geschichte, Astronomie, Geomantie, Medizin, Kunst, Sport, Schamanismus, Taoismus, Buddhismus, Konfuzianismus u.a. - von großem Wert, denn dies alles hat Shinson Hapkido beeinflußt und ist teilweise auch heute noch darin enthalten. Was ich über die Geschichte und die Wurzeln von Shinson Hapkido erfahren habe, ist sicherlich noch nicht genug und bedarf noch weiterer Vertiefung. Ich möchte es Ihnen aber trotzdem nicht vorenthalten, denn ich hoffe, daß es Ihnen hilft, Shinson Hapkido etwas besser zu verstehen.

Die Geschichte Koreas zu erforschen war nicht zuletzt deshalb so schwierig, weil es nur sehr wenige authentische Aufzeichnungen darüber gibt. Korea, „das Land der Morgenstille", hatte im Laufe seiner 5 000-jährigen Geschichte nicht sehr oft stille und friedliche Zeiten; es war, wie ein koreanisches Sprichwort besagt, stets „eine Krabbe zwischen zwei Walen". Im Norden wurde es von dem mächtigen China bedroht, dem Korea jahrhundertelang Tribut zollte, um wenigstens einen Teil seiner Selbständigkeit zu bewahren, im Süden wartete das machthungrige Japan auf eine Gelegenheit, das Nachbarland zu annektieren. Oft fielen auch kriegerische Horden in das Land ein und hinterließen auf ihrem Weg eine breite Spur der Zerstörung. Geschichtliche Aufzeichnungen wurden in Korea daher immer wieder vernichtet oder im Sinne eines der beiden Nachbarn verfälscht. In China galt Korea meistens nur als kleiner Vasall des großen

Reiches der Mitte, in Japan sah man in ihm gerne eine unterentwickelte Kolonie, der man zeitweise sogar eine eigenständige Kultur und Nationalität völlig abzusprechen versuchte. Doch trotz all dieser Widrigkeiten hat das koreanische Volk seinen eigenen Charakter bis heute bewahrt und ist gerade dabei, seine alte und großartige Kultur wieder neu zu entdecken.

Liebe Leserinnen und Leser, bevor ich Ihnen nun einen Überblick über die Geschichte Koreas und die Entwicklung von Shinson Hapkido gebe, möchte ich eines ganz klar sagen: die Shinson-Lehre (Shinson Sasang* oder Shinson Do) mag in Korea heute noch besonders lebendig sein, aber ihr ursprünglicher Geist (Hanol Sasang) ist nicht speziell koreanisch oder das Eigentum irgendeiner anderen Nation, sondern er gehört der ganzen Menschheit - und bei genauerem Hinsehen ist er auch in den verschiedensten Ländern der Welt in den unterschiedlichsten Lehren und Lebensanschauungen wiederzufinden. Ihr Kern ist der Glaube an die Einheit des Universums, die Achtung vor dem Leben und die Liebe zu Mensch und Natur. Der Shinson-Geist verbindet daher alle Menschen und die Natur.

Ein Ausflug in die Urzeit

Die Anfänge der menschlichen Entwicklung liegen mehr als 600 000 Jahre zurück**. Die damals lebenden Vor- und Urmenschen bewegten sich noch nicht ganz aufrecht, sondern halb gebeugt wie Menschenaffen. Aber in einer langen Entwicklungszeit lernten sie, den Blick von der Erde zu lösen und zum Himmel zu richten. Sie gewöhnten sich an, auf zwei Beinen zu laufen, so daß die Hände für andere Aufgaben frei wurden und sich immer feiner entwickelten. Sie begannen, Werkzeuge herzustellen, mit denen sie sich verteidigen und schwer erreichbare Nahrung verschaffen konnten. Mit diesen Werkzeugen konnte der Mensch Leistungen vollbringen, die weit über seine natürlichen Körperkräfte hinausgingen. Zwar gibt es auch Tiere, die bei der Nahrungssuche und Verteidigung Stöcke oder Steine benutzen, aber der Mensch ist das einzige Lebewesen, welches solche Naturmaterialien kreativ bearbeitet und damit zu echten, zweckge-

* *Sasang = Lehre, Philosophie, Weisheit*
** *In Afrika fand man in jüngster Zeit sogar Überreste von Hominiden, die mehr als 2 Mio. Jahre zurückdatiert werden.*

bundenen Werkzeugen macht. Diese Kreativität unterscheidet den Menschen grundlegend von den Tieren.

Der größte Schritt in der menschlichen Entwicklung geschah aber wohl, als der Mensch das Feuer zu benutzen lernte. Die Beherrschung des Feuers ist wie ein Symbol für das geistige Licht, das in dem Menschen aufflammte. Das Feuer war die erste Naturkraft, die der Mensch in einer Weise benutzte, wie Tiere es niemals können. Damals hatten die Menschen wie die Tiere nur ein Ziel: sie wollten überleben und mußten sich vor Hunger, Kälte, Raubtieren und Naturkatastrophen schützen. Mit Hilfe des Feuers trotzte der Mensch dem Klima, vertrieb wilde Tiere und machte seine Nahrung weicher, wohlschmeckender und haltbarer. Das Feuer half ihm, sich vor der Natur zu schützen - aber es bewirkte auch, daß er sich immer mehr von ihr entfernte. Statt sich selbst der Natur weiter anzupassen, begann er, die Natur nach seinen Bedürfnissen zu gestalten. Er ersann neue Ideen, eine Sprache, in der er seine Gedanken ausdrücken konnte, und Techniken, die ihm halfen, seine Pläne zu realisieren. Dies war natürlich nur in einer Gemeinschaft von Gleichgesinnten möglich, und so entstanden kleine Klans, die ihre eigene Lebensweise als Jäger, Bauern oder Hirten entwickelten und ihre eigenen Regeln für das Zusammenleben aufstellten. Diese Entwicklung war um etwa 40 000 v. Chr. weitgehend abgeschlossen. Bis zum Entstehen der ersten Hochkulturen sollten aber nochmals ca. 37 000 Jahre vergehen. Die Entwicklung vom Vor- und Urmenschen bis zu den ersten Nationen stellt also mehr als 99% der Menschheitsgeschichte dar.

Ko-Choson: Die Wiege der koreanischen Nation

Im dritten vorchristlichen Jahrtausend wurden verschiedene kleine Stämme und Klans im Gebiet des Baek-Du San (ein Berg im heutigen Nordkorea) zum ersten Male in der Geschichte zu einem einheitlichen Königreich vereint. Um die Gründung von Ko-Choson (Alt-Choson) rankt sich ein Mythos, den ich hier in etwa so wiedergebe, wie ich ihn in einem der ältesten überlieferten Geschichtsbücher Koreas, im „Sam-Guk Yusa" (verfaßt im 13. Jh. n. Chr. von dem Mönch Ilyon), aufgezeichnet fand:

Vor Hwanin, den Himmelskönig, trat einst sein Sohn Hwanung. Diesen schmerzte das schwere Schicksal der Menschen, und er bat seinen Vater,

Gemälde des inzwischen ausgestorbenen koreanischen Tigers (von einem unbekannten Künstler aus dem 18. Jahrhundert)

zur Erde hinabsteigen zu dürfen, um der Menschheit zu helfen. Der Himmelskönig hatte Verständnis für den Wunsch seines Sohnes und erteilte seine Einwilligung. Er gab Hwanung drei bronzene Siegel (Sam Bu In), auf denen die Weisheit des Himmels aufgezeichnet war, und sandte ihn mit dem Auftrag zur Erde, eine „göttliche Stadt" (Shin Shi) zu errichten. Zusammen mit 3000 Begleitern, von denen einer den Wind, einer die Wolken und einer den Regen beherrschte, stieg Hwanung hinab zur Erde. Gemeinsam wollten sie die Menschen lehren, die Natur und das Leben besser zu verstehen und zu achten (Hong'i Sasang). Das Gebiet, in dem sie erschienen, war der Berg Baek-Du San im Tae-Baek-Gebirge (dieser Berg wird heute noch als heiliger Ort verehrt).

Hwanung vernahm eines Tages das inbrünstige Flehen eines Tigers und einer Bärin, die sich nichts sehnlicher wünschten, als auch Menschen zu werden. Hwanung erbarmte sich ihrer, gab ihnen einen Bund Knoblauch und Beifuß zu fressen und schickte sie in eine dunkle Höhle. Dort, so verkündete er, sollten sie sich hundert Tage lang vor dem Sonnenlicht verbergen, dann würden sie sich in Menschen verwandeln. Der Tiger aber hatte keine Geduld und konnte die Dunkelheit nicht lange ertragen. Er floh schon bald aus der Höhle und mußte weiter in Tiergestalt leben. Die Bärin hingegen harrte geduldig aus, und als sie nach hundert Tagen die Höhle verließ, war sie zu einer Menschenfrau geworden.

Die Frau dankte dem Himmel für ihre wunderbare Verwandlung. Jedoch fühlte sie sich schon bald sehr allein, und so wandte sie sich erneut an die Götter und betete darum, ein Kind geschenkt zu bekommen. Da trat Hwanung noch einmal zu ihr und zeugte mit ihr einen Sohn. Als dieser Sohn heranwuchs, vereinte er mehrere Stämme der Ureinwohner Koreas in einem Königreich, dem er den Namen „Choson"* gab. Der Legende zufolge geschah dies im Jahre 2333 v. Chr. Der Sohn von Hwanung und der Menschenfrau wurde „Dangun Wanggom"** genannt.

Die Legende berichtet, daß Dangun Wanggom die Nation mit seiner übermenschlichen Kraft, Tugend, Weisheit und Herzensgüte 1200 Jahre lang zusammenhielt. Er unterwies sein Volk unter anderem in der Landwirtschaft und beriet es in Fragen der zwischenmenschlichen Beziehungen. Er lehrte es, Mensch und Natur zu achten und zu lieben (Hong'i

* *Cho = Morgenstille, Morgenfrische, Son = hell (alte Bedeutung von Son bzw. Shinson); Choson = helles Land der Morgenstille; Land des Ostens, wo die Sonne aufgeht.*
** *Dan = Helligkeit, Licht von Sonne und Mond zusammen, Erleuchtung, Gun = König und Hoherpriester*

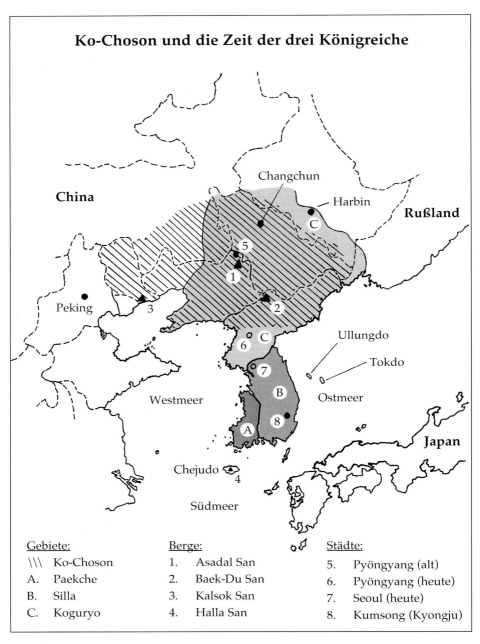

Ko-Choson (schraffiert) und die Zeit der drei Königreiche
Die Landkarte zeigt auch die beiden mythischen Berge Koreas: im Norden Baek-Du San, Symbol für den Himmel (Chon), im Süden (auf der Insel Cheju) Halla San, Symbol für die Erde (Jie); dazwischen leben die Menschen von Korea (In)

Ingan Sasang). Danach zog er sich auf den Berg Asadal San zurück, wo er die göttliche Erleuchtung erlangte und im Alter von 1908 Jahren in den Himmel einging.

Viele Völker erzählen Geschichten über das Geheimnis ihrer göttlichen Herkunft, und obwohl diese Mythen im Laufe der Zeit sicherlich immer mehr ausgeschmückt wurden, bis ihr Kern kaum noch zu erkennen und zu verstehen war, kann man aus ihnen vielleicht doch noch etwas über die alte Vergangenheit erfahren.

Aus dem Dangun-Mythos geht hervor, daß die Bronzezeit bei der Gründung Chosons auf der koreanischen Halbinsel wohl schon angebrochen war, da der Himmelskönig seinem Sohn drei Bronzesiegel gab. Diese drei Bronzesiegel waren das Zeichen der Königswürde; nach der Zersplitterung von Ko-Choson behaupteten verschiedene Fürsten, in Besitz der Siegel und damit die rechtmäßigen Nachfolger von Dangun Wanggom zu sein. In Ko-Choson gab es offenbar auch schon Wissenschaft und Philosophie. So heißt es, daß Hwanung, seine Begleiter und später auch Dangun Wanggom die Menschen in der Weisheit des Himmels und in Fragen des Lebens (z.B. Ernährung, Heilkunde, Rechtsprechung und Landwirtschaft) unterwiesen.

Für die Landwirtschaft war natürlich auch die Erforschung und Beeinflussung des Wetters von großer Bedeutung. Die Legende berichtet, daß drei der Gefährten von Hwanung eine besondere Gabe hatten: einer beherrschte den Wind, einer die Wolken und einer den Regen. Dies weist auf die tiefe Naturverbundenheit und auf die Entstehung des Schamanismus (Musok) in Korea hin. Im Schamanismus gelten die Naturelemente als göttliche Wesen, auf deren Stimme man hören muß, wenn man überleben will. Durch ein Leben in Einklang mit der Natur kann man diese Kräfte jedoch verstehen und sogar lernen, sie zu beeinflussen. Auch die Rolle der Tiere in dem Mythos läßt auf eine enge Beziehung zwischen Mensch und Natur schließen. Tiger und Bär gelten bis heute als die wichtigsten Totemtiere des Schamanismus in Korea. Hwanung gab den Tieren für ihre Verwandlung einen Bund Knoblauch und Beifuß zu fressen. Dies zeigt, daß auch Heilpflanzen im alten Choson schon bekannt waren. Die beiden genannten Pflanzen werden übrigens auch heute noch in der Naturheilkunde verwendet. Die Küche Koreas kommt ebenfalls nicht ohne sie aus.

Die tiefe Verbundenheit mit der Natur, die im Dangun-Mythos anklingt, war und ist auch heute noch eines der Hauptmerkmale des koreanischen Volkes. In alter Zeit beobachteten die Menschen mit Ehrfurcht die

Kreisläufe der Natur: die Bahnen der Sterne, den Wandel der Jahreszeiten, den Wechsel des Wetters, die Zyklen des Lebens und die damit verbundene Entwicklung der Pflanzen und Tiere. Sie beobachteten das wunderbare Zusammenspiel der Naturkräfte auch im Hinblick auf den Menschen und seine Lebensweise, seine Gedanken, Gefühle und Krankheiten, und versuchten, einen Weg zu einem langen Leben in Gesundheit und Zufriedenheit (Shinson Do) zu finden. Das Gleichgewicht und die Harmonie aller Kräfte des Universums galt dabei als Grundvoraussetzung für das Wohlergehen der gesamten Schöpfung (Hanol Sasang).

Der Mensch wurde in dieser ganzheitlichen Weltanschauung als ein kleines Universum innerhalb des großen Universums betrachtet. Um Gesundheit und Ausgeglichenheit zu erlangen, muß er lernen, die Gesetze des Universums zu erkennen, zu akzeptieren und in Harmonie mit ihnen zu leben. Bereits in jener alten Zeit wurden körperliche wie geistige Techniken gelehrt, mit denen Krankheiten geheilt und der Mensch in Harmonie mit der Natur gebracht werden konnte (Shinson Do Bop). Die Verbindung von Körperbewegung (Tanz, ritualisierte Kampf-, Jagd- und Tierbewegungen), Atemtechniken und innerer Konzentration (Versenkung, Trance) galt damals schon als Weg zur Heilung und Ganzwerdung. Die in Korea heute noch praktizierten schamanischen Riten und Tänze und die überlieferten Naturheilverfahren sind lebendige Zeugnisse dieser alten Tradition.

Das Volk von Ko-Choson wurde von seinen damaligen Nachbarn auch „Dong-I Jok" genannt, „die Menschen aus dem Osten, die mit dem großen Bogen schießen". Der Bogen hat in Asien traditionell eine besondere Bedeutung: er gilt nicht nur als Waffe für die Jagd, den Sport und den Kampf, sondern auch als Werkzeug für eine ganzheitliche Ausbildung von Körper und Geist. Besonders der Langbogen ist ein Symbol für innere Kraft und Weisheit. Der Langbogen kann gewöhnlich nicht allein mit körperlicher Kraft und Technik gemeistert werden. Man braucht vereinte innere und äußere Kraft, um ihn zu spannen, eine innere und äußere Konzentration, um zu zielen, und eine tiefe Klarheit und Intuition, um im richtigen Moment loszulassen und zu treffen. Die Kunst des Bogenschießens gilt bis heute als ein Son-Weg zur Harmonie von Körper und Geist. Der Name „Dong-I Jok" bezieht sich also nicht nur auf die kämpferischen Fertigkeiten des Volkes, sondern auch auf die innere Bedeutung des Bogenschießens als Son-Weg und würdigt die Menschen von Ko-Choson als ein „Volk, das Weisheit verbreitet".

Der Bogen als Waffe auf der Jagd
Dieses Gemälde stellt die Geschicklichkeit und den großen Kampfgeist der Menschen in Koguryo dar.

Gemälde an der Westseite eines Grabes aus der Koguryo-Zeit (Anfang des 6. Jahrhunderts)

Als erster geschichtlich belegbarer König in Korea wird meistens „Kija"* genannt. Den Aufzeichnungen zufolge übernahm Kija im Jahre 1122 v. Chr. die Herrschaft in Ko-Choson. Er und seine Nachfolger sollen bis etwa 194 v. Chr. regiert haben.

Im zweiten vorchristlichen Jahrhundert zersplitterte Ko-Choson dann wieder in kleine Stammesstaaten und wurde teilweise von China annektiert. China kontrollierte die besetzten Gebiete fast 400 Jahre lang, ohne jedoch das koreanische Volk integrieren zu können. Im Jahre 313 n.Chr. gelang es dann dem koreanischen Stammesstaat Koguryo, der 37 v. Chr. im Norden der koreanischen Halbinsel errichtet worden war, einen großen Teil der besetzten Gebiete zurückzuerobern.

* *Die Bezeichnung „Kija" ist eigentlich ein königlicher Titel, wird aber oft wie ein Eigenname verwendet.*

Zu derselben Zeit gewannen auch der Stammesverband Paekche im Südwesten (gegründet 18 v. Chr.) und das Silla-Reich im Südosten der Halbinsel (seit 57 v. Chr.) an Einfluß. Die „Drei-Länder-Zeit" (Sam-Guk) begann.

Sam-Guk: Die Zeit der drei Königreiche

Die Zeit der drei Königreiche war sehr unruhig - sowohl politisch als auch geistig. Auf der politischen Bühne rangen die drei Staaten erbittert um die Vorherrschaft auf der koreanischen Halbinsel und mußten sich auch mit China auseinandersetzen, das immer wieder Gebietsansprüche erhob. Auf geistigem Gebiet wurde der traditionelle Naturglaube und Schamanismus vom neu aufkommenden Buddhismus und später auch vom Konfuzianismus in den Hintergrund gedrängt.

In allen drei Königreichen waren zunächst weiterhin der Naturglaube und der daraus entstandene Schamanismus die vorherrschenden Lehren, welche die Lebensweise des Volkes in allen Bereichen prägten. Auch die Kampfkunst wurde damals nicht nur für kriegerische Zwecke benutzt, sondern als Weg zu einem langen und gesunden Leben vom Vater an den Sohn weitergegeben und in Verbindung mit alten Gesundheitstechniken (Shinson Do Bop) und schamanischen Riten zur Heilung von Körper und Geist eingesetzt.

Als jedoch im Jahre 372 n. Chr. der Buddhismus von Indien über China nach Korea gelangte, entwickelte sich die koreanische Politik, die Kultur und auch die Kampfkunst in eine andere Richtung. Der Buddhismus mit seiner umfassenden und relativ einheitlichen Lehre eignete sich wesentlich besser als der Schamanismus dazu, das Zusammengehörigkeitsgefühl und Nationalbewußtsein des Volkes zu stärken. So wurde der Buddhismus bald in Koguryo, später auch in Paekche und Silla zur Nationalreligion ernannt. Der Naturglaube und Schamanismus hingegen wurde nur noch inoffiziell im einfachen Volk praktiziert und ging im Laufe der Zeit mehr und mehr verloren (obwohl er niemals ganz verschwand).

Der Buddhismus entstand um 500 v. Chr. in Indien. Der Überlieferung zufolge wurde dem Vater des Prinzen Gautama Siddhartha prophezeit, daß sein Sohn angesichts des menschlichen Leides dem Königreich und weltlichen Leben entsagen und nach langen Jahren der Askese zu einem großen Lehrer der Menschheit werden würde. Da er seinen Sohn aber unbedingt zu seinem Nachfolger und zum König seines Reiches machen wollte, bemühte sich der Vater, jedes Leid vor Siddhartha zu verbergen. Er umgab ihn im Palast mit allen Freuden und Reichtümern des Lebens und hielt alle Zeichen von Alter, Krankheit und Tod von ihm fern.

Ein Lied erweckte in Siddhartha jedoch die Sehnsucht, die Welt jenseits der Palastmauern kennenzulernen. Als er bei seinen Ausflügen aus dem Palast einen Greis, einen Kranken, einen Asketen und einen Toten sah, erschrak er über die Leere und Unaufrichtigkeit seines bisherigen Lebens und verließ den Vater, um den Weg der Erkenntnis und Erlösung zu suchen. Lange lebte er in strengster Askese und Selbstkasteiung, bis er einsah, daß auch dies ihm keine Befreiung vom Leid bringen würde. Er erkannte, daß sowohl die extreme Askese als auch das ausschweifende Leben von einer Gier geprägt war, die den Weg zum wahren Frieden versperrte. Daher wählte er den mittleren Weg und erlangte die Erleuchtung.

Als Buddha („der Erleuchtete") zog er dann durch das Land und lehrte, daß die Begierde die Ursache allen Leides ist und daß man diese Begierde durch Weisheit (rechtes Glauben und Entscheiden), Disziplin (rechtes Reden, Handeln und Leben) und Meditation (rechtes Streben, Denken und Sichversenken) überwinden kann.

Der Buddhismus wurde nicht zuletzt deshalb vom Volk in Korea so bereitwillig aufgenommen, weil er das alte Wissen durchaus nicht verleugnete. Die Liebe zum Leben (Shinson Sasang) und die Lehre von der Einheit und Harmonie von Mensch und Universum (Hanol Sasang) war vielmehr der Boden, auf dem er wuchs. Der Buddhismus respektierte diesen Boden, überlagerte ihn jedoch mit neuen Formen. Er integrierte das innere Wissen der alten Lehren und entwickelte es sogar noch weiter, übte aber äußerlich einen sehr starken Druck auf die ursprünglichen koreanischen Gebräuche aus und verdrängte sie nach und nach aus allen Lebensbereichen.

Auch die Kampfkunst wurde durch den Buddhismus verwandelt: sie wurde mehr denn je zu „Do", einem Weg der Erkenntnis. Leider ging sie jedoch dadurch für das einfache Volk größtenteils verloren, denn sie erforderte nun ein Höchstmaß an körperlicher und geistiger Anstrengung, die gewöhnlich nur im Kloster oder unter der Anleitung eines großen Kampfkunst-Meisters möglich war. Wer ein Meister der Kampfkunst sein wollte, mußte nicht nur eine Vielzahl von Techniken zur Selbstverteidigung beherrschen, sondern auch in Astronomie, Geomantie, Philosophie, Psychologie und Heilkunst bewandert sein - er mußte Himmel, Erde und Mensch verstehen. Solche Meister wurden fast wie Götter verehrt. Der Mönch Dharma (Bodhidharma), der den Buddhismus von Indien über China bis nach Korea gebracht hatte, soll ein solcher Meister gewesen sein. Sein Kampfstil, so heißt es, war unübertrefflich: er wurde nie besiegt - weder von inneren noch von äußeren Feinden - und erlangte am Ende seines Lebens die Erleuchtung: das vollkommene Verständnis von Do.

Sirrum - der traditionelle koreanische Ringkampf
Gemälde von Kim Hong-Do (Choson-Ära, 2. Hälfte des 18. Jh.)

Die von den Meistern und Mönchen entwickelte Lehre von der inneren und äußeren Selbstverteidigung war so effektiv, daß sie schon bald das Interesse des Königshauses fand. Die Königsfamilien waren davon so beeindruckt, daß sie geistige Lehrer und Kampfkunstmeister an den Königshof holten und sich von ihnen unterrichten ließen. Die wirkungsvollsten Techniken sowohl für die Gesundheit (Shinson Do Bop) als auch für die Selbstverteidigung (Mu Sul) durften bald nur noch an die Königsfamilie weitergegeben werden. Das einfache Volk hatte keinen oder nur noch wenig Zugang dazu. Aber es fand Wege, um das alte Wissen lebendig zu halten: es erfand Lieder, Tänze, Spiele und Wettkämpfe, mit denen es den Hanol- bzw. Shinson-Geist und die Kampfkunst bewahrte.

Solche Gesänge, Tänze, Spiele und Turniere fanden oft im Anschluß an buddhistische Gebets- und Opferzeremonien (Palguan Hae*) statt. Es gab viele beliebte Wettbewerbe, z.B. im Anfertigen von Gedichten und Kalligraphien - und natürlich auch viele Kampfspiele, von denen ich hier nur die bekanntesten nennen möchte:

Subak:	spielerischer Kampf mit der leeren Hand
Taekyon:	tänzerischer Fußkampf
Sirrum:	Ringen
Tusok:	Steinweitwurf
Gom Sul:	Schwertkampf
Kung Sul:	Bogenschießen
Kyok Ku:	Mannschaftsspiel ähnlich dem Hockey.

Die tiefere Bedeutung dieser Wettkämpfe, Lieder, Spiele und Tänze als Weg der ganzheitlichen Ausbildung von Körper und Geist wurde dann zwar im Laufe der Zeit vergessen, jedoch mit den Techniken unbewußt von Generation zu Generation weitergegeben. Dank dieses Erbes kann das alte Wissen heute wiederentdeckt und wiederbelebt werden.

> *   *Palguan Hae: buddhistische Feiern (oft mit schamanischen Elementen), auf denen für das Wohl der Eltern und des Staates gebetet und der Segen der Natur durch Opfergaben erfleht wurde. Diese Feiern wurden zu einer Tradition, die sich über Paekche sogar bis nach Japan ausbreitete.*

Hwarang Do: Der Weg der Blumenjugend

In der Drei-Länder-Zeit war zunächst Koguryo das stärkste Reich. Koguryo war berühmt-berüchtigt für seinen großen Kampfgeist (Dae Mu Chong Shin). In diesem Land wurde die Kampfkunst vor allem in bezug auf die *äußerlichen* Techniken sehr stark entwickelt. Koguryo widerstand erfolgreich dem Expansionsstreben Chinas und beherrschte schon bald die gesamte Nordhälfte der koreanischen Halbinsel sowie die Mandschurei. Die Menschen in Koguryo führten ein hartes und kriegerisches Leben.

In den beiden anderen Ländern, vor allem in Silla, hingegen wollte man nicht nur kämpfen, sondern das Leben auch genießen. So entstand in Silla eine Schule, welche die Kunst des Kämpfens mit anderen Künsten wie Tanz, Musik, Dichtung und Malerei sowie mit Philosophie, Religion und Wissenschaft verband: die Hwarang („Blumenjugend").

Die Hwarang wurde im Jahre 576 n. Chr. von König Chinhung ins Leben gerufen. König Chinhung betraute den angesehenen buddhistischen Mönch Won Kwang Bopsa mit der Aufgabe, ein Erziehungssystem zu entwickeln, welches in Einklang mit den Naturgesetzen stand. Altes und Neues, die traditionelle Naturweisheit und die Lehren des Buddhismus, Taoismus* und Konfuzianismus, Politik und Religion/Philosophie, Wissenschaft und Kunst (darunter auch die Kampfkunst), Körper und Geist, Mensch und Natur sollten in der Hwarang harmonisch miteinander verbunden und gemeinsam weiterentwickelt werden.

> * *Entstanden im 3. Jahrtausend v. Chr. ist der Taoismus eine der ältesten Weisheitslehren der Welt. Bekannt wurde er vor allem durch die Schriften des chinesischen Weisen Lao-tse und seines Schülers Chuang-tzu (um 550 v. Chr.). In Korea wurde er weniger als separate Lehre verbreitet, sondern in Verbindung mit dem Naturglauben und Buddhismus praktiziert.*
>
> *Einer der bekanntesten Lehrsätze des Taoismus lautet: „Das Tao (Do) erzeugt die Einheit. Die Einheit erzeugt die Zweiheit. Die Zweiheit erzeugt die Dreiheit. Die Dreiheit erzeugt die zehntausend Wesen." (Zitat aus dem „Tao-Te-King" von Lao-tse).*
>
> *Das Symbol des Taoismus ist das Zeichen von Yin und Yang, schwarz-weiß, mit einem weißen Punkt in der schwarzen und einem schwarzen Punkt in der weißen Hälfte. Yin (kor. Um) steht für den Schatten oder den weiblichen Pol, Yang für das Licht oder den männlichen Pol. Beide gehören zusammen und bilden eine Einheit. Die Punkte erinnern daran, daß jede Seite den Keim seines Gegensatzes in sich trägt.*

So sollte die Hwarang-Lehre (Hwarang Do), die man auch „Pung-Yu Do", den „Weg des schönen Lebens" nannte, zu einem Wegweiser für die Zukunft von Staat und Gesellschaft werden.

Ursprünglich waren in der Hwarang beide Geschlechter vertreten. Edle und schöne Männer und Frauen sollten lernen, in Harmonie miteinander und in Einklang mit der Natur zu leben, um zu guten Menschen zu werden. Als es aber zu Zwietracht zwischen den Geschlechtern kam, wurden die Frauen aufgrund ihrer schwächeren Stellung in der Gesellschaft aus der Hwarang verbannt. Von da an wurden nur noch die talentiertesten Söhne der Adelsfamilien in die Hwarang aufgenommen. Sie wurden von den besten Lehrern unterrichtet und unternahmen oft Pilgerreisen in die Berge, um in der Natur und unter der Anleitung der dort lebenden Meister ihren Körper und Geist auszubilden. Sie lernten, für das Wohl der Nation zu beten, aber auch dafür zu kämpfen. Tugendhaftigkeit und Bildung, aber auch Kampfgeist und vor allem Loyalität gegenüber Staat und Gesellschaft waren die Hauptanliegen bei der Erziehung der Hwarang.

Die Hwarang-Philosophie basiert hauptsächlich auf der Verschmelzung von drei Lehren (Sam Gyo):

Yu:	Konfuzianismus
Bul:	Buddhismus
Son:	Naturglauben.

Sie lehrt drei Grundtugenden (Sam Dock):

Ji:	Weisheit
In:	Menschlichkeit
Yong:	Mut.

Die Hwarang befolgte im Leben fünf Grundregeln (Hwarang Oh Kae):

Sa-Gun I-Chung:	Loyalität gegenüber dem Vaterland
Sa-Chin I-Hyo:	Dankbarkeit und Respekt gegenüber den Eltern
Kyo-U Yu-Shin:	Vertrauen und Brüderlichkeit unter Freunden
Im-Jon Mu-Toae:	Mut, um niemals vor einem Feind zu fliehen
Sal-Saeng Yu-Taek:	Gerechtigkeit, um niemals ohne echten Grund zu töten.

Als die Hwarang an Stärke und Einfluß gewann, wurde sie die treibende Kraft bei der Vereinigung der koreanischen Halbinsel zu Groß-Silla. Mit dem wachsenden Selbstbewußtsein der Hwarang mehrten sich nämlich in Silla die Stimmen, die nach einer Wiedervereinigung der drei Reiche nach dem Vorbild von Ko-Choson riefen. Mit Hilfe Chinas unterwarf Silla die beiden anderen Reiche, verlor dabei jedoch die Mandschurei, die bis dahin ein Teil Koguryos gewesen war. Als China daraufhin Ansprüche auf Koguryo und Paekche erhob, kam es auch zu kriegerischen Auseinandersetzungen zwischen Silla und China, die aber mit dem Rückzug Chinas endeten (Silla blieb allerdings unter chinesischem Einfluß und erkannte durch Tributzahlungen weiterhin die Großmachtstellung Chinas an). In den Kriegen gegen Koguryo, Paekche und China stand die Hwarang an der Spitze von Sillas Truppen. Viele Hwarang-Mitglieder wie Kisa Dal, Kwang Chang und General Kim Yu-Shin werden wegen ihrer Tapferkeit und Loyalität heute noch gerühmt.

Mit dem Ende der Kriege im Jahre 735 n. Chr. war zum ersten Male in der Geschichte die *gesamte* koreanische Halbinsel in einem Königreich vereint.

Groß-Silla: Die Blütezeit des Buddhismus

Groß-Silla erreichte den Höhepunkt seiner Macht gegen Mitte des 8. Jahrhunderts. Diese Ära war eine Blütezeit des Buddhismus, da Silla seinen ganzen Ehrgeiz darin setzte, einen buddhistischen Idealstaat zu schaffen. Überall im Lande, vor allem aber in der damaligen Hauptstadt Kyongju, wurden eindrucksvolle buddhistische Bau- und Kunstwerke errichtet, wie z.B. der malerische Staatstempel Pulguksa und der einzigartige Grottenschrein Sokkuram, in dessen Mitte eine aus hellem Granit in einem Stück gearbeitete, 3,5 m hohe Buddhastatue thront, umgeben von steinernen Wächtern in Kampfkunst-Stellungen. Zur Verbreitung des Buddhismus gelangen wegweisende Erfindungen wie z.B. das Drucken der Schriften mit Druckstöcken aus Holz*. Das ausklingende 8. Jahrhundert war von Frieden und Wohlstand für das ganze Volk gekennzeichnet.

* *Gegen Ende des 12. Jahrhunderts (etwa 200 Jahre vor Gutenberg) wurde in Korea auch der Buchdruck mit beweglichen Lettern erfunden..*

Der Hauptbuddha im Sokkuram-Grottenschrein

(Silla, 8. Jahrhundert)

Zur Zeit von Groß-Silla entstanden verschiedene Strömungen des Buddhismus, unter anderem auch die Schule des Son-Buddhismus, die sich vom äußerlichen Prunk abwandte und eine strenge, klare Form der Meditation lehrte*.

Der Mönch Wonhyo (617-686 n. Chr.) bemühte sich, den Buddhismus wieder zu vereinheitlichen und ihn auch dem einfachen Volk näherzubringen. Wonhyo war noch ein Kind, als er sich für den Buddhismus zu interessieren begann. Allein, ohne Lehrer, vertiefte er sich in die buddhistischen Schriften und suchte nach ihrer ursprünglichen Bedeutung. Obwohl der Buddhismus noch nicht lange Staatsreligion in Silla war, hatten sich schon viele Gelehrte darüber zerstritten und verbreiteten ihre eigenen Meinungen stärker als die eigentliche Lehre. Viele Theorien und sture Meinungen verdeckten die ursprüngliche Lehre des Buddhismus wie Wolken den klaren Himmel und entfremdeten sie dem einfachen Volk. Dieses Problem hatte Wonhyo deutlich erkannt. Wonhyo selbst war kein Theoretiker. Er setzte sein ganzes Leben ein, um die Wolken zu vertreiben und alle festgefahrenen Ansichten zu erschüttern. Mit manchmal sehr unkonventionellen Methoden versuchte er, die Sturheit der buddhistischen Gelehrten zu durchbrechen, ihren Streitereien ein Ende zu bereiten und den Buddhismus wieder für alle offen zu machen** (Jung Do).

Wonhyo lebte nach dem Grundsatz „Il Shim I Mun - Ein großes Herz hat viele Türen". Er betrachtete das Herz der Menschen als einen Spiegel, der tausend verschiedene Formen spiegeln kann, wenn er sauber und klar ist, und dabei niemals seine eigene Form und Klarheit verliert. Wenn das Herz sich aber von den Dingen, die es sieht, mitreißen läßt, wird es trübe und blind. Von einem ganzen Wald sieht es dann vielleicht nur noch einen einzigen Baum.

Über Wonhyos Weg zur Erleuchtung gibt es eine merkwürdige Geschichte: Wonhyo und sein Freund Oey-Sang machten sich eines Tages auf,

---

* *Der Son-Buddhismus (Bul-Son) beruft sich auf das Vorbild von Bodhidharma, der neun Jahre lang vor einer Wand meditiert haben soll. Er ist daher ein Weg der Meditation und Selbstdisziplin.*

Ihm gegenüber steht der Kyo-Buddhismus (Bul-Kyo). Der Weg des Kyo besteht vor allem im Studium der buddhistischen Schriften und im Rezitieren der Sutren (der Weg der Lehre).

Als dritten Weg gibt es Sung-Bo, die direkte Übertragung des Wissens vom Meister auf den Schüler; dies ist ein sehr strenger Weg.

** *Der buddhistische Name „Wonhyo" hat zwei Bedeutungen: „Öffner der Morgenstille" und „Öffner des Buddhismus".*

um – wie es damals bei den Mönchen üblich war – nach China zu reisen und dort den Buddhismus zu studieren. Unterwegs wurden sie von einem schweren Unwetter überrascht und suchten Zuflucht in einer kleinen Hütte. Es war stockfinster, der Sturm tobte und ungeheure Wassermassen ergossen sich vom Himmel. Vor der Hütte fand Wonhyo zufällig eine kleine Schale, in der sich etwas Regenwasser gesammelt hatte. Da er durstig war, hob er sie rasch auf, trank sie aus und warf sie wieder fort, bevor er die Hütte betrat. Das Unwetter hörte auch am folgenden Tag noch nicht auf, und so konnten die beiden Freunde nicht weitergehen. Als es aber etwas heller wurde, schauten sie aus dem Fenster und sahen, daß sie sich auf einem Friedhof befanden. In jener Nacht konnte Wonhyo nicht schlafen. Sobald er die Augen schloß, sah er tausend wilde Teufel tanzen. Am Tag darauf aber war der Himmel wieder klar, und die Freunde wollten weitergehen. Als Wonhyo aus der Tür trat, fiel sein Blick auf die Schale, aus der er getrunken hatte: es war die Gehirnschale eines Menschen. Augenblicklich mußte er sich übergeben. Da verstand er plötzlich das Herz der Menschen: Ursprünglich ist es klar und stabil. Wenn es aber durch Gedanken und Gefühle, durch Angst, Schreck und Gier gestört wird, gerät es in Aufruhr und bringt Körper und Geist durcheinander.

Wonhyo reiste nicht weiter nach China. Er verabschiedete sich von seinem Freund und kehrte in seine Heimat zurück.

Koryo: Der zentralisierte Staat

Der Blütezeit von Groß-Silla folgte ein Jahrhundert des Zerfalls, an dessen Ende sich ein neues koreanisches Reich erhob, welches Koryo* genannt wurde.

Die Gründung von Koryo im Jahre 918 war mehr als nur eine Änderung des Staatsnamens. Der Gründer Wang Kon war nämlich bürgerlicher Herkunft und gelangte nur durch die Unruhen der Zeit an die Spitze des Staates. Daher konnte er seinen Herrschaftsanspruch nicht wie die Könige vor ihm mit einem Geburtsrecht begründen, sondern übernahm statt des-

* „Koryo" wurde abgeleitet von „Koguryo". Der Name „Koryo" wurde vermutlich gewählt, um das Ende von Silla zu besiegeln und um an die alte Tradition von Koguryo zu erinnern. Aus „Koryo" wurde dann „Korea".

sen die Theorie vom „Mandat des Himmels", d.h. als Rechtfertigung für seine Machtergreifung führte er moralische Überlegenheit an. Die Macht des neuen Königs wurde auch nicht mehr in erster Linie von der alten Aristokratie gestützt, sondern von einer bürgerlichen Eliteschicht.

Wang Kon und seine Nachfolger errichteten im 10. und 11. Jahrhundert in Koryo einen Staatsapparat mit einer zentralisierten Regierung und einem einflußreichen Beamtentum. Der Buddhismus war in Koryo zwar immer noch dominierend, wurde aber mehr und mehr durch Luxus und Korruption ausgehöhlt. Dadurch gewann der Konfuzianismus zunehmend an Einfluß*. Zwar baute auch der Konfuzianismus im Grunde auf dem alten Wissen auf, daß das Universum eins ist (Hanol Sasang) und daß der Mensch in Harmonie mit der Natur leben muß, um Gesundheit und Zufriedenheit zu erlangen (Shinson Sasang), aber er wollte diese Harmonie vor allem durch Wissen und Gelehrsamkeit erreichen und verlor dadurch viel von seiner ursprünglichen Verbundenheit mit der Natur. Der Kern der Lehre war zwar derselbe geblieben, aber die Form hatte sich wieder einmal sehr stark geändert. Diese Entwicklung verstärkte sich noch, als im späten 12. Jahrhundert eine neo-konfuzianische Lehre entwickelt wurde, die bei den koreanischen Gelehrten und Beamten großen Anklang fand. Diese neue Form unterdrückte bewußt die anderen Lehren und Künste wie den Naturglauben, den Buddhismus und die Kampfkunst.

---

*   *Konfuzius (chin.: Kung-fu-tzu, in Korea „Kongja" genannt), lebte 551-475 v. Chr. in China. Er lehrte, daß Menschlichkeit, Moralgefühl, Tugend und Einsicht die 4 Grundqualitäten von Staat und Gesellschaft seien. Da man diese Qualitäten laut Konfuzius erlernen kann, haben Erziehung und Bildung in einer konfuzianischen Gesellschaft einen sehr hohen Stellenwert. Die harmonische Gesellschaft ist nach Konfuzius von 5 zwischenmenschlichen Beziehungen (Oh Ryun) geprägt: Loyalität zwischen Herrscher und Untertanen, Ehrfurcht zwischen Eltern und Kindern, Gehorsam zwischen Mann und Frau, Respekt zwischen alt und jung und Vertrauen zwischen Freunden. Die Lehre von den 5 Beziehungen behandelte ursprünglich beide Seiten gleich, wurde aber in der Praxis leider oft einseitig ausgelegt und mißbraucht.*

Aus Aufzeichnungen geht hervor, daß das Gedankengut des Konfuzianismus bereits um 550 v. Chr. nach Korea gelangte; erst in der Drei-Länder-Zeit aber gewann es langsam an Einfluß und erreichte seinen Höhepunkt zur Zeit der Yi-Dynastie in der Choson-Ära.

Choson: Die Ära des Konfuzianismus

Zu Beginn des 12. Jahrhunderts wurde Koryo von inneren und äußeren Unruhen zerrissen. Die Militäraristokratie hatte im Jahre 1170 die Macht wieder an sich gerissen, konnte das Land aber nicht befrieden und sah sich mit Aufständen innerhalb der Bevölkerung konfrontiert. Dazu kam noch eine neue Bedrohung von außen: die Mongolen hatten an der Nordgrenze Koryos ständig an Macht gewonnen und versuchten im Jahre 1231, das Land zu überrennen. Sie konnten nur mit Mühe zurückgeschlagen werden. Koryo mußte hohe Tribute für einen Waffenstillstand zahlen - unter anderem in Form von Gold, Silber, Ginseng und Frauen. Im Jahre 1392 nutzte General Yi Song-Gye die Schwäche der Militäraristokratie aus: er ließ das Ende von Koryo erklären und sich selbst zum rechtmäßigen König ernennen. Unter der Yi-Dynastie erhielt Korea wieder seinen alten Namen „Choson", und Seoul wurde im Jahre 1394 zur neuen Hauptstadt des Reiches ernannt.

In Choson wurde dem Konfuzianismus die Vorherrschaft über alle anderen Lehren, einschließlich des Buddhismus, eingeräumt. Der Konfuzianismus brachte zunächst viele Fortschritte und bewirkte viel Gutes, aber er erstarrte im Laufe der Zeit in seinem Dogmatismus und in seiner Gelehrsamkeit. Und mit ihm erstarrte die koreanische Gesellschaft in einer hermetischen Abgeschlossenheit gegenüber den anderen Ländern und den modernen Zeiten.

Der bedeutendste Herrscher von Choson war wohl König Sejong, der von 1418 - 1450 n. Chr. regierte. Er richtete eine Akademie für begabte Gelehrte ein, um Forschungen auf dem Gebiet der Verwaltung, der Politik und der Wirtschaft zu fördern. Unter seiner Herrschaft wurde u.a. ein Handbuch der chinesischen Medizin mit 365 Kapiteln und ein weiteres Handbuch über die einheimische Medizin mit 85 Kapiteln und Tausenden von Stichworten herausgegeben. König Sejong ließ die koreanische Schrift (Hangul) entwickeln und die Notenschrift für chinesische und koreanische Musik überarbeiten. Er war auch ein Freund der Astronomie und veranlaßte die Anfertigung einer Sonnen- und einer Wasseruhr, eines Planetariums, eines Himmelsglobus sowie astronomischer Karten und Almanache der sieben bekannten Planeten.

Die Kampfkunst wurde in Choson fast nur noch für militärische Zwecke benutzt. Viele der alten Kampfkunst-Meister und -Mönche sollten in den Staatsdienst gezwungen werden, weigerten sich aber und verbargen sich

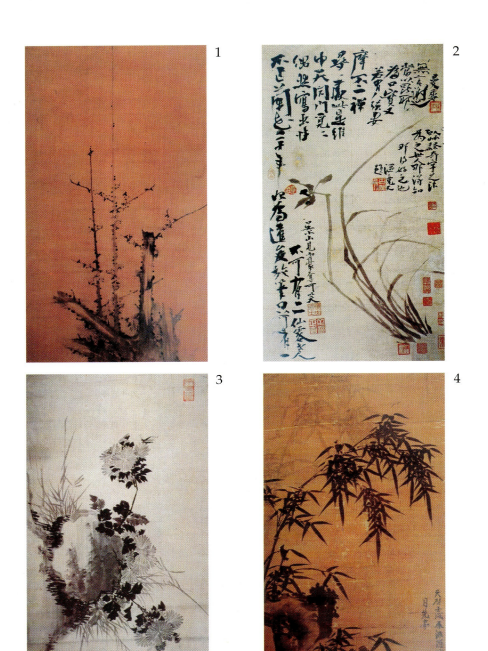

Die Blumen der vier Tugenden (Sa Gun Ja):
1. Frühling: Pflaumenblüte (Maehwa), von O Myong-Ryong, 16. Jh.
2. Sommer: Orchidee (Nancho), von Kim Chong-Hui, 19. Jh.
3. Herbst: Chrysantheme (Gukhwa), von König Chongyo, 18. Jh.
4. Winter: Bambus (Daenamu (Chuk)), von Yi Chong, 1622.

in der Einsamkeit der Berge oder flohen ins Ausland. Als das Land im Jahre 1592 von Japan überfallen wurde, kämpften die meisten von ihnen zwar an der Seite der Regierungstruppen unter dem großen General Yi Sun-Sin, kehrten aber mit dem Rückzug der Japaner im Jahre 1598 wieder in ihre Verstecke zurück. Die Angriffe der Japaner, aber auch die wiederholten Überfälle von mandschurischen Aggressoren und Piraten, waren mit eine Ursache dafür, daß sich Choson ab dem 17. Jahrhundert völlig gegen die Außenwelt abschottete und nur noch mit dem chinesischen Hof die notwendigsten Kontakte pflegte.

1789 gab König Chongyo ein Buch über die Kampfkunst in Auftrag, welches ein Jahr später fertiggestellt wurde. Dieses Buch mit dem Titel „Mu-E Do Bo-Tong-Jie" beschreibt zwar 24 Kampfkunstarten mit einer Vielzahl von Techniken, enthält aber kaum einen Hinweis auf die innere Ausbildung von Geist und Ki. Es steht deutlich unter chinesischem Einfluß und war wohl nur für das Königshaus und das Militär bestimmt. Von der traditionellen koreanischen Kampfkunst, die bislang vom Hanol-Geist bzw. von der Shinson-Lehre geprägt war und als Lebensweg zur Erkenntnis (Do) galt, blieb nicht mehr viel übrig. Es wurden fast nur noch die äußerlichen Techniken für die nationale Verteidigung anerkannt - die innerlichen Techniken wurden größtenteils zu militärischem Gehorsam und Drill verzerrt. Der innere Geist konnte zwar nicht völlig ausgelöscht werden, wurde aber aus dem Bewußtsein verdrängt und blieb höchstens noch in anderen Künsten wie in der Heilkunst, in der Musik und im Tanz sowie im Herzen des Volkes lebendig.

Er flackerte jedoch wieder auf, als im 19. Jahrhundert unter dem Druck des Westens (Rußland, England und andere starke europäische Länder) und der vom Westen beeinflußten Japaner abendländische Vorstellungen in Korea eindrangen. Als Antwort darauf entstand im Jahre 1860 die Donghak-Bewegung, die eine Philosophie der „östlichen Weisheit" vertrat, in der die verschiedensten östlichen Lehren wie der Naturglaube, der Buddhismus, der Taoismus und der Konfuzianismus miteinander verschmolzen wurden. Bis zum Jahre 1890 war aus der Donghak eine religiöse und soziale Bewegung von nationaler Bedeutung geworden, die sowohl im einfachen Volk als auch in den oberen Klassen Unterstützung fand. Auf die Donghak-Demonstrationen gegen soziale Mißstände reagierte die Regierung jedoch mit Gewalt und provozierte damit einen blutigen Aufstand. In diese Revolte mischte sich zuerst China, dann auch Japan ein, die beide um ihren Einfluß in Korea besorgt waren - und damit begann der chinesisch-japanische Krieg, gegen dessen Ende sich China schwer geschlagen zurückziehen mußte. Japan gestand Korea daraufhin zwar offiziell Unabhängigkeit zu, behielt aber in Wirklichkeit die Kontrolle über das Land.

Korea im 20. Jahrhundert

So begann die dunkelste Zeit in der Geschichte des koreanischen Volkes, die darin gipfelte, daß Korea im Jahre 1910 von Japan annektiert wurde. Mit der Begründung, dem durch seine Politik der Abgeschlossenheit in der Entwicklung zurückgebliebenen Land helfen zu wollen, versuchte Japan, seinen langgehegten Wunsch zu erfüllen und die koreanische Kultur und Nation völlig auszulöschen.

Um den Geist und die Kraft (das Ki) des Volkes zu vernichten, war den Besetzern jedes Mittel recht. So trieben sie z.B. Eisenstangen in die Berge Koreas, die als heilig verehrt wurden (solche Eisenstangen, mit denen das Land vergewaltigt wurde, kann man heute noch an vielen Orten finden). Sie zwangen die Bevölkerung, sich die Haare abzuschneiden. In Korea gab es damals viele Menschen, die alles, was die Natur ihnen schenkte, so sehr achteten, daß sie nichts davon (auch nicht die Haare) abschneiden und wegwerfen wollten. Diese Menschen starben lieber, als ihren Glauben zu verleugnen.

In den 36 Jahren der Besetzung wurden die meisten geschichtlichen Aufzeichnungen verfälscht, vernichtet oder von den Besetzern mitgenommen. Alte Paläste und Tempel wurden dem Erdboden gleichgemacht. Koreanische Geschichte wurde im Schulunterricht gestrichen. Die koreanische Sprache wurde verboten, und die Koreaner mußten sogar ihre Namen japanisieren. Die traditionellen koreanischen Künste wurden durch japanische Traditionen ersetzt. Dies betraf auch die Kampfkunst. Viele Meister der koreanischen Künste wurden ermordet oder verschleppt. Tausende von Männern wurden in die japanische Armee gezwungen oder als Sklaven nach Japan verkauft. Die Frauen wurden zur Prostitution mit den Besatzungstruppen gezwungen.

Die Besetzer versuchten, dem Land seine Identität zu nehmen, aber es gelang ihnen nicht. Sie konnten alles zerstören, nicht aber den alten koreanischen Geist. Der Geist des Volkes konnte nicht gebrochen werden, sondern wurde in den Herzen bewahrt und weitergegeben.

Ein Lied wurde zum Symbol des Widerstands: das Volkslied „Arirang", das auf der Straße oft nur gesummt wurde, weil die Worte nicht ausgesprochen werden durften*.

Mit der Unterstützung religiöser Gruppen gelang es der politischen Opposition am 1. März 1919 schließlich, im ganzen Land gleichzeitig eine Unabhängigkeitserklärung zu verbreiten („Sam Il Undong" - die Befreiungsbewegung „Erster März"**). Sofort gingen die Koreaner überall auf die Straße und demonstrierten für Frieden, Freiheit und Gerechtigkeit. Als die Japaner auf die gewaltfreien Kundgebungen jedoch mit brutaler Härte reagierten, entwickelte sich ein landesweiter Aufstand, bei dem etwa 7 000 Menschen getötet, 15 000 verwundet und 50 000 verhaftet wurden. Obwohl der Aufstand niedergeschlagen wurde, war er doch ein Zeichen für den ungebrochenen Geist des koreanischen Volkes.

In seiner 5000-jährigen Geschichte mußte sich das koreanische Volk oft gegen die Übergriffe seiner Nachbarn wehren, während es seinerseits andere Länder nie angriff. Sein starker ursprünglicher Geist und Lebenswille hat ihm stets geholfen, die schweren Zeiten durchzustehen und sich gegen die Angreifer zu behaupten. Den Geist des koreanischen Volkes nennt man auch „Min-Cho Sasang": ein Volk wie Gras, das immer wieder aufsteht, wie oft es auch getreten wird. Sein Charakter ist außen weich und innen stabil. Es lebt für Frieden, Freiheit, Gemeinschaft und Gerechtigkeit. Solange es diesen Charakter bewahrt, wird es nicht sterben, wie hart es auch unterdrückt wird.

Als Korea im Jahre 1945 befreit wurde, kam zusammen mit der alten Hanol- bzw. Shinson-Lehre auch die traditionelle Kampfkunst wieder zu neuer Blüte. Korea fand zwar immer noch keinen Frieden und wurde in zwei Teile zerrissen, die einen schrecklichen Bruderkrieg gegeneinander

---

* *In dem Lied „Arirang" werden die Besetzer mit bildhaft verschlüsselten Worten gewarnt: „Geht nicht weiter, sonst werdet ihr fallen. Niemand kann einen anderen ungestraft seiner Freiheit berauben."*

In den verschiedenen Provinzen Koreas entstanden über 100 verschiedene Versionen dieses Liedes. Arirang wurde damals zum inoffiziellen Nationallied des Volkes und hat auch heute noch diese Bedeutung.

** *Sam Il Undong Chong Shin: Der Geist der Befreiungsbewegung war der Geist des Volkes (Min-Cho Sasang): ungebeugt, voller Sehnsucht nach Frieden und Freiheit und voller Opferbereitschaft. Die gesamte Bevölkerung Koreas - ungeachtet von Alter, Geschlecht, Bildung, Religion, Ideologie und Gesellschaftsschicht - teilte diesen Geist und stand gemeinsam auf, um dafür zu demonstrieren.*

führten und bis heute den Weg zueinander nicht finden konnten*, aber beide Seiten entdeckten unabhängig voneinander die alten Traditionen wieder. Die Koreaner suchten nach ihrer Identität und trugen zusammen, was noch von der alten Kultur zu finden war. Hier und da gab es noch einsame Klöster und einzelne Meister, die das alte Wissen und die traditionelle Kampfkunst bewahrt hatten. Die inneren und äußeren Techniken wurden nach und nach wiederentdeckt und unter neuen Namen, von denen die bekanntesten Taekwondo und Hapkido sind, zusammengefaßt und weiterentwickelt.

Die Entwicklung von Shinson Hapkido

Ich hatte das große Glück, die alten Lehren und Kampfkünste Koreas als Lebensweg kennenzulernen und von bedeutenden Meistern und Mönchen unterrichtet zu werden. Dabei lernte ich vor allem eins: das Ziel der Kampfkunst (Mu-Do) ist ein langes Leben in Gesundheit, Menschlichkeit und Frieden. Dieses Ziel soll durch die Ausbildung von Körper und Geist in Einklang mit den Naturgesetzen erreicht werden. Wird die Kampfkunst für andere Ziele, z.B. zum Erlangen von Sieg, Geld, Ruhm und Macht, benutzt, hat sie ihre geistigen Wurzeln verloren. Dann ist sie nicht mehr ein Weg des Lebens (Do), sondern nur noch ein Mittel der Gewalt. Zu einem solchen wurde sie im Laufe der Geschichte leider oft degradiert, und auch heute erinnert manches „Kampfkunst"-Training eher an militärischen Drill als an eine Ausbildung der Menschlichkeit. Auch ich habe solche leistungsorientierten Trainings erlebt, entschied mich dann aber dagegen und versuchte mit allen Kräften, zu den Wurzeln der Kampfkunst zurückzufinden.

> * *Japan kapitulierte im 2. Weltkrieg nach dem Abwurf der Atombomben auf Hiroshima und Nagasaki. Korea wurde daraufhin wieder einmal zu einer „Krabbe zwischen zwei Walen", diesmal zwischen der UdSSR und den USA. Der Machtkampf zwischen den beiden Großmächten führte 1947/48 zunächst nur zur ideologischen, nach dem Koreakrieg (1950-53) aber zur offiziellen politischen Teilung Koreas entlang des 38. Breitengrades. Der Norden wird bis heute von einem streng kommunistischen Regime beherrscht. Der Süden schwankte lange zwischen demokratischen Bestrebungen und einer Militärdiktatur, ist aber heute auf dem besten Wege zu einer Demokratie.*

1978 wurde ich eingeladen, den Weg der Kampfkunst auch im Westen zu unterrichten. Ich weiß nicht, was man von mir erwartete - vielleicht habe ich einige Menschen enttäuscht, weil ich nicht sensationelle Techniken, sondern eine Lehrmethode (Do) unterrichtete. Mehr Menschen aber haben, so glaube ich, dadurch Hoffnung geschöpft. Es gibt genug Haß, Kampf und ungesunde Konkurrenz in der Welt! Was soll ich unterrichten? Noch mehr Kampf und Konkurrenz? Das kann und will ich nicht mitmachen! Gewalt und Krieg müssen ein Ende haben! Die gegenseitige Trennung und Verurteilung muß überwunden werden! Ich möchte zeigen, daß nicht nur junge und starke, sondern *alle* Menschen Shinson Hapkido lernen können.

Von Natur aus haben alle Menschen - Männer wie Frauen - zwei Seiten: eine männliche (Yang) und eine weibliche (Um). Heutzutage wollen Männer wie Frauen aber oft nur in eine Richtung gehen: in die männliche. Dies zeigt sich auch in der Kampfkunst, die meistens zu einseitig trainiert und unterrichtet wird, d.h. hart, gefühllos, gewaltsam, gegeneinander, wettkampf- und leistungsorientiert. Manchmal werden sogar Drogen eingenommen, um die Leistung zu steigern. In diesem System haben schwache Menschen kaum eine Chance und werden immer schwächer und ängstlicher, während die Starken immer härter und aggressiver werden.

In der ganzen Welt wird der Abstand zwischen stark und schwach, reich und arm, jung und alt, Eltern und Kindern, Lehrern und Schülern, Gebildeten und Ungebildeten, Glauben und Leben, Mensch und Natur immer größer. Wenn die Polaritäten dieser Welt, die eigentlich zusammengehören (wie Körper und Geist, Mann und Frau), sich trennen, ist kein Leben mehr möglich. Wenn man an beiden Enden einer Schnur stark zieht, zerreißt sie. Auch unsere Gesellschaft wird zerbrechen, wenn wir die Gemeinschaft nicht wiederfinden. Durch die Polarisierung unserer Gesellschaft steigt die Kriminalität und Gewalt immer mehr an. Um das Ende der Gesellschaft, ja vielleicht sogar der ganzen Menschheit, abzuwenden, müssen sich Starke und Schwache die Hand reichen und gemeinsam mit Vertrauen, Achtung, Liebe und Menschlichkeit leben. Wir müssen Um und Yang wieder ins Gleichgewicht bringen und den Weg der Mitte (Jung Do) gehen!

Der Weg der Mitte ist kein Weg der Gleichmacherei, sondern ein Weg der Toleranz. Jung Do bedeutet nicht, Männer und Frauen gleich, sondern gleichberechtigt zu machen. Wir sind alle Menschen, ob groß oder klein, dick oder dünn, stark oder schwach, schwarz oder weiß, Frau oder Mann. Wir müssen die Achtung vor jedem Menschen und vor der Natur wiederfinden! Kampf und Krieg werden nie enden, wenn wir nicht lernen, einander zu achten und miteinander zu teilen. Zu achten und zu vertrauen, zu verzeihen und zu umarmen, zu lieben und zu teilen - das ist es, was ich unterrichten möchte.

Aus den alten Lehren, Heilmethoden und Kampfkünsten Koreas versuchte ich ein Gesundheitstraining zu entwickeln, das Um und Yang, Körper und Geist, Mann und Frau, jung und alt, stark und schwach, außen und innen, Mensch und Natur wieder in Harmonie miteinander bringen kann. Dieser Bewegungskunst für das Leben gab ich im Jahre 1983 zunächst den Namen „Kung Jung Mu Sul" Hapkido („geheime Kampfkunst des Königshauses"), um an die Geschichte und Tradition der Kampfkunst in Korea zu erinnern. Dann aber dachte ich daran, daß es sehr egoistisch von dem Königshaus war, die besten inneren und äußeren Do-Techniken für sich zu behalten. Dadurch wurde die Kluft zwischen Herrschern und Untertanen, reich und arm, stark und schwach immer größer, und das alte Wissen um die Einheit des Universums (Hanol Sasang) und der Weg des Lebens in Harmonie mit der Natur (Shinson Do) ging für das einfache Volk größtenteils verloren. Kung Jung Mu Sul Hapkido aber soll für alle Menschen da sein und sie verbinden. Daher nannte ich es ab dem Jahre 1993 „Shinson Hapkido" („Weg zur Harmonie der Kräfte im Einklang mit dem Geist des Universums"). Der Name ist im Grunde gar nicht so wichtig - wichtig ist aber der Inhalt und die Lehrmethode. Eine so umfassende Lehrmethode wie Do bzw. Shinson Hapkido wird von jedem Namen eigentlich nur eingeschränkt. Am schönsten wäre es, wenn Do als Leben in Harmonie mit Mensch und Natur einfach eine Selbstverständlichkeit würde, die keinen besonderen Namen und kein besonderes Training bräuchte. Noch aber ist das nicht soweit, und deshalb können wir Shinson Hapkido vielleicht noch gut brauchen.

Ich wäre sehr glücklich, wenn Shinson Hapkido dazu beitragen würde, den schlechten Ruf der Kampfkunst zu verbessern, so daß das Wort „Kampfkunst" nicht mehr Angst und Aggressionen, sondern Hoffnung und Liebe in den Herzen der Menschen auslöst.

Shinson In - Erleuchtete Menschen und ihr Gefolge auf dem Weg

Die geistigen Wurzeln von Shinson Hapkido

Im Laufe der Geschichte haben drei große geistige Strömungen, die aus dem Glauben an die Einheit von Mensch und Natur (Hanol Sasang) entstanden sind, das Leben und Denken der Menschen in Korea geprägt:

- der Naturglaube (Son bzw. Shinson)
- der Buddhismus (Bul)
- der Konfuzianismus (Yu).

Der Naturglaube ist die älteste dieser drei Strömungen. Er ist vielleicht schon so alt wie die Menschheit selbst, denn er entspringt der tiefen Sehnsucht der Menschen nach einem langen und erfüllten Leben in Frieden und Gesundheit. Bereits in alter Zeit erkannten die Menschen in Asien, daß sie dies nur erreichen konnten, wenn sie in Harmonie mit den

Gemälde von Kim Hong-Do aus dem Jahre 1776 (Choson-Ära)

Naturkräften lebten. Daher bemühten sie sich von Herzen, die Gesetze der Natur und des ganzen Universums zu verstehen und zu befolgen.

Aus dem Naturglauben entwickelte sich in Korea u.a. der Schamanismus (Musok), der dort auch heute noch lebendig ist. Schamanismus ist jedoch nicht gleichbedeutend mit Shinson. Im Shinson wird durch die Naturerscheinungen hindurch die Urkraft hinter allen Erscheinungen (Hanol bzw. Tae-Il Shin, der Große Geist des Universums) gesehen. Im Schamanismus hingegen werden eher die den einzelnen Naturerscheinungen innewohnenden, individuellen Kräfte und Geister wie z.B. San-Shin, der Geist der Berge, verehrt. Hanol Sasang bzw. Shinson Sasang ist die Wurzel, aus welcher der Schamanismus ebenso wie fast alle anderen Religionen, Philosophien und Künste in Asien, vielleicht sogar in der ganzen Welt, entsprungen sind. Auch der Buddhismus und der Konfuzianismus sind daraus hervorgegangen.

In Korea hat der Buddhismus die Verbindung mit dem Naturglauben und auch mit dem Schamanismus nie verleugnet. So findet man in den meisten buddhistischen Klöstern Koreas hinter dem Haupttempel ein kleines San-Shin-Hauses (San-Shin Gak, auch „Dae-Ung Jeon" - „Raum des großen Bären" - genannt), in dem die Natur verehrt wird. Oft sieht man dort typische Shinson- und Schamanismus-Bilder, welche auf einfachste Weise die Harmonie zwischen Mensch und Natur darstellen.

*San-Shin, der Gott der Berge,
gemalt von dem Mönch Do-Sun im Jahre 1856.
Das Bild befindet sich in dem San-Shin-Haus „Chong Jinam" im Kloster Song Kwang Sa, dem größten Sung-Bo-Kloster Koreas (Sung-Bo: direkte Übertragung des Wissens vom Meister auf den Schüler)*

Shinson Sasang (oder Shinson Do) ist eigentlich keine feste Lehre und wurde nie einheitlich aufgezeichnet, sondern immer nur von Herz zu Herz weitergegeben. Shinson Do hat im Laufe der Zeit die verschiedensten Namen und Formen angenommen, aber der Kern ist immer derselbe geblieben: der Glaube an die Einheit von Mensch und Natur (Hanol Sasang).

Besäße der Shinson-Geist nicht so eine ursprüngliche Bedeutung, hätte er sicher nicht den Wechsel der Religionen und die Angriffe auf die koreanische Kultur durch die Chinesen, Mongolen und Japaner überstehen können. So konnten z.B. die Lehren des Buddhismus und Konfuzianismus, die in Korea aus politischen Gründen sehr stark gefördert wurden, den Naturglauben niemals ganz verdrängen. Der Shinson-Geist war stets wie eine verdeckte Glut im Herzen des Volkes, die in Zeiten großer Gefahr unaufhaltsam hervorbrach, um das Volk zu einen und zu stärken. Daher gelang es keiner der Strömungen und Mächte, die in Korea eindrangen, den ursprünglichen Charakter und die Identität des Volkes auszulöschen.

Das oberste Ziel von Shinson Do ist der erleuchtete Mensch (Shinson In), der das ewige Leben erlangt hat. Dies ist natürlich eine idealistische Vorstellung, die von der heutigen Wissenschaft im allgemeinen nicht ernstgenommen wird. Aber braucht der Mensch nicht auch Ideale und Visionen? Und wer vermag wirklich zu sagen, was möglich und was unmöglich ist? Der menschliche Körper ist zwar begrenzt und muß sterben - das ist nur natürlich. Aber was geschieht mit den inneren Kräften des Menschen bei seinem Tode? Muß auch die Lebens- und Geisteskraft des Menschen sterben? Wer hat sich diese Frage wohl noch nicht gestellt?

Um die Gesetze des Universums und das Geheimnis von Leben und Tod zu ergründen, bemühte man sich in Asien vor allem darum, Do, das Urprinzip, und Ki, die Urkraft des Universums, zu verstehen. Schon in der der Dangun-Zeit wurde gelehrt: „Der Geist des Universums ist in den Kopf, das Ki des Universums in den Körper des Menschen gefahren". Dieses Geheimnis wirklich zu verstehen, bedeutet Erleuchtung.

Shinson Do möchte Idealismus und Realismus sinnvoll miteinander verbinden. Wer immer nur rein wissenschaftlich analysiert, rechnet und trennt, kann Mensch und Natur nur schwer als Einheit verstehen. Wenn man sich nicht mit der Natur verbunden fühlt, verliert man leicht sein Verantwortungsgefühl gegenüber der Schöpfung und beginnt, sich selbst als eine Art Gott zu sehen, der alles kann und alles darf. Man zerteilt nicht nur die Natur, sondern trennt sich auch selbst von ihr ab und stellt sich über sie. Ohne Gefühl für die Einheit allen Lebens untersucht man die

Natur auf ihre Funktion und Nützlichkeit, beutet sie rücksichtslos aus, mißhandelt und zerstört sie. Was man der Natur aber antut, fügt man letztendlich sich selbst zu. Wir sind an einem Punkt angelangt, wo immer mehr Menschen erkennen, daß eine Rückbesinnung dringend nötig ist. In dieser Zeit kann Shinson Do einen Weg zeigen, auf dem Mensch und Natur, Wissenschaft und Vision, Um und Yang nicht getrennt, sondern als Einheit verstanden werden.

Das Ziel von Shinson Do ist ein langes und erfülltes Leben in Frieden und Gesundheit (Pung-Yu Do, „der Weg des schönen Lebens"). Im Grunde will Shinson Do den Menschen sogar den Weg zum ewigen Leben weisen. Sie werden vielleicht sagen: „Ewig zu leben ist doch nicht natürlich!" Wenn man aber im Innersten versteht, daß Mensch und Natur eins sind, weiß man, daß es im Universum einen Ur-Körper, ein Ur-Ki und einen Ur-Geist gibt, welche niemals sterben werden. Was sterben muß, ist unser Egoismus. Wer sich mit seiner äußeren Form und seinen äußerlichen Fähigkeiten völlig identifiziert, glaubt nicht an das ewige Leben, hat schreckliche Angst vor dem Tode und kann das menschliche Dasein nicht richtig genießen. Wir müssen lernen, diesen Materialismus und Egoismus loszulassen. Dann können wir das Eine Herz (Il Shim) sehen, das in allen Menschen und im ganzen Universum schlägt und aus dem alles Ki, alle Liebe und alles Leben kommt.

Der östliche Weg zum Verstehen des Lebens (oder, wie man dort sagt, zur Erleuchtung) unterscheidet sich von dem westlichen, analytischen Denken vor allem dadurch, daß er eher die Gemeinschaft und Ganzheit der Dinge betrachtet als die Besonderheit der Einzelteile. Bereits in frühester Zeit erkannten die Menschen in Asien, daß sie das Universum nicht dadurch verstehen können, daß sie es auseinandernehmen und die Einzelteile analysieren. Unser Verstand reicht nicht aus, um die Größe und Erhabenheit des Universums zu erfassen - dazu brauchen wir die vereinte Kraft von Herz und Geist. In der Vergangenheit schien es einfacher zu sein, die Natur von Herzen zu lieben und intuitiv zu verstehen, denn die Umwelt war noch gesund und sauber. Gerade in Korea war die Natur von wunderbarer Schönheit. Himmel und Erde, Berge und Wasser, Sommer und Winter waren klar und in Harmonie, so daß die Menschen eine tiefe Liebe für die Natur empfanden. Ich denke, daß die Schönheit der Umwelt viel dazu beigetragen hat, daß Shinson Do in Korea so viel Beachtung fand.

Einige Gedanken der ganzheitlichen Weltanschauung des Ostens sind inzwischen auch im Westen bekannt, z.B. die Polaritätslehre (Um + Yang), die Lehre von Himmel, Erde und Mensch (Chon-Jie-In) und die Fünf-Elemente-Lehre (Oh Haeng). All diese Lehren hatten in Asien niemals nur eine theoretische Bedeutung, sondern wurden in fast allen Lebensbereichen auch in die Praxis umgesetzt: in der Politik, Gesellschaft und Landwirtschaft ebenso wie in der Wissenschaft und Kunst. Dabei erstarrten sie jedoch nie in einer bestimmten Form, sondern wurden immer wieder verändert und weiterentwickelt, so wie auch die Natur und das Leben immer in einer Evolution begriffen ist. Daher kann und will auch ich in diesem Buch nicht festlegen, daß Shinson Do oder Shinson Hapkido unveränderlich dies oder jenes ist. Was lebendig bleiben will, muß mitfließen mit dem natürlichen Wandel des Universums.

Auch die Heilkunst wurde wesentlich von Shinson Do beeinflußt. Viele der im Volk gebräuchlichen Shinson-Naturheilkünste wurden von dem großem Meister Hurjun (1546-1615) im Auftrag des Königs Sonyo in dem 25-bändigen Werk „Dong-Oey Bo-Gam" („Der medizinische Schatz des Ostens") dokumentiert. Dieses Werk, in dem unter anderem die natürliche Heilung durch Pflanzen, Akupressur, Akupunktur, Ki-Training und Psychotherapie beschrieben ist, erschien im Jahre 1610 und wird auch heute noch von Heilkundigen in ganz Asien zu Rate gezogen. Der bedeutende konfuzianische Gelehrte Toi-Gye faßte die alten Naturheilkünste in dem Buch „Hwal In Shim Bang" („Die innere (von Herzen kommende) Heilung des Menschen") zusammen. Heilung durch die Kraft des Herzens ist eines der wichtigsten Anliegen von Shinson Do.

Von den verschiedenen ganzheitlichen Lebensweisheiten Asiens hat die Lehre von Himmel (Chon), Erde (Jie) und Mensch (In) in Korea eine ganz besondere Bedeutung erlangt. Diese Lehre war zwar auch in China und anderen asiatischen Ländern bekannt, doch nirgends wurde sie so in das Denken und in den Alltag integriert wie in Korea. Die Chon-Jie-In-Lehre entspringt dem Glauben an die Einheit von Mensch und Natur (Hanol Sasang) und ist ein wesentliches Element der Shinson-Philosophie. Sie betrachtet den Menschen als Bindeglied zwischen Himmel und Erde. Der Körper des Menschen gehört zur Erde, sein Geist kommt aus der Weite des Himmels. Der Geist läßt den Menschen auch den Unterschied zwischen Himmel und Erde erkennen. Das ist der erste Schritt des Menschen auf dem Weg zur Bewußtwerdung. Aber bei diesem ersten Schritt darf der Mensch nicht stehenbleiben, denn die Trennung von Erde und Himmel oder Körper und Geist (Um und Yang) bedeutet den Tod. Den Tod kann er jedoch überwinden, wenn es ihm gelingt, die Gegensätze wieder zu vereinigen. Zu diesem Zweck hat der Mensch sein Herz. Nur die von Herzen kommende Liebe kann die Kluft zwischen den Gegensätzen und damit den Tod überwinden. Die Chon-Jie-In-Lehre ist daher eine Philosophie des Lebens, der Gemeinschaft und der Liebe.

Die Chon-Jie-In-Lehre ist schon sehr alt. Ansätze davon findet man bereits im Dangun-Mythos, in dem es heißt, daß ein Sohn des Himmels zur Erde herabstieg, um den Menschen zu helfen. Dank seiner göttlichen Gnade konnten die Menschen einen großen Sprung in ihrer Entwicklung machen und von einer unwissenden, fast noch tierischen Stufe auf eine bewußte, geistige Ebene gelangen. Aus dem Bären wurde ein Mensch. Dieser Mensch erkannte jedoch bald seine Besonderheit und fühlte sich sehr einsam. Da erbarmte sich der Himmel abermals und schenkte ihm einen Funken der alle Trennungen überwindenden göttlichen Liebe. Hwanung legte den Samen der Liebe in die Menschenfrau und zeugte mit ihr einen Sohn, der Himmel und Erde in sich vereinte, ein Lehrer und König der Menschen wurde und am Ende seines Erdendaseins die Erleuchtung und Unsterblichkeit erlangte.

Der Kern der Dangun-Philosophie ist das Erlangen von Weisheit und Erleuchtung durch Liebe und Gemeinschaft (Shinson Sasang). Die Geschichte von Dangun ist aber nur ein Mythos, und in Diskussionen wird man immer auch andere Meinungen über den Ursprung von Shinson Do und Chon-Jie-In hören. Eine offizielle Aufzeichnung dieser Lehren fand man erst im „Sam-Guk Sagi", einer Chronik der drei Königreiche aus dem 12. Jahrhundert. Dort entdeckte man die Abbildung einer verschlüsselten Grabinschrift aus der Silla-Zeit mit dem Titel „Das Land hat einen geheimen Weg" („Hyon Myo Ji Do"). Der Verfasser der Inschrift, der Gelehrte Choi Chi-Won, mußte die Methode der Verschlüsselung vermutlich deshalb wählen, weil Silla damals stark unter chinesischem Einfluß stand und seine eigenen Ideen nicht unzensiert veröffentlichen durfte. Vielleicht wollte er den alten Weg des Wissens um die Einheit des Universums (Hanol Sasang) und der Liebe zu Mensch und Natur (Shinson Do), der beim Aufkommen des Buddhismus viel von seinem ursprünglichen und volksnahen Charakter verloren hatte, auf diese Weise für sein Land bewahren. Die schriftliche Aufzeichnung dieses alten Wissens nennt man „Chon-Bu Gyong", die Schrift (Gyong) über die Wahrheit und Weisheit (Bu) des Himmels (Chon).

Do: Das Urprinzip des Universums (Hanol)

Die Inschrift besteht aus 81 Zeichen, welche den Kern des Hanol-Geistes und der Shinson-Lehre enthalten. Die ersten vier Sätze möchte ich nun übersetzen, um Ihnen einen Eindruck von ihrer Bedeutung zu geben. Es gibt verschiedene Übersetzungen und Interpretationen dieser Inschrift, die sicher alle ihre Berechtigung haben. Ich selbst kann auch nur eine Anregung zu ihrem Verständnis geben und bitte Sie um Nachsicht und Geduld, wenn manche Passagen vielleicht nicht so einfach zu lesen sind - denn diese Inschrift wirklich zu verstehen bedeutet, das Universum zu verstehen.

*Inschrift des Grabes einer Hwarang-Familie aus der Silla-Zeit
(die Tafel selbst ist verschollen; es gibt nur noch
die Abbildung der Inschrift im Sam-Guk Sagi)*

Die Inschrift beginnt mit dem Satz:

Il Shi Mu Shi Il
Eins ist der Anfang von Nichts ist der Anfang von Eins.

Alles beginnt mit eins ... Vor eins ist nichts ... Alles endet auch mit eins ... Nach eins ist wiederum nichts ... Anfang und Ende sind eins ... Der Anfang ist das Ende, und das Ende ist der Anfang ... Dazwischen ist alles und nichts ... Das Nichts (oder die Leere) ist das Herz aller Dinge ...

Dies sind nur einige Beispiele für die Interpretation des obigen Satzes. Um seine ganze Tiefe auszuloten, muß man lange darüber meditieren. Dieser Satz enthält das ganze Geheimnis von Hanol, dem ursprünglichen Geist und Herz des Universums, und Do, dem Weg des Lebens und dem Weg des Universums.

Jeder Mensch hat seinen eigenen Weg zur Erkenntnis (Do). Dieser individuelle Lebensweg aber basiert auf dem Großen Weg des Universums (Dae Do), der von der Einheit durch die Teilung und Vielfalt zurück zu der Einheit führt. Seinen Lebensweg klar zu machen (Chong Do) bedeutet, in Einklang mit dem Großen Geist und in Harmonie mit dem Gesetz des Universums zu leben. Das Gesetz von Do ist der ewige Wandel, das unendliche Fließen - das Urprinzip des Lebens. Do selbst aber ist unwandelbar und nicht mit Worten zu beschreiben. Alles, was existiert, ist nur eine Erscheinungsform von Do. Do ist eins: alles und nichts (Hanol).

Eins ist die Zahl der offenbarten Einheit. Das Symbol hierfür ist der Punkt (Guk) oder auch der Kreis mit einem Punkt in der Mitte. Der Kreis ist das Symbol für die Harmonie und Ganzheit aller Dinge, der Punkt steht für das Eine Herz (Il Shim) und den Einen Geist (Hanol oder Tae-Il Shin) des Universums. Der freie Raum um den Punkt herum symbolisiert die Leere, aus der die Einheit geboren wurde.

Der zweite Satz lautet:

Sok Sam Guk
Durch Teilung entstehen Drei in Einem.

Durch die Teilung der Einheit entsteht die Welt der Gegensätze. Die Teilung der Einheit ergibt aber nicht nur zwei Hälften, sondern läßt gleichzeitig auch die Dreiheit entstehen. Die beiden Hälften stellen zusammen mit dem Ganzen insgesamt drei Elemente dar (2+1=3). Alle drei Elemente kommen aus der Einheit und bilden eine Einheit. Alle drei sind eins („Guk" oder „Han-Guk" bedeutet „Punkt", das Symbol für die Einheit und Ganzheit).

Als das Nichts sich offenbarte, wurde die Einheit (Symbol: der Himmel) geboren. Als die Einheit sich teilte, wurde die Zweiheit (Symbol: die Erde als Gegenpol zum Himmel) geboren. Als die Zweiheit (Himmel und Erde) sich wieder vereinte, wurde die Dreiheit (das Lebensprinzip, Symbol: der Mensch) geboren. Aus der Dreiheit schließlich wurden „zehntausend Dinge", d.h. die ganze Welt mit all ihrer Vielfalt, geboren.

Der dritte Satz lautet:

Mu Jin Bon
Nichts ist der Ursprung.

Das Nichts oder die Leere ist der Ursprung aller Dinge. Das Symbol für das Nichts (Mu) ist die Null - der leere Kreis. Null ist die Zahl der unoffenbarten Einheit. Das Nichts ist in diesem Zusammenhang kein negativer Begriff. Es ist die Leere, welche die Einheit und alle Möglichkeiten enthält: der mit dem Verstand nicht erfaßbare Zustand der Vollkommenheit.

Ein weißes Blatt Papier ist leer. Alles kann man darauf schreiben und malen. Mit einem Pinselstrich durchbricht man die Leere und schafft ein Kunstwerk. Wenn man sich der Bedeutung dieser Handlung bewußt ist, wird die Malerei zu einer Meditation, in der man das Geheimnis der Schöpfung nachvollziehen und ergründen kann. Auf den asiatischen Meditationsbildern und Kalligraphien ist der leere Raum (Ol) ebenso wichtig wie der Pinselstrich (Han). Erst wenn beide in Harmonie sind, entsteht ein großes Kunstwerk. Nicht die Darstellung ist das Wesentliche eines solchen Bildes, sondern der Geist (Hanol), der durch das Dargestellte offenbart wird. Auch ist es nicht der Künstler, der das Werk schafft: der Künstler macht sich innerlich ganz leer und läßt Hanol bzw. Do durch sich wirken.

Der vierte Satz

Den vierten Satz möchte ich in den folgenden Kapiteln etwas ausführlicher erklären, da er für das Verständnis von Shinson Hapkido von besonderer Bedeutung ist:

Chon Il-Il	Jie Il-I	In Il-Sam
Himmel 1-1	**Erde 1-2**	**Mensch 1-3**

Aus der Einheit sind entstanden:
1. der Himmel (Chon)
2. die Erde (Jie)
3. der Mensch (In).

Himmel, Erde und Mensch sind eins. Alle drei sind unmittelbar aus der Einheit gekommen. Auch der Mensch entstammt nach dieser Theorie nicht der Erde, sondern der Einheit. Der Körper des Menschen hat sich zwar aus der Erde entwickelt, der Funke des Geistes aber, der ihn erst zum Menschen macht, kommt direkt aus der Einheit (1-3). Der Mensch (3) hat die Aufgabe, Himmel und Erde (1+2) in sich zu vereinen. Erst dann ist er ganz Mensch.

Do ist ursprünglich eins (Han-Guk). Wenn man Do aber mit dem Himmel verbindet, entsteht Chon-Do; wenn man Do mit der Erde verbindet, entsteht Jie-Do; wenn man Do mit den Menschen verbindet, entsteht In-Do. Wenn man Himmel, Erde und Mensch trennt, gibt es drei Wege (Sam-Guk), wenn man sie aber verbindet, gibt es nur *einen* großen Weg mit *einer* Wurzel.

Um und Yang: Das Prinzip der Gegensätze

Himmel und Erde symbolisieren das Prinzip der Gegensätze, welches allen Dingen auf dieser Welt zugrunde liegt. Wir alle bewegen uns zwischen zwei Polen: zwischen Geburt und Tod, Tag und Nacht, Positiv und Negativ etc. Das eine existiert nicht ohne das andere. Nähme man den einen Pol weg, würde auch der andere automatisch verschwinden. Wie wüßten wir, was Licht ist, wenn es keinen Schatten gäbe? Der Weg zur Erleuchtung führt daher durch die Welt der Gegensätze.

Der Himmel symbolisiert die helle, aktive und männliche Kraft (Yang), während die Erde die dunkle, passive und weibliche Kraft (Um) repräsentiert. Um und Yang sind ursprünglich eins. Bei der Teilung der Einheit aber bricht das Licht (Yang) aus der Dunkelheit (Um) hervor und erschafft die Welt der Gegensätze. Das Licht ist das erste Prinzip der Schöpfung. Dennoch wird Um fast immer vor Yang genannt, da Yang aus dem Schoße von Um geboren wird. Yang ist die erzeugende, Um die gebärende Kraft. Beide Kräfte gehören untrennbar zusammen und sind vollkommen gleichwertig. Sie schließen sich nicht gegenseitig aus, sondern ergänzen einander. Das Wesentliche an ihnen ist daher nicht ihre Gegensätzlichkeit, sondern ihre Einheit.

Das Symbol für Um und Yang ist der in zwei gleichgroße, sich ergänzende, aber in der Form entgegengesetzte Hälften geteilte Kreis.

Das Symbol für Um und Yang

Bedeutung des Symbols:

- Die obere Hälfte symbolisiert den Himmel und das Feuer bzw. die männliche Kraft (Yang) und wird in Korea rot dargestellt.
- Die untere Hälfte symbolisiert die Erde und das Wasser bzw. die weibliche Kraft (Um) und ist entsprechend blau.
- Beide Seiten sind ständig in Bewegung und Schwingung (dargestellt durch die geschwungenen Form von Um und Yang); sie befinden sich in einem dynamischen Gleichgewicht.
- Beide Hälften zusammen ergeben einen Kreis, das Symbol für Harmonie und Ganzheit (Do). Aber auch die geschwungene Linie zwischen oben und unten ist Do, der Lebensweg zur Ganzheit. Do ist der Weg und das Ziel. Aus der Einheit und Harmonie von Um und Yang kommen Ki, Do und Hap (Ki = Do = Hap).

Yang	Um
Himmel	Erde
Sonne	Mond
Tag	Nacht
Feuer	Wasser
Hitze	Kälte
Trockenheit	Feuchtigkeit
Drache	Tiger
Phönix	Schlange, Schildkröte
Geist	Körper
Spannung	Entspannung
positiv	negativ
männlich	weiblich
hart	weich
oben	unten
außen	innen
etc.	

Um Jung Yang - Yang Jung Um

In Um ist Yang enthalten,
in Yang ist Um enthalten

Das ganze Universum ist aus Um und Yang aufgebaut, und jeder Mensch, ob Mann oder Frau, trägt beide Seiten in sich. Beide Pole halten einander im Gleichgewicht, indem sie sich gegenseitig sowohl fördern als auch einschränken. Das Starke gibt dem Schwachen Sicherheit und Festigkeit, so daß es nicht zerfließt. Das Schwache verleiht dem Starken Flexibilität und Beweglichkeit, so daß es nicht erstarrt. Jeder Pol gleicht die Höhen und Tiefen des anderen Poles aus. Jede Seite hat dabei ihre eigenen Aufgaben zu erfüllen und darf die andere wegen deren Aufgaben weder verachten noch beneiden. Um und Yang sind gleich wichtig. Um ist im Grunde auch kein Mangel an Kraft, sondern nur eine andere Art von Kraft als Yang. Um kann sogar stärker sein als Yang! Die harte Kiefer bricht im Sturm, während der weiche Bambus sich biegt und überlebt. In der Stärke liegt Schwäche, und in der Schwäche liegt Stärke. Jeder Pol trägt die Anlage seines Gegenpoles in sich. Ohne diese Anlage könnten die Gegensätze einander auch nicht verstehen und wären auf ewig getrennt.

Beide Pole sind ständig in Bewegung: Um wandelt sich in Yang, und Yang wandelt sich in Um. Wird z.B. ein Pol auf die Spitze getrieben, schlägt er um in seinen Gegenpol. Wenn man zuviel lacht, kommen auf einmal Tränen. Wenn man viel geweint hat, muß man manchmal plötzlich lachen.

So wie ein Wind zwischen kalten und heißen Luftschichten weht, schwingt das Ki des Universums zwischen Um und Yang und hält sie in Bewegung. Die Bewegung und Schwingung von Um und Yang ist das ewige Spiel der Schöpfung. Solange Um und Yang sich harmonisch zusammen bewegen, bleiben sie im Gleichgewicht und fördern das Leben, die Gesundheit und das Wachstum in der Welt. Wenn sich ein Pol aber von dem anderen trennt und rücksichtslos seinen eigenen egoistischen Weg geht, verlieren beide Seiten das Gleichgewicht. Sie arbeiten nicht mehr zusammen für das gemeinsame Wohl, sondern kämpfen gegeneinander um den eigenen Vorteil und die Vorherrschaft. Wird die weibliche Seite zu stark, erstickt sie die männliche mit ihrer Umarmung. Wird der männliche Pol zu stark, erdrückt er den weiblichen mit seiner Härte und Gewaltsamkeit. In diesem Kampf gibt es keinen Sieger, denn das Ungleichgewicht und die Trennung von Um und Yang fördert auf beiden Seiten Unheil und Krankheiten. Die vollkommene Trennung von Um und Yang bedeutet den Tod.

Das Gleichgewicht und die Harmonie der Gegensätze gilt in der asiatischen Naturheilkunde als Grundvoraussetzung für die Gesundheit. Im Alltag wird unser Gleichgewicht oft durch eine unausgewogene Lebensweise (z.B. durch negative Gedanken, überschwengliche Gefühle, unregelmäßigen Atem, unausgewogene Betätigung von Körper und Geist etc.) gestört. Wenn wir gesund leben und auch unsere Umwelt gesund machen wollen, müssen wir das Gleichgewicht von Um und Yang (z.B. Körper und Geist, Mann und Frau) in uns selbst und in unserer ganzen Gesellschaft wiederherstellen. Um und Yang ins Gleichgewicht zu bringen bedeutet aber nicht, beide gleich zu machen, sondern sie als gleichwertige Teile eines Ganzen zu akzeptieren und zu respektieren. Dann kann man die Vielfalt der Schöpfung dankbar genießen und Freude am Leben gewinnen.

Diese tiefe innere Freude darf nicht mit dem äußeren Glück verwechselt werden, nach dem viele Menschen jagen, um ihr Leid zu betäuben und zu vergessen. Die Jagd nach dem Glück ist auch eine Sucht, die uns aus dem Gleichgewicht bringt. Lebensfreude hingegen entsteht aus dem tiefen Wissen um die Gesetze der Schöpfung und einem Leben in Einklang mit ihnen. Sie steht daher über allem Glück und Leid und braucht uns auch in schlechten Tagen nicht zu verlassen. Den Weg der Mitte zu gehen heißt, seine guten Tage zu genießen, ohne sie festhalten zu wollen, und seine schlechten Tage durchzustehen, ohne an ihnen zu verzweifeln. Auf Regen folgt Sonnenschein, auf Sonnenschein folgt Regen. Gäbe es nur eines von beiden, könnte die Natur nicht leben und wachsen.

Chon-Jie-In: Die Vereinigung der Gegensätze

Das Zeichen für Do ist der Kreis: das Symbol für das Nichts (Ol) und die Einheit (Han), aus der Um und Yang geboren wurden. Do ist aber auch die Linie zwischen Um und Yang: das dritte Element zwischen den beiden Gegensätzen. Drei ist die Zahl des Menschen, der zwischen Himmel und Erde steht. Der Mensch ist das einzige Wesen in dieser Welt, welches die Gegensätze bewußt erkennen kann. Mit der Kraft seines Geistes trennt er Um und Yang, mit der Kraft seines Herzens aber kann er sie auch wieder vereinigen. Wenn Mann und Frau sich in Liebe vereinen (Hap), entsteht ein neues Leben (Ki) und ein neuer Lebensweg (Do). Die Drei ist daher auch die Zahl des Lebens, des Wachstums und der Vielfalt.

Wer Um und Yang ohne Liebe trennt und verurteilt, muß unter dem daraus entstehenden Ungleichgewicht der Kräfte leiden. Viele Krankheiten, Verletzungen und Schmerzen gibt es auf dieser Welt, weil die Menschen nur trennen und verurteilen, aber nicht verzeihen und umarmen wollen. Sie leben nur halb wie Menschen und wissen im Grunde nicht, was sie tun und wer sie selbst eigentlich sind. Ganz bewußt und menschlich zu werden bedeutet nicht nur, die Gegensätze zu erkennen, sondern sie auch zu überwinden und zu der Einheit des Lebens zurückzufinden (Hong'i Ingan Sasang: Mensch und Natur achten und lieben).

Das Zeichen für Chon-Jie-In

In Korea wird der Drei als der Zahl des Menschen, der die Gegensätze erkennt und überwindet, wesentlich mehr Bedeutung zugemessen als in anderen ostasiatischen Ländern wie etwa China, wo man zwar ähnlich dachte, aber mehr die Zwei, d.h. die Polarität aller Dinge, betonte. Daher findet man auch überall in Korea das Symbol für Chon-Jie-In, den dreigeteilten Kreis, in welchem dem Menschen als Mittler zwischen Himmel und Erde ein eigenes, gleichwertiges Feld eingeräumt wird. Dieses Zeichen wird dreifarbig ausgeführt, meistens rot-blau-gelb. Rot symbolisiert den Himmel, blau die Erde und gelb den Menschen.

Himmel, Erde und Mensch bilden eine Einheit. Sie beeinflussen sich gegenseitig und können nur zusammen gesund sein. Eine saubere und gesunde Natur versorgt den Menschen mit kraftvoller Nahrung, klarem Wasser, frischer Luft usw. Wenn Himmel und Erde krank sind, leidet auch der Mensch. Von einer kranken Natur bekommt der Mensch nur noch

Kalligraphie der Worte Chon, Jie und In

schwache Energien, die ihn mit der Zeit ebenfalls schwach und krank werden lassen. Dasselbe gilt auch umgekehrt: Wenn der Mensch krank ist, wird auch die Natur krank, da der Mensch ein Teil der Natur ist und sie durch seine Gedanken und Taten beeinflußt. Wenn er die Balance verliert, muß die Natur unter seiner Unzufriedenheit, Angst und Habgier leiden. Wer aber der Natur schadet, zerstört die Grundlage der Gesundheit, ja des Lebens selbst. Um gesund zu bleiben, muß der Mensch die Natur schützen und ihr die Kraft und Möglichkeit zum Wachstum lassen bzw. wiedergeben. Dann erhält er von der Natur auch die gesunde Energie zurück, die er für sein eigenes Wachstum braucht.

Die Dreiteilung Himmel-Erde-Mensch existiert nach alter koreanischer Lehre nicht nur äußerlich, sondern findet sich auch im Menschen selbst wieder. Die Gestalt des Menschen spiegelt seine Bedeutung als Bindeglied zwischen Himmel und Erde wider. Der Mensch steht als einziges Wesen in dieser Welt aufrecht zwischen Himmel und Erde: sein Kopf und Geist sind zum Himmel gerichtet und streben zum Licht der Erkenntnis (Yang); mit seinen Füßen steht er stabil auf der Erde, und mit seinen Geschlechtsorganen vermehrt er sich auf ihr (Um). Seine Arme und Hände aber sind frei, um die Welt zu umarmen; in seiner Körpermitte atmen seine Lungen und sein Herz die Kraft des Lebens und der Liebe zwischen Himmel und Erde (Do). Liebe Leserinnen und Leser, wenn wir umgekehrt leben, d.h. wenn unser Geist und Herz nach unten (z.B. zu materiellen Dingen) streben, während unsere Füße und unser Po oben sind und unser Denken und Fühlen beherrschen (z.B. mit Gewalt und Sex), beginnt die Welt zu stinken. Dann leben wir nicht mehr wie Menschen, sondern schlimmer als Tiere.

Jeder Mensch trägt Do in seinem Herzen. Do ist das Prinzip des Lebens und der Liebe: das Zeichen wahrer Menschlichkeit. Wer seine Menschlichkeit ausbilden und vollständig erreichen will, muß Herz und Geist klar machen und mit Do leben.

Won-Bang-Ghak: Das Symbol der Himmelsweisheit

Neben dem Chon-Jie-In-Zeichen gibt es in der asiatischen Philosophie noch eine andere Darstellung des Zusammenhangs von Himmel, Erde und Mensch: das „Symbol der Himmelsweisheit" (Chon Bu In). Es besteht aus den ineinander verschachtelten Formen von Kreis (Won), Viereck (Bang) und Dreieck (Ghak). Dieses Zeichen und andere daraus entstandene Symbole sind in Korea häufig zu sehen, z.B. auf den Dachziegeln von Klöstern und in Grabstätten.

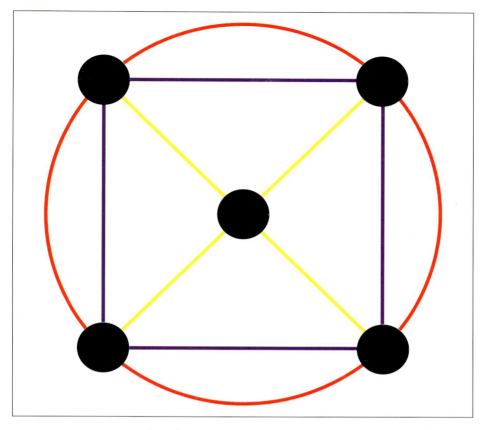

Das Symbol für Won-Bang-Ghak

- Der Kreis symbolisiert die Einheit und Harmonie des Universums und den Himmel in seiner Gesamtheit (Chon). Dem Kreis wird in diesem Zusammenhang die Zahl eins zugeordnet.
- Das Quadrat ist das Zeichen für die vier Himmelsrichtungen mit ihrem Mittelpunkt, der Erde (Jie). Es repräsentiert auch das stabile Gleichgewicht der Erde. Dem Quadrat und seinem Mittelpunkt wird die Zahl fünf zugeordnet.
- Die vier Ecken des Quadrats werden von dem Kreis umschlossen und miteinander verbunden. Durch die Verbindung der vier Ecken des Quadrats (und damit des Himmelskreises) mit der Mitte (Erde) entsteht das Dreieck (Ghak), das Zeichen für den Menschen (In), d.h. durch die Vereinigung von Himmel und Erde entsteht der Mensch (Zahl: drei). Der Mensch vereint die Qualitäten des Himmels (Harmonie) und der Erde (Gleichgewicht) in seiner lebendigen Stabilität.

Die Symbolzahlen von Kreis, Dreieck und Viereck ergeben zusammen die Zahl neun (1 + 5 + 3 = 9). Die Neun steht für die höchste Stufe der Entwicklung in der Welt. Nach neun kommt zehn. In der Zahl 10 verbinden sich 1 (Han) und 0 (Ol) wieder. Zehn ist daher die Zahl der Vollkommenheit (Hanol).

In der asiatischen Philosophie haben alle Zahlen von 0 bis 9 eine besondere Bedeutung, denn sie sind die Grundelemente, aus denen sämtliche anderen Zahlen zusammengesetzt sind (Hong-Bom Ku-Ju: die neun Grundformeln des Lebens). Die Zahlenlehre ist sehr alt und spielt im Leben des koreanischen Volkes bereits bereits seit der Dangun-Zeit eine große Rolle. Auch die Lehre von den fünf Elementen, auf die ich nun eingehen möchte, hat ihren festen Platz darin.

Oh Haeng: Die Fünf-Elemente-Lehre

Die Menschen in Korea waren immer sehr naturverbunden und lebten hauptsächlich von der Landwirtschaft. Die Naturkräfte, der Wechsel der Jahreszeiten und die vier Himmelsrichtungen mit ihrem Mittelpunkt, der Erde, waren daher wahrscheinlich das erste, worüber sie sich Gedanken machten - noch lange bevor sie über das Prinzip der Gegensätze nachdachten. Daraus entstand die Fünf-Elemente-Lehre (Oh Haeng), die vermutlich älter ist als die Um-und-Yang-Philosophie.

Oh-Haeng ist die Lehre von der Bedeutung und den Zusammenhängen der fünf Grundkräfte der Natur. Wer diese Kräfte und ihr Zusammen- oder Gegeneinanderwirken versteht und gut damit umzugehen weiß, kann sein eigenes Leben, das Leben anderer und sogar das Leben eines ganzen Volkes schützen und weise lenken.

Die fünf Grundkräfte (Oh Haeng), die den Kreislauf der Natur und des Lebens in Funktion und im Gleichgewicht halten, sind:

Mog: Holz
Hfa: Feuer
To: Erde
Kum: Metall
Su: Wasser.

Diese fünf Elemente sind im Grunde nur verschiedenartige Zustände („Wandlungsphasen"*) ein und derselben Urkraft. Jedes Element übt einen direkten oder indirekten Einfluß auf alle anderen aus und kann sich jederzeit in das nächste Element umwandeln. Es gibt verschiedene Beziehungen zwischen den Elementen, von denen ich hier nur die beiden wichtigsten vorstellen möchte: die fördernde Beziehung (Bo-Zyklus) und die hemmende Beziehung (Sa-Zyklus).

Der Bo-Kreislauf der Erzeugung und Förderung (Sang Saeng):

Mog Saeng Hfa:	Holz nährt Feuer
Hfa Saeng To:	Feuer verbrennt zu Erde
To Saeng Kum:	Erde verdichtet sich zu Metall
Kum Saeng Su:	Metall schmilzt zu Wasser
Su Saeng Mog:	Wasser läßt Holz wachsen.

In diesem Kreislauf gebiert und ernährt ein Element das nächste wie eine Mutter ihr Kind. Daher nennt man diesen Zyklus auch die „Mutter-Kind-Beziehung". Die Mutter darf das Kind nicht vernachlässigen, weil es sonst zu schwach wird oder verwildert und verwahrlost. Sie darf es aber auch nicht mit ihrer Fürsorge erdrücken, sonst wird es zu träge oder rebellisch. Das Kind seinerseits sollte die Mutter achten und ihre Liebe und Fürsorge dankbar und in Maßen annehmen. Wenn es sie ablehnt, aber auch wenn es sie zu sehr beansprucht und ausnutzt, schadet es ihr ebenso wie sich selbst und stört das Gleichgewicht und die Harmonie der ganzen Familie. Jedes Ungleichgewicht im Kräfteverhältnis wirkt sich nicht nur auf das betroffene Element und dessen Mutter oder Kind aus, sondern beeinträchtigt letztendlich alle Elemente des gesamten Kreislaufs.

---

* *Aus diesem Grund nennt man Oh Haeng auch die Lehre von den „fünf Wandlungsphasen" oder von den „fünf Wegen".*

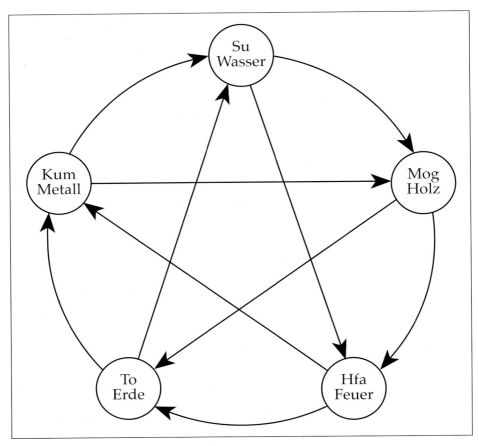

Oh Haeng - Die fünf Elemente

Der Sa-Kreislauf der Beschneidung und Hemmung (Sang Kug):

Mog Kug To:	Holz durchbricht Erde
To Kug Su:	Erde schluckt Wasser
Su Kug Hfa:	Wasser löscht Feuer
Hfa Kug Kum:	Feuer schmelzt Metall
Kum Kug Mog:	Metall schneidet Holz.

Diesen Kreislauf könnte man mit einer Lehrer-Schüler-Beziehung vergleichen. Der Lehrer hat die Aufgabe, den Schüler zu erziehen und auf den rechten Weg zu bringen. Dazu braucht er ein gewisses Maß an Strenge und Autorität, die auch vom Schüler akzeptiert werden muß. Ist der Lehrer zu streng, kann sich der Schüler nicht richtig entfalten. Ist er zu nachgiebig, tanzt ihm der Schüler auf der Nase herum. Beides ist sowohl für den Lehrer als auch für den Schüler und letztendlich für die ganze Gesellschaft von Nachteil.

Solange sich die fördernden und hemmenden Einflüsse die Waage halten, wird kein Element zu stark oder zu schwach, und der gesamte Kreislauf ist im Gleichgewicht. Die Störung dieser Balance durch die Überbetonung oder Vernachlässigung eines der Elemente aber wirkt sich früher oder später schädigend auf alle anderen Elemente aus. Solange eine solche Störung allerdings nicht extrem stark ist, kann sich der Kreislauf immer wieder selbst regulieren und ins Gleichgewicht bringen. Bei einer sehr starken oder langanhaltenden Störung aber ist die Funktions- und Lebensfähigkeit des gesamten Systems bedroht.

Mit Holz, Feuer, Erde, Metall und Wasser sind nicht nur die physischen Elemente gemeint, sondern auch deren Eigenschaften, z.B. das Wachsen und Grünen des Holzes, die Hitze und Helligkeit des Feuers, die Fruchtbarkeit der Erde, die Dichte des Metalls, die Kühle und Dunkelheit des Wassers. Die Eigenschaften der fünf Elemente finden sich nach asiatischer Auffassung in allen Formen und Erscheinungen der Welt wieder. Als ̱es wurden wahrscheinlich die vier Himmelsrichtungen mit ihrem ̱elpunkt, der Erde, den fünf Elementen zugeordnet. So entspricht z.B. ̱ Süden dem Feuer, welches von unten nach oben brennt, und der ̱den dem Wasser, das von oben nach unten fließt. Später folgten dann ̱ere Zuordnungen z.B. von Jahreszeiten, Witterungsverhältnissen, ̱mboltieren, Farben usw.

Element	Richtung	Farbe	Symbolwesen	Wetter	Jahreszeit
Holz	Osten	blau, grün	Drache	Wind	Frühling
̱euer	Süden	rot	Phönix	Hitze	Sommer
̱e	Mitte	gelb, braun	Mensch	Feuchtigkeit	Jahresmitte, Spätsommer
̱all	Westen	weiß	Tiger	Trockenheit	Herbst
̱asser	Norden	schwarz	Schlangen-Schildkröte	Kälte	Winter

̱or man in Asien ein Haus baut, prüft man sogar heute noch oft, ob es ̱icht gerade auf dem „Auge des Drachens" errichtet werden soll.

Unterirdische Wasseradern laufen nicht darunter, sondern außen am Haus vorbei. Das ideale Gebäude steht an einem Ort, der vor Wind und Kälte geschützt ist, aber das Sonnenlicht hereinläßt. Es öffnet sich dem Phönix, wird an den Seiten vom Tiger und Drachen beschützt und wendet der Schlangen-Schildkröte den Rücken zu, um sich von deren Panzer, z.B. in Form eines Bergs, decken zu lassen. Auch Gräber wurden nach diesem Prinzip ausgerichtet. Die Kunst, aus der geographischen Beschaffenheit einer Gegend das Schicksal eines Hauses bzw. der darin lebenden Menschen herauszulesen und durch entsprechende Bauweise oder sanfte Veränderung der Geographie das Schicksal günstig zu beeinflussen, nennt man Geomantie. Die Fünf-Elemente-Lehre hat in Asien aber nicht nur die Geomantie hervorgebracht, sondern alle Lebensbereiche zutiefst beeinflußt: in erster Linie natürlich die Landwirtschaft, aber auch die Politik und Wissenschaft, die Ernährung, die Astronomie, die Baukunst, die Kampfkunst und andere Künste wie Musik, Tanz, Malerei, Kalligraphie, Literatur etc., die Kunst der Weissagung und vor allem auch die Heilkunst. So lehrt die traditionelle asiatische Naturheilkunde, daß jedes Organ des Menschen einem der fünf Elemente entspricht:

Element	Speicher-organe*	Hohl-organe	Sinnes-organe	Sekretion b. Krankheit	Geruch b. Krankheit
Holz	Leber	Gallenblase	Augen	Tränen	ranzig
Feuer	Herz	Dünndarm	Zunge	Schweiß	brandig
Erde	Milz	Magen	Lippen	Speichel	süßlich
Metall	Lunge	Dickdarm	Nase	Nasenflüssigkeit	fischig, verdorben
Wasser	Nieren	Blase	Ohren	Schleim, Eiter	faulig, verwesend

Außerdem weist jedes Gefühl, jede Denk- und Verhaltensweise und jedes Krankheitssymptom des Menschen mehr oder minder die Merkmale eines der fünf Elemente auf. Der Holz-Charakter möchte planen und wachsen, und er schreit vor Wut, wenn man ihn einschränkt. Der Feuer-Typ ist voller Energie; das Feuer seiner Begeisterung lodert schnell auf, kann aber ebenso schnell wieder in sich zusammenfallen. Der Erd-Charakter ist mit-

> * Die sogenannten „Speicherorgane" sind für die Versorgung des Körpers mit Nährstoffen und für den Stoffwechsel zuständig, während die „Hohlorgane" für die Verdauung und Ausscheidung sorgen.

fühlend und stabil; er liebt die Wärme und Geborgenheit der Gemeinschaft, ohne die er sich aber unsicher und unentschlossen fühlt. Der Metall-Charakter ist sehr stark introvertiert und fühlt sich im Alltag manchmal gestreßt und überfordert. Der Wasser-Typ besitzt eine große Kraft und Tiefe, aber er hat oft zuviel Angst, um sich ihr zu stellen. Ihm würde das Feuer Mut und Tatkraft verleihen, so wie er seinerseits dem Feuer helfen könnte, seine Euphorie etwas zu zügeln und in langanhaltende Freude zu verwandeln.

Element	innerer Wert	neg. Charaktereigenschaft	Temperament
Holz	Tugend	Wut, Zorn	cholerisch
Feuer	Achtung	Euphorie, Unbeständigkeit	sanguinisch
Erde	Vertrauen	Zweifel Unentschlossenheit	phlegmatisch
Metall	Treue	Trauer, Streß	melancholisch
Wasser	Weisheit	Angst, Kleinmütigkeit	ängstlich

Solange im Kreislauf der fünf Elemente Geben und Nehmen (Um und Yang) im Gleichgewicht sind, bleibt die Natur sauber und gesund. Erhält aber ein Element zuviel oder zuwenig Energie, gerät der gesamte Kreislauf der Natur oder des Organismus außer Kontrolle. Dieses Ungleichgewicht verursacht Unheil aller Art, angefangen von kleineren Mißgeschicken, Unfällen und Krankheiten bis hin zu großen Naturkatastrophen.

EinE erfahreneR HeilerIn kann eine Störung im Gleichgewicht der Elemente bereits lange vor Ausbruch einer Krankheit erkennen und vorbeugende Maßnahmen ergreifen*.

> * *Die Hauptaufgabe eines Heilkundigen im alten Korea bestand in der Gesundheitsvorsorge. Ein Arzt wurde in der Regel für die Erhaltung der Gesundheit bezahlt, nicht für das Heilen von Krankheiten. Er besuchte die Familien regelmäßig, untersuchte sie auf Anzeichen eines inneren und äußeren Ungleichgewichts und gab ihnen heilkundlichen Rat. Wurde jemand dennoch ernsthaft krank, wurde der Arzt dafür zur Verantwortung gezogen. Er erhielt solange kein Honorar, bis er den Patienten (auf eigene Kosten) geheilt hatte.*

Um eine Diagnose zu stellen, muß man sich seinen Patienten unter dem Aspekt der fünf Elemente genau betrachten: Ist er eher blaß oder rot, teilnahmslos oder aufgeregt, passiv oder aktiv? In welchem Gemütszustand befindet er sich? Welche Flüssigkeiten sondert er ab? Welchen Geruch strömt er aus? Diese Art der Untersuchung, zu der auch so subtile Methoden wie die Puls- und Irisdiagnostik zählen, ist eine äußerst schwierige Kunst. Wer sie beherrscht, ist nicht zu Unrecht stolz auf sein Können. Ist die Diagnose einmal gestellt, gibt es zwei grundsätzliche Methoden, um das Gleichgewicht der Elemente bzw. die Harmonie von Um und Yang und damit die Gesundheit wiederherzustellen:

Bo: unterstützen, schützen, stärken

Sa: hemmen, schneiden, schwächen.

Man kann das gestörte Element direkt behandeln oder über die Mutter oder den Lehrer bzw. über das Kind oder den Schüler Einfluß darauf ausüben. Um die Leber (Holz) zu schützen, kann man z.B. Energie aus der Lunge (Metall) abziehen (Sa: den Lehrer schwächen) und die Nieren (Wasser) stärken (Bo: die Mutter unterstützen). Wenn hingegen in der Leber ein Energieüberschuß (z.B. Wut) ist, muß man die Lunge stärken (Bo: den Lehrer unterstützen), gleichzeitig aber das Herz (Feuer) kühl machen (Sa: die Mutter hemmen). Für die Behandlung nach dem Bo- und Sa-Prinzip werden die verschiedensten Naturheilmittel wie z.B. Akupressur, Akupunktur und Kräutermedizin eingesetzt. Einige davon sind in dem Kapitel „Heilkunde" näher erläutert.

Die Fünf-Elemente-Lehre ist sehr umfassend und tiefgehend. Ich kann sie hier nur kurz vorstellen, denn allein ihr heilkundlicher Aspekt würde schon ein dickes Buch füllen. Ich hoffe jedoch, daß Sie einen kleinen Einblick in diese alte Lehre bekommen haben. Wenn Sie Interesse daran haben, kann ich in einem anderen Band vielleicht noch näher darauf eingehen.

Pal Ko'e: Die acht Grundformen der Natur

In engem Zusammenhang mit der Fünf-Elemente-Lehre ist auch die Lehre von den acht Grundformen der Natur (Pal Ko'e) zu sehen. Die acht elementaren Naturerscheinungen sind:

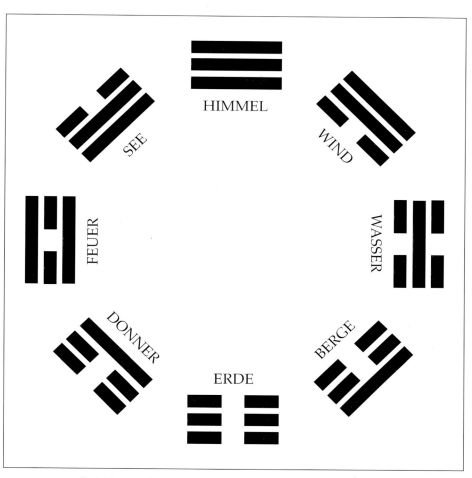

Pal Ko'e - Symbol der acht Grundformen derr Natur

Gun:	Himmel
Tae:	See
Ri:	Feuer
Jin:	Donner
Son:	Wind
Gam:	Wasser
Gan:	Berge
Gon:	Erde.

Wie die fünf Elemente stehen auch die acht Grundformen der Natur in einem besonderen Verhältnis zueinander, beeinflussen sich gegenseitig und haben eine Wirkung auf das Schicksal der Menschen. Es heißt in Asien, wer die Sprache der Natur versteht, kann im Buch des Schicksals lesen. Diese Kunst fand ihren höchsten Ausdruck in der Geomantie und im I-Ging, dem chinesischen „Buch der Wandlungen", das schon vor über dreitausend Jahren zur Schicksalsdeutung benutzt wurde (korean.: Juyok). Jedem der acht Naturerscheinungen ist ein besonderes Symbol (Trigramm) aus dem I Ging zugeordnet; vier davon (Himmel und Erde, Feuer und Wasser) sind zusammen mit dem Um-und-Yang-Symbol in der koreanischen Nationalflagge „Taegukki" abgebildet. In den Trigrammen symbolisiert die durchgezogene Linie die Yang-Kraft, die durchbrochene Linie stellt Um dar. Die acht Grundformen der Natur enthalten Um und Yang in verschiedenen Anteilen und Zusammensetzungen. Es gibt unterschiedliche Anordnungen der acht Trigramme. Die Anordnung in Gegensatzpaaren ist die älteste Darstellung: Der Himmel steht der Erde gegenüber, das Feuer dem Wasser, der Berg dem See und der Wind dem Donner.

Taegukki

„Die koreanische Flagge symbolisiert vieles vom Gedankengut der Philosophie und der Mystik des Fernen Ostens. Das Symbol und manchmal die Flagge selbst wird als Taeguk bezeichnet. ...

Auf der Flagge ist ein Kreis dargestellt, der durch eine waagerecht verlaufende S-förmige Linie in zwei völlig gleiche Hälften geteilt wird. Der obere, rote Teil stellt „Yang" dar und der untere, blaue Teil „Um", ein altes Symbol des Universums, das zuerst in China auftauchte. Diese beiden Seiten drücken den Dualismus des Kosmos aus: Feuer und Wasser, Tag und Nacht, hell und dunkel, Aufbau und Zerstörung, männlich und weiblich, aktiv und passiv, heiß und kalt, plus und minus usw.

Der zentrale Gedanke des Taeguk bedeutet, daß trotz einer ständigen Bewegung innerhalb der Sphäre der Unendlichkeit Ausgewogenheit und Harmonie herrschen.

Drei Balken in jeder Ecke der Flagge symbolisieren ebenfalls die Idee von Gleichgewicht und Gegensatz. Die drei ungebrochenen Linien stehen für den Himmel, die gegenüberliegenden drei gebrochenen Linien stellen

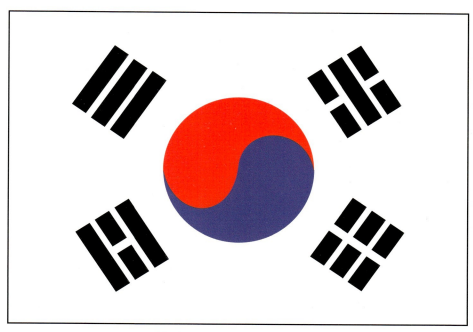

Die Landesflagge Südkoreas

die Erde dar. In der linken unteren Hälfte sind zwei Linien mit einer gebrochenen Linie in der Mitte. Sie symbolisieren Feuer, während das Symbol für Wasser gegenüberliegt."

(Zitat aus der Broschüre „Tatsachen über Korea" des Korean Overseas Information Service, Seoul, Korea)

Die verborgene Weisheit der Künste und Spiele

Die „neun Grundformeln des Lebens" (Hong-Bom Ku-Ju) mit den Lehren von Hanol bzw. Do, Um und Yang, Chon-Jie-In, Won-Bang-Ghak, Oh Haeng und Pal Ko'e haben in Korea wohl alle Lebensbereiche beeinflußt, besonders aber die Künste: die Kunst des Wohnens, der Nahrungszubereitung und des Heilens, die Kampfkunst und vor allem auch die sogenannten „schönen Künste" wie Musik, Tanz, Dichtung, Kalligraphie und Malerei. Als Beispiel möchte ich hier nur die großartigen Gemälde von den Tieren der vier Himmelsrichtungen nennen, die in Kangso in einem Königsgrab aus der Koguryo-Zeit gefunden wurden. An der Ostseite des Grabes befindet sich ein blauer Drache („Chongryong"), im Westen ein weißer Tiger („Paekho"), im Süden ein roter Phoenix („Chujak") und im Norden ein Wesen halb Schlange, halb Schildkröte („Hyonmu"). So bewachen und beschützen die Tiere der vier Himmelsrichtungen den Leichnam des Königs in ihrer Mitte.

Chongryong (Ostseite)

Paekho (Westseite)

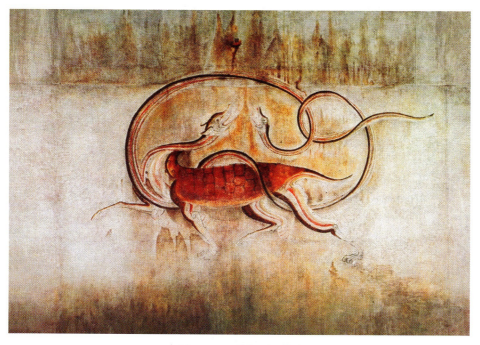
Hyonmu (Nordseite)

Chujak (Südseite)

Auch in vielen koreanischen Spielen sind die neun Grundformeln des Lebens wiederzufinden, wofür ich abschließend ebenfalls einige Beispiele geben möchte. Die tiefere Bedeutung dieser Spiele ist wohl kaum noch jemandem bewußt - unbewußt aber wird sie von Herz zu Herz weitergegeben, bis sie irgendwann wieder neu entdeckt wird.

Gonji-Gonji

Dieses Spiel spielt die Mutter mit ihrem Baby. Sie singt „Gonji-Gonji" und sticht dabei mit dem Zeigefinger in die Mitte ihres Handtellers, bis das Baby sie nachahmt.

Bedeutung:
Der Eine Geist, der am Anfang und Ende des Weges steht und in dem alles enthalten ist, das Eine Herz des Universums (Hanol).

Gai-Bai-Bo: Stein-Papier-Schere

Dieses Spiel entspricht dem im Westen bekannten „Stein-Papier-Schere-Spiel". In Korea hat es aber eine zusätzliche Bedeutung und ist fast eine Art Nationalspiel:

Gai: der gespreizte Daumen und Zeigefinger (Schere) symbolisiert den Menschen,
Bai: die Faust (Stein) symbolisiert die Erde,
Bo: die flache Hand (Papier) symbolisiert den Himmel,

Bedeutung: Himmel-Erde-Mensch (Chon-Jie-In).

Yut: Vier-Hölzer-Wurfspiel

Bei diesem alten Spiel benutzt man ein Brett mit einem Start- und Zielpunkt. Anstelle eines Würfels werden vier halbrunde Hölzer geworfen. Abhängig davon, ob sie auf die runde oder flache Seite fallen, bekommt man Punkte und darf auf dem Brett vom Start zum Ziel rücken. Dieses Spiel ist in Korea weit verbreitet und wird vor allem am Neujahrstag (nach dem Mondkalender) von der ganzen Familie gespielt.

Bedeutung der Holzstäbe:

Durch das Halbieren zweier runder Holzstäbe entstehen vier halbrunde Stäbe. In der Form der Spielstäbe ist also das Geheimnis von Hanol Do (Rundheit, Ganzheit) und das Prinzip von Um (= flache, untere der Hölzer) und Yang (= halbrunde, obere Seite) enthalten. Die vier symbolisieren auch die Tiere der vier Himmelsrichtungen: den Drachen (Osten), den Tiger (Westen), den Phönix (Süden) und die Schlangen-Schildkröte (Norden).

Bedeutung des Bretts:

Das Brett symbolisiert den Himmel, in dessen Mitte sich der Nordstern befindet. Um den Nordstern herum sind 28 Punkte kreis- und sternförmig angeordnet. Die vier Eckpunkte markieren die vier Himmelsrichtungen und weisen damit auch auf die Erde als Zentrum der Richtungsbestimmung hin.

Gongi Norri: Fünf-Steine-Wurfspiel

Der erste Spieler wirft fünf Steine auf den Boden. Einen Stein nimmt er wieder auf und wirft ihn hoch. Dann versucht er, schnell einen weiteren Stein aufzuheben und den hochgeworfenen Stein wieder aufzufangen. Gelingt ihm dies nicht, ist der nächste Spieler an der Reihe. Schafft er es aber, alle Steine der Reihe nach auf diese Weise aufzuheben, beginnt die zweite Runde. Dann muß er bei jedem Wurf zwei Steine vom Boden heben. In der dritten Runde sind es drei und schließlich alle vier. In der Abschlußrunde legt er alle fünf Steine auf seinen Handrücken, schleudert sie hoch und versucht, sie mit derselben Hand wieder zu fangen.

Bedeutung: die fünf Elemente (Oh Haeng).

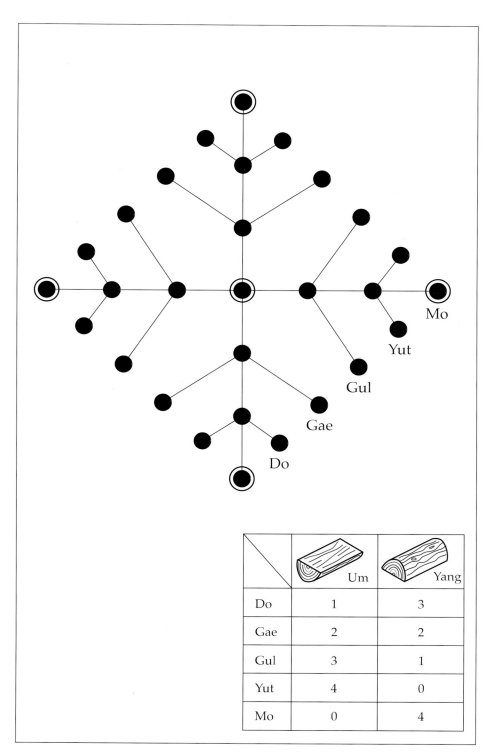

Gonnu : koreanische Version des Mühle-Spiels

Bedeutung:

die Zahl 9 = 8+1 (die acht Naturerscheinungen und ihre Mitte) oder 3 x 3 (Himmel, Erde, Mensch - Kreis, Quadrat, Dreieck)

Changgi: koreanische Version des Schachspiels

Changgi spielt man auf einem Brett mit 9x9 Feldern. Jeder Spieler erhält 16 Spielsteine, auf denen mit Schriftzeichen (blau auf rot für die eine Seite und rot auf blau für die andere Seite) die jeweilige Funktion dargestellt ist: 1 General, 2 Elefanten, 2 Pferde, 2 Wagen, 2 Kanonen, 2 Palastwachen und 5 Soldaten.

Bedeutung:

In diesem Spiel wurde das Prinzip der Polarität (blau und rot) mit der Zahl 81 (9x9) kombiniert. Die vier Ecken des Bretts in Verbindung mit seinem Mittelpunkt symbolisieren die Zahl 5 (die fünf Elemente).
Eine ähnliche Bedeutung hat auch das Strategiespiel „Paduk" (jap. Go), bei dem auf einem durch Linien in kleine Quadrate eingeteilten Spielbrett mit weißen und schwarzen Steinen ein geistiger Wettkampf mit dem Ziel ausgefochten wird, mehr Linien und Schnittpunkte zu besetzen als der Gegner.
81 ist die höchste Zahl, die durch Multiplikation zweier Grundzahlen entsteht (9x9). An dieser Stelle möchte ich noch einmal zu der 81 Zeichen umfassenden Grabinschrift aus der Silla-Zeit zurückkehren. Ihr Titel lautet: „Das Land hat einen geheimen Weg", und ich denke, dieser geheime Weg - der Weg zum Verständnis des Universums (Hanol) und zur Harmonie mit Mensch und Natur (Shinson) - ist in der heutigen Zeit für jeden Menschen und in jedem Land sehr wichtig. In dieser Welt haben viele Menschen den Geist der Naturliebe und Menschlichkeit und die Verbindung zu dem Licht des Universums verloren. Deshalb ist die Erde und die Menschheit so krank. Shinson Hapkido lehrt uns, Herz und Geist wieder klar zu machen, damit wir das Große Herz und den Einen Geist des Universums wiederfinden können. Dann können wir auch wieder gesund werden und in Frieden leben. Shinson Hapkido möchte diesen „Weg des schönen Lebens" für alle Menschen öffnen. Aber Shinson Hapkido kann Ihnen diesen Weg nur zeigen - gehen müssen Sie ihn selbst.

Teil III

Die Anwendung von Shinson Hapkido

Hwal-In Sul: Shinson Hapkido als Heilkunst

Gesundheit und Lebenskraft sind ein großer Schatz. Solange wir gesund sind, empfinden wir jedoch meistens nur wenig Dankbarkeit dafür. Wenn wir aber schwach und krank werden, erkennen wir den Wert dieses Schatzes und wollen alles tun, um ihn zurückzubekommen.

Shinson Hapkido möchte einen Weg zeigen, wie man seine Gesundheit und Lebensenergie auf natürliche Weise wiedergewinnen und bewahren kann, so daß man bis ins hohe Alter vital und lebensfroh bleibt. Shinson Hapkido ist Bewegung für das Leben und für die Gesundheit. Es lehrt, durch eine natürliche Lebensweise und ganzheitliche Bewegung die Verspannungen und Blockaden in Körper, Herz und Geist zu lockern, so daß die innere Lebens- und Heilkraft (Ki), die jeder von uns hat, besser fließen kann. Wenn das Ki frei fließt, heilt es Körper und Geist, und man bekommt genug Mut und Kraft, um das Beste aus seinem Leben zu machen. Oft wächst dann auch das Interesse an anderen Menschen und an der Natur, und man möchte helfen, sie zu schützen und zu heilen.

Die Entwicklung der inneren Heilkraft

Manchmal fragen mich meine SchülerInnen: „Wann kann ich die Heilkunst erlernen?" oder „Wann werde ich genug Ki haben, um heilen zu können?" Solche Fragen zeigen, daß die SchülerInnen schon recht viel Ki entwickelt haben, denn sonst hätten sie wohl kaum das Interesse und den Mut, den Weg der Heilkunst zu beschreiten. Wenn man Shinson Hapkido lange trainiert, sammelt sich in Körper, Herz und Geist unbewußt ein großer Ki-Vorrat an. Irgendwann hat das Herz dann genug Ki, um sich weit zu öffnen und Heilkraft auszustrahlen. Das geschieht natürlich nicht nur bei Menschen, die Shinson Hapkido trainieren, sondern bei allen, die mit der Kraft des Herzens leben und arbeiten, z.B. bei Eltern im liebevollen Umgang mit ihren Kindern und bei Menschen, die tief meditieren, Liebe für Mensch und Natur empfinden und anderen selbstlos helfen.

Solche Menschen entwickeln unbewußt eine starke natürliche Heilkraft und können manchmal besser heilen als ein Arzt.

Schon der große griechische Arzt Hippokrates lehrte, daß das erste und beste Heilmittel das Herz ist; die Operation und die medikamentöse Behandlung standen auch für ihn nur an zweiter und dritter Stelle. In Korea sagt man: „Mutterhände sind heilende Hände." Wenn ein Kind Bauchschmerzen hat, ist die warme Hand der Mutter oft die beste Medizin. Wenn die Eltern ihr Kind von Herzen lieben, wird ihre natürliche Heilkraft unbewußt aktiviert. Wer aber seine Heilkraft durch ein intensives und langes Training bewußt ausbildet, kann sie noch viel wirksamer einsetzen.

Um sich selbst und andere heilen und stärken zu können, braucht man viel Ki. Ki kann man aber nicht durch Kopfarbeit entwickeln oder in Wochenendkursen erwerben. Nur durch regelmäßiges Üben im Alltag entsteht Ki. In Wochenendlehrgängen kann man vielleicht einige Techniken kennenlernen, aber um diese Techniken wirksam anwenden zu können, braucht man eine lange innerliche und äußerliche Ausbildung. Mit Sorge sehe ich daher, daß in dieser Zeit verschiedene Naturheilkünste in Wochenendkursen unterrichtet werden. Solche Kurse sind heutzutage sehr gefragt, denn viele Menschen suchen nach dem Weg der natürlichen Heilung. Diesen Weg am Wochenende kennenzulernen ist auch nicht schlecht, wenn man dabei nicht vergißt, daß die Techniken allein nicht der Weg (Do) sind. Ich fürchte jedoch, daß durch die Wochenendkurse der Eindruck entsteht, man könne sich die Heilkunst oder Do kaufen. Man kann zwar für den Unterricht bezahlen, damit die LehrerInnen ihren Lebensunterhalt bestreiten können, aber nicht für Do. Ki und Do kann man weder kaufen noch verkaufen, ebensowenig wie man die aufrichtige Liebe und Tugend des Herzens kaufen und verkaufen kann. Liebe und Tugend sind das erste Prinzip der Heilkunst. Um sie zu entwickeln, muß man lange an sich selbst arbeiten.

Durch ein regelmäßiges Shinson Hapkido-Training kann man genug Ki entwickeln, um sich selbst vor Krankheiten und Altersbeschwerden zu schützen und auch andere Menschen zu heilen. Das kann jeder lernen, der bereit ist, sein Herz zu öffnen. Die innere Heilkraft wird im Training automatisch aufgeweckt und gestärkt, so daß im Laufe der Zeit alle möglichen Zivilisationsbeschwerden wie Kopf- und Rückenschmerzen und sogar chronische Krankheiten beseitigt oder zumindest gemildert werden.

Oft kommen SchülerInnen zu mir und sagen, daß ihre Schmerzen und gesundheitlichen Probleme mit dem Magen, der Leber oder dem

Blutdruck etc. verschwunden sind. Leider werden sie dann aber manchmal übermütig und meinen, sie bräuchten nicht weiterzutrainieren. Sobald sie aber ihren natürlichen Weg (Do) verlassen und in ihre ungesunden Lebensgewohnheiten zurückfallen, kommen alle Krankheiten wieder. Gesundheit und Leben brauchen ein regelmäßiges Training. Gesund zu leben bedeutet nicht, an guten Tagen zwei Schritte vorwärtszueilen und an schlechten Tagen stehenzubleiben oder rückwärtszugehen, sondern sich in guten Zeiten zu mäßigen, in schlechten Zeiten zu ermutigen und regelmäßig einen Schritt auf seinem natürlichen Weg zu machen. Durch ein ausgewogenes und regelmäßiges Training von Körper und Geist findet man nach und nach den eigenen natürlichen Charakter wieder und beginnt, sich selbst, die anderen Menschen und die Natur besser zu verstehen, dankbar zu achten und aufrichtig zu lieben.

Jede ausgewogene sportliche Betätigung dient natürlich der Gesundheit, aber im normalen Sport konzentriert man sich gewöhnlich nur auf die eigene Gesundheit. In welcher Sportart möchte man so viel Kraft entwickeln, daß man auch andere Menschen heilen kann? In vielen Sportarten trainiert man für Wettkämpfe und Turniere, d.h. man trainiert gegeneinander, nicht miteinander. Auf diese Weise kann man sein Ki zwar auch sehr stark entwickeln, aber man erhält kein warmes und heilendes, sondern ein relativ kaltes und hartes Ki.

Um heilendes Ki zu bekommen, muß man lernen, in Harmonie mit anderen Menschen zu leben, Vertrauen zu haben und sich zu entspannen. Dann kann man sein Herz öffnen, selbst heilendes Ki empfangen und es auch auf andere übertragen. Wenn man aber immer nur trainiert, auf jede Berührung abwehrend zu reagieren, kann man sich nur schwer für andere öffnen. Das eigene Ki ist kalt und verkrampft, und die Menschen, mit denen man in Kontakt kommt - im Training ebenso wie im Alltag -, spüren das, kühlen auch ab und verkrampfen sich ebenfalls (sofern sie nicht selbst über ein sehr stabiles und warmes Ki verfügen). Wenn man mit zuviel Ehrgeiz trainiert, wird das Ki auch oft zu heiß. Heißes Ki ist ebenfalls schädlich und macht krank. Die Gier nach heißem Ki ist eine gefährliche Sucht, der viele Menschen auf ihrem Weg erliegen.

Heilendes Ki kommt aus einem warmen und mitfühlenden Herzen. Deswegen trainiert man im Shinson Hapkido nicht gegeneinander, sondern miteinander auf der Basis von Vertrauen, Achtung, Geduld, Demut und Liebe. Das Training stärkt nur dann die Gesundheit und Lebenskraft, wenn es auf dem Weg der Natürlichkeit und Menschlichkeit (Do) bleibt. Wenn man nicht mit Do trainiert, kann das Training auch Schaden verursachen. Jeder trägt Do im Herzen, und mit Do zu trainieren bedeutet, mit dem Herzen (Bonjil) zu trainieren. Körper und Herz, außen und innen müssen miteinander bewegt und gleichmäßig ausgebildet werden. Dann findet man zu seiner natürlichen Form und Harmonie zurück, in der das Ki weder zu heiß, noch zu kalt, sondern angenehm warm und ausgeglichen ist. Mit diesem warmen, klaren und stabilen Ki kann man seine eigene Gesundheit wiederherstellen bzw. erhalten und auch seine Umgebung erhellen, wärmen und heilen. Wunderbarerweise wird dieses Ki umso stärker, je mehr man es mit anderen Menschen teilt.

Unsere heutige Gesellschaft hat das Gleichgewicht von innen und außen schon lange verloren. Wir bewegen uns viel zu wenig, und wenn wir uns bewegen, dann meistens zu einseitig. Dadurch wird der Körper falsch belastet, verliert die Balance und wird schneller alt und schwach. Wir arbeiten auch zuviel mit dem Kopf, ohne Herz und Körpergefühl, selbst wenn wir körperlich arbeiten. Daher ist ein gefühlvolles körperliches Training, bei dem wir unseren Kopf auch einmal ganz abschalten können, sehr wichtig.

Shinson Hapkido zeigt einen Weg, wie wir Körper, Herz und Geist wieder ins Gleichgewicht bringen und unserem Leben einen ausgewogenen Rhythmus verleihen können. Shinson Hapkido ist dabei so aufgebaut, daß jeder seine eigene natürliche Balance und seinen eigenen Rhythmus finden kann. Diese Bewegungskunst ist nicht besonders asiatisch ausgerichtet, sondern kann in der ganzen Welt, vor allem auch in der westlichen Gesellschaft, ganz praktisch genutzt werden. Shinson Hapkido kann uns helfen, Angriffe auf die Gesundheit von Körper und Geist abzuwehren, und in diesem Sinne ist es eine innere und äußere Heil- und Selbstverteidigungskunst. Die Heilung und Selbstverteidigung erfolgt dabei in erster Linie durch die Entwicklung eines stabilen, klaren und warmen Ki und erst in zweiter Linie durch Heil- und Selbstverteidigungstechniken. Ohne ein klares und warmes Ki, das aus einem hellen und liebevollen Herzen kommt, kann man nicht ganzheitlich heilen, wieviele Techniken man auch beherrscht.

Das Herz ist der Besitzer des Körpers

Wer wünscht sich nicht, zu leben, ohne krank zu werden? Leider gehören jedoch Krankheit und Tod zu unserem Leben wie der Schatten zum Licht. Nach alter asiatischer Lehre haben wir bereits bei der Geburt alle Krankheiten in uns. Ob sie aber ausbrechen, hängt stark von unserer Lebensweise ab. Wenn wir uns ein langes Leben in Gesundheit und Zufriedenheit wünschen, müssen wir natürlich, ausgewogen und mit Freude leben. Sobald wir unser inneres und äußeres Gleichgewicht stören, verlieren wir Lebensenergie und geben den Krankheiten die Gelegenheit, auszubrechen. Durch eine ausgewogene und natürliche Lebensweise können wir aber die Häufigkeit und Schwere von Krankheiten vermindern und die uns von der Natur geschenkte Lebenszeit voll ausschöpfen.

Die Natur hat jedem Lebewesen - ob Pflanzen, Tieren oder Menschen - eine bestimmte Lebensdauer geschenkt. So gibt es z.B. Pflanzen, die nur ein Jahr lang leben. Wie sehr man sie auch hegt und pflegt, nach einem Jahr müssen sie sterben. Es gibt aber auch Bäume, die 1000 Jahre alt werden. Zur Berechnung der natürlichen Lebensdauer hat die Wissenschaft die folgende Formel aufgestellt: Wachstumszeit mal fünf. Bei den Menschen ist die Wachstumsphase zwar individuell verschieden lang, aber man rechnet mit einer durchschnittlichen Zeit von 20-25 Jahren. Das bedeutet, daß die natürliche Lebensdauer des Menschen 100-125 Jahre beträgt. Diese natürliche Lebenszeit kann man aber nur dann voll ausschöpfen, wenn man auch natürlich lebt. Der Mensch kann im Prinzip über hundert Jahre alt werden - aber nur, wenn er sich körperlich und geistig nicht selbst zerstört, z.B. durch Alkohol, Drogen, Tabletten und andere unnatürliche und unklare Dinge, die dem Körper und Geist schaden. Dazu gehören auch unklare Lebens- und Gesundheitslehren, die den Geist ebenso wie den Körper müde und schwach machen.

Wenn wir in Einklang mit der Natur leben, können wir die Ursachen vieler Krankheiten verstehen und beseitigen oder von vornherein vermeiden. Sicherlich kann man nicht alle Krankheitsursachen im einzelnen kennen. In Asien heißt es aber: „Alle Krankheiten beginnen im Herzen." Das Herz ist der Besitzer und Meister des Körpers! Heutzutage aber lassen viele Menschen ihr Herz vom Körper und von materiellen Dingen besitzen statt umgekehrt. Ihr ganzes Leben ist auf den Kopf gestellt: Herz und Geist sind nach unten gerichtet und den körperlichen und materiellen Bedürfnissen untergeordnet.

So eine Lebensweise entspricht nicht der Natur des Menschen und macht ihn krank. Wer krank wird, sucht die Ursachen seiner Beschwerden dann aber meistens nicht innen, sondern außen. Man beschuldigt den Wind und den Regen, die Kälte oder die Hitze, das Essen und die Arbeit usw. Auch eine Heilung versucht man durch äußerliche Mittel wie Tabletten und Spritzen herbeizuzwingen. Aber materielle Dinge können das Herz niemals heilen. Heilung kann nur aus dem Herzen selbst kommen. Die beste Gesundheitsvorsorge und Heilungsmethode besteht darin, sein Herz gesund, hell und klar zu machen. Dann kann es Krankheiten gut abwehren.

Bei Nässe und Kälte kann man in der Tat eine Erkältung oder Grippe bekommen, aber nur, wenn es zwischen Körper, Herz und Geist bereits eine „Lücke" gibt, in welche die Krankheiten eindringen bzw. durch die sie ausbrechen können. Solange Herz und Geist klar und stabil sind, gibt es keine solche Lücke! Sobald das Herz aber schwankt und durcheinander gerät, verliert es das Gleichgewicht und wird angreifbar.

In der asiatischen Naturheilkunde werden sieben Gefühle (Sil Chong) genannt, welche die Harmonie und Balance von Herz und Geist angreifen können: Freude, Trauer, Schmerz, Angst, Schreck, Ärger und Sorge. Diese Gefühle sind ursprünglich ganz natürliche und menschliche Reaktionen, die nicht krank machen. Wenn sie aber zu stark werden, zu lange anhalten, zu sehr hin und her schwanken oder unterdrückt werden, bringen sie uns aus dem Gleichgewicht und verletzen unsere inneren Organe. Zuviel Schimpfen (Ärger, Wut) läßt das Ki nach oben steigen und verletzt unsere Leber. Zuviel Freude verletzt das Herz. Durch zuviel Denken und Sorgen wird das Ki blockiert, der Magen gestört und die Milz verletzt. Zuviel Trauer verletzt die Lunge. Zuviel Angst oder ein plötzlicher Schreck läßt das Ki absinken und verletzt die Nieren.

Wer lange und gesund leben möchte, muß lernen, seine Gefühle zu beherrschen, statt sich von ihnen beherrschen zu lassen. Um sein Leben und seine Gesundheit zu schützen, muß man sich besonders vor jeder Unmäßigkeit und Übertreibung hüten. Die folgenden Gesundheitstips aus dem Buch „Dong-Oey Bo-Gam" („Der medizinische Schatz des Ostens", verfaßt im Jahre 1610 von dem großen koreanischen Gelehrten Hurjun) warnen vor den Gefahren der zwölf häufigsten Übertreibungen und sind sicherlich auch heute noch aktuell:

- Wenn man zuviel redet, wird das Ki schwach.
- Wenn man zuviel lacht, werden die Organe verletzt.
- Wenn man sich zuviel freut, wird der Geist verwirrt.

- Wenn man zuviel genießt, verliert man das Maß und wird süchtig.
- Wenn man zu gierig und zu ehrgeizig ist, wird man nie zufrieden. Man verliert Ki, statt es zu bekommen*.
- Wenn man an zu vielen Dingen hängt, verliert man seine Freiheit und Klarheit. Man weiß nicht mehr, was gut und was schlecht ist.
- Wenn man zuviel arbeitet, überanstrengt man sich.
- Wenn man zuviel denkt, werden die Nerven schwach.
- Wenn man zuviel zweifelt, kann man sich nicht mehr entscheiden. Man verliert den Weg und das Ziel.
- Wenn man sich zuviel ängstigt und sorgt, verliert man die Lebenslust.
- Wenn man zuviel schimpft, beginnt das Blut zu kochen. Ki und Blut werden unsauber, der Blutdruck steigt und der Geist wird vernebelt.
- Wenn man zuviel negativ sieht, blockiert man sein Ki und seine Lebensfreude. Man verzehrt sich selbst, vertrocknet und verödet.

Diese zwölf Übertreibungen sind die Ursachen vieler Krankheiten. Wenn man gesund werden oder bleiben möchte, muß man für eine ausgeglichene Lebensweise sorgen. Viele Menschen halten dies jedoch für nicht so wichtig und nehmen lieber Tabletten. Statt sich zu reinigen, vergiften sie sich immer mehr. Echte Heilung kann aber nur von innen, nicht von außen kommen.

Der Energiekreislauf im Körper des Menschen

In Korea und anderen Ländern Ostasiens hat man bereits vor langer Zeit Mensch und Natur miteinander verglichen, um die Gesetze des Lebens besser zu verstehen und einen natürlichen Weg zu Gesundheit und Ausgeglichenheit zu finden. Man erkannte, daß der Mensch ein kleines Universum im großen Universum ist. Alles, was es im großen Universum gibt, hat eine Entsprechung im Menschen und umgekehrt. Deshalb können Mensch und Universum ihre Energien austauschen und sich gegenseitig helfen. Man verglich die Haare mit den Pflanzen, die Haut und das Fleisch mit der Erde, das Blut mit den Flüssen, die Knochen mit den Felsen und Bergen, die Augen mit Sonne und Mond, die Tränen mit dem Regen,

* *Dies gilt insbesondere auch für die Gier nach Sex. Wenn man zuviel Hormone ausgibt, werden Körper und Geist alt und schwach.*

das Niesen mit dem Donner, die vier Gliedmaßen mit den vier Jahreszeiten usw. Der Mensch hat nach dieser Lehre 12 Hauptmeridiane wie Monate im Jahr plus 2 Meridiane für die Harmonie von Schatten und Licht bzw. Tag und Nacht (Um und Yang). Auf diesen Meridianen befinden sich ca. 365 Hauptenergiepunkte wie Tage im Jahr.

Die Meridiane (Gyeong Nak) sind Energieströme, die unseren ganzen Körper durchziehen. Sie sind Leitbahnen, auf denen die Lebensenergie (Ki) gebündelt durch den Körper fließt - ähnlich wie das Blut in den Adern*. Die Ströme der Lebensenergie sind zwar unsichtbar wie der elektrische Strom, aber ihre Existenz und ihr Verlauf wurde in Südostasien anhand ihrer Wirkungsweise bereits vor Jahrtausenden festgestellt und ist inzwischen auch in der westlichen Schulmedizin weitgehend anerkannt. Die Meridiane sorgen dafür, daß das Ki im ganzen Körper gleichmäßig verteilt wird.

Der Ki-Kreislauf ist eng mit dem Blutkreislauf verbunden: das Blut (Um) wird vom Ki (Yang) bewegt, und beide müssen gemeinsam gut fließen, damit der Mensch gesund ist. Wenn Ki und Blut harmonisch zusammen fließen, so daß Um und Yang im Gleichgewicht sind, funktionieren alle Organe und der Stoffwechsel gut. Sind beide Ströme jedoch zu träge oder zu stark, oder fließt ein Strom langsamer als der andere, ist das Gleichgewicht gestört und man fühlt sich nicht wohl. Auch wenn Ki und/oder Blut sich in einem Organ oder Körperteil (z.B. im Kopf) zu sehr ansammelt oder wenn ein Organ unterversorgt wird, entsteht ein Ungleichgewicht, welches zunächst Unwohlsein, später aber Krankheiten zur Folge hat.

Eine Störung des Ki-Flusses beeinträchtigt unmittelbar den Blutkreislauf und die inneren Organe. Es gibt verschiedene Faktoren, die das Ki stören können, wie etwa ein unregelmäßiger Atem, unnatürliche und einseitige Bewegungen, eine unausgewogene Lebensweise und Ernährung, Streß u.a. Die erste Ursache für eine Störung der Lebensenergie aber liegt in Herz und Geist. Das Ki wird vom Geist gesteuert. Wenn man in Herz und Geist das Gleichgewicht verliert, wird der regelmäßige Fluß der Lebensenergie gestört, so daß das Ki z.B. an einer Stelle zu stark und an einer anderen zu schwach fließt oder blockiert wird.

Negative, unnatürliche, unterdrückte und überschwengliche Gedanken und Gefühle machen das Ki zu heiß oder zu kalt und verunreinigen das

---

Ki fließt aber nicht nur in den Meridianen, sondern durchdringt den gesamten Organismus.

Blut. Zu heißes Ki (Yang Ki*) bzw. Blut strömt zu schnell und kann sich nicht mehr frisch und sauber halten. Wenn das Wasser des Lebens z.B. durch Wut zu kochen beginnt, verdampft es und hinterläßt giftige Ablagerungen. Zu kaltes Ki (Um Ki) bzw. Blut hingegen fließt zu träge, beginnt zu faulen und wird zum Brutplatz für Krankheiten aller Art. So wie ein Fluß seine ursprüngliche Selbstreinigungskraft verliert, wenn er in einem Tümpel zum Stillstand kommt oder wenn er in ein Betonbett gezwängt wird, so verliert auch das Ki seine reinigende und heilende Kraft, wenn es nicht natürlich fließen kann. Unsauberes Ki und Blut aber läßt die Körpertemperatur steigen oder absinken, vergiftet nach und nach alle Organe und macht den Menschen müde, schwach und krank. Wenn der Körper irgendwo zu heiß oder zu kalt wird, ist das meistens schon ein Zeichen dafür, daß eine Krankheit im Anzug ist. Aber Kälte und Hitze sind nicht die Ursachen der Krankheit, sondern nur deren Symptome. Ausgelöst werden die Symptome von einer Störung des Ki, und diese wiederum entsteht durch eine Unausgeglichenheit in Herz und Geist. Wenn Herz und Geist klar sind, fließt das Ki regelmäßig und warm. Dann kann man mit Kälte und Hitze gut umgehen und Krankheiten abwehren. Wer gesund sein möchte, sollte vor allem darauf achten, daß der Oberkörper hell, klar und frisch und der Unterleib angenehm warm und trocken bleibt. Wichtiger noch ist es jedoch, das eigene Herz warm, hell und sauber zu halten.

Allen 12 Hauptmeridianen sind in der ostasiatischen Naturheilkunde bestimmte Organe bzw. Funktionen im Körper zugeordnet, auf die sie einen gesundheitlichen Einfluß haben. Weiterhin entspricht jeder Meridian einem der beiden Pole Um und Yang** sowie einem der fünf Grundelemente der Natur (Oh Haeng): Holz, Feuer, Erde, Metall und Wasser. Zu den Hauptmeridianen zählen zusätzlich der Sonnen- und der Schattenmeridian, die speziell für das Gleichgewicht von Um und Yang zuständig sind. Die beiden Meridiane für Schatten und Licht verlaufen auf der Körpermittellinie und sind jeweils nur einmal vorhanden. Von den 12 anderen Hauptmeridianen gibt es jeweils zwei: einen auf der linken und einen auf der rechten Körperseite.

   * *In Beziehung zum Blut ist Ki Yang. Ki allein gesehen kann aber sowohl Um- als auch Yang-Charakter haben. Die Zuordnung von Um und Yang variiert je nach dem Gesamtzusammenhang und dem Maßstab, der für den Vergleich angesetzt wird.*

  ** *In Yang-Meridianen fließt das Ki von oben nach unten, in Um-Meridianen von unten nach oben. Für Meridianee, die in den Armen verlaufen, gilt dies bei Betrachtung der erhobenen Arme.*

Auf allen Meridianen befinden sich besonders empfindliche Punkte (Hyol), die für die gleichmäßige Verteilung der Energie sorgen. Diese Punkte sind ebenfalls bestimmten Organen oder Funktionen im Körper zugeordnet. Die Wichtigsten von ihnen befinden sich an Stellen, wo sich verschiedene Energieströme kreuzen. Diese äußerst sensiblen Punkte sind wie Bahnstationen, an denen die Energie in verschiedene Richtungen geleitet, beschleunigt, verlangsamt, angehalten und entladen oder aufgetankt werden kann.

Durch das Reizen der Punkte kann man den Energiekreislauf beeinflussen (Bo: zu schwache Energie stärken, Sa: zu starke Energie schwächen). So kann man z.B. durch Fingerdruck (Jie-Abb Bop) Energie in die Punkte hineinpumpen oder gestaute Energie wieder in Gang bringen. Auch durch das Verbrennen von Heilkräutern wie z.B. Beifuß (Moxa - kor.: Dum) über oder direkt auf den Punkten kann dieser Effekt erzielt werden. Durch die so entstehende Hitze kann man auch überschüssige Energie (Sa Ki) verbrennen. Eine weitere ausgezeichnete Methode, um auf den Energiefluß einzuwirken, ist die Akupunktur (Chim Bop); hier werden Nadeln eingesetzt, um die Punkte zu reizen. Aber man muß nicht unbedingt solche intensiven Methoden wie Druck, Hitze und Nadeln benutzen, um das Ki eines Menschen zu beeinflussen: allein durch die Ausstrahlung der eigenen Lebensenergie kann man andere Menschen schon trösten und heilen. Diese Methode, bei der man Heilkraft durch Handauflegen oder auch aus der Entfernung überträgt, heißt Ki-Gong, Heilung durch Ki-Strahlung.

Das Ziel aller dieser Heilmethoden ist es, das Lebens-Ki (Saeng Ki) zu aktivieren bzw. zu harmonisieren und überschüssiges bzw. schädliches, „totes" Ki (Sa Ki) zu entfernen. Durch diese Behandlung wird die natürliche Selbstreinigungs- und Selbstheilungskraft im Menschen angeregt - heilen aber muß er sich selbst. Echte Heilung kann nur aus dem eigenen Herzen kommen.

Liebe Leserinnen und Leser, ich möchte Ihnen nun die Meridiane und Energiepunkte vorstellen, die in der Shinson Hapkido-Ausbildung von der Grundstufe bis zum Lehrergrad unterrichtet werden. Zusätzlich nenne ich die Anfangs- und Endpunkte der einzelnen Meridiane und einige Spezialpunkte, die nicht auf den Hauptmeridianen liegen, aber sehr wichtig für die Heil- und Selbstverteidigungskunst sind. Ich würde mich sehr freuen, wenn Sie mit den dargestellten Punkten und den anschließend beschriebenen Heiltechniken vielleicht diese oder jene Alltagsbeschwerden lindern könnten, hoffe aber, daß ausgebildete HeilerInnen dadurch nicht in ihrer Arbeit gestört werden. Bitte vergessen Sie nicht: um wirklich heilen zu können, braucht man eine lange Ausbildung.

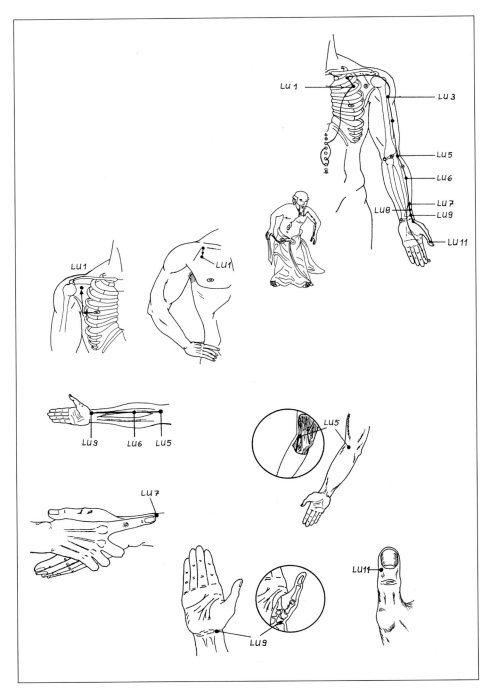

Die 14 Hauptmeridiane

Der Lungenmeridian - 11 Energiepunkte

Kor. Name: Su Tae Um Pae Gyeong
im Arm: der größere Um-Lungenmeridian
Element: Metall

Der Lungenmeridian beeinflußt hauptsächlich die Atemorgane und -funktionen sowie den oberen Brustbereich; er erhält seine Energie aus dem Lebermeridian und gibt sie an den Dickdarmmeridian weiter.

Lu 1: Jung Bu
Husten, Asthma, Bronchitis, Verschleimung der Atemwege, Brust- und Schulterschmerzen

Lu 3: Chon Bu
Husten, Verschleimung der Atemwege, Oberarmschmerzen

Lu 5: Chog Taeg
Husten, Asthma, Bronchitis, Mandelentzündung, Fieber, Armschmerzen

Lu 6: Gong Che
Husten, Mandelentzündung, Unterarmschmerzen, Hämorrhoiden

Lu 7: Yol Gyol
Husten, Asthma, Mandelentzündung, Kopfschmerzen, Spasmen und Nerventaubheit im Gesicht

Lu 8: Kyongo
Erkältung, Husten, Asthma, Mandelentzündung, Kopfschmerzen

Lu 9: Tae Hyon
Husten, Mandelentzündung, Verschleimung der Atemwege, Brustschmerzen, flacher Puls

Lu 11: So Sang
Halsschmerzen, Husten, Hals- und Mandelentzündung, (Schüttel-)Lähmung, Gesichtsspasmen

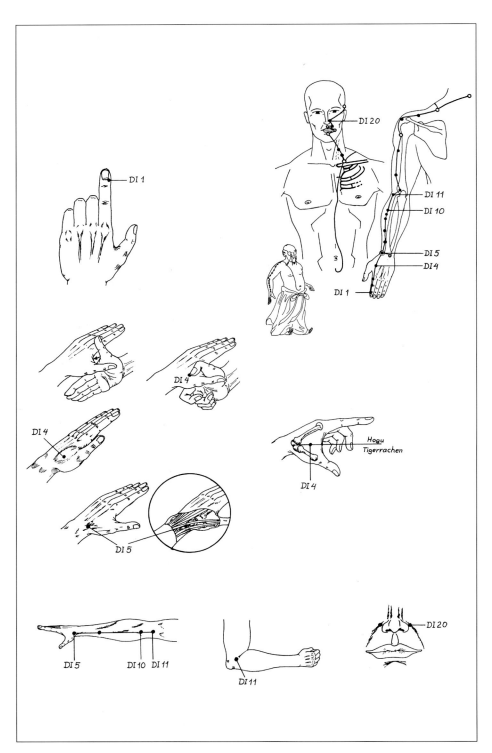

Der Dickdarmmeridian - 20 Energiepunkte

Kor. Name: Su Yang-Myong Dae-Jang Gyeong
im Arm: der Yang-Myong* Dickdarmmeridian
Element: Metall

Der Dickdarmmeridian beeinflußt insbesondere die Verdauungs- und Ausscheidungsorgane und wirkt gegen Erkrankungen im Kopfbereich (Hals, Nase, Ohren, Augen). Er erhält seine Energie vom Lungenmeridian und gibt sie an den Magenmeridian weiter.

Di 1: Sang Yang
Zahnschmerzen, Fieber, Mandelentzündung, Lähmungen

Di 4: Hap Gock
wichtiger Punkt gegen Schmerzen aller Art, z.B. Bauch-, Zahn-, Kopf- und Stirnschmerzen (Migräne), Menstruationsschmerzen; Störungen im Magen- und Dickdarmbereich; festsitzende Erkältungen, Husten, Schnupfen, Schleimhautreizungen (besonders in der Nase), Mandelentzündung, Lungenentzündung, Hautkrankheiten, Gesichtsneuralgien, Augenbeschwerden. **Achtung:** dieser Punkt darf bei Schwangeren nicht akupunktiert werden!

Di 5: Yang Gye
Dickdarm- und Hautkrankheiten, Kopfschmerzen, Handgelenkschmerzen

Di 10: Su Sam Ri**
Kopfschmerzen, Schwindelgefühl, Kreislaufstörungen, halbseitige Lähmung, Arm- und Schulterschmerzen, Dickdarm- und Verdauungsstörungen

Di 11: Gog Ji
halbseitige Lähmung und Gefühllosigkeit, Ellenbogenschmerzen, Hautjucken, hohes Fieber, Bluthochdruck, Verdauungsstörungen (besonders Verstopfung)

Di 20: Yong Hyang
Schnupfen, Nasennebenhöhlenentzündung, Nasenbluten, Nerventaubheit oder Kribbeln im Gesicht

* *Der Zusatz „Myong" bedeutet etwa „helles Licht" und verstärkt die Bedeutung von „Yang".*
** *Es gibt zwei Sam Ri Punkte: einen im Arm (Su Sam Ri) und einen im Bein (Jok Sam Ri).*

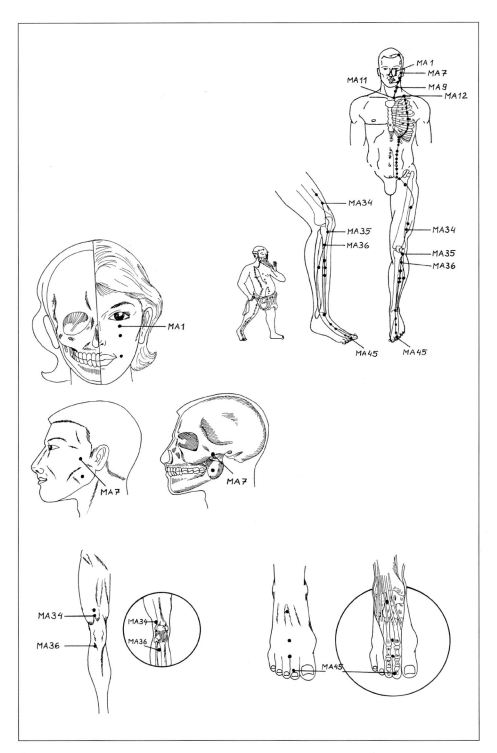

Der Magenmeridian - 45 Energiepunkte

Kor. Name: Jok Yang-Myong Wyi Gyeong
im Bein: der Yang-Myong Magenmeridian
Element: Erde

Der Magenmeridian beeinflußt vor allem das Nervensystem im Magen- und Kopfbereich; er erhält seine Energie vom Dickdarmmeridian und gibt sie an den Milzmeridian weiter.

Ma 1: Sung Wub
Sehstörungen, erhöhter Augendruck und andere Augenbeschwerden, Gefühllosigkeit und Nervenzucken („Tic") im Gesicht, Kopfschmerzen

Ma 7: Hah Guan
Zahnschmerzen, Kiefergelenkentzündung, Nerventaubheit und Tic im Gesicht, Kinnzittern

Ma 9: In Yong
hoher Blutdruck, Luftröhrenentzündung, Schilddrüsenbeschwerden, Sprechstörungen

Ma 11: Ki Sa
Brustschmerzen, Luftröhrenentzündung

Ma 12: Gyol Bun
Brust- und Schulterschmerzen, Magenbeschwerden, Übelkeit

Ma 34: Yang Gu
halbseitige Lähmung, Magenschmerzen, Kniegelenkschmerzen

Ma 35: Dok Bi
Kniegelenkschmerzen

Ma 36: Jok Sam Ri
sehr wichtiger Punkt zur Harmonisierung und Stabilisierung des gesamten Organismus; diesen Punkt kann man gut zum Üben der Akupressur, Akupunktur und Moxa-Behandlung verwenden, da er gefahrlos zu behandeln ist; Magenbeschwerden, Brechreiz, Bauchschmerzen, Verdauungsstörungen (Durchfall oder Verstopfung), halbseitige Lähmung, hoher Blutdruck, Nervosität, Angstzustände

Ma 45: Yo Tae
Fieber, Magenbeschwerden, zu viele Träume

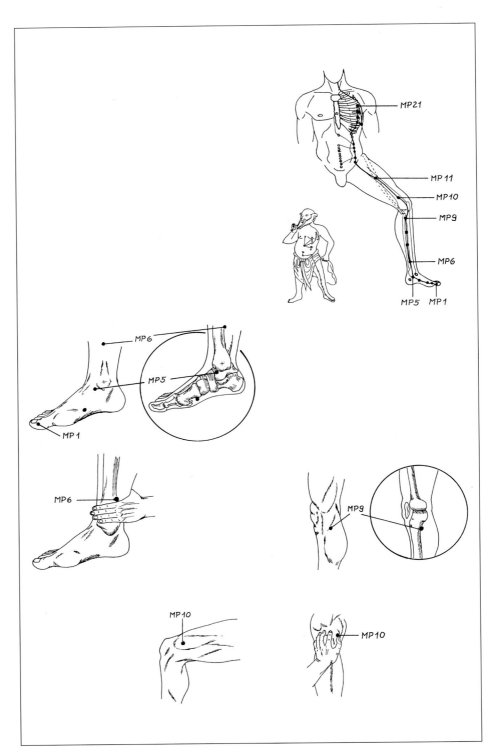

Der Milz-Pankreasmeridian - 21 Energiepunkte

Kor. Name: Jok Tae Um Bi Gyeong
  im Bein: der größere Um-Milzmeridian
Element: Erde

Der Milzmeridian beeinflußt hauptsächlich die Milz, die Verdauungs- und Ausscheidungsorgane sowie den Blutkreislauf bzw. die Arbeit des Blutes im Körper; er erhält seine Energie vom Magenmeridian und gibt sie an den Herzmeridian weiter.

- **MP 1: Un Baek**
  Schmerzen und Ziehen im Bauch, zu viele Träume, zu starke Menstruation
- **MP 5: Sang Gu**
  Fußrücken-, Fußgelenk- und Knöchelschmerzen, Bindegewebsschwäche, Durchblutungsstörungen
- **MP 6: Sam Um Gyo**
  Schlafstörungen, Verdauungsstörungen, Nieren-/Blasenprobleme (z.B. Schwierigkeiten beim Wasserlassen), Durchblutungs- und Menstruations-störungen, zu wenig Milchfluß bei stillenden Müttern, halbseitige Lähmung; **Achtung:** dieser Punkt darf bei Schwangeren nicht akupunktiert werden!
- **MP 9: Um Nung Chon**
  Bauchschmerzen, Verdauungsstörungen (besonders Durchfall), Knieschmerzen
- **MP 10: Hyol Hae**
  unregelmäßige Menstruation, Hautausschlag, Juckreiz, Allergien, Kniegelenkschmerzen
- **MP 11: Gi Mun**
  Bauchschmerzen, Unterleibsbeschwerden (besonders bei Frauen), Oberschenkelschmerzen
- **MP 21: Dae Po**
  Rippenschmerzen

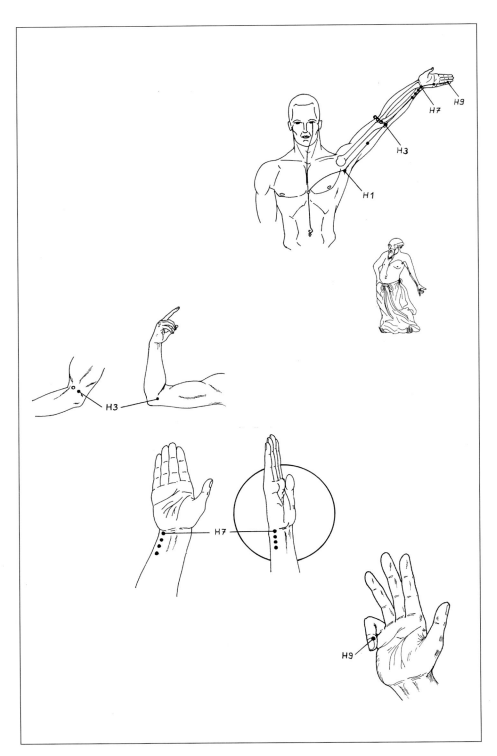

Der Herzmeridian - 9 Energiepunkte

Kor. Name: Su So Um Shim Gyeong
　　　　　im Arm: der kleinere Um-Herzmeridian
Element: Feuer

Der Herzmeridian beeinflußt in erster Linie die Herz- und Gehirnfunktion sowie das vegetative Nervensystem; er erhält seine Energie vom Milzmeridian und gibt sie an den Dünndarmmeridian weiter.

H 1: Guk Chon
Herzkrankheiten, Neurosen, Streß

H 3: So Hae
Ellenbogengelenk-Schmerzen und -Entzündungen, Herzklopfen, Depressionen, taube oder kribbelnde („eingeschlafene") Finger

H 7: Shin Mun
Schlafstörungen, Herzklopfen, Herzrhythmusstörungen, Herzangst, Handgelenkentzündung

H 9: So Chung
Notfallpunkt für Kreislaufschwäche, Herzangst, Fieber, Lähmungen

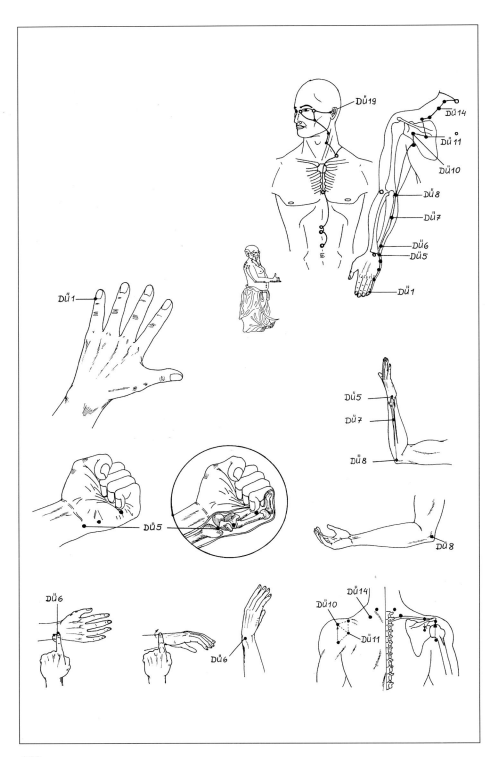

Der Dünndarmmeridian - 19 Energiepunkte

Kor. Name: Su Tae Yang So-Jang Gyeong
im Arm: der größere Yang-Dünndarmmeridian
Element: Feuer

Der Dünndarmmeridian beeinflußt vor allem den Blutkreislauf und den gesamten inneren Haushalt; er wirkt außerdem gegen Beschwerden im Kopf-/Schulter-/Brustbereich. Er erhält seine Energie vom Herzmeridian und gibt sie an den Blasenmeridian weiter.

Dü 1: So Taek
Fieberkrankheiten, Schwindelgefühl, Bewußtlosigkeit, Lähmungen, zu wenig Milchfluß bei stillenden Müttern

Dü 5: Yang Gok
Handgelenkschmerzen und -entzündungen

Dü 6: Yang No
Schulter-, Rücken-, Arm-/Ellenbogenschmerzen, Kreuzschmerzen

Dü 7: Ji Chong
Finger- und Handgelenkschmerzen, Darmprobleme (besonders Verstopfung, Koliken), Herzklopfen, Angst

Dü 8: So Hae
Finger-, Ellenbogengelenk-, Schulter- und Kopfschmerzen, Darmspasmen

Dü 10: No Su
Schultergelenkschmerzen

Dü 11: Chon Jong
Schulterblattschmerzen

Dü 14: Kyon Wae Su
Schulterschmerzen

Dü 19: Chong Gung
Ohrensschmerzen, Taubheit oder Geräusche in den Ohren (Ohrensausen, Tinnitus u.a.)

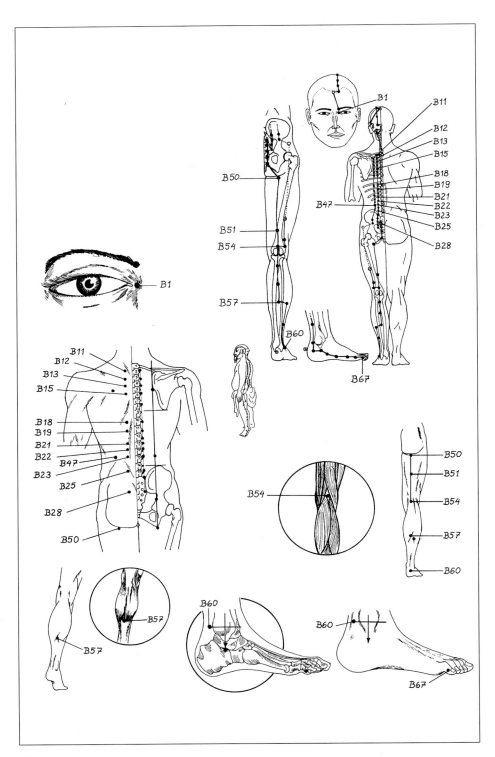

Der Blasenmeridian - 67 Energiepunkte

Kor. Name: Jok Tae Yang Bang-Gwang Gyeong
im Bein: der größere Yang-Blasenmeridian
Element: Wasser

Der Blasenmeridian beeinflußt insbesondere die Ausscheidungs- und Geschlechtsorgane und wirkt gegen Erkrankungen im Kopf-/Nacken-/Kreuzbereich; er erhält seine Energie vom Dünndarmmeridian und gibt sie an den Nierenmeridian weiter.

- **B 1: Chong Myong**
  Augenbeschwerden, Augentrockenheit, eitriger Ausfluß aus den Augen, müde Augen, Kopfschmerzen, Nasennebenhöhlenentzündung
- **B 11: Dae Chu'e**
  Husten, Bronchitis, Fieber, Nacken- und Schulter(blatt)- schmerzen
- **B 12: Pung Mun**
  Erkältung, Husten, Asthma, Fieber, Kopfschmerzen, Schulterblattschmerzen
- **B 13: Pae Su**
  Husten mit Schleim- und Blutauswurf, Bronchitis, Asthma
- **B 15: Shim Su**
  Husten, Herzklopfen, psychische Erregung, Lampenfieber, Zittern, Epilepsie
- **B 18: Gan Su**
  Leberbeschwerden, Leberinfektion (Hepatitis), Epilepsie, Augenkrankheiten
- **B 19: Dam Su**
  Leber- und Gallenerkrankungen
- **B 21: Wyi Su**
  Magenerkrankungen und -krämpfe, Erbrechen, Appetitlosigkeit, Leberinfektion (Hepatitis)
- **B 22: Sam-Cho Su**
  Verdauungsstörungen (besonders Durchfall), Kreuzschmerzen
- **B 23: Sin Su**
  Nierenentzündung, Kreuzschmerzen, unregelmäßige Menstruation, Nervenschwäche, Blasenbeschwerden (z.B. Probleme beim Wasserlassen)

B 25: **Dae-Jang Su**
Kreuzschmerzen, Ischias, Verdauungsbeschwerden (besonders Durchfall), Hämorrhoiden

B 28: **Bang-Gwang Su**
Kreuzschmerzen, Ischias, Verdauungsbeschwerden (besonders Durchfall)

B 47: **Ji Shil**
Kreuzschmerzen

B 50: **Sung Bu**
Kreuzschmerzen, Ischias

B 51: **Un Mun**
Kreuzschmerzen, Muskelschmerzen hinten im Oberschenkel

B 54: **Wyi Jung**
Bauch-, Kreuz-, Rücken-, Beinschmerzen, Durchfall, Erbrechen, Hitzeschlag, Stoffwechselstörungen

B 57: **Sung San**
durch Hämorrhoiden verursachte Kreuzschmerzen, Wadenkrämpfe

B 60: **Gol Yun**
seitliche Kopfschmerzen (Migräne), Schwindelgefühl, Hüftschmerzen, Ischias, Wadenkrämpfe, Epilepsieanfälle bei Kindern

B 67: **Ji Um**
Erschöpfung, schwere Geburten, zur Korrektur einer falschen Geburtslage (nur mit Moxa!); **Achtung:** diesen Punkt darf man während einer normalen Schwangerschaft keinesfalls akupunktieren!

Der Nierenmeridian - 27 Energiepunkte

Kor. Name: Jok So Um Sin Gyeong
im Bein: der kleinere Um-Nierenmeridian

Element: Wasser

Der Nierenmeridian beeinflußt hauptsächlich die Nieren und Nebennieren sowie die Harn- und Geschlechtsorgane; er erhält seine Energie vom Blasenmeridian und gibt sie an den Herzbeutelmeridian weiter.

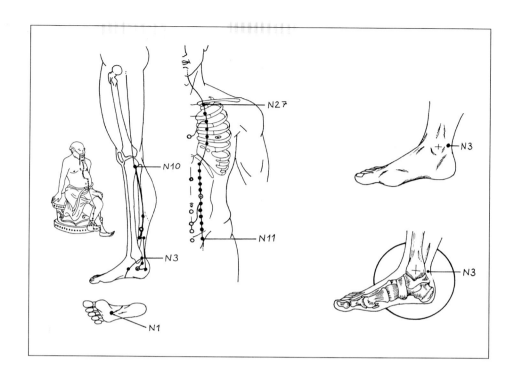

N 1: Yong Chon
Schwindelgefühl und Schwanken im Kopf (wenn es einem schwarz vor Augen wird), leichte Kinderlähmung, Epilepsie, psychische Erregung, Hysterie, Depression,

N 3: Tae Gae
Magen- und Blasenentzündung, Menstruationsstörungen (Schmierblutungen), Knöchel- und Fußgelenkschmerzen

N 10: Um Gok
Kniegelenkschmerzen

N 11: Hweng Gol
Gebärmuttersenkung, Nieren- und Blasenprobleme (z.B. Schwierigkeiten beim Wasserlassen, Harnröhrenentzündung), Erkältung

N 27: Yu Bu
schwerer Atem, Asthma, Nierenerkrankungen

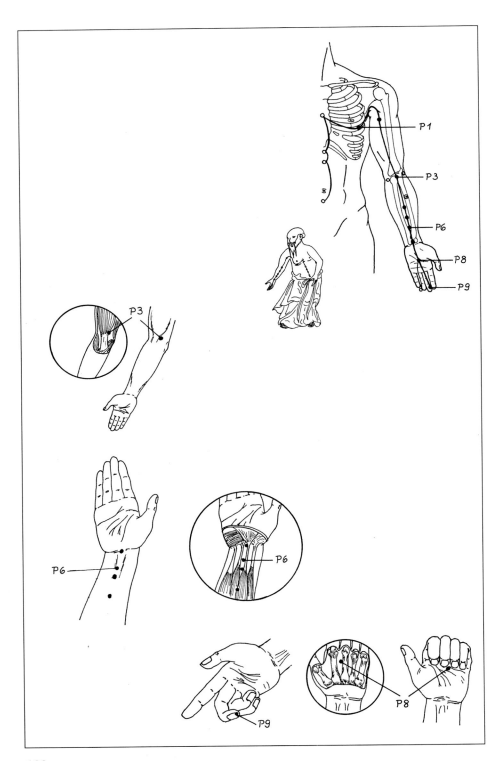

Der Herzbeutelmeridian - 9 Energiepunkte

Kor. Name: Su Gweol Um Shim-Po Gyeong
im Arm: der absolute Um-Herzbeutelmeridian
Element: Feuer

Der Herzbeutelmeridian ist keinem bestimmten Organ zugeordnet, sondern dient in erster Linie zum Schutz aller Kreisläufe im Körper (Blut, Lymphe, Hormone etc.). Er wirkt vor allem auch gegen Erkrankungen von Herz und Magen. Er erhält seine Energie vom Nierenmeridian und gibt sie an den Drei-Erwärmer-Meridian weiter.

P 1:* **Chon Ji**
Herz-Kreislaufbeschwerden

P 3: **Gog Taek**
Magenschmerzen, Erbrechen, Durchfall, Hitzewallungen, Schmerzen in der Ellenbogenspitze

P 6: **Nae Guan**
Erbrechen, Magenschmerzen, Schluckauf, Schlafstörungen, Herzklopfen, Herzrhythmusstörungen, hoher Blutdruck, Brust- und Unterarmschmerzen, Epilepsie, Hysterie, Depressionen

P 8: **No Gung**
Epilepsie, Hautunreinheiten um den Mund herum, Schwangerschaftsübelkeit

P 9: **Jung Chung**
Bewußtlosigkeit durch Lähmung, Hitzeschlag, Hitzewallungen, Fieber

---

* *P steht für Perikard = Herzbeutel.*

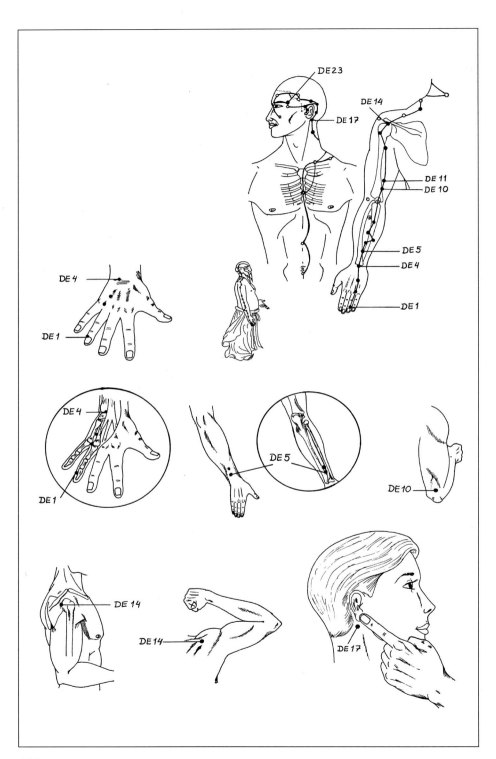

Der Drei-Erwärmer-Meridian - 23 Energiepunkte

Kor. Name: Su So Yang Sam-Cho Gyeong
im Arm: der kleinere Yang-Drei-Erwärmer-Meridian
Element: Feuer

Der Drei-Erwärmer-Meridian ist ebenfalls keinem Organ zugeordnet, sondern dient vor allem zum Schutz der Haut um die Organe herum (Gehirnhaut, Bauch-/Zwerchfell etc.) und unterstützt die Gehör-, Atmungs-, Verdauungs- und Fortpflanzungsfunktionen. Er erhält seine Energie vom Herzbeutelmeridian und gibt sie an den Gallenblasenmeridian weiter.

- **DE 1: Gwan Chung**
  Kopfschmerzen, Halsschmerzen, Fieber
- **DE 4: Yang Ji**
  Kopfschmerzen, Handgelenkschmerzen
- **DE 5: Wae Gwan**
  Kopfschmerzen, halbseitige Lähmung, Rheuma
- **DE 10: Chon Chong**
  Lungenbeschwerden, Tuberkulose, Schulterschmerzen
- **DE 11: Chong Naeng Nyon**
  Lungenbeschwerden, Tuberkulose, Schulterschmerzen
- **DE 14: Gyon Ryo**
  Schulterschmerzen
- **DE 17: Yee Pung**
  Taubheit, Ohrengeräusche und andere Hörstörungen
- **DE 23: Sa Juk Gong**
  Kopfschmerzen, Ohren- und Augenbeschwerden

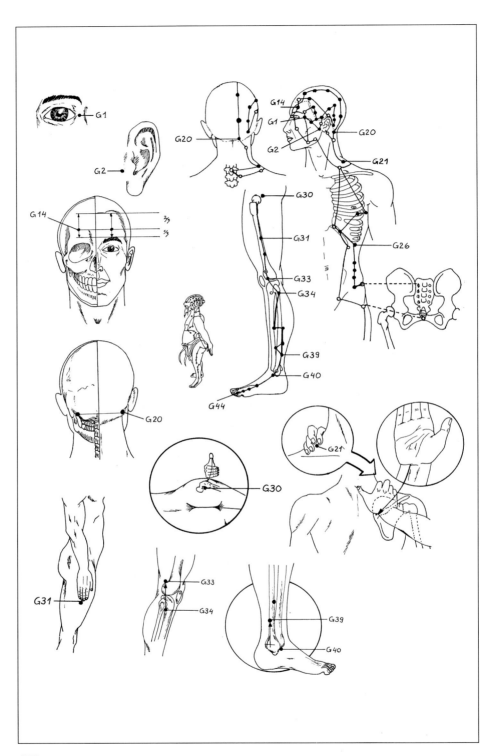

Der Gallenblasenmeridian - 44 Energiepunkte

Kor. Name: Jok So Yang Dam Gyeong
im Bein: der kleinere Yang-Gallenblasenmeridian
Element: Holz

Der Gallenblasenmeridian beeinflußt neben der Gallenblase vor allem auch die Nerven- und Gehirnfunktion; er erhält seine Energie vom Drei-Erwärmer-Meridian und gibt sie an den Lebermeridian weiter.

G 1: Dong Ja Ryo
Augenkrankheiten, Kopfschmerzen (Migräne)

G 2: Chong Ho'e
Taubheit oder Geräusche in den Ohren

G 14: Yang Baek
Augenkrankheiten, Stirnkopfschmerzen, Nerventaubheit oder Tic im Gesicht, Gallenbeschwerden (Koliken)

G 20: Pung Ji
Hals-, Nasen-, Ohren-, Augenkrankheiten, Erkältung, Kopfschmerzen, Gehirnerschütterung

G 21: Gyon Jeong
Schulter- und Rückenschmerzen, Kopfschmerzen, Erkältung, schwere Geburt; **Achtung:** Dieser Punkt darf bei Schwangeren nicht akupunktiert werden!

G 26: Dae Maeg
Seiten- und Kreuzschmerzen, Ischias, Gebärmutter- und Blasensenkung, Frauenbeschwerden (Schmierblutungen u.a.)

G 30: Hwan Do
Kreuzschmerzen, Ischias, halbseitige Lähmung

G 31: Pung Shi
Ischias, halbseitige Lähmung, Kniegelenkschmerzen

G 33: Yang Kwan
Kniegelenkschmerzen

G 34: Yang Nung Chon
halbseitige Lähmung, Muskelspasmen, Kniegelenk-schmerzen, Verstopfung, Schwindelgefühl

G 39: Hyon Jong
halbseitige Lähmung, Bein- und Knöchelgelenk-schmerzen

G 40: Gu Huo
 Unterbauchschmerzen, Knöchelgelenkschmerzen
G 44: Jok Gyu Um
 Hitzewallungen, Fieber, Verstopfung, Augenleiden

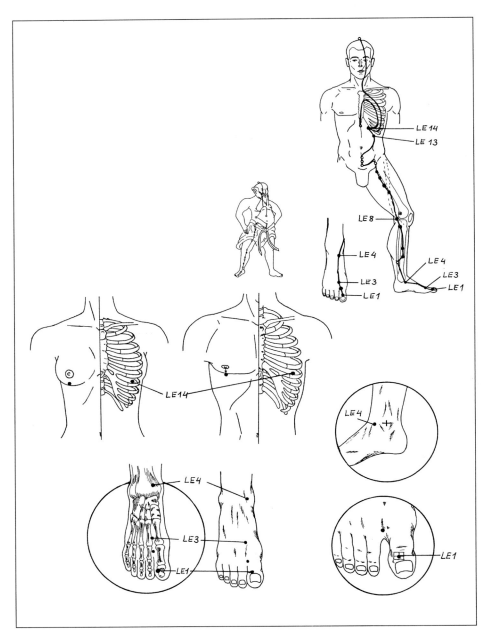

Der Lebermeridian - 14 Energiepunkte

Kor. Name: Jok Gweol Um Gan Gyeong
im Bein: der absolute Um-Lebermeridian
Element: Holz

Der Lebermeridian beeinflußt hauptsächlich die Leber, die Gallenblase, und die Ausscheidungsorgane, wirkt aber auch auf die Knochen- und Muskelfunktion; er erhält seine Energie vom Gallenblasenmeridian und gibt sie an den Lungenmeridian weiter.

Le 1: Dae Don
Darmsenkung, Probleme beim Wasserlassen

Le 3: Tae Chung
Kopfschmerzen, Gehirnerschütterung, psychische Erregung, Epilepsie, Gebärmuttersenkung, Probleme beim Wasserlassen, halbseitige Lähmung

Le 4: Chung Bong
Knöchelgelenkschmerzen

Le 8: Gok Chon
Kniegelenkschmerzen

Le 13: Jang Mun
Stoffwechsel-, Verdauungs- und Leberbeschwerden, seitliche Rippenschmerzen

Le 14: Gi Mun
ziehende Brust- und Rippenschmerzen, Übelkeit

Der Sonnenmeridian - 28 Energiepunkte

Kor. Name: Dok Maeg

Der Sonnen- und der Schattenmeridian sorgen für das Gleichgewicht von Um und Yang. Der Sonnenmeridian, auch „Lenkergefäß" genannt, beeinflußt insbesondere das zentrale Nervensystem, die Wirbelsäule und alle inneren Organe.

LG 1: Jang Gang
Hämorrhoiden, Verdauungsstörungen (Durchfall und Verstopfung), Kreuzschmerzen

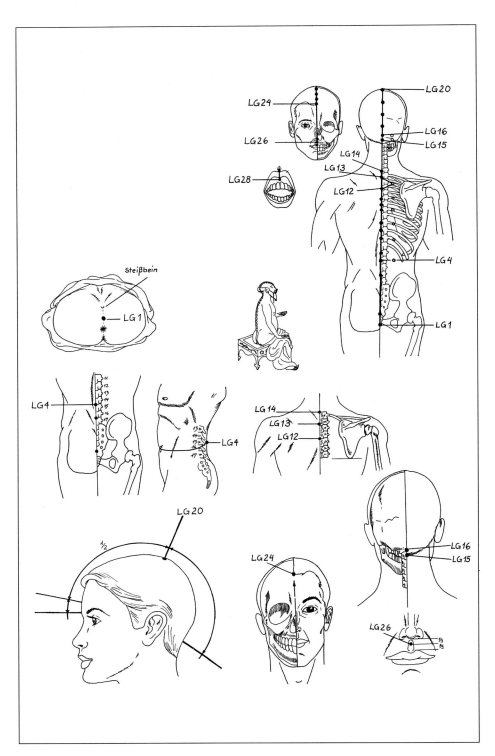

LG 4: **Myong Mun**
„Tor des Lebens", besonderer Energiepunkt: Ki fließt vom Unterbauch aus oder direkt durch Myong Mun in den Körper. Wenn das Ki blockiert ist, kann man es durch Druck auf Myong Mun wieder aktivieren; durch diesen Punkt kann man auch sehr gut eigenes Ki in den Körper eines Menschen mit schwachem Ki schicken.
Kreuzschmerzen, Gebärmutter- und Blasensenkung (Unterleibsschwäche), Durchfall, Energie- und Hormonschwäche

LG 12: **Shin Ju**
Asthma, Husten, Epilepsie

LG 13: **Do Do**
Fieberkrankheiten, Malaria, Epilepsie

LG 14: **Dae Chu**
Fieberanfälle, Malaria, psychische Erregung, Epilepsie, Erkältung, Asthma

LG 15: **A Mun**
Taub(stumm)heit, Hinterkopfschmerzen, Epilepsie, Hysterie

LG 16: **Pung Bu**
Kopfschmerzen, Schwindelgefühl, Depressionen, Hysterie

LG 20: **Baek Ho'e**
Punkt zur Kontrolle und für die Harmonie des ganzen Körpers; Gehirnerschütterung, Kopfschmerzen, Epilepsie, Geisteskrankheiten, gestörter Energie- und Blutkreislauf, Schlaflosigkeit

LG 24: **Shin Chong**
Kopfschmerzen, Hormonmangel, Epilepsie

LG 26: **Su Gu,** auch **„In Jung"** genannt
Schock, Lähmung, Bewußtlosigkeit, Kreuzschmerzen

LG 28: **Un Gyo**
Zahn- und Zahnfleischschmerzen

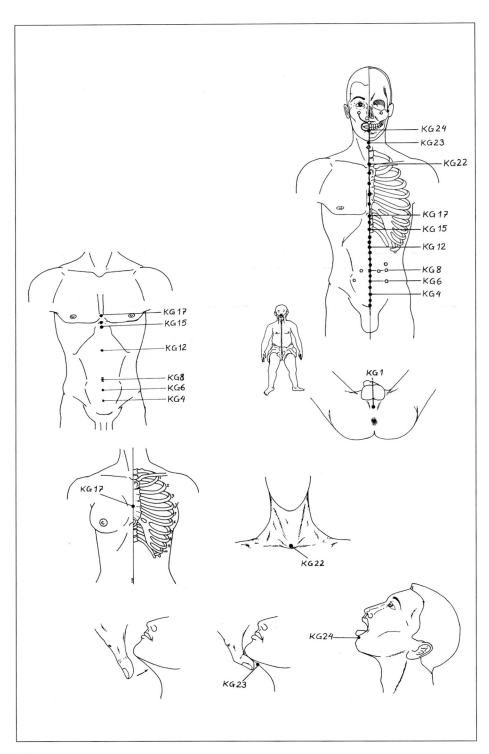

Der Schattenmeridian - 24 Energiepunkte

Kor. Name: Ihm Maeg

Der Schattenmeridian, auch „Konzeptionsgefäß" genannt, beeinflußt vor allem das vegetative Nervensystem und die inneren Organe, besonders die Harn- und Geschlechtsorgane.

KG 1: Hwae Um
Stärkung der Lebensenergie

KG 4: Gwan Won
Stärkung der Lebensenergie; Probleme beim Wasserlassen, Harnleiterentzündung, Impotenz oder Frigidität, Gebärmuttersenkung, Menstruationsstörungen

KG 6: Ki Hae
„Meer der Energie" (Hah-Danjeon) wichtigster Punkt beim Trainieren der Bauchatemtechniken; Stärkung der Lebensenergie; gegen Schmerzen und Ziehen im Bauch, austretende Hämorrhoiden, Probleme beim Wasserlassen, Verdauungsbeschwerden, Menstruationsstörungen (besonders Schmierblutungen), allgemeine Erschöpfung

KG 8: Shin Gwol (Bauchnabel)
Bauchschmerzen, Durchfall, austretende Hämorrhoiden; **Achtung**: Diesen Punkt darf man nicht akupunktieren!

KG 12: Jung Won
Magen- und Verdauungsprobleme, Durchfall, Verstopfung, Erbrechen, ziehende Schmerzen im Bauch

KG 15: Gu Mi
Magenschmerzen, ziehende Schmerzen im Bauch

KG 17: Chon Jung
Husten, Asthma, zu wenig Milchfluß bei stillenden Müttern

KG 22: Chon Dol
Asthma, Husten, Schluckauf, Sodbrennen, Schilddrüsenschwellung

KG 23: Yom Chon
Sprachstörungen, Stummheit, Taubheit in der Zunge

KG 24: Sung Jang
Zahnschmerzen, Gefühllosigkeit im Gesicht

Spezialpunkte außerhalb der Meridiane

Es gibt viele Spezialpunkte, die nicht auf Meridianen liegen bzw. nicht zu den Meridianpunkten gezählt werden, auch wenn sie auf der Bahn eines Meridians liegen. Drei davon möchte ich hier vorstellen, da sie in Notfällen sehr hilfreich sein können:

In Dang

In Dang = **Sang-Danjeon**: in der Mitte zwischen den Augenbrauen; „Himmelspunkt" (Chon).
Kopfschmerzen, Nasenbeschwerden, Zittern

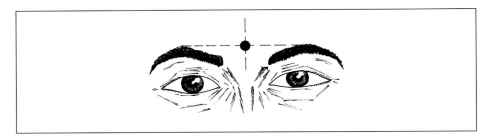

Tae Yang

Tae Yang: Schläfe.
Kopfschmerzen, Zahnschmerzen, Augenkrankheiten, Gefühllosigkeit im Gesicht

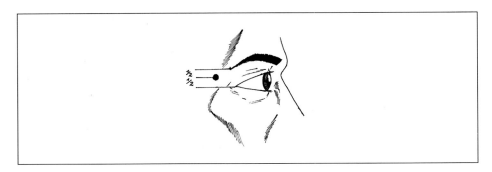

Chip Son

Chip Son: mitten auf jeder Fingerspitze.
Fieber, plötzliche Bewußtlosigkeit und Lähmung

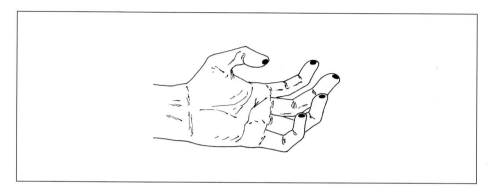

Techniken der traditionellen Heilkunde Asiens

Die bisher genannten Meridiane und Punkte stellen nur einen ganz kleinen Teil der asiatischen Naturheilkunde dar. Wie man diese Punkte am besten findet, wie sie wirken und wie man gut mit ihnen umgehen kann, wird den SchülerInnen im Shinson Hapkido-Unterricht genau gezeigt.

Shinson Hapkido baut auf der traditionellen ostasiatischen Gesundheitslehre auf, und ab einer gewissen Stufe ist die Naturheilkunde (Hwal-In Sul*) selbst ein Teil der Shinson Hapkido-Ausbildung. Im Unterricht werden aber niemals nur die Techniken gezeigt und geübt, sondern Ki, Herz und Geist werden immer mittrainiert, damit die innere Ausbildung mit der äußeren Schritt hält. In der Grundausbildung werden die Heiltechniken (z.B. Akupressur) daher nicht in einem speziellen Heilkundeunterricht, sondern eher beiläufig im Ki-Training, z.B. in der Gymnastik und Selbstverteidigung, sowie im achtsamen Umgang mit dem eigenen Körper und mit anderen Menschen vermittelt. Unbewußt lernen die SchülerInnen, sich selbst und andere zu heilen und zu schützen.

* *Hwal = leben lassen, In = Mensch, Sul = Kunst, Technik*

Wenn man die Punkte leicht bis mittelstark drückt, wird der Ki- und Blutkreislauf aktiviert und das Wohlbefinden gesteigert. Durch einen stärkeren Druck können Energieblockaden beseitigt, die natürlichen Heilkräfte aufgeweckt und chronische Beschwerden abgebaut werden. Ein fester Schlag auf die Punkte aber kann den Energiefluß blockieren und der Gesundheit schaden. Daher dürfen die Punkte im Training immer nur gedrückt werden. Schlagtechniken werden ohne Kontakt oder nur mit einem ganz leichten, gut kontrollierten Kontakt geübt. Mit den Punkten darf man nicht herumspielen! Man darf sie niemals gedankenlos drücken, aus Neugier damit herumexperimentieren oder gar dazu benutzen, anderen vorsätzlich zu schaden! Wer andere Menschen behandeln und heilen will, braucht auf jeden Fall auch noch eine spezielle Ausbildung, besonders in der Handhabung von Nadeln (Chim) und Moxa (Dum).

Durch Shinson Hapkido lernt man, mit den Punkten gut umzugehen, und bekommt Erfahrung mit ihrer Wirkungsweise. Dieses Wissen und diese Erfahrung kann man im Notfall dann auch zur Verteidigung benutzen. Bei einem unerwarteten körperlichen Angriff kann man z.B. durch einen festen Schlag auf die Punkte die Kraft des Angreifers blockieren und sich und andere dadurch retten. Ich möchte an dieser Stelle jedoch klar sagen, daß Shinson Hapkido nur das Ziel hat, die Gesundheit und das Leben zu schützen und zu erhalten, damit jeder Mensch die ihm von der Natur gegebene Lebenszeit voll ausschöpfen und sein Schicksal erfüllen kann.

Jie-Abb Bop: Akupressur

Die Akupressur ist die einfachste der traditionellen asiatischen Heilmethoden. Sie unterscheidet sich von der klassischen Massage dadurch, daß sie nicht nur mit den Muskeln, dem Bindegewebe und mit Reflexantworten auf Hautreize arbeitet, sondern vor allem auch mit den Meridianen und Energiepunkten im Körper des Menschen.

Das Ziel der Akupressur ist die Aktivierung und Regulierung der natürlichen Selbstheilungskraft (Ki), deren gleichmäßiger Fluß oft gestört, unterbrochen und blockiert ist, so daß wir uns unwohl fühlen und krank werden. Verstopfung verursacht Schmerzen und Krankheiten. Sobald man die Verstopfung aber löst, verschwinden die Beschwerden wieder. Durch das Drücken und Loslassen der Energiepunkte entsteht ein Pumpeffekt, der Energieblockaden löst, die Energiekanäle reinigt und gestaute Energie wieder in Fluß bringt.

Wenn das Ki wieder natürlich fließen kann, reinigt, stärkt und heilt es den ganzen Körper und befreit auch den Geist, so daß der ganze Mensch wieder ins Gleichgewicht kommt. Stauungen, Ablagerungen und Blockaden im Blutkreislauf und in den Organen werden abgebaut und beseitigt. Verspannungen, Verdickungen und Knoten in der Muskulatur können mit Hilfe der Akupressur gelockert und gelöst werden. Von der Wirbelsäule eingeklemmte und gedrückte Nerven kann man durch eine besondere Akupressurtechnik, die Chiropraktik, wieder freilegen. Dann arbeiten die Nerven und auch die inneren Organe wieder besser. Altersbeschwerden und Hormonstörungen kann man ebenfalls gut mit Akupressur behandeln. Auch bei Zerrungen oder wenn die Muskulatur und die Haut nicht genug Spannkraft hat, gefühllos, schwach und schlaff ist, kann man durch Akupressur eine Verbesserung erreichen. Natürlich muß man sich etwas Mühe geben und eine längere Zeit drücken, massieren und reiben, um Ki in die Haut und Muskeln zu schicken.

Eine besonders gute Wirkung hat die Akupressur bei Schmerzen und Nervenbeschwerden. Wenn man auf schmerzende Stellen drückt, entsteht eine Betäubung, wenn man losläßt, verteilen sich die Schmerzen und lassen nach. Schmerzen und Nervenkrankheiten werden heute meistens mit Medikamenten behandelt, aber viele dieser Medikamente haben starke Nebenwirkungen. Die Akupressur hingegen hat keine Nebenwirkungen wie Vergiftung und Abhängigkeit zur Folge. Mit der Akupressur kann man ohne Gefahr heilen.

Akupressurtechniken

Streichen

Streichen Sie mit den Fingern oder Händen sanft und gefühlvoll über die Haut. Diese Technik ist sehr entspannend und eignet sich gut als Vorbereitungsmassage für die weitere Behandlung. Das Streichen (ohne Druck oder mit leichtem Druck) über die Stirn zu den Schläfen ist auch ein bewährtes Mittel gegen Kopfschmerzen.

Reiben, Drehen und Schieben

Drücken Sie mit dem Finger bzw. Daumen oder mit der Hand (Handteller, Handkante oder Faust) auf die Behandlungsstelle und massieren Sie sie, indem Sie den Finger bzw. die Hand hin und her reiben oder schieben, in kleinen Kreisen reiben oder hin und her drehen. Die hierbei entstehende Wärme unterstützt noch die Heilwirkung der Behandlung. Die Stärke des Drucks müssen Sie der Konstitution des Patienten und der Art der Beschwerden anpassen. Je fester Sie drücken, desto tieferliegende Schichten im Körper erreichen Sie.

Durch das Reiben und Schieben von Haut und Muskeln kann man schmerzende Verspannungen („Knoten") lösen und das Gewebe wie mit einem Bügeleisen glätten. Auch die Durchblutung wird hierdurch angeregt und verbessert.

Greifen und Kneten

Greifen Sie die Haut und Muskeln mit den Händen oder Fingerspitzen und drücken oder kneten Sie sie.

Wenn der Patient beim Greifen einen unangenehmen Schmerz verspürt, wenden Sie zuviel Kraft an und müssen etwas sanfter vorgehen. Der Patient soll sich während der Behandlung entspannen können und darf keinen Streß bekommen.

Zupfen und Zwirbeln

Fassen Sie mit zwei Fingern die Haut und Muskeln und ziehen Sie sie leicht hoch, ähnlich wie beim Greifen und Kneten, aber sanfter. Beim Hochziehen können Sie die Haut und Muskeln auch leicht hin und her drehen („zwirbeln"), wodurch eine stärkere Tiefenwirkung erreicht wird.

Drücken

Drücken Sie mit der Daumen- oder Fingerkuppe, mit dem Fingernagel oder mit dem Ellenbogen auf die Punkte oder ihre Umgebung. Eine leichte Druckmassage fördert die Durchblutung, belebt die Haut und aktiviert die unter der Haut liegenden Punkte; sie bewirkt eine gute Entspannung und steigert das allgemeine Wohlbefinden. Mit einem stärkeren Druck können Sie tieferliegende Punkte erreichen, „Knoten" und Verspannungen in der Muskulatur lösen und die Heilkraft soweit aktivieren, daß selbst bei chronischen Krankheiten eine Linderung oder sogar eine Heilung eintritt (bei regelmäßiger Behandlung).

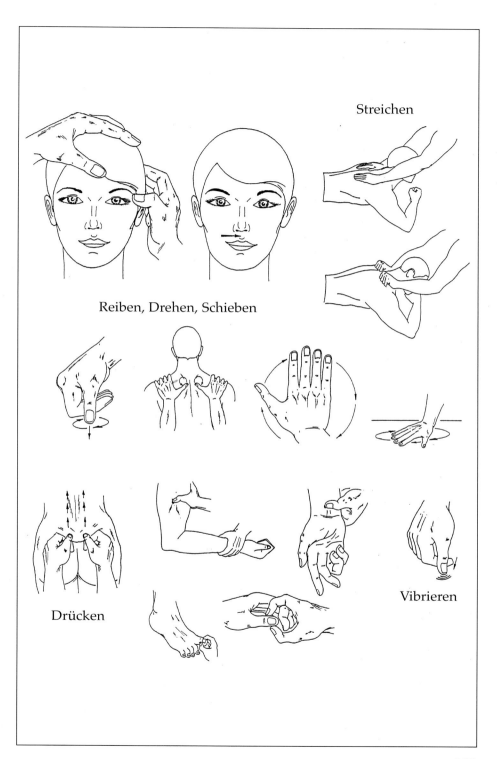

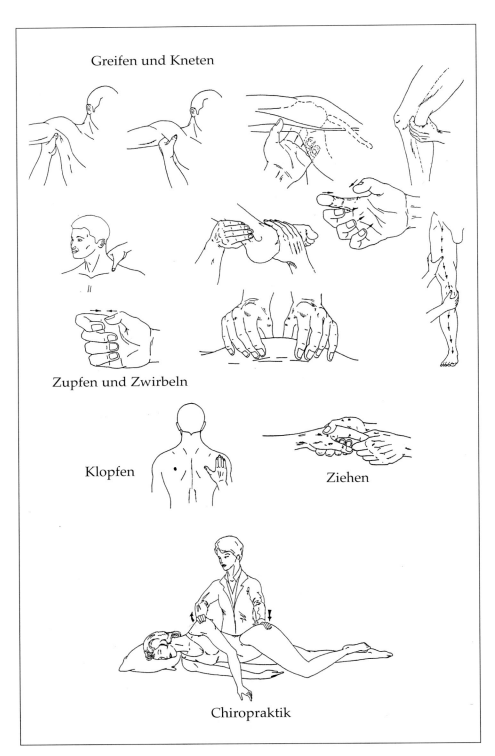

Schütteln und Vibrieren

Legen Sie die Hand oder die Daumen- bzw. Fingerkuppe fest auf die Behandlungsstelle und schüttelt Sie sie locker hin und her. Um einen gleichmäßigen, feinen und schnellen Rhythmus zu erzielen, müssen Sie selbst ganz entspannt sein und „aus dem Bauch heraus" vibrieren. Sie können auch den Fuß oder die Hand des Patienten nehmen und das ganze Bein bzw. den Arm leicht ausschütteln. Diese Technik hat eine sehr entspannende, lockernde und lösende Wirkung.

Klopfen

Klopfen Sie mit den Fingern, dem Handteller, der Handkante oder der Faust locker und rhythmisch auf die Behandlungsstelle. Diese Technik eignet sich gut als Abschluß einer Akupressurbehandlung.

Chiropraktik

Wenn sich im Körper Teile des Stützapparates verspannt oder verschoben haben, können Sie sie mit Hilfe der Chiropraktik wieder lösen bzw. an die richtige Stelle bringen. So können Sie z.B. durch sanftes Ziehen an den Fingern und Zehen Verspannungen und Ki-Blockaden in den Gelenken lösen.

Viele Menschen haben heutzutage Probleme mit den Bandscheiben, vor allem im Bereich zwischen dem dritten und fünften Lendenwirbel. Wenn man sich beim Sitzen, Stehen und Gehen nicht gerade hält und falsch belastet, werden die Bandscheiben eingedrückt und können zwischen den Wirbeln herausrutschen (Bandscheibenvorfall). Verformte oder vorgefallene Bandscheiben blockieren den Energiefluß im ganzen Körper (besonders im Sonnenmeridian), drücken auf die Nerven in der Wirbelsäule und verursachen starke, ziehende Schmerzen bis in die Beine (z.B. Ischiasschmerzen). Bei kleineren Problemen dieser Art können Sie sich sehr gut selbst mit einer leichten Gymnastik helfen, indem Sie die Wirbelsäule z.B. durch Beuge-, Dreh- und Streckübungen dehnen und verschobene Wirbel auf diese Weise wieder zurechtrücken. Wenn Sie einem anderen Menschen helfen möchten, können Sie die folgende Methode anwenden:
- Legen Sie den Patienten auf die Seite, die schmerzende Seite nach oben. Das untere Bein sollte gerade gelegt, das obere, schmerzende Bein leicht angewinkelt werden. Legen Sie eine Hand (oder den Ellenbogen) auf die obere Hüft-/Gesäßseite des Patienten, die andere

auf seine Schulter. Schieben die das Gesäß nach vorne und ziehen Sie gleichzeitig die Schulter nach hinten (s. Bild).
- Der Patient sollte sich dabei völlig entspannen und ganz ausatmen. Das Gegeneinanderziehen von Schulter und Hüfte können Sie ganz sanft wie bei einer Gymnastikübung ausführen. Wenn Sie eine Blockade spüren, können Sie diese aber auch mit einem kurzen und kräftigen Ruck lösen.

Die Akupressur hat eine besonders heilsame Wirkung, wenn man sie mit Son (Entspannung und innerer Aufmerksamkeit) und einer Atemtechnik (Bauchatmung) verbindet. Wenn Körper und Geist entspannt sind, kann das Ki gut fließen - beim Heiler ebenso wie beim Patienten. Dies gilt übrigens nicht nur für die Akupressur, sondern für alle Behandlungsmethoden. Vor jeder Behandlung sollte man mit Hilfe von Son abschalten und Kraft sammeln, die Behandlung dann mit Ki ausführen und sich anschließend wieder mit einer Son-Technik vom Patienten lösen. Wenn man die Ki-Verbindung mit dem Patienten nach der Behandlung nicht wieder unterbricht, kann es passieren, daß der Patient weiter Energie saugt oder daß sich dessen Beschwerden auf einen selbst übertragen.

Eine Akupressur sollte möglichst in einer ruhigen und angenehmen Atmosphäre erfolgen, in der man sich leicht entspannen kann. Sehr wichtig ist bei der Akupressur auch ein guter Rhythmus, der von einer tiefen und ruhigen Atmung begleitet wird. Bei der Drucktechnik (Nr. 5) beispielsweise verstärkt man den Druck beim Ausatmen und lockert ihn beim Einatmen. Der Atemrhythmus sollte auch mit dem des Patienten harmonisieren. Dann kann man nicht nur das Ki des Patienten besser aktivieren, sondern auch zusätzliches Ki auf ihn übertragen (vgl. Ki-Gong).

Während der gesamten Behandlung muß man den Patienten aufmerksam beobachten und seine Reaktionen überwachen. Man muß vor allem den Kraftaufwand bei der Akupressur der Konstitution des Patienten gut anpassen. Bei Kleinkindern, Schwangeren und Frauen, die gerade geboren haben, muß man sehr vorsichtig vorgehen und bestimmte Punkte, die eine zu starke Reaktion auslösen können, meiden. Bei Infektionskrankheiten (durch Bakterien oder Viren), Systemerkrankungen (Blutungsneigung, Multiple Sklerose u.a.), bei angeborenen Erkrankungen (angeborene Funktionsstörungen, Mißbildungen u.a.), bei schweren Geisteskrankheiten und Psychosen, bei Mangelkrankheiten, bösartigen Tumoren und bei irreversiblen oder degenerativen Organerkrankungen bzw. Organschäden darf man keine Akupressur als Grundbehandlung anwenden.

Offene Wunden, Knochenbrüche, entzündetes oder nässendes Gewebe (z.B. bei verschiedenen Hautkrankheiten), Eiterherde und Geschwüre dürfen auch nicht direkt mit Akupressur behandelt werden. Bei allen schwereren Erkrankungen ist auf jeden Fall ein Arzt zu Rate zu ziehen.

Chim Bop: Akupunktur

In der Akupunktur werden Nadeln (Chim) benutzt, um die Energiepunkte im Körper des Menschen zu reizen und die natürliche Heilkraft zu aktivieren*. Es gibt verschiedene Sorten von Akupunkturnadeln: kurze und lange, dicke und dünne, runde und eckige, aus Stahl, Silber, Gold** oder anderem Material. Die meisten Nadeln haben eine sehr feine Spitze und einen Führungsgriff an dem Ende, an dem sie gehalten werden. Die folgenden Nadelsorten sind am gebräuchlichsten:

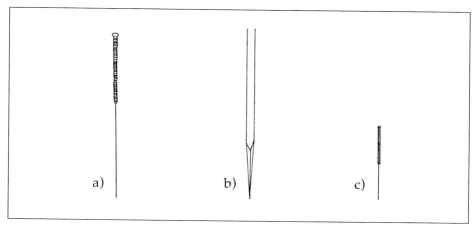

a) Standardnadeln aus Stahl (Ho Chim)
b) Nadeln mit dreieckiger Spitze (Sam-Nung Chim) zum Abnehmen von Blut
c) kleine Nadeln (Su-Jie Chim) zum Akupunktieren der Hände, Füße und Ohren.

* *Heutzutage gibt es auch die Elektroakupunktur, bei der keine Nadeln gesetzt, sondern kleine Stromstöße in die Punkte geleitet werden.*
** *Dem Silber wird eine beruhigende (Um), dem Gold eine anregende Wirkung (Yang) zugeschrieben.*

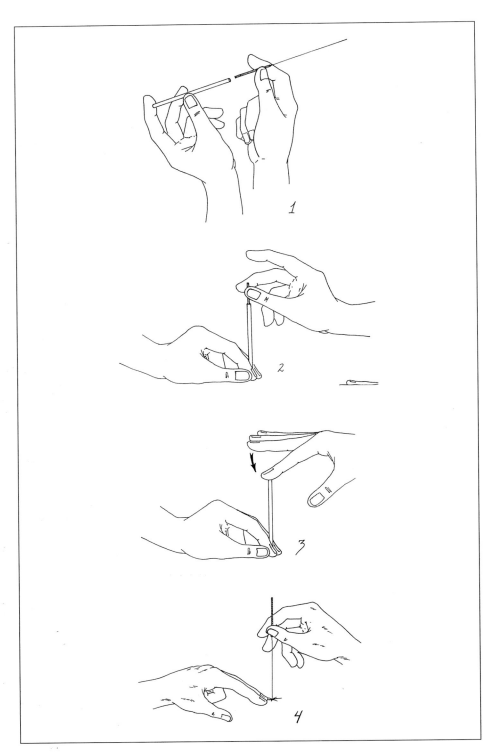

Wie wird eine Akupunktur durchgeführt?

Vorbereitung

Beim Akupunktieren braucht man viel Fingerspitzengefühl. Das Einstechen der Nadel sollte beim Patienten weder Angst noch Schmerzen auslösen. Sorgen Sie dafür, daß der Patient bequem sitzt oder liegt und sich gut entspannen kann. Nehmen Sie ihm die Angst vor der Akupunktur, indem Sie freundlich mit ihm sprechen und ihm die Art und Wirkung der Behandlung erklären.

Wenn der Patient gerade erst gegessen hat, sollte man mit der Akupunktur mindestens eine Stunde warten.

Einstechen der Akupunkturnadel

Massieren Sie den Akupunkturpunkt leicht, um die Einstichstelle zu entspannen und eine bessere Wirkung zu erzielen.

Halten Sie die Nadel mit dem Daumen und Zeigefinger (eventuell unter Zuhilfenahme des Mittelfingers) am Führungsgriff. Zielen Sie direkt auf den Punkt und stechen Sie die Nadel mit einem kurzen, schnellen Stoß unter die Haut. Sie können die Nadel beim Einstechen auch der Längsachse nach leicht drehen. Schieben Sie sie dann mit einer leicht drehenden Bewegung langsam und gefühlvoll weiter, bis sich beim Patienten eine Reaktion einstellt.

Wenn sich die Nadel beim Einstechen verbiegt, ist sie eventuell zu dünn oder zu lang. Nehmen Sie dann eine kürzere bzw. stärkere Nadel. Eine große Hilfe beim Einstechen bietet auch ein kleines Führungsröhrchen, in welches man die Nadel schiebt. Das Röhrchen setzt man direkt auf den Punkt und sticht die Nadel durch einen kurzen Stoß gegen ihr stumpfes Ende durch das Röhrchen in die Haut. Die Verwendung des Röhrchens kann dem Patienten auch die Angst vor dem Einstechen nehmen.

Die Tiefe und Dauer der Akupunktur hängt von der Konstitution des Patienten ab. Bei schmalen, dünnen und schwachen Menschen oder bei Kindern sticht man die Nadel nicht so tief ein und läßt sie nur eine kurze Zeit wirken, oder man sticht sie nur eben ein und zieht sie gleich wieder heraus. Alle Punkte haben eine Verbindung zur Haut, so daß man nicht unbedingt tief stechen muß, um eine gute Wirkung zu erzielen. Bei stärkeren Patienten kann man die Nadel tiefer einstechen und länger wirken lassen. Bei normalen Patienten zieht man sie nach ca. 10 bis 15 Minuten heraus.

Ein wichtiger Aspekt der Akupunktur ist auch der Einstichwinkel. Man kann die Nadel z.B. in einem Winkel von 90° oder 45° einstechen oder auch im Winkel von 15° nur flach unter die Haut schieben. Das hängt wiederum von der Konstitution des Patienten und von der Art seiner Beschwerden ab.

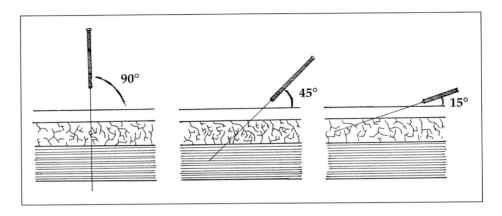

Reaktionen

Der Wirkungspunkt kann in unterschiedlicher Tiefe liegen, je nach der Konstitution und dem Körperbau des Patienten. Wenn die Nadelspitze den Punkt erreicht, stellt sich jedoch meistens eine typische Reaktion ein. Folgende Empfindungen können beobachtet werden:

- Kribbeln
- Ziehen
- Stechen
- Druckgefühl
- Taubheitsgefühl
- das Gefühl, daß elektrischer Strom zu fließen beginnt oder daß man einen kleinen Stromschlag bekommt
- Müdigkeit, Erschöpfung, Schwächegefühl.

Diese Empfindungen können einzeln oder zusammen auftreten.

Entfernen der Akupunkturnadel

Während der Akupunktur entsteht um die Einstichstelle herum oft ein kleiner geröteter Kreis. Das ist eine normale Reaktion, die nur zeigt, daß die Behandlung gut wirkt. Oft löst sich die Nadel dann nach einer gewissen Zeit von selbst und fällt heraus oder läßt sich leicht entfernen.

Beim Entfernen der Nadel sollten Sie keine Kraft anwenden. Sorgen Sie dafür, daß sich Ihr Patient entspannt. Ziehen Sie dann ein wenig an der Nadel und drehen Sie sie dabei zwischen den Fingern ganz leicht hin und her, bis sie sich löst und herausgleitet. Drücken Sie anschließend wieder mit dem Daumen oder Finger auf die Einstichstelle, um sie zu schließen, so daß kein Ki herausfließen kann (wenn in Ausnahmefällen ein Blutstropfen hervorquillt, drücken Sie bitte mit einer sterilen Kompresse darauf). Entspannen Sie den Bereich dann wieder durch eine leichte Massage.

Sollte die Nadel einmal schwer herauszuziehen sein, brauchen Sie sich keine Sorgen zu machen. Wenn sich der Patient bei der Behandlung bewegt oder verspannt hat oder wenn seine Energie sehr stark arbeitet, wird die Nadel manchmal im Körper festgehalten oder verbogen. Prüfen Sie, zu welcher Seite sich die Nadel verbogen hat, und ziehen Sie sie langsam in entgegengesetzter Richtung heraus. Wenn die Nadel nicht herausgleitet, können Sie auch direkt daneben eine zweite Nadel setzen. Dadurch löst sich die festsitzende Nadel meistens. Sollte die Nadel einmal abbrechen, ziehen Sie sie mit einer Pinzette vorsichtig heraus. Wenn Sie die abgebrochene Spitze aber nicht mehr zu fassen bekommen, muß sie vom Arzt mit einem kleinen Schnitt herausoperiert werden.

Manchmal verursacht die Akupunktur eine zu starke Reaktion beim Patienten. Sein Herz klopft unregelmäßig, ihm wird schwindelig, ihm bricht kalter Schweiß aus, sein Gesicht wird weiß, seine Lippen verfärben sich dunkel oder er wird ohnmächtig. Bleiben Sie in solchen Situationen ganz ruhig. Ziehen Sie die Nadeln unverzüglich heraus, bringen Sie den Patienten in die Seitenlage (das Herz oben, den Kopf etwas tiefer als die Beine) und sorgen Sie für frische Luft. In leichten Fällen können Sie dem Patienten einen Schluck Tee oder warmes Wasser geben; dann wird er sich schnell wieder erholen. In schweren Fällen (z.B. bei Bewußtlosigkeit) drücken Sie den Energiepunkt „Su Gu" (LG 21) in der Mitte zwischen Mund und Nase. Wenn das auch nicht hilft, akupunktieren Sie den Punkt „Jok Sam Ri" (Ma 36) an der Außenseite des Schienbeins, etwas unterhalb des Knies. Dann wacht der Patient rasch wieder auf.

Solche starken Reaktionen entstehen meistens, wenn der Patient einen leeren Magen hat, Angst verspürt oder sehr schwach ist. Wenn der Patient vor der Akupunktur Hunger verspürt, sollte er etwas essen, eine kleine Pause machen und sich dann erst in die Behandlung begeben. Wenn das nicht möglich ist oder wenn der Patient sehr schwach ist, sollte man nur eine leichte Behandlung vornehmen und die intensiveren Methoden auf das nächste Mal verschieben. Die Behandlung von Schwäche und Ausgezehrtheit („Leere-Syndrom") kann man im allgemeinen besser mit Akupressur, Moxibustion oder Ki-Gong einleiten, während Beschwerden, die eine starke Reaktion des Organismus auf Krankheitsfaktoren darstellen („Fülle-Syndrom"), gleich mit Akupunktur behandelt werden können.

Die Anzeigen und Gegenanzeigen für die Akupunktur sind grundsätzlich dieselben wie bei der Akupressur. Wie bei allen Naturheilverfahren kann auch die Akupunktur beim Patienten zunächst eine Verschlimmerung seiner Beschwerden auslösen („Erstverschlimmerung"), die jedoch bereits der Beginn des Heilungsprozesses ist. Bei vielen Beschwerden, besonders bei Schmerzen, bewirkt die Akupunktur aber eine sofortige Linderung. Um eine echte Heilung zu erzielen, muß die Behandlung in der Regel allerdings über einen längeren Zeitraum erfolgen. Die Häufigkeit und Dauer der Behandlung hängt dabei immer von der Konstitution des Patienten und der Art seiner Beschwerden ab.

Was man bei der Akupunktur beachten muß!

- Bitte kontrollieren Sie vor dem Akupunktieren unbedingt, ob die Nadeln in Ordnung sind. Die Nadeln dürfen nicht verbogen sein oder Roststellen aufweisen. Die Spitzen müssen unbeschädigt sein. Defekte Nadeln darf man auf keinen Fall benutzen.
- Vor dem Gebrauch müssen die Nadeln vollkommen sterilisiert und die Einstichstellen gründlich desinfiziert werden. Aus hygienischen Gründen darf man sterile Nadeln nicht an der Spitze berühren. Sie sollten nur am Führungsgriff gehalten werden.
- Wenn der Patient vor der Behandlung Angst hat, muß man ihn erst beruhigen und entspannen, bevor man zur Nadel greift. Auch wenn er gerade erst gegessen hat, sollte man mit der Akupunktur mindestens eine Stunde warten. Beobachten Sie während der Behandlung aufmerksam die Reaktionen des Patienten.
- Bei der Akupunktur dürfen die inneren Organe niemals verletzt werden.

- Bei Schwangeren darf der Bauch keinesfalls akupunktiert werden. Auch empfindliche Punkte, die stark reagieren, darf man bei Schwangeren nicht akupunktieren.
- Hautanomalien wie Muttermale, Warzen, tiefe Narben etc. sowie den Bauchnabel darf man nicht direkt akupunktieren, sondern nur außen herum.
- Bei jeder heilkundlichen Behandlung muß man sich nach den Vorschriften des Landes richten, in dem man praktiziert. Bitte informieren Sie sich darüber, bevor Sie eine Akupunktur oder eine sonstige Heilbehandlung durchführen. In Deutschland beispielsweise darf eine Akupunktur nur von einem Arzt oder Heilpraktiker, in Österreich nur von einem Arzt durchgeführt werden.

Ku Bop: Moxa-Behandlung

Bei der Moxa-Behandlung (Moxibustion) wird Hitze benutzt, um die Energiepunkte im Körper des Menschen zu reizen und die natürliche Heilkraft zu aktivieren. Heilkräuter, meistens Beifuß (Moxa, kor. Dum), werden getrocknet, gemahlen und zu kleinen Kegeln oder langen „Zigarren" gepreßt, die man an einer Seite anzündet und in die Nähe der Punkte bringt. Durch die ausstrahlende Wärme können Muskelverspannungen gelöst und die Meridiane und Energiepunkte angeregt werden. Die natürliche Heilkraft wird aufgeweckt und in Fluß gebracht. Auf diese Weise kann man Krankheiten vorbeugen und heilen.

Moxa-Anwendungsmethoden

Moxa-Kegel

Der Moxa-Kegel wird auf die Behandlungsstelle gesetzt und an seiner Spitze angezündet. Um die Haut vor Verbrennungen zu schützen, legt man unter den Kegel eine dünne Scheibe Knoblauch oder Ingwer, in deren Mitte man ein kleines Loch gebohrt hat, so daß die Hitze hindurchströmen kann. Heute gibt es auch fertige „Moxa-Hütchen", die aus Moxa-Kegel und passender Unterlage bestehen.

Wenn der Moxa-Kegel herunterbrennt, strömt er eine immer stärker werdende Wärme aus. Der Patient sollte versuchen, die Hitze etwas auszuhalten. Wenn sie aber zu stark wird, muß man das Moxa entfernen. Manchmal bildet sich auf der behandelten Stelle eine kleine Brandblase (daher wird der Gesichtsbereich nicht mit Moxa behandelt). Dieser Effekt verstärkt noch die Heilwirkung, weil die Energie in diesem Bereich auch nach der Moxibustion weiter gereizt und aktiviert wird. Eine solche Blase muß man natürlich sehr vorsichtig behandeln und, falls sie aufgehen sollte, vor Verunreinigungen schützen. Dann heilt sie schnell wieder ab.

Moxa-Zigarre

Die Moxa-Zigarre wird an einem Ende angezündet und in die Nähe der Behandlungsstelle gebracht. Die glimmende Spitze darf aber nicht in Kontakt mit der Haut kommen. Sie wird nur darüber gehalten, um durch die Ausstrahlung der Wärme zu heilen. Diese Behandlungsmethode wird heutzutage immer häufiger angewandt.

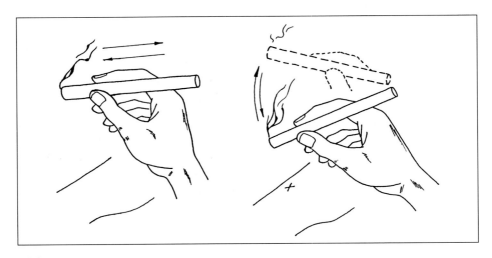

Die Moxa-Behandlung kann man auch mit der Akupunktur kombinieren. So gibt es z.B. Akupunkturnadeln mit einer kleinen Moxa-Schale an ihrem stumpfen Ende. Wenn man das Moxa nach dem Einstechen der Nadel anzündet, wird die Hitze durch das Metall direkt in den Akupunkturpunkt geleitet.

Auch die Moxa-Behandlung unterliegt den Vorschriften des Landes, in dem man praktiziert; in der Regel sind es dieselben, die auch für die Akupunktur gelten. Beide Verfahren gelten als invasiv und dürfen in den meisten Ländern nur von Ärzten und Heilpraktikern angewandt werden.

Bei allen Naturheilverfahren sollte man in unklaren und schweren Fällen immer einen Arzt zu Rate ziehen. Bei kleineren Beschwerden und in Notsituationen, in denen man keine ärztliche Hilfe bekommen kann, ist es aber gut, wenn man selbst weiß, was zu tun ist. Wenn man wegen jeder Kleinigkeit zum Arzt geht und sich Tabletten verschreiben läßt, wird man körperlich und geistig sehr unselbständig. Man wird träge und schwach, verliert sein Selbstvertrauen ebenso wie seine Selbstheilungskraft und erwartet immer Hilfe von anderen. Wenn man die Heilkraft der Natur aber kennt, ihr vertraut und sie anzuwenden weiß, kann man sich in vielen Fällen selbst helfen und bekommt genug Selbstvertrauen und Ki, um auch anderen Menschen Mut, Kraft und Hilfe geben zu können.

Ki-Gong: Heilung durch Ki-Strahlung

Ki-Gong ist die Kunst, sich selbst und andere durch das Fließenlassen und Ausstrahlen von Ki zu heilen. Man öffnet sich innerlich vertrauensvoll der Energie des Universums, sammelt und verdichtet durch Bauchatmung Ki im Unterbauch und läßt es dann mit der Kraft des Herzens (Son) durch den ganzen Körper strömen bzw. auf andere Lebewesen ausstrahlen. Um mit Ki zu heilen, kann man es z.B. in die Hände schicken und durch Handauflegen übertragen.

Da das Ki am besten übertragen und vom Patienten aufgenommen werden kann, wenn man ausatmet, braucht man für diese Art der Behandlung eine gute Atemtechnik. Wenn Luft und Spannung im Körper sind, kann das Ki nicht so gut fließen. Beim Ausatmen entspannt man sich, so daß das Ki leichter fließen kann.

Das Handauflegen ist nur eine Form des Ki-Gong. Auch aus der Ferne man Ki übertragen (geistige Heilung), da das Ki vom Geist gelenkt wird und dorthin fließt, worauf sich der Geist konzentriert. Auch andere Heiltechniken wie die Akupressur und Akupunktur können mit der Übertragung von Ki verbunden werden und haben dann eine besonders heilsame Wirkung.

Das Wichtigste beim Ki-Gong ist das Vertrauen. Ohne Vertrauen in die Kraft der Natur und in die Liebe des Universums kann man weder natürlich heilen noch natürlich geheilt werden. Mißtrauen und Angst blockieren die Energiekanäle, so daß das Ki nicht mehr gut fließen kann. Heiler wie Patient müssen sich davon frei machen, wenn die Behandlung Erfolg haben soll. Glauben und Vertrauen sind eine sehr starke geistige Kraft. Das Ki wird vom Geist gelenkt. Wenn man fest daran glaubt, daß Ki fließt, dann fließt es auch.

Wie kann man Ki übertragen?

Vorbereitung

Sorgen Sie für eine ruhige und angenehme Atmosphäre, in der man sich gut entspannen kann. Reden Sie sanft und freundlich mit dem Patienten und erklären Sie ihm in leicht verständlichen Worten, daß alle Menschen eine natürliche Heilkraft besitzen, die ihnen von der Natur geschenkt wird. Wenn wir uns dieser Kraft vertrauensvoll öffnen, macht sie uns gesund und froh. Sie hilft uns auch, andere Menschen zu trösten und zu heilen. Es ist sehr wichtig, daß der Patient dies versteht und auf die Heilkraft der Natur, die in ihm selbst und in dem Heiler fließt, vertraut. Er soll denken „Ich werde gesund". Wenn der Patient die Bedeutung der Lebensenergie für seine Genesung verstanden hat, bitten Sie ihn, sich bequem hinzusetzen oder hinzulegen und zu entspannen.

Entspannen Sie sich selbst (Son) und sammeln Sie Kraft durch Bauchatmung. Richten Sie Ihre Aufmerksamkeit ruhig auf den Patienten und rufen Sie ihn innerlich bei seinem Namen*. So können Sie sich besser auf den Patienten einstellen und sich leichter für ihn öffnen.

  * *Der Patient wird nicht als „Kranker" oder „Patient", sondern mit seinem Namen angesprochen (in Worten ebenso wie in Gedanken). Heiler und Patient sollen positiv denken und sich nicht auf die Krankheit, sondern auf die Gesundheit konzentrieren.*

Aktivierung der Heilkraft

Aktivieren Sie Ihre Heilkraft, indem Sie die Handflächen vor dem Solar Plexus sanft zusammenlegen, tief atmen und sich darauf konzentrieren, daß die Energie des Universums mit dem Einatmen bis in Ihren Unterbauch strömt, sich dort verdichtet und mit dem Ausatmen durch den Solar Plexus, das Herzzentrum und die Arme in die Hände fließt, so daß die Hände ganz heiß werden („Jang Shim", „Hände mit Herzenskraft").

Richten Sie Ihre Gedanken dabei voller Vertrauen und Dankbarkeit auf die Kraft (Ki) und das Prinzip (Do) des Universums. Fühlen Sie Lebenskraft und Liebe in sich fließen. Wiederholen Sie innerlich den Namen des Patienten und denken Sie „Der Patient (Name) wird gesund".

Schütteln Sie anschließend beide Hände ca. 5 Sekunden locker aus dem Handgelenk, um die Heilkraft bis in die Fingerspitzen zu schicken. Dann können Sie das Ki auch leichter aus den Händen herausfließen lassen.

Übertragung der Heilkraft

Legen Sie die Handflächen vorsichtig auf oder mit etwas Abstand über die Behandlungsstelle. Halten Sie sie still oder bewegen Sie sie leicht hin und her. Lassen Sie die heilende Wärme in den Körper des Patienten strömen. Nehmen Sie sich dafür genügend Zeit, damit die Kraft ihre Wirkung gut entfalten kann.

Durch die sanfte Berührung und Wärme wird der Patient ganz ruhig und schläft vielleicht sogar ein. Dann kann die Heilkraft tief eindringen und gut wirken. Wenn er am Ende der Behandlung wieder aufsteht, empfindet er gewöhnlich einen tiefen Frieden und eine wohltuende Entspannung, Freude und Zuversicht.

Abschluß der Behandlung

Beenden Sie die Behandlung, indem Sie Ihre enge Energieverbindung mit dem Patienten wieder lösen. Lassen Sie zu diesem Zweck beide Hände herunterhängen und schütteln Sie sie etwa 10 Sekunden locker aus.

Diese Behandlung hat eine sehr gute Heilwirkung bei Nervenkrankheiten, Neurosen, Hysterie, nervösen Magen- und Lebererkrankungen (ohne Blutfluß), Schlaflosigkeit, Altersbeschwerden, Hormonstörungen und Kreislaufproblemen. Auch chronische Krankheiten können langfristig gemildert oder gar geheilt werden. Wie bei der Akupressur darf man Ki-Gong jedoch nicht direkt bei Krankheiten anwenden, bei denen Wärme und Druck schädlich sein können (Infektionsherde und Entzündungen, chronische Lungenkrankheiten, innere Blutungen etc.) Auch Krebsherde darf man nicht direkt, sondern nur außerhalb der Metastasen und ihrer Streubereiche behandeln.

Um mit Ki-Gong behandeln zu können, braucht man ein langes Ki-Training. Selbst diejenigen, die eine natürliche Begabung dafür haben und von Geburt an viel Ki besitzen, müssen an sich arbeiten und Körper, Herz und Geist klar und sauber machen, wenn sie heilen wollen. Man darf auf andere Menschen nur gesundes Ki übertragen. Nur ein klares, warmes und helles Ki kann wirklich heilen. Dunkles Ki ist ein Mittel der Verblendung und Vergiftung, nicht der Erleuchtung und Heilung. Es wird oft benutzt, um mit anderen Menschen zu spielen und um Geld, Macht und Ruhm zu erlangen. Die eine Hand legen solche „Wunderheiler" auf den Patienten, um geistige Kraft auf ihn zu übertragen, die andere halten sie auf, um Geld dafür zu kassieren. Hat je eine Mutter Geld von ihrem Kind verlangt, wenn sie seine Bauchschmerzen mit ihrer warmen Hand gelindert hat?

Natürlich muß auch ein Heiler seinen Lebensunterhalt verdienen. Ein echter Heiler spielt aber nicht mit seinen Patienten, beutet sie nicht aus und benutzt sie nicht für Experimente. Er prahlt auch nicht mit seinen Heilungserfolgen, um Lohn und Dank zu ernten. Er weiß, daß er alles, was er kann, von der Natur geschenkt bekommen hat: seine Techniken ebenso wie sein Wissen und seine Kraft. Er gibt nur weiter, was er von der Natur bekommen hat. Er öffnet sich und läßt das Ki des Universums durch sich hindurchfließen. Er kann die Übertragung der Heilkraft nicht *machen*, sondern nur geschehen *lassen*. Sobald er denkt, daß es *seine* Kraft ist, mit der er heilt, blockiert er seine Energiekanäle mit seinem Hochmut und verliert „seine" Kraft. Dann wird das Heilen für ihn anstrengend und laugt ihn aus. Nur wer sich dankbar und demütig dem Ki des Universums öffnet, kann Ki auf einen anderen Menschen übertragen und gleichzeitig das eigene Ki behalten und sogar noch stärken.

Wenn man anderen helfen will, braucht man selbst ein Herz, das leer von jedem Egoismus und voller Klarheit und Liebe ist. Klarheit und Liebe sind eine Brücke zu Do, Habgier und Egoismus sind eine Mauer, die uns von Do trennt. Mit einem berechnenden Herzen kann man zwar Krankheiten behandeln und dabei vielleicht sogar einen gewissen Erfolg verzeichnen, aber nicht ganzheitlich heilen. Eine echte Heilerin und ein echter Heiler müssen jeden Egoismus und jede Habgier aus dem Herzen verbannen und sogar den Gedanken „ich will heilen" loslassen. Dann kann die Heilkraft ungehindert fließen und auf der höchsten Heilungsstufe wirken.

In der asiatischen Naturheilkunde unterscheidet man drei Stufen der Heilkunst:

- Krankheiten heilen (Hah Oey);
- den Menschen heilen, nicht nur körperlich, sondern auch innerlich; Krankheiten vorbeugen (Jung Oey);
- das Universum heilen; der Welt Frieden bringen; Mensch und Natur zusammen heilen; Do lehren (Sang Oey).

Auf der untersten Stufe behandelt man Krankheiten, wenn sie bereits ausgebrochen sind. Auf der zweiten Stufe kann man Störungen im Gleichgewicht und im Herzen der Menschen schon sehen, lange bevor sie sich in Krankheiten manifestieren. So kann man sie rechtzeitig beheben und den Ausbruch der Krankheiten verhindern. Auf der dritten und höchsten Stufe schließlich verströmt man durch ein Leben in Harmonie mit den Naturgesetzen und in Frieden mit sich und anderen soviel Heilkraft, daß man seine Umgebung allein durch sein Dasein ins Gleichgewicht bringt, tröstet und heilt. Das eigene Herz ist so voller Klarheit und Liebe, daß es mit den Herzen anderer Menschen und mit der Natur in direkte Verbindung treten und diese heilen kann.

Leider empfinden in unserer Gesellschaft die meisten Menschen, auch wenn sie in Heilberufen tätig sind, nur wenig Achtung und Liebe für andere Menschen und für die Natur. Als gesund gilt, wer äußerlich gut funktioniert. Wer es nicht tut, wird aufs Abstellgleis geschoben. Wenn man krank ist, fordert und bekommt man daher eine Medizin, die alle Symptome möglichst rasch abschaltet. Die Schnelligkeit, mit der die Beschwerden verschwinden, gilt als Gradmesser für die Qualität der Arznei oder des Arztes.

Diese Einstellung ist eine Folge des Materialismus unserer Gesellschaft. Man ist nicht daran interessiert, den Menschen oder gar die Welt ganzheitlich zu heilen, sondern man will nur die Funktionsfähigkeit möglichst schnell wiederherstellen. Wer unter Schmerzen leidet, ist natürlich dankbar für jede rasche Linderung. Das Beseitigen der Symptome allein ist aber noch keine Heilung. Wenn die Symptome an einer Stelle verschwinden, tauchen sie oft nach kurzer Zeit an einer anderen Stelle in veränderter, meist verstärkter Form wieder auf. Dann braucht man eine noch stärkere Medizin, um sie zu bekämpfen. Das ist ein Teufelskreis! Die Krankheit wird nur als lästiges Übel statt als ernsthafte Warnung des Herzens und als Chance zur inneren Reinigung und Heilung betrachtet. Man behandelt die Symptome, nicht das Herz. Selbst die westliche Schulmedizin sagt inzwischen aber, daß etwa 70 % der Krankheiten aus dem Herzen kommen. Im Shinson Hapkido heißt es sogar, daß alle Krankheiten aus dem Herzen kommen. Daher ist die Reinigung und Stärkung des Herzens (Son) der wichtigste Teil der Shinson Hapkido-Ausbildung.

Hur Shim Hap Do
Ein klares Herz kann Do finden.

Son: Der Weg zu innerer Klarheit

Eigentlich ist es vermessen, Son mit wenigen Worten erklären zu wollen. Ich möchte Ihnen Son in diesem Buch aber zumindest kurz vorstellen und hoffe, Ihnen damit einen Schlüssel zu dem geheimen Schatz geben zu können, der in Ihrem Herzen verborgen ist. Möglicherweise haben Sie auch schon selbst Erfahrungen mit Son gemacht. Dann würde ich mich sehr freuen, wenn Sie Ihre eigenen Gedanken über Son mit dem, was ich darüber zu berichten weiß, verbinden könnten.

Das Licht des Herzens

Mit geschlossenen Augen können wir die Sonne nicht sehen. Nur wenn wir die Augen öffnen, können wir ihr Licht wahrnehmen. In der Dunkelheit sehen wir nur Schatten oder gar nichts. Wenn wir aber ins Helle kommen, können wir alles wieder klar erkennen. Wer die Augen des Herzens verschließt, muß in der Dunkelheit leben. Wenn man die Augen des Herzens aber wieder öffnet, sieht man überall Licht und erkennt, daß das Universums eins ist. Son bedeutet, die Augen des Herzens zu öffnen und das geistige Licht, das in jedem Herzen und im ganzen Universum leuchtet, zu sehen.

In einem staubigen Spiegel kann man sich nicht erkennen. Wenn man den Spiegel aber putzt und poliert, kann man sich selbst und das ganze Universum darin wiederfinden. Son bedeutet, den Spiegel des Herzens pausenlos zu reinigen und polieren, damit er das Licht des Universums aufnehmen und zurückstrahlen kann. Wenn unser Herz hell wird, strahlt es Licht und Liebe in die ganze Welt. Licht und Liebe kann man nicht festhalten, sondern nur fließen lassen und mit anderen teilen. Son bedeutet daher vor allem auch Loslassen und Geben.

Son ist ursprünglich nichts anderes als mit klarem Herz und Geist zu leben: voller Vertrauen und Liebe zu Mensch und Natur, voller Dankbarkeit für das Leben und alles, was es uns schenkt, und voller Aufrichtigkeit sich selbst gegenüber. Das Herz vieler Menschen ist aber nicht hell und klar, sondern dunkel, unruhig und schwer - und mit einem solchen

Herzen zu leben ist anstrengend! Man wird körperlich und geistig schnell müde und verliert die Freude am Leben. Wir brauchen öfter einmal eine Erholungspause, in der wir uns entspannen und besinnen können! Son ist eine solche Erholung für Körper und Seele. Son kann uns helfen, den Ballast unseres Herzens einmal abzuladen, tief aufzuatmen und unseren natürlichen, klaren und hellen Charakter wiederzufinden. Dann können wir uns wieder des Lebens freuen und es genießen.

Mit Son kehren wir bewußt dorthin zurück, woher wir unbewußt gekommen sind. Son hilft uns zu sehen, wer wir wirklich sind und wohin wir gehören. Am Anfang waren wir nichts und eins, entstanden nur durch die Kraft der Liebe und des Lebens. Dann aber haben wir begonnen, uns zu verpacken und zuzudecken: mit Knochen, Muskeln, Haut, Kleidung, Schmuck usw. Auf unseren lebendigen Geist packen wir starre Urteile und Meinungen. Auf unser leichtes Herz laden wir schwere Emotionen wie Angst, Zorn, Habgier, Eifersucht, überschwengliche Freude etc. Unser Herz ist wie eine Zwiebel: je mehr Schalen wir darauf packen, desto schwerer wird es und desto mehr wird das Innere verdeckt und verdunkelt. Ziehen wir die Schalen hingegen Schicht für Schicht ab, wird das Herz immer heller und leichter. Was aber bleibt, wenn wir die letzte Schicht entfernt haben? ... Nichts ... Und doch ist da etwas: die Kraft, die das Herz erschaffen hat. Aus dem Nichts ist das Licht und das ganze Universum entstanden. Zu erkennen, daß wir von dem Licht des Universums nicht getrennt sind, sondern daß wir es im Herzen selbst *sind*, bedeutet Erleuchtung.

Die Schalen, die unser Herz und unseren Geist verdecken und verhärten, sind die vielfältigen Schichten unseres Materialismus und übertriebenen Ich-Denkens. Sie hindern uns daran, uns so zu sehen, wie wir wirklich sind. Sie sind nicht wir selbst, sondern nur die Vorstellungen, die wir uns vom Leben und von uns selbst gemacht haben. Wenn wir das Leben verstehen wollen, müssen wir alle Vorstellungen loslassen und mit dem Leben mitfließen. Wir müssen aufwachen! Das Leben ist nicht so, wie wir denken! Wenn wir Herz und Geist von allen Vorstellungen, Urteilen, Erwartungen, Ängsten und Begierden befreien, können wir sehen, wer wir selbst eigentlich sind. Dann können wir erkennen, daß wir ein Teil der Natur sind und daß das Licht in unserem Herzen dasselbe Licht ist, das in jedem Herzen und im ganzen Universum leuchtet. Dann fühlen wir uns auch nicht mehr einsam, sondern erfahren, daß das Leben auf dieser Welt und in der Gemeinschaft mit anderen Menschen eine große Freude ist.

Das Universum ist - wie das Herz - ursprünglich leer, aber in dieser Leere ist alles Ki enthalten. Son ist ein wichtiges Werkzeug auf dem Weg der Mitte, das uns helfen kann, die Leere und gleichzeitig die Fülle und Einheit des Universums (Hanol) zu sehen. Fülle und Leere, Leben und Tod, Freude und Schmerz, Licht und Schatten, Mann und Frau, Mensch und Natur gehören zusammen und sind eins! Wir möchten jedoch oft nur eine Seite akzeptieren. Einseitigkeit aber bedeutet Trennung von Um und Yang, und da Um niemals ohne Yang leben kann, stellen wir uns mit dieser Trennung automatisch auf die Seite der Dunkelheit und des Todes.

Wenn wir leben wollen, dürfen wir nicht an einer Seite hängenbleiben, sondern müssen lernen, über gut und schlecht hinüberzugehen und beide Seiten zusammen als das zu sehen, was sie sind: als Teile eines Ganzen. Himmel und Erde sind eins: Natur; Mann und Frau, ob schwarz oder weiß, sind eins: Menschen. Positiv und negativ sind zwei Pole ein und derselben Energie. Geburt und Tod sind zwei Stufen des Lebens. Helligkeit und Dunkelheit sind zwei Auswirkungen des Lichts.

Sein Herz von der Dunkelheit zu befreien bedeutet nicht, die Dunkelheit zu ignorieren oder zu bekämpfen, sondern zu erkennen, daß Dunkelheit (Um) und Licht (Yang) zwei Pole ein und derselben Kraft sind. Die Dunkelheit ist ursprünglich eine Helferin des Lichts. Sie soll es nicht verdecken, sondern sichtbar machen. Wenn man die Dunkelheit aber vom Licht trennt, wird sie übermächtig und tödlich. Je mehr man sie verleugnet oder bekämpft, desto stärker wird sie. Wenn man sie aber akzeptiert und umarmt, verliert sie ihren Schrecken und wird wieder zu einer natürlichen Kraft, die zusammen mit dem Licht das Leben schafft und erhält.

Haß und Gewalt entstehen nur durch die Trennung und das Ungleichgewicht von Um und Yang. Negativ zu denken und zu handeln bedeutet, eine Seite abzulehnen und trennende Mauern zu errichten. Positiv zu leben heißt, zu lieben und zu teilen, statt zu hassen und zu verurteilen. Allein die Liebe kann die Gegensätze mühelos vereinigen und sie wieder zu den Werkzeugen des Lichts und des Lebens machen, die sie ursprünglich waren.

Staub kann das Licht verdunkeln, aber ohne Staub könnten wir das Licht auch gar nicht sehen! Wenn in einen verdunkelten Raum durch einen Spalt in der Tür ein Lichtstrahl fällt, erblicken wir nicht das Licht in seinem ursprünglichen Zustand, sondern wir sehen nur den Staub, der im Licht tanzt. Manche Menschen sagen nun, sie sehen Licht, andere sagen, sie sehen Staub. Auf dieser Welt sind wir alle nichts weiter als Staub, der das Licht des Universums und des Herzens sichtbar machen, aber auch verdecken kann. Unser Körper ist nicht mehr als eine Handvoll Staub, durch den das Licht des Herzens scheint. Wenn wir unser Herz aber verschließen, wird sich eine immer dickere Staubschicht darauf ablagern und das Licht begraben. Nur wenn wir das Herz öffnen, können wir in seinem Lichte tanzen.

Son und die Ausbildung der Menschlichkeit

Son bedeutet, das Herz ruhig zu machen und es von allen Schalen zu befreien, damit das innere Licht wieder hell und klar leuchten kann. Für Son braucht man im Grunde keine besondere äußere Form oder Technik. Man braucht sich nur zu entspannen, seine Aufmerksamkeit sanft nach innen zu richten und auf die wahre Stimme des Herzens (Bonjil) zu lauschen:

- mit den Augen und dem Herzen sehen,
- mit den Ohren und dem Herzen hören,
- mit der Nase und dem Herzen riechen,
- mit der Zunge und dem Herzen schmecken,
- mit der Haut und den Herzen fühlen,
- mit dem Kopf und dem Herzen denken.

Man kann dies überall, zu jeder Zeit und bei allem, was man tut, üben. Offenheit, Aufmerksamkeit und Hilfsbereitschaft können ebenso eine Son-Übung sein wie das Gebet und die innere Versenkung. Es gibt allerdings auch spezielle Techniken, mit denen man Son besonders intensiv üben kann. Dazu gehört z.B. die Meditation, die Teezeremonie, die Kalligraphie u.a.

Welche Art von Son auch immer man wählt, das Wichtigste ist, daß man sie mit einer positiven und liebevollen Grundeinstellung verbindet. Son mit einer negativen und egoistischen Grundhaltung ist pures Gift! Son darf nicht auf die inneren Mauern und die innere Dunkelheit, sondern nur auf das innere Licht gerichtet werden. Wenn zwei Menschen Son üben, von denen sich nur der eine von der Sehnsucht nach Licht und Liebe, der andere aber von Egoismus und Gier z.B. nach Stärke, Macht, Erfolg oder Sensationen leiten läßt, kann man äußerlich vielleicht keinen Unterschied zwischen beiden feststellen. Beide scheinen die gleichen Übungen zu machen und die gleiche Sprache zu sprechen. Nur einer von beiden aber wird bereit sein, bedingungslos zu vertrauen, selbstlos zu lieben und ohne Berechnung zu teilen. Daran kann man seine Aufrichtigkeit erkennen.

Son muß mit der Ausbildung der Menschlichkeit (In-Kyok Suyang, im folgenden nur „Suyang" genannt*) verbunden werden. Seine Menschlichkeit auszubilden bedeutet, seine Angst und seinen Egoismus zu überwinden und Körper, Lebenskraft, Herz und Geist in den Dienst der Menschheit und der Natur zu stellen.

Suyang weicht die harten Schalen des Herzens auf, so daß man sie leichter ablösen kann, während Egoismus und Habgier das Herz nur noch mehr verhärten. Suyang kann man aber nicht allein durch Nachdenken verstehen und verwirklichen, sondern man muß es *tun*! Auch wenn es manchmal schwerfällt, sollte man sich aktiv um eine positive und menschliche Haltung bemühen, z.B. indem man sich in Aufmerksamkeit, Freundlichkeit und Hilfsbereitschaft übt. Um Suyang zu unterrichten und die festen Schalen meiner egoistischen Urteile, Meinungen und Emotionen zu sprengen, haben mir meine Lehrer in Korea während meiner Ausbildungszeit häufig sehr harte, unangenehme oder scheinbar sinnlose Aufgaben gestellt. Damals habe ich das oft nicht verstanden und schwer mit mir gerungen, heute aber bin ich zutiefst dankbar für diese Lehre.

Son im Training und Alltag

Shinson Hapkido ist nicht von Son und Suyang zu trennen. Son erfüllt die äußerlichen Techniken mit innerer Ruhe und Klarheit und macht die körperlichen Bewegungen zu mehr als einer sportlichen Leistung, nämlich zu einer heilsamen Übung für den ganzen Menschen. Mit Son zu trainieren bedeutet, gleichzeitig äußerlich und innerlich zu trainieren (Jung Do). Im Körper spiegeln sich alle Ängste, Verspannungen und Verhärtungen des Geistes wider. Wenn das körperliche Training von Son durchdrungen ist, kann man sich körperlich und geistig entspannen, heilen und stärken. Durch Suyang wird das Training menschlich: man kämpft nicht gegeneinander, um besser und stärker zu werden als die anderen, sondern hilft sich gegenseitig, sein Herz von den harten Schalen, die es verdunkeln, zu befreien.

* *In-Kyok: Menschlichkeit, Suyang: Ausbildung, Training*

Wenn man mit Shinson Hapkido beginnt, ist man vielleicht kantig, starr und grob wie ein Felsbrocken oben auf einem Berg. Durch das Training bewegt und löst sich dieser Felsbrocken, fällt in einen klaren Fluß und wird von dem Gipfel des Berges herabgespült. Durch Son und Suyang wird er dabei geschliffen und poliert, bis der im Felsgestein verborgene Edelstein sichtbar wird, sich herausschält und rund und von innerer Klarheit leuchtend am Meer ankommt.

Jedes Shinson Hapkido-Training beginnt mit einer Son-Übung zur Entspannung und Selbstbesinnung, bei der man von der Unruhe des Alltags erst einmal abschaltet, Körper, Atem, Herz und Geist beruhigt und seine Aufmerksamkeit sanft nach innen richtet. Man kann sich z.B. einen schönen Baum oder klaren See vorstellen, den man innerlich still betrachtet, ohne sich näher damit auseinanderzusetzen oder darüber zu urteilen.

Tiefes und ruhiges Atmen ist bei allen Son-Übungen sehr wichtig. Ein gutes Beispiel für die Verbindung von Atmung und Son ist der sogenannte „kleine Energiekreislauf" („kleiner Kreislauf des Universums"), eine Ki-Atemtechnik zum Öffnen des Sonnen- und Schattenmeridians. Hierbei atmet man Ki ein und läßt es an der Vorderseite des Körpers herunterfließen (von der Nasenwurzel über Zunge, Hals, Herzzentrum, Solar Plexus, Bauchnabel und Schambein bis zum Endpunkt des Schattenmeridians vor dem Anus). Dann läßt man es entlang der Wirbelsäule wieder aufsteigen (vom Anus zum Steißbein, zum „Tor des Lebens" gegenüber dem Bauchnabel, zum Punkt gegenüber dem Herzzentrum, zum ersten Nackenwirbel, zur Schädelbasis, zum Scheitelpunkt mitten auf dem Kopf und wieder zum „dritten Auge" an der Nasenwurzel). Diese Ki-Atmung erfolgt zusätzlich zur Luft-Atmung. Während der ganzen Übung atmet man die Luft ganz ruhig und natürlich ein und aus. Das Ki hingegen atmet man nur ein und läßt es kreisen. Beim Ausatmen der Luft atmet man das Ki nicht aus, sondern läßt es weiter kreisen bzw. sammelt es im Unterbauch (vgl. Kap. Bauchatmung).

Durch solche Übungen wird der Körper warm und entspannt, die Gedanken und Gefühle kommen zur Ruhe, und der Atem strömt sanft und regelmäßig ein und aus. Die so gewonnene innere Ruhe und Klarheit sollte man auch im weiteren Training bewahren und sogar noch vertiefen, so daß jede Bewegung von liebevoller Achtsamkeit und Konzentration erfüllt ist. Dann macht das Lernen und Üben auch viel Spaß und stärkt die Heilkraft. Man kann seine Verspannungen loslassen, ohne Angst und Gewalt miteinander trainieren und Verletzungen vermeiden.

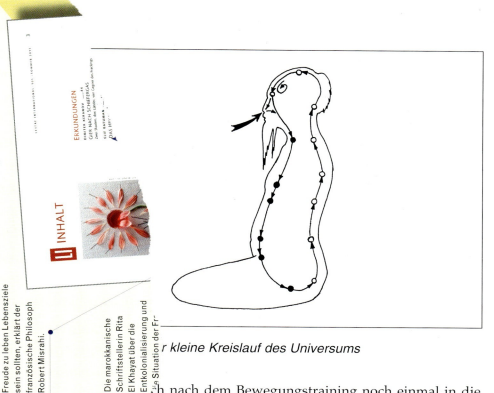

r kleine Kreislauf des Universums

...ch nach dem Bewegungstraining noch einmal in die
... das beim Üben gesammelte Ki zu beruhigen und zu
...an es nicht so schnell wieder verliert, sondern mit in
...en kann.

...t nur im Training und im Dojang üben, sondern
...der Alltag und das ganze Leben heller, freundlicher
...wie Urlaub mitten im Alltag. In der heutigen Zeit
...en das ganze Jahr über und gönnen sich nur ein paar
...d Erholung. Eigentlich sind es nur diese wenigen
...enen sie richtig leben und Kraft tanken! Mit Son kann

...*tation im Sitzen*
...*tation im Liegen*
...*itation im Stehen*
...*editation beim Gehen*
...*Meditation beim Teetrinken*

Meditation beim Putzen: beim Putzen auch „das Herz putzen" (innere und äußere Reinigung z.B. beim Waschen des Körpers, beim Hausputz, beim Dojangputzen, beim Sauberhalten der Natur etc.)

man jeden Tag Urlaub machen. Wenn man sich z.B. frühmorgens nach dem Aufstehen und abends vor dem Schlafengehen wenigstens zehn Minuten Zeit für eine kleine Entspannungsübung nimmt, lernt man nach und nach, Körper und Geist zu beruhigen, abzuschalten und mit der Natur wieder in Verbindung zu treten. Streß und Unruhe trennen uns von dem Ki des Universums und machen uns auf die Dauer schwach und krank. Wenn wir das Abschalten und Entspannen regelmäßig üben, können wir unsere Gesundheit schützen und immer, wenn wir es wollen, Energie tanken.

Manche Menschen meinen, daß es schwer sei, sich jeden Tag zehn Minuten oder mehr Zeit für eine Son-Übung zu reservieren. Das ist aber meistens nur ein Zeichen von Bequemlichkeit! Wenn sie krank sind, verbringen sie sehr viel mehr Zeit beim Arzt. Wenn man sich die Zeit nimmt, hat man sie auch. Es geht, wenn man nur will. Solange man jung und gesund ist, hält man Son-Übungen vielleicht für nicht so wichtig. Wenn man aber älter wird, erkennt man den Wert solcher Übungen - nicht nur für die Erholung, sondern auch zum Vorbeugen und Heilen von Krankheiten - und bedauert, sie nicht schon früher gemacht zu haben. Mit etwas Ausdauer kann man Son immer mehr in sein Leben integrieren und muß es dann irgendwann gar nicht mehr extra üben, weil Körper und Geist wieder in Harmonie miteinander und in Einklang mit der Natur sind. Dann ist das ganze Leben „Son" - leer, aber gleichzeitig voller Kraft, Helligkeit und Wärme.

Son ist ein langer Weg - aber es lohnt sich, ihn zu gehen! Wenn man vor einem hohen Berg steht, schaut man vielleicht auf den Gipfel, der so unerreichbar weit entfernt zu sein scheint, und fragt sich voller Angst und Sorge: „Wann und wie werde ich dort hinkommen?" In Korea gibt es ein Sprichwort: „Auch ein Weg von tausend Meilen beginnt mit einem Schritt."

Die Bedeutung von Son für Körper, Ki und Geist

Meisterung des Körpers (Cho-Shin)

Durch eine stille innere Achtsamkeit wird der Körper beruhigt und entspannt. Man lernt, die körperlichen Empfindungen (Geräusche, Bilder, Kälte, Hitze, Schmerzen usw.) fließen zu lassen, d.h. sie weder zu bekämpfen, noch sich von ihnen mitreißen zu lassen, sondern sie ruhig zu betrachten, geduldig zu ertragen und mit der Zeit innerlich unabhängig von ihnen zu werden.

Durch Son öffnet man sich wieder mehr dem Ki der Natur, welches das eigene Ki reinigt und nährt. Auf diese Weise wird die natürliche Kraft, Widerstandsfähigkeit und Gesundheit des Körpers gestärkt.

Durch Son entwickelt man eine natürliche und entspannte, aber trotzdem klare und gerade Haltung. In einem entspannten und klaren Körper kann die Lebenskraft gut fließen, Einflüsse von außen leicht kontrollieren und Herz und Geist bei ihrer Entfaltung unterstützen.

Meisterung der Lebenskraft (Cho-Shik)

Son sollte immer mit einer Atemtechnik verbunden werden. Besonders geeignet hierfür ist die Bauchatmung. Die Bauchatmung ist eine sehr ruhige und tiefe Atmung, die dafür sorgt, daß man beim Üben von Son nicht die lebensnotwendige Verwurzelung mit der Erde verliert.

Durch Son in Verbindung mit Bauchatmung wird der Atem beruhigt, gereinigt und gestärkt. Er geht tiefer und regelmäßiger und wird zu einer Quelle der inneren Kraft und Entspannung. Man lernt, die Ki-Energie förmlich zu „trinken", indem man die mit dem Atem und dem ganzen Körper aufgenommene Energie des Universums mit der eigenen Lebenskraft unter dem Bauchnabel verbindet und durch den ganzen Körper fließen läßt. Durch die Stärkung der Lebenskraft gewinnt man Lebensmut, Lebensfreude und Lebensweisheit.

Meisterung von Herz und Geist (Cho-Shim)

Man sagt in Korea, Son hilft, die drei Teufel Gier (Tam), Ärger (Jin) und Dummheit (Zhi) zu vertreiben. Wenn unsere Gier nicht befriedigt wird, werden wir ärgerlich. Ärger bringt unser Ki zum Kochen und vernebelt unseren Geist. Dann machen wir Dummheiten und beginnen, zu streiten, zu kämpfen und Krieg zu führen. Durch Son aber können wir wieder Frieden finden.

Durch eine stille innere Achtsamkeit lernt man, von allen Äußerlichkeiten abzuschalten und alle Vorstellungen und Gefühle - Freude oder Trauer, Lust oder Unlust, Zu- oder Abneigung, Angst, Habgier, Eifersucht etc. - einmal loszulassen. So kann man Gelassenheit und Kontrolle über die Gedanken und Gefühle erlangen. Wer seine Gefühle, Leidenschaften, Triebe und Erwartungen auf diese Weise zu beherrschen lernt, gewinnt echte Tugend.

Wenn Herz und Geist ruhig werden wie ein stiller Teich, in dem sich der Mond spiegelt, kann man auch den wahren Charakter seines Herzens (Bonjil) wiederfinden. Wenn unser Geist klar und voller Ki ist, öffnet er sich dem Großen Geist des Universums (Hanol) und wird wieder eins mit ihm. Dann wird man im positiven Sinne „leer", d.h. offen für alle Möglichkeiten, und kann das Leben in all seiner Fülle unmittelbar erfahren und genießen.

Danjeon Hohupbop: Atem ist Leben

Nach alter Lehre besteht das ganze Universum aus Licht (Ki). Steine, Pflanzen, Tiere, Menschen ... alle sind Formen ein und derselben Urenergie. Auch die Luft, die wir atmen, besteht aus Ki. Durch die Atmung holen wir das Ki des Universums in unseren Körper hinein und verbinden es mit unserem eigenen Ki. Das Ki der Luft hat teilweise die Form von Sauerstoff, der das Blut sauber, hell und frisch macht. Aber zusätzlich zu diesem stofflichen Ki - so lehrt die traditionelle Heilkunde Asiens - ist in der Atemluft auch geistige Energie (Shin oder Yong Ki) und ursprüngliche Lebenskraft (Saeng Ki) enthalten, die unsere eigene Geistes- und Lebenskraft reinigt und stärkt.

Blut, Lebenskraft und Geist sind eng miteinander verbunden: das Blut (Chong) wird von der Lebenskraft (Ki) bewegt, und die Lebenskraft wird vom Geist (Shin) gesteuert. Durch eine ruhige, tiefe und regelmäßige Atmung sorgen wir dafür, daß das Ki - und mit ihm das Blut - ruhig und doch stark fließt, uns reinigt und gesund erhält. Wenn wir unregelmäßig atmen, fließt auch das Ki und das Blut unruhig und kann nicht mehr richtig mit frischer Energie aufgeladen werden. Dann sammeln sich im Blut und Ki Schadstoffe an, welche die Adern und Energiebahnen verengen und blockieren, unser inneres Gleichgewicht stören, die Organe schwächen und den Körper mit der Zeit vergiften.

Wenn unsere Gedanken und Gefühle aus dem Gleichgewicht geraten, wird auch unser Atem gestört. Wenn wir z.B. Angst, Gier, Zorn, Haß oder auch übermäßige Freude empfinden, atmen wir meistens schneller und kürzer als normal. Sind wir hingegen traurig und deprimiert, geht unser Atem zu langsam und zu flach. In der heutigen Zeit atmen wir zudem oft mehr ein als aus. Diese Atemweise ist ein Symbol unseres Materialismus: wir wollen nicht loslassen, sondern festhalten und immer noch mehr haben. Dadurch bleibt aber immer etwas verbrauchte Energie in unseren Lungen, schwächt den Organismus und macht unser ganzes Leben schal. Ein tiefes Durchatmen hingegen bringt frischen Wind in unser Leben!

Wir können unseren Atem ohne Angst loslassen: nach einem reinigenden und befreienden Ausatmen kommt das erfrischende Einatmen ganz von selbst. Der Atem lehrt uns, wie wir leben sollen: wir können nicht leben, wenn wir nur einatmen und den Atem festhalten. Wir müssen ihn wieder loslassen und an andere weitergeben, sonst ersticken wir. Jeder kleine Rest, den wir in unseren Lungen zurückhalten, wird stickig und schwächt uns. Wir müssen tief aus- und tief wieder einatmen. Nur wenn Aus- und Einatmen, Geben und Nehmen, Um und Yang im Gleichgewicht sind, kann das Leben hell und frisch sein.

Unsere Atmung wird von dem, was wir denken und fühlen, und auch von dem, was wir tun, beeinflußt - aber umgekehrt können wir ebenso durch die Atmung unseren geistig-seelischen und körperlichen Zustand verändern. Wenn wir z.B. Streß oder Angst haben und einmal tief durchatmen, geht es uns gleich viel besser.

Die Atmung ist ein Spiegel unserer Lebensweise. Wer seine Atmung beherrscht, hat auch eine größere Kontrolle über sein Leben und kann mit den Angriffen und Verlockungen des Alltags besser umgehen. Wer tief, ruhig und gleichmäßig atmet, verliert nicht so schnell sein inneres und äußeres Gleichgewicht. Eine ausgeglichene und tiefe Atmung beruhigt Körper und Geist und schafft innerlich Luft und Raum für unsere Entfaltung; sie stärkt die Konzentration und Klarheit und sorgt für einen gleichmäßigen und sauberen Fluß der Geisteskraft, der Lebensenergie und des Blutes.

Wenn Körper, Lebenskraft, Herz und Geist klar werden und ins Gleichgewicht kommen, können wir die Verbindung zwischen dem eigenen Ki und dem Ki des Universums immer deutlicher wahrnehmen und verstehen. Wenn wir unseren kleinen, unruhigen Atem beruhigen, beginnen wir, die große und tiefe Atmung des Universums zu spüren und in ihrem Rhythmus mitzuschwingen.

Atem ist Leben. Wenn wir ruhig und tief atmen, wird unsere Lebenskraft gereinigt und gestärkt, so daß sie gut fließen und Körper, Herz und Geist gesunderhalten kann. Ein unruhiger und unregelmäßiger Atem aber stört das natürliche innere und äußere Gleichgewicht und zieht Krankheiten und Mißgeschicke an.

Der Zustand des Ki beeinflußt das Leben und Schicksal in jeder Hinsicht. Zwei Menschen mögen den gleichen Weg gehen, aber für denjenigen, der unruhig atmet, wird auch der Weg unruhig und beschwerlich, während er für den anderen, der natürlich atmet, viel klarer und leichter ist. Wenn beide aus Versehen über einen Stein stolpern, kann dies der eine, dessen Ki in Ruhe ist, gelassen akzeptieren und weitergehen. Der andere hingegen wird wahrscheinlich wütend und tritt laut schimpfend nochmals gegen den Stein. Oder er wird unsicher und ängstlich und möchte vielleicht sogar aufgeben und nicht mehr weitergehen.

Wenn Atmung und Ki unruhig und unsauber sind, ist der Weg nicht klar und frei, sondern voller Hindernisse und Gefahren. Wer nicht ruhig und natürlich atmet, kann auch schnell die Bedeutung des Weges vergessen und die Orientierung verlieren. Ein bedeutungsloser Weg aber ist langweilig und beschwerlich. Die meisten von uns haben dieses Problem. Wenn wir jedoch lernen, wieder natürlich zu atmen, können wir unseren Weg klar und frei machen. Das ist unsere Aufgabe - unsere Lebensaufgabe.

Die Wurzel des Lebens

Das Leben und Wachstum eines jeden Menschen hat im Bauchnabel begonnen. Wenn sich die Samenzelle des Vaters (Yang) mit der Eizelle der Mutter (Um) vereinigt, entsteht ein neues Leben. Die befruchtete Eizelle nistet sich in der Gebärmutter ein und beginnt, sich zu teilen. Aus einer Zelle entstehen zwei, vier, acht Zellen usw. Vom Mittelpunkt, dem Bauchnabel, aus wachsen die Zellen nach oben und unten und bilden den Oberkörper und Unterleib des neuen Lebewesens. Der Fötus bekommt einen Körper mit Knochen, Muskeln, Blut, Gehirn, Herz und allen Organen, die er braucht, um in dieser Welt gut leben zu können. Die für sein Leben und Wachstum erforderliche Energie und Nahrung erhält er durch die Nabelschnur. Nach neun Monaten im Mutterleib wird er geboren. Über die körperliche Entwicklung und Geburt eines Kindes weiß man heutzutage schon sehr genau Bescheid. Der geistige Ursprung des Menschen aber ist immer noch ein großes Geheimnis.

Das Leben beginnt, wenn Um und Yang sich vereinigen und zusammen bewegen. Die Bewegung von Um und Yang ist eine Schwingung, und der Ursprungsort der Lebensschwingung des Menschen ist der Bauchnabel. Wir Menschen dünken uns oft groß und mächtig. Wären wir uns aber unseres Ursprungs bewußt, wüßten wir, daß unser Lebenskern so klein ist, daß er im Bauchnabel Platz hat.

Die harmonische Schwingung von Um und Yang erzeugt und erhält das Leben. Wenn man lange und gesund leben möchte, muß man lernen, mit dieser natürlichen Bewegung mitzuschwingen. Jede unnatürliche Bewegung hemmt das Leben. Stillstand bringt den Tod. Ohne Bewegung und Schwingung kann der Mensch nicht leben, und ohne die Verbindung zum Bauchnabel, dem Ursprungsort der Schwingung, ist eine Bewegung für den Menschen nicht möglich. Ob wir in unserem Kopf Gedanken oder in unserem Herzen Gefühle bewegen, ob wir den kleinen Finger oder den großen Zeh bewegen, jede Bewegung erhält ihre Kraft aus der Verbindung mit dem Bauchnabel. Ist diese Verbindung gestört, verlieren Herz und Geist ebenso wie alle körperlichen Bewegungen ihre natürliche Kraft, Klarheit und Schönheit.

Der Bauchnabel ist der Anfangs- und der Mittelpunkt des Menschen*. Daher sollte der Bauchnabel auch der Mittelpunkt des Lebens sein. Der Bauchnabel war vor dem Gehirn des Menschen da, und deshalb heißt es in Asien, der Bauchnabel sei der Ort, wo der Geist geboren wird. Über einen geistig schwachen Menschen sagt man in Korea auch: „Er hat im Bauchnabel keine Kraft." Nach einem alten Geheimrezept soll man geistige Verwirrung und seelische Verstimmung dadurch heilen können, daß man die Umgebung des Bauchnabels mit Moxa behandelt.

Der Bauchnabel gilt als die Wurzel und das Zentrum des Lebens. Wie sind wir entstanden, woher sind wir gekommen und wohin gehen wir? Wer hat sich das wohl noch nicht gefragt! Wie aber können wir jemals eine Antwort auf diese Fragen finden, wenn wir außen suchen statt nach innen, zum Zentrum des Lebens, zu schauen? Wie kann man nachdenken, meditieren oder beten, wenn man die Verbindung zum Bauchnabel verloren hat? Wie können Äste leben, wenn sie keine Verbindung mehr zu der Wurzel des Baumes haben? Sie werden trocken und müssen sterben.

Die drei Haupt-Energiezentren im Körper des Menschen

Der Bauchnabel ist die Wurzel unseres Ki. Er ist ein starker Energiekanal, der den Unterbauch zu einem Haupt-Kraftzentrum im Körper des Menschen macht. Nach einer alten Lehre der asiatischen Naturheilkunde hat der Mensch insgesamt drei Haupt-Kraftzentren (Danjeon*):

* Wenn man die Arme ganz nach oben streckt, ist der Bauchnabel bei den meisten Menschen ziemlich genau in der Mitte des Körpers.
* „Dan": geheime, seltene Medizin, kostbares Heilmittel, Ki; „Jeon": Ort, an dem man dieses Heilmittel finden und wachsen lassen kann.

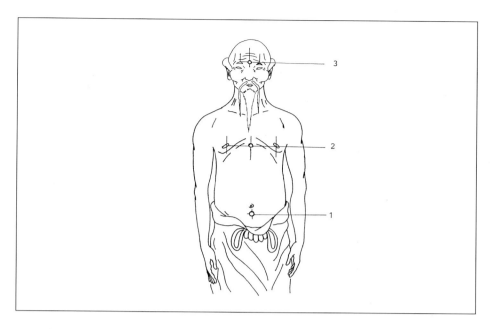

1. das untere Energiezentrum (Hah-Danjeon) im Unterbauch, etwa 3 Fingerbreit unterhalb des Bauchnabels, auch „Meer der Energie" (Ki Hae) genannt; Symbole: Wasser, Erde, Um;
2. das mittlere Energiezentrum (Jung-Danjeon) in Höhe des Herzens, zur Brustmitte hin (das „Herzzentrum" mitten zwischen den Brustwarzen); Symbole: Wind, Mensch, Do (Harmonie von Um und Yang);
3. das obere Energiezentrum (Sang-Danjeon) zwischen den Augenbrauen, im Inneren des Kopfes („das dritte Auge"); Symbole: Feuer, Himmel, Yang.

Der Nabel ist der Ursprungsort und Sammelpunkt des Ki und des Blutes. Mit Hilfe des Bauchnabels können wir den Ki- und Blutkreislauf im ganzen Körper kontrollieren. Daher ist der Bauchnabel auch der wichtigste Punkt beim Ki-Training. Wenn man sich beim Training auf den unteren Energiebereich konzentriert und in dieses Kraftzentrum hineinatmet (Danjeon Hohupbop: Bauchatmung), gewinnt man innere und äußere Kraft, Standfestigkeit und Ausgeglichenheit. Wenn dieser Bereich stark ist, haben wir gesunde Wurzeln und können gut wachsen, erblühen und unser Leben fruchtbar machen.

Bauchatmung als Lebenselixir

Die Bauchatmung ist wie die Atmung eines Kindes: ruhig, tief und natürlich. Tief zu atmen bedeutet in diesem Zusammenhang, nicht nur in die Lunge, sondern auch in den Bauch und von dort in den ganzen Körper zu atmen. Die Atemluft kann natürlich nur bis in die Lungen fließen, die in der Luft enthaltene geistige Energie und Lebenskraft aber kann tiefer in den Körper hineingeatmet werden. Bauchatmung bedeutet daher nicht nur Luft-, sondern auch Energieatmung („Doppelatmung").

Wir alle haben im Mutterleib Energie durch die Nabelschnur geatmet. Auch kleine Kinder atmen noch ganz unbewußt in den Bauch. Leider verlieren die meisten Menschen im Laufe ihrer Entwicklung aber diese natürliche Atmung, weil sie sich innerlich und äußerlich verspannen. Wenn man z.B. zu sehr im Kopf lebt, wird die Atmung oft zu weit nach oben in den Schulter-/Brustraum verlagert. Hierdurch wird auch der Schwerpunkt des Menschen, der seinen Sitz normalerweise im unteren Bauchraum hat, nach oben gezogen, so daß man sehr instabil wird. Man gleicht einem großen Baum mit einer mächtigen Krone, doch schwachen Wurzeln. Schon beim kleinsten Windstoß kann er umfallen.

Es ist aber gar nicht schwer, die Bauchatmung wieder zu erlernen. Atmen Sie beim Üben am besten durch die Nase (nicht durch den Mund) ein, damit die Luft angewärmt und durch die Nasenhärchen von groben Unreinheiten und Krankheitskeimen gereinigt wird. Atmen Sie weniger durch das Heben und Senken des Brustkorbes als durch das Auf- und Abbewegen des Zwerchfells ein und aus (Zwerchfellatmung). Auf diese Weise wird nicht nur der obere Lungenbereich, sondern die ganze Lunge bis in die untersten Spitzen mit frischer und warmer Luft versorgt.

Verlagern Sie beim Einatmen Ihren Schwerpunkt in den Unterbauch und stellen Sie sich vor, in den Bauch zu atmen. Das Ki wird von Ihrem Geist gesteuert und fließt dorthin, wohin Sie Ihre Aufmerksamkeit lenken. Wenn Sie Ihre innere Aufmerksamkeit beim Atmen auf den Unterbauch richten, fließt das in der Luft enthaltene Ki automatisch dorthin. Anfangs müssen Sie sich vielleicht bewußt darauf konzentrieren, aber bald werden Sie sich wieder an diese wohltuende und natürliche Atmung gewöhnt haben und sie unbewußt ausführen. Halten Sie nach dem Einatmen sanft inne, um zu spüren, wie sich das Ki im Unterbauch sammelt. Atem Sie dann langsam und tief aus. Stellen Sie sich beim Ausatmen vor, daß nur die verbrauchte Luft (Kohlendioxid) mit allen Unreinheiten Ihren Körper verläßt, während das Ki sich in Ihrem Unterbauch wie in einem Meer der Energie weiter sammelt und verstärkt. Halten Sie dann wieder kurz inne, um die Entspannung und Kraft zu genießen, die vom Unterbauch in den ganzen Körper strömt. Atmen Sie dann ruhig wieder ein. Durch das Innehalten soll zwischen Ein- und Ausatmen aber keine Blockade oder Unterbrechung entstehen. Fühlen Sie, wie in diesen stillen Momenten die Einatmung sanft in die Ausatmung oder die Ausatmung sanft in die Einatmung übergeht. Lassen Sie den Atem ruhig fließen wie einen endlosen feinen Faden.

Es gibt verschiedene Arten der Bauchatmung, mit denen man Ki im Unterbauch sammeln und stärken kann. Bei der *einfachen* Bauchatmung beispielsweise wölbt sich der Bauch mit dem Einatmen sanft vor und senkt sich beim Ausatmen. Man kann das z.B. üben, indem man sich ein Buch auf den Bauch legt und es durch Ein- und Ausatmen hebt und senkt. Dabei sollte man innerlich das Gefühl haben, beim Einatmen Ki vom Kreuz nach vorne zum Bauchnabel/Unterbauch zu schieben und beim Ausatmen Ki vom Nabel und Unterbauch leicht nach hinten zum Kreuz zu ziehen. Bei der *umgekehrten* Bauchatmung zieht man den Bauch beim Einatmen etwas ein und läßt ihn beim Ausatmen wieder los. Dies ist keine unnatürliche Bewegung, weil ja nicht Luft, sondern nur Energie in den Unterbauch fließt. Jede unnatürliche Haltung und Bewegung blockiert die Energie. Wenn der Bauch oder die Wirbelsäule z.B. eingeknickt oder abgeschnürt wird, kann das Ki nicht mehr so gut fließen. Auch jede Verspannung in Körper, Herz und Geist behindert den Fluß der Lebenskraft. Wenn man aber dafür sorgt, daß der Atem natürlich in den Bauch fließen kann, durchbricht er auf die Dauer alle Blockaden und stellt die ursprüngliche Verbindung zum Ki des Universums wieder her.

Bauchatmung ist keine Theorie, sondern eine ganz praktische Hilfe im Alltag und im ganzen Leben. Besonders unsere heutige Gesellschaft, die sehr viel mit dem Kopf arbeitet, braucht die Bauchatmung ganz nötig. Durch Kopfarbeit wird die Energie aufgeheizt und nach oben gezogen. Wenn wir nicht wissen, wie wir sie wieder zum Nabel zurückfließen lassen können, staut sie sich im Kopf und macht ihn schwer, oder sie dampft nach oben heraus und läßt ein Gefühl des Ausgebranntseins zurück. In beiden Fällen wird das Blut nicht mehr ausreichend gereinigt und erneuert. Kopf und Herz brennen, Hände, Füße und Unterleib sind kalt und schwach. Man fühlt sich gereizt, müde und lustlos und hat ständig irgendwelche Beschwerden wie Kopf- und Kreuzschmerzen, Verdauungsstörungen oder Probleme beim Wasserlassen. Wenn wir diese Warnungen nicht ernst nehmen, können sich daraus schwere Krankheiten entwickeln. Die Bauchatmung aber hilft, die heiße Energie (Feuer) wieder nach unten zu ziehen, und die kalte Energie (Wasser) nach oben steigen zu lassen (Su Sung, Hfa Gang). Sie macht die Lebenskraft wieder gleichmäßig warm, frisch und klar, so daß die psychischen und körperlichen Beschwerden verschwinden.

Auch wenn man noch keine Beschwerden hat und sich ganz wohl fühlt, braucht man die Bauchatmung als Vorsorge vor Krankheiten. Bauchatmung ist ein Lebenselixier! Sie beseitigt Energieblockaden, reinigt und stärkt den Ki- und Blutkreislauf und macht Körper, Herz und Geist klar und stabil. Sie hält jung! Man kann sie jederzeit und bei allem, was man tut, anwenden: beim Sitzen, Stehen, Gehen, Liegen, beim Essen und Schlafen, bei der Arbeit und in der Freizeit ... 24 Stunden ohne Unterbrechung. Sie gehört auch zu jeder Shinson Hapkido-Bewegung. Am besten läßt sie sich natürlich in sauberer und frischer Luft und in der Größe und Weite der Natur ausführen. Aber man kann die Bauchatmung überall üben - man muß es nur tun! Wenn man sie einige Zeit geübt hat, geht sie in Fleisch und Blut über und wird zu einer Selbstverständlichkeit.

Die Bauchatmung ist eine ganz natürliche Atmung, die man auch machen kann, wenn man von all der Theorie über Atemtechniken gar nichts versteht. Sie bedeutet, wieder so zu atmen, wie man als Kind geatmet hat. Das ist ganz leicht und wirklich nichts Besonderes.

Son Chon Ki: Die Urkraft der Natur atmen

Liebe Leserinnen und Leser, ich möchte Ihnen nun eine Atemtechnik vorstellen, mit der Sie die Wurzel der Kraft im Unterbauch sehr stark machen können: Son Chon Ki (die Urkraft der Natur atmen). Es handelt sich um eine ganz einfache Technik, die Sie in jedem Alter, zu jeder Zeit und in jeder Situation (im Stehen, Laufen, Sitzen und Liegen, bei der Arbeit und auch vor dem Schlafengehen) üben können. Mit dieser Technik können Sie sich auch eine gute Grundlage für die höheren Stufen der Ki-Atmung wie z.B. die Atmung zum Reinigen und Öffnen der Meridiane und Organe schaffen.

3. Technik: Ki pressen

- Legen Sie die rechte Hand auf den Unterbauch und die die linke Hand auf die rechte.
- Atmen Sie langsam und tief durch die Nase ein. Schicken Sie alle Kraft in den Unterbauch und wölben Sie die Bauchdecke vor, bis sich Ihr Bauch wie ein Ball anfühlt.
- Spannen Sie die Unterbauchmuskeln an und pressen Sie Hände, Bauch und Ki zusammen, so als ob Sie Saft aus einer Zitrone pressen wollten.
- Atmen Sie die Luft langsam aus und entspannen Sie sich. Spüren Sie dabei die Kraft im Unterbauch.

Bitte üben Sie jede Technik mehrmals hintereinander (wenn Sie eine gute Kondition haben, am besten 36mal). Sie können auch alle drei Techniken zu einer Einheit zusammenfassen und direkt nacheinander ausführen. Wenn Sie regelmäßig üben, bekommen Sie viel Kraft unter dem Bauchnabel und werden ausgeglichen, sicher und stabil.

Gibon Danjeon Hohupbob:
Bauchatmung in der Bewegung (Grundtechniken)

Die Bauchatmung läßt sich besonders gut mit Hilfe einfacher Bewegungen erlernen und üben, von denen ich Ihnen nun vier Grundtechniken vorstellen möchte. Mit Hilfe dieser Techniken können Sie Ihr Ki nicht nur reinigen und stärken, sondern auch intensiv vermehren.

Die Grundatemtechniken werden in dem Rhythmus 7:3:7:3 (z.B. 7:3:7:3 Sekunden oder ein Vielfaches davon) ausgeführt. Das einmalige Durchführen einer Übung dauert also mindestens 20 Sekunden. Lassen Sie sich aber nicht entmutigen, wenn Ihnen beim Üben anfangs bald der Atem ausgeht. In der heutigen Zeit leben wir oft zu hektisch und haben es verlernt, langsam und tief zu atmen. Folgen Sie zunächst ruhig Ihrem eigenen Rhythmus und versuchen Sie, Ihre Atmung nach und nach zu verlangsamen und zu vertiefen. Wenn Sie geduldig üben, können Sie die 20-Sekunden-Grenze irgendwann vielleicht sogar überschreiten und noch langsamer atmen. Dabei sollte der Grundrhythmus 7:3:7:3 jedoch beibehalten werden (z.B. 21:9:21:9 Sekunden).

Tragen Sie beim Üben dieser Techniken am besten eine lockere Kleidung, die Sie in Ihrer Bewegungsfreiheit und Atmung nicht behindert. Bitte machen Sie diese intensiven Atemübungen auch nicht mit einem zu vollen oder zu leeren Bauch. Lockern und entspannen Sie sich vor dem Üben, und atmen Sie ein paarmal tief durch.

Ausgangsstellung für alle Techniken:

- Stellen Sie die Füße etwa schulterbreit oder etwas breiter auseinander, möglichst parallel zueinander, die Zehen weisen gerade nach vorne.
- Legen Sie die Handflächen links und rechts auf die Körperseiten (auf den Bereich von Dae Maeg, Punkt 26 des Gallenblasenmeridians, etwas unterhalb der Rippen); die Finger samt Daumen sind geschlossen und weisen zum Bauchnabel.
- Halten Sie den Körper gerade wie einen Rettich, der aus der Erde gezogen wird; bleiben Sie dabei jedoch ganz entspannt, vor allem im Schulter-/Nackenbereich, und machen Sie die Brust weit auf, so daß der Atem ungehindert fließen kann. Verlagern Sie Ihren Schwerpunkt in den Unterbauch.
- Entspannen Sie auch das Gesicht: lassen Sie den Mund weich geschlossen, legen Sie die Backenzähne locker aufeinander und berühren Sie mit der Zungenspitze leicht den oberen Gaumen, kurz hinter den Schneidezähnen.
- Richten Sie den Blick ruhig auf einen Punkt geradeaus, etwas über Augenhöhe. Lassen Sie Ihre Gedanken jedoch nicht nach außen schweifen, sondern lenken Sie sie sanft nach innen. Atmen Sie ruhig ein und aus.

Ausgangsstellung

1. Technik: die Erdkugel nach vorne schieben

Einatmen (z.B. 7 Sek.):

Atmen Sie durch die Nase kurz, aber tief und kräftig ein und ziehen Sie die in der Luft enthaltene Ki-Energie langsam in den Unterbauch (dies gilt auch noch als „einatmen"). Blicken Sie während der gesamten Übung ruhig nach vorne.

Beugen Sie beim Luftholen beide Knie, so als ob Sie sich auf ein Pferd setzen oder vom Stuhl aufstehen („Reiterstellung", vgl. Kap. „Form und Haltung"). Spreizen Sie gleichzeitig beide Hände und spannen Sie sie an („Fächerhände"). Schicken Sie Ki vom Unterbauch in die Fingerspitzen, bis diese vibrieren und heiß werden. Achten Sie dabei bitte darauf, nicht die Schultern und das Gesicht zu verspannen und nicht ins Hohlkreuz zu gehen.

Schieben Sie die gespreizten und angespannten Hände von den Seiten langsam gerade nach vorne, bis die Arme gestreckt sind; heben Sie sie dann bis in Augenhöhe hoch. Stellen Sie sich vor, die Erdkugel von der Seite zu fassen, nach vorne zu schieben und bis zu Ihrem „dritten Auge" in der Stirnmitte hochzuheben.

Die Erdkugel nach vorne schieben

Ziehen Sie während dieser Bewegung Ki unter den Bauchnabel (Ki einatmen, zur Unterstützung die Unterbauchmuskeln anspannen). Schicken Sie von dort Ki in die Hände und Füße. Stellen Sie sich vor, die Erdkugel zwischen Ihren Händen mit Ki zu wärmen und aus Ihren Fingerspitzen Energie wie Sonnenstrahlen in die Welt zu senden. Lassen Sie aus Ihren Füßen Energiewurzeln in den Boden wachsen.

Ki pressen (z.B. 3 Sek.):

Wenn die Hände Augenhöhe erreicht haben, halten Sie sie einige Sekunden in dieser Position. Verdichten Sie das Ki, indem Sie es unter dem Bauchnabel stark pressen wie Saft aus einer Zitrone. Verstärken Sie die Spannung und Energie im ganzen Körper, ohne sich jedoch zu *ver*spannen. Bleiben Sie vor allem im Nacken und Rücken weiterhin unverkrampft und gerade.

Ausatmen (z.B. 7 Sek.):

Nehmen Sie die Spannung aus den Fingern und lassen Sie die Hände in den Handgelenken locker hängen; senken Sie die Arme langsam und führen Sie die Hände wieder in die Ausgangsposition zurück. Strecken Sie gleichzeitig langsam die Beine; entspannen Sie die Beinmuskeln und den ganzen Körper.

Atmen Sie die verbrauchte Luft dabei ganz aus, und zwar
> langsam,
>
> locker,
>
> ruhig,
>
> gleichmäßig,
>
> sanft,
>
> dünn,
>
> tief und
>
> lange.

Atmen Sie so aus, daß sich kein Härchen in der Nase bewegt. Stellen Sie sich vor, wie alle Unreinheiten und Krankheiten Ihren Körper verlassen. Lassen Sie das Ki aber nicht los, sondern lassen Sie es im Körper fließen und sammeln und bewahren Sie es dann im Unterbauch.

Ki vermehren (z.B. 3 Sek.):

Wenn Sie wieder in der Ausgangsstellung sind, halten Sie abermals kurz inne. Pressen Sie das Ki noch einmal leicht und verdichten Sie es in einem Punkt im Unterbauch. Dadurch wird Ihr Ki nicht nur stabilisiert, sondern sogar vermehrt. Im Laufe der Zeit spüren Sie das Ki in Ihrem Unterbauch wie einen kleinen Ball, der sich immer mehr verdichtet und einen großen Vorrat an Heilkraft birgt.

2. Technik: die Erdkugel zum Himmel heben

Einatmen (z.B. 7 Sek.):

Atmen Sie kurz und kräftig ein; nehmen Sie gleichzeitig die Reiterstellung ein und spreizen Sie die Finger zu „Fächerhänden" (vgl. 1. Technik).

Schieben Sie die gespreizten und angespannten Hände vom Körper weg schräg nach unten, wobei Sie Handteller nach oben zum Himmel wenden. Bewegen Sie die Hände so, als ob Sie eine mittelgroße, schwere Kugel hochheben wollten, die auf einem kniehohen Tisch vor Ihnen liegt. Schauen Sie auf die Kugel, halten Sie den Rücken dabei aber möglichst gerade. Sammeln Sie Ki im Unterbauch (Ki einatmen, Unterbauchmuskeln dabei anspannen).

Heben Sie die Kugel von unten an und führen Sie sie mit gestreckten (aber nicht durchgedrückten) Armen nach oben, bis über Kopfhöhe.

Die Erdkugel zum Himmel heben

Folgen Sie der Kugel mit Ihrem Blick. Stellen Sie sich vor, die Erdkugel zum Himmel zu heben. Fühlen Sie, wie die Erdenergie vom Unterbauch aufsteigt und sich in Ihren Handflächen und im Punkt zwischen den Augenbrauen (Sang Danjeon) mit der Himmelsenergie verbindet.

Ki pressen   (z.B. 3 Sek.):

Halten Sie kurz inne, um das Ki im Unterbauch zu pressen und zu verdichten.

Lassen Sie die Erdkugel dann einfach nach oben los oder werfen Sie sie mit einem leichtem Schwung über den Kopf zum Himmel (Achtung: hierbei noch nicht ausatmen). Schauen Sie dabei hoch, bewegen Sie die Hände aber nicht so weit nach hinten, daß Sie den Kopf in den Nacken legen müssen, um sie zu sehen. Strecken Sie beim Werfen bzw. Loslassen der Erdkugel die Arme, die Beine und den ganzen Körper.

Ausatmen   (z.B. 7 Sek.):

Atmen Sie langsam aus (vgl. 1. Technik), entspannen Sie sich und führen Sie die Hände dorthin zurück, von wo sie gekommen sind (Ausgangsstellung). Ziehen Sie die Energie von Himmel und Erde dabei ganz zurück in den Unterbauch. Schauen Sie wieder ruhig nach vorne.

Ki vermehren   (z.B. 3 Sek.):

Halten Sie wieder inne und vermehren Sie das Ki, indem Sie es im Unterbauch nochmals leicht pressen und in einem Punkt verdichten.

3. Technik: die Erdkugel umarmen

Einatmen   (z.B. 7 Sek.):

Atmen Sie kurz und kräftig ein; nehmen Sie gleichzeitig die Reiterstellung ein und spreizen Sie die Finger zu „Fächerhänden" (vgl. 1. Technik). Schauen Sie während der ganzen Übung ruhig nach vorne.

Breiten Sie die Arme sanft zu den Seiten aus, bis sie ganz ausgestreckt (aber nicht nach hinten durchgedrückt) sind. Wenden Sie dabei die Handteller nach vorne und öffnen Sie sie der Luftenergie. Sammeln Sie Ki im Unterbauch (Ki einatmen, Unterbauchmuskeln anspannen) und lassen Sie es von dort bis in die Fingerspitzen strahlen.

Wenn die Arme ganz geöffnet sind, drehen Sie die Handgelenke so, daß die Handrücken nach vorne und die Daumen nach unten weisen.

Führen Sie die gestreckten Arme in Brusthöhe (in Höhe des Herzzentrums) langsam vor dem Körper zusammen, bis die zueinander gerich-

Die Erdkugel umarmen

teten Handrücken etwa schulterbreit voneinander entfernt sind. Stellen Sie sich dabei vor, die Erde zu umarmen.

Ki pressen   (z.B. 3 Sek.):

Wenn die Handrücken etwa schulterbreit voneinander entfernt sind, halten Sie kurz inne und pressen Ki im Unterbauch wie Saft aus einer Zitrone.

Ausatmen   (z.B. 7 Sek.):

Entspannen Sie die Hände. Bewegen Sie die Unterarme und Hände im Kreis nach unten und dann nach vorne, so als ob Sie jemandem eine Schale darbieten wollen. Beginnen Sie mit dem Ausatmen, wenn Sie Ihre Hände nach vorne bewegen und zur Schale öffnen. Strecken Sie gleichzeitig die Beine und entspannen Sie den ganzen Körper. Führen Sie die Hände dann wieder in die Ausgangsstellung zurück. Sammeln Sie beim Ausatmen Ki im Unterbauch wie in einer Schale.

Ki vermehren   (z.B. 3 Sek.):

Halten Sie wieder inne und vermehren Sie das Ki, indem Sie es im Unterbauch nochmals leicht pressen und in einem Punkt verdichten.

4. Technik: die Erdkugel nach unten drücken

Ausgangsstellung:

Nehmen Sie die anfangs beschriebene Ausgangsstellung ein. Heben Sie dann beide Hände, ballen Sie sie locker zu Fäusten und kreuzen Sie die Handgelenke oberhalb des Kopfes (die Handrücken weisen nach hinten); schauen Sie zu den Händen (Achtung: halten Sie die Hände nicht soweit nach hinten, daß Sie den Kopf in den Nacken legen müssen, um sie zu sehen).

Einatmen   (z.B. 7 Sek.):

Atmen Sie kurz und kräftig ein; nehmen Sie gleichzeitig die Reiterstellung ein, strecken Sie die Arme und öffnen Sie die gekreuzten Hände oberhalb des Kopfes zu Fächerhänden (die Finger zum Himmel strecken, Ki vom Unterbauch bis in die Fingerspitzen schicken). Schauen Sie dabei hoch und atmen („trinken") Sie die Energie des Himmels.

Die Erdkugel nach unten drücken

Nehmen Sie die gespreizten und angespannten Hände etwas mehr als schulterbreit auseinander und ziehen Sie sie mit gestreckten Armen langsam bis in Nabelhöhe nach unten (die Handteller weisen nach unten). Stellen Sie sich vor, mit den Händen die Erdkugel nach unten zu drücken. Ziehen Sie Ki vom Himmel hinab in Ihren Körper und sammeln Sie es im Unterbauch (Unterbauchmuskeln anspannen). Senken Sie den Blick zusammen mit den Händen.

Ki pressen   (z.B. 3 Sek.)

Wenn die Hände etwa in Hüfthöhe sind, halten Sie kurz inne, um das Ki im Unterbauch zu pressen und zu verdichten.

Ausatmen   (z.B. 7 Sek.):

Atmen Sie die Luft langsam aus, während Sie das Ki im Unterbauch weiter sammeln und stabilisieren. Entspannen Sie dabei den ganzen Körper und strecken Sie die Beine. Führen Sie die Hände zurück an die Seiten und richten Sie den Blick ruhig nach vorne.

Ki vermehren   (z.B. 3 Sek.):

Halten Sie wieder inne und vermehren Sie das Ki, indem Sie es im Unterbauch nochmals leicht pressen und in einem Punkt verdichten.

Gesundheitliche Wirkung der Grundbauchatemtechniken

Wenn Sie die vier Grundbauchatemtechniken täglich üben (am besten alle vier Techniken ohne Unterbrechung viermal hintereinander), werden Sie sicher schon bald eine positive Veränderung in Körper und Geist bemerken. Die Übungen haben vor allem folgende gesundheitliche Wirkungen:

- Die tiefe Atmung reinigt das Blut und entschlackt den ganzen Körper.
- Die Durchblutung im ganzen Körper bis in die Finger- und Zehenspitzen wird aktiviert. Der Blutdruck wird normalisiert.
- Der gesamte Organismus wird durch den Wechsel von Spannung und Entspannung trainiert. Die Muskeln und Gelenke erhalten mehr Spannkraft, und die inneren Organe, besonders Herz und Lunge, werden gekräftigt.
- Das Gewicht wird auf natürliche Weise reguliert; überschüssiges Fett wird abgebaut.
- Die Lebensenergie wird gestärkt und kontrolliert; dadurch wird die Widerstandsfähigkeit gegen Krankheiten und Altersbeschwerden aller Art erhöht.
- Die Konzentrationsfähigkeit wird gestärkt, Geist und Herz werden klarer und ruhiger.
- Man entwickelt Ausgeglichenheit, Gelassenheit, Sicherheit und Standfestigkeit.
- Die Augen werden klar.
- Der Kopf wird kühl, der Unterleib wird warm (Su Sung, Hfa Gang).
- Der Körper wird gesund und kräftig, die Lebensenergie wird stabil und ausgeglichen, der Geist wird hell und klar (Chong Chung Man, Ki Chang Gon, Shin I Myong).

Dae Maeg Danjeon Hohupbob: Atemtechnik zum Öffnen des Ki-Gürtels

Die bisher beschriebenen Bauchatemübungen sind nur Grundtechniken, die Ihnen helfen sollen, Ihre natürliche Atmung wiederzufinden und Körper und Geist gesund zu machen. Die Grundbauchatmung ist nichts Besonderes: sogar Tiere machen sie. Wir Menschen aber haben die

Möglichkeit, eine wesentlich höhere Stufe der Atmung zu erlernen: die reine Energieatmung. Unabhängig von der Lungenatmung können wir eine spezielle Ki-Atmung durchführen, bei der wir mit der Kraft von Herz und Geist reine Energie atmen, z.B. durch die Handteller (Su Shim, das „Herz der Hand"), durch die Fußsohlen (Jok Shim, das „Herz des Fußes"*), durch den Scheitelpunkt mitten auf dem Kopf (Baek Ho'e, Punkt 26 auf dem Schattenmeridian), durch Bauchnabel, Kreuz und Wirbelsäule, ja durch den ganzen Körper. Als Beispiel hierfür möchte ich Ihnen die Atemtechnik zum Öffnen des Ki-Gürtels „Dae Maeg" vorstellen.

Wenn Sie mit Hilfe der Grundbauchatemtechniken gelernt haben, Ihr Ki zu sammeln, zu verdichten, zu vermehren und in bestimmte Körperteile (z.B. in die Hände) zu senden, können Sie zur nächsten Stufe übergehen und die Ki-Atmung zum Reinigen und Öffnen der Meridiane und Organe erlernen. Dies setzt jedoch voraus, daß Sie mit Ihrem Ki sehr sorgsam umgehen und es nicht einfach wieder verschwenden. Man kann das Ki sehr schnell wieder verlieren, wenn man z.B. anderen Menschen unbedingt zeigen will, wie stark man ist, oder wenn man zuviel Ki in Begierden und Übertreibungen (Sex, Alkohol etc.) fließen läßt. Nur wenn man sein Ki sorgfältig sammelt, reinigt und bewahrt, kann man es gefahrlos mit der Kraft von Herz und Geist in die Meridiane und Organe schicken. Dies ist eine große Heilkunst, die in Korea auch „Dan-Hak", die „Wissenschaft vom Anwenden der inneren Heilkraft" oder „Shinson Gong", die „Kunst, mit der Kraft des Universums zu heilen" genannt wird.

Der erste Schritt beim Erlernen dieser Heilkunst ist das Öffnen des Ki-Gürtels in Höhe des Bauchnabels. In der asiatischen Naturheilkunde wird gelehrt, daß wir nicht nur vertikale Energiekanäle wie z.B. die 14 Hauptmeridiane besitzen, sondern daß sich auch mehrere Energiebahnen wie Gürtel um unseren Körper herumwinden. Einer davon läuft - wie ein richtiger Gürtel - vorne durch den Bauchnabel (Punkt 8 auf dem Schattenmeridian) und hinten durch „Myong Mun", das „Tor des Lebens" (Punkt 4 auf dem Sonnenmeridian). An den Seiten läuft er durch den Punkt „Dae Maeg" (Punkt 26 des Gallenblasenmeridians); der ganze Gürtel heißt aber auch „Dae Maeg". Wenn man diesen Ki-Gürtel mit allen darauf befindlichen Energiepunkten öffnet, wird der ganze Hüftbereich frei. Viele körperliche, psychische und geistige Krankheiten, die mit einer Energieblockade im Bereich des Bauchnabels und der Hüften zusammenhängen,

---

* *In der Mitte der Handteller und unterhalb der Fußballen (Yong Chon, Punkt 1 auf dem Nierenmeridian) gibt es zusätzliche Energiezentren (Danjeon), durch die man Ki einatmen und aussenden kann.*

kann man auf diese Weise wirksam behandeln. Durch das „Tor des Lebens" kann man auch zusätzlich Ki in den Körper senden und seine Heilkraft weiter stabilisieren und stärken.

Es gibt verschiedene Techniken zum Öffnen des Ki-Gürtels, von denen ich Ihnen zwei erklären möchte. Bei diesen Techniken handelt es sich um eine reine Ki-Atmung, die zusätzlich zu der Lungenatmung durchgeführt wird. Atmen Sie ganz natürlich in Lunge und Bauch, aber konzentrieren Sie sich nicht besonders darauf. Richten Sie Ihre ganze Aufmerksamkeit vielmehr auf den Ki-Gürtel und atmen Sie Ki durch das „Tor des Lebens" (Myong Mun, Punkt auf der Wirbelsäule genau gegenüber dem Bauchnabel).

Einfacher Ki-Gürtel

- Atmen Sie durch Myong Mun ein und ziehen Sie das Ki nach vorne zum Bauchnabel.
- Ziehen Sie das Ki nach rechts einmal um den Körper herum, d.h. vom Bauchnabel zum Punkt Dae Maeg auf der rechten Körperseite, von dort weiter zu Myong Mun, dann zum Punkt Dae Maeg auf der linken Körperseite und von dort zurück zum Bauchnabel.
- Ziehen Sie das Ki vom Bauchnabel wieder nach hinten zu Myong Mun. Atmen Sie dann langsam aus.

Anderthalbfacher Ki-Gürtel

- Atmen Sie durch Myong Mun ein und ziehen Sie das Ki nach vorne zum Bauchnabel.
- Ziehen Sie das Ki nach rechts zu Dae Maeg, von dort zu Myong Mun, dann nach links zu Dae Maeg und zurück zum Bauchnabel.
- Ziehen Sie das Ki dann wieder nach rechts zu Dae Maeg und von dort zu Myong Mun. Atmen Sie dann langsam aus.

Das Üben der Energieatemtechniken kann in Ihrem Körper mitunter starke Reaktionen auslösen. Sie beginnen vielleicht zu zittern, unter dem Bauchnabel entsteht eine starke Hitze, oder Ihr Körper führt unwillkürliche Bewegungen aus („Ki-Tanzen"). Liebe Leserinnen und Leser, erschrecken Sie bitte nicht darüber: dies sind nur Anzeichen dafür, daß sich das Ki in Ihrem Körper stark bewegt. Manchmal tauchen auch alte

Beschwerden wieder auf, oder chronische Schmerzen werden stärker. Machen Sie sich deshalb keine Sorgen. Wenn Sie sich dem Ki des Universums öffnen, entsteht ein großer Druck, der Ihre inneren Mauern sprengen kann. Dies geschieht leider nicht immer ohne Schmerzen. Aber es gibt keine echte Heilung ohne Schmerzen. Die Ki-Atmung löst alle Blockaden, die Sie innerlich aufgebaut haben, und bringt Ihren Organen und Ihrem Geist Heilung.

Das Ki-Training kann jedem Menschen helfen. Ob man es nun mehr sportlich, künstlerisch, medizinisch oder religiös betreibt, es öffnet in jedem Fall das Tor zum Ki des Universums. Auch körperbehinderte Menschen können ihr Ki trainieren, indem sie die körperlichen Bewegungen und Techniken im Rahmen ihrer Möglichkeiten ausführen und sich vor allem innerlich bewegen. Ich hoffe, Ihnen irgendwann noch mehr davon erzählen zu können. Wenn Sie bei Ihrem Ki-Training sehr starke Reaktionen verspüren, möchte ich Ihnen raten, ein Tagebuch darüber zu führen. Wenn Sie es wünschen, können Sie mir auch schreiben. Ich werde dann versuchen, Sie weiter zu unterstützen. Ihre Erfahrungen können vielleicht auch noch anderen Menschen helfen.

Ki-Do-In Bop: Der Weg zu einem natürlichen Körper mit Ki

Heutzutage machen wir uns oft große Sorgen um unsere Gesundheit. Unter Gesundheit versteht man in unserer Gesellschaft aber meistens nicht die Harmonie von Körper und Geist und den Einklang mit der Natur, sondern nur die Leistungsfähigkeit eines Menschen. Wir möchten immer noch besser, stärker und schöner werden als andere. Unser Geist ist von dieser Gier gefangengenommen worden. Wir leben nicht frei und natürlich, sondern in ständiger unterschwelliger Angst vor dem Versagen und vor dem Verlust der Leistungsfähigkeit.

Die Industrie profitiert von dieser Sorge. Sie produziert und verkauft immer mehr Medikamente, die alle Beschwerden „sofort abschalten". Sie entwickelt immer neue Lebensmittel und Diäten, die Gesundheit, Jugend, Kraft und Schönheit versprechen. Die Regale der Apotheken, Drogerien und Lebensmittelgeschäfte sind voll davon. Ich stehe manchmal ganz verwirrt vor so einer großen Auswahl und weiß nicht mehr, was ich essen soll. Es gibt auch so viele Bücher über die Gesundheit, daß man nicht mehr weiß, was man lesen und glauben soll. Es gibt so viele Gesundheitslehren, daß man nicht mehr weiß, welchem Weg man folgen soll. Auch im Sport ist dieser Gesundheitsboom zu beobachten.

Natürlich ist das große Interesse an der Gesundheit eigentlich ein gutes Zeichen. Aber leider haben die meisten Mittel und Techniken, die zur Erhaltung der Gesundheit entwickelt werden, unsere Lebensqualität nicht unbedingt verbessert. Vielleicht macht uns das große Angebot sogar noch kränker. Aus dem Zweifel, welche Nahrung, welche Lehre oder welche Bewegung wohl die Beste ist, wird eine neue Sorge geboren, die uns schwächt und krank macht.

Obwohl wir soviel für unsere Gesundheit tun, leben wir nicht gesünder als früher. Im Gegenteil: es gibt immer mehr Zivilisations- und Streßkrankheiten wie z.B. Bluthochdruck, Diabetes, Herzinfarkt etc. Und mit all unserem Wissen und unseren Techniken können wir unsere Leiden nicht in den Griff bekommen. Was ist der Grund dafür? Ich denke, die meisten Krankheiten unserer Zeit sind Folgen des Materialismus. Chronische Krankheiten wie Bluthochdruck und Diabetes entstehen durch zuviel materiellen Konsum. Streßkrankheiten wie Herzinfarkt entstehen dadurch, daß man zu sehr an materiellen Dingen (Arbeit, Geld, Position etc.) hängt. Wir arbeiten nur noch, um unseren Materialismus zu befriedigen und unsere Konkurrenz auszuschalten. Wir haben keine Zeit mehr, um tief zu atmen und das Leben wirklich zu genießen. Angst und Streß werden immer stärker und machen uns körperlich und geistig krank.

Die größte Krankheit unserer Zeit ist die Depression. Die meisten Menschen in unserer Gesellschaft haben ihre Hoffnungen und Träume verloren und wissen nicht mehr, wohin sie im Leben gehen sollen. Ihr Herz ist trocken geworden. Sie leben nur noch für materielle Dinge, ohne Glauben an höhere Ziele. Ein Leben ohne Hoffnung, Glauben und Liebe aber ist anstrengend und ermüdend. Viele Menschen leiden daher an körperlicher und geistig/seelischer Erschöpfung und daraus resultierenden Krankheiten wie Streß, Aggressionen, Depressionen, Immunschwäche und Zivilisationsbeschwerden. Die Welt ist ein Krankenhaus geworden!

Die meisten Krankheiten kommen aus dem Herzen. Um sie zu heilen, müssen wir das Herz heilen. Die Krankheiten des Materialismus kann man nicht mit materiellen Mitteln und Methoden heilen. Mit Medikamenten und Techniken kann man zwar Symptome beseitigen, aber nicht die Ursache, die in Herz und Geist liegt. All die Tabletten und Techniken verstärken vielleicht sogar noch unsere materielle Abhängigkeit und machen unsere Krankheiten damit noch schlimmer. Sie sind wie ein Wind, von dem die Flammen des Materialismus, die Herz und Geist verzehren, zwar vorübergehend niedergedrückt werden, aber nur, um anschließend noch höher zu schlagen.

Wenn der Materialismus oben steht, Herz und Geist aber mit Füßen getreten werden, ist unser Leben auf den Kopf gestellt: wir leben nicht wie Menschen, sondern wie Tiere. Der Mensch ist so aufgebaut, daß Kopf und Geist oben sind und zum Himmel streben. Sein Herz und seine Arme sind frei, um die Welt zu umarmen, und mit seinen Füßen kann er auf der Erde tanzen. So sollen wir leben.

Um gesund zu werden, müssen wir wieder lernen, unseren Körper und unser Ki mit Herz und Geist zu bewegen und zu heilen anstatt Herz und Geist mit Körper und Kraft beeinflussen zu wollen. In anderen Worten: wir müssen unsere Menschlichkeit wiederfinden. Das Herz kann nur durch Liebe und Menschlichkeit geheilt werden. Gute Medikamente, Bücher, Gesundheitslehren, Sport und Kunst können dabei helfen, aber nur, wenn sie mit Liebe und Menschlichkeit angewandt werden. Wenn wir Menschlichkeit haben, können wir mit allen Dingen gut umgehen. All unsere Erschöpfung, Resignation, Aggressivität und Depression verschwindet, wenn wir unser Herz heilen und unsere Menschlichkeit wiederfinden. Wenn Herz und Geist wieder oben stehen und atmen können, wird meistens auch unser Körper wieder gesund und findet zu seiner natürlichen Form zurück. Auf jeden Fall aber verschwindet unsere unterschwellige Angst vor Krankheit, Alter und Tod, und wir können das Leben wieder genießen.

Im Shinson Hapkido gibt es viele körperliche Techniken, die uns helfen können, unsere Gesundheit und Lebensfreude wiederzufinden und aufzubauen. Dennoch betrachte ich Shinson Hapkido nicht als Sport, denn die körperliche Bewegung und Leistung ist weder die Grundlage noch das Ziel des Trainings. Die Grundlage und das Ziel von Shinson Hapkido ist die Klarheit des Geistes und die Liebe des Herzens, d.h. die Menschlichkeit. Im Shinson Hapkido wird gelehrt, Körper und Ki mit Herz und Geist zu bewegen statt umgekehrt. Wenn Herz und Geist wieder oben stehen, verliert unser Körper all seine Schwere, und wir können mit Ki tanzen. Dann wird jede Bewegung zu einer Kunst des Lebens und Heilens.

> **Wohin der Geist (Shin) sich richtet, dorthin fließt Ki, wo Ki fließt, sammelt sich Kraft (Chong).**

Ein Werkzeug zum Erlernen dieser Lebens- und Heilkunst ist Ki-Do-In Bop*, das ganzheitliche Gymnastik- und Massageprogramm von Shinson Hapkido. Ki-Do-In Bop ist ein Training von Körper (Chong), Atmung (Ki) *und* Herz und Geist (Shin). Wenn man Ki-Do-In Bop nur mit dem Körper ausführt, ist es nicht mehr als ein Sport. Nur wenn man beim Üben tief atmet und seine Aufmerksamkeit nicht allein nach außen, sondern auch nach innen richtet, um auf die Stimme des Herzens (Bonjil) zu hören, werden diese Techniken zu Werkzeugen des Lebens und der Gesundheit.

Ki-Do-In Bop ist so aufgebaut, daß von Kopf bis Fuß jeder Körperteil natürlich bewegt, gelockert und gestärkt wird. Man kann Ki-Do-In Bop langsam und meditativ (z.B. mit Massage- und Yoga-Elementen) als Heilgymnastik für ältere Menschen und für alle, die sich langsamer bewegen wollen, gestalten. Es eignet sich aber auch als Konditionstraining und als Aufwärm-, Lockerungs- und Dehnungsgymnastik zur Vorbereitung auf die Selbstverteidigungstechniken.

* *Do-In = auf den Weg bringen, Bop = Technik, Kunst*

Die heilsame Wirkung von Ki-Do-In Bop beruht nicht auf den Bewegungstechniken, sondern auf der Verbindung von Körper-, Geist- und Energiearbeit. Ki-Do-In Bop unterscheidet sich von den meisten anderen Bewegungstrainings insbesondere durch die Bauch- und Energieatemtechniken sowie durch spezielle Übungen zur bewußten Aktivierung und Kontrolle der inneren Heilkraft. Durch gefühlvolles An- und Entspannen des Körpers, verbunden mit dem richtigen Rhythmus von Ein- und Ausatmung, wird die Lebensenergie wieder in Schwung gebracht. Dies wird von der Akupressur- und Massagewirkung vieler Übungen noch unterstützt. Verspannungen, Fehlhaltungen und Energieblockaden werden auf diese Weise erfühlt und abgebaut, und die Beweglichkeit wird - mit Rücksicht auf die körperlichen Eigenschaften jedes einzelnen - langsam gesteigert. Durch die Verbindung von innerer Aufmerksamkeit (Son), Bauchatmung und natürlicher Bewegung wird Ki-Do-In Bop zu einem Jungbrunnen für Körper und Geist. Es wird auch „Hwal-In Do-In Bop" genannt: die Kunst, den Menschen zu heilen, indem man ihn auf seinen natürlichen Weg bringt.

Durch Ki-Do-In Bop werden alle Bewegungen leicht und weich. Manche Menschen denken, solche weichen und fließenden Bewegungen könnten keine große Wirkung haben. Aber fließendes Wasser hat eine große Kraft. Langsame und sanfte Bewegungen sind meistens sogar besser für die Gesundheit als ein hartes Kraft- und Muskeltraining. Sie helfen, den inneren Panzer aufzuweichen anstatt ihn nur noch dicker und fester zu machen. Herz und Geist können wieder atmen, man bekommt wieder ein gutes Gefühl für den Körper und die inneren Vorgänge und findet zu seiner natürlichen Form zurück.

Ki-Do-In Bop hat eine fast 5000-jährige Tradition in Korea. Diese Bewegungs- und Massagekunst wurde von vielen großen Meistern und Heilern praktiziert und immer weiterentwickelt. Einer der bekanntesten war Toi Gye, der von 1501 - 1570 n. Chr. lebte. Toi Gye war ein bedeutender Gelehrter auf dem Gebiet der Geschichte, Kultur und Philosophie Koreas, ein großer Ki-Meister und ein berühmter Lehrer des Konfuzianismus. Aus seinem Buch „Hwal-In Shim Bang" (Heilung durch die Kraft des Herzens) möchte ich Ihnen nun ein paar einfache Ki-Do-In-Techniken vorstellen.

Liebe Leserinnen und Leser, die nachfolgend beschriebenen Techniken stammen aus dem Massageprogramm von Ki-Do-In Bop. Sie können sie zu jeder Zeit und an jedem Ort leicht üben, z.B. auch im Liegen frühmorgens vor dem Aufstehen oder bei der Arbeit. Durch das Massieren der

Meridiane und Energiepunkte wird Ihre natürliche Heilkraft (Ki) aktiviert, so daß Sie wach, frisch und gesund werden. Ki-Do-In Bop hilft, den Körper zu entspannen und zu stärken, den Atem zu vertiefen und Herz und Geist ruhig und klar zu machen. Solche Übungen kann man in jedem Alter gut brauchen; besonders wertvoll aber sind sie für ältere und schwächere Menschen.

Ki-Do-In Bop soll Ihnen helfen, sich zu entspannen, zu heilen und zu stärken, und darf nicht wieder in Belastung und Streß ausarten. Bitte passen Sie daher alle Übungen Ihren Möglichkeiten an. Der Grundrhythmus jeder Bewegung ist 36mal*, aber das ist keine Vorschrift. Teilen Sie sich Ihre Zeit gut ein und machen Sie so viel, wie Sie können. Schon wenn Sie sich 1-2 Techniken aussuchen, die für Sie gut geeignet sind, und diese regelmäßig üben, können Sie sich innerlich und äußerlich entspannen und heilen. Nehmen Sie sich in Ihrem hektischen Alltag und bei der anstrengenden Arbeit zwischendurch immer wieder mal fünf Minuten Zeit, um tief zu atmen, Herz und Geist zu entspannen und den Körper zu entlasten. Schon mit wenigen Ki-Do-In-Übungen können Sie sich schnell wieder in Ihre natürliche Form bringen.

* *Diese Zahl entspricht der Einteilung des Himmelskreises in 36 Längengrade.*

Ki-Massage

Hände

In der asiatischen Naturheilkunde heißt es, daß jedes Organ des Körpers einem bestimmten Bereich an den Händen und Füßen des Menschen entspricht. Der Daumen beeinflußt nach dieser Lehre z.B. die Lunge, der Zeigefinger den Dickdarm, der Mittelfinger den Herzbeutel, der Ringfinger den gesamten Organismus (Drei-Erwärmer-Meridian) und der kleine Finger Herz und Dünndarm. Durch das Bewegen und Massieren der Hände und Füße stärkt man daher nicht nur die Extremitäten, sondern kräftigt auch die inneren Organe und Funktionen.

Wenn Sie sich im Alltag öfter einmal eine kurze Entspannung gönnen, tief durchatmen und sich an und mit den Händen etwas massieren, können Sie Müdigkeit und Erschöpfung auf einfache Weise vermeiden oder vertreiben und Ihre natürliche Heilkraft aktivieren. Eine Massage mit kalten und verkrampften Händen ist aber nicht so angenehm. Deshalb sollten Sie die Hände vorher gut ausschütteln und reiben, drücken, klopfen und kneten, bis sie warm werden. Diese Vorbereitungsmassage hilft, Energieblockaden in den Händen zu lösen und den Energie- und Blutkreislauf im ganzen Körper in Schwung zu bringen. Mit entspannten und warmen Händen kann man gut massieren - sich selbst ebenso wie andere Menschen.

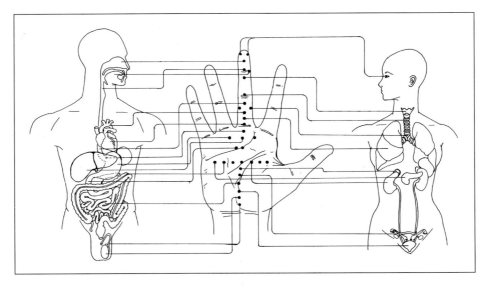

Beschreibung:

- Schütteln Sie beide Hände locker aus dem Handgelenk (nach oben und unten, nach rechts und links).
- Reiben Sie beide Hände an- und umeinander wie beim Händewaschen; drücken und massieren Sie die Hände bis zu den Fingerspitzen, besonders deren Seiten (neben den Fingernägeln, wo viele Meridiane beginnen oder enden, z.B. die Meridiane von Herz, Dünndarm, Drei-Erwärmer, Lunge und Dickdarm).
- Reiben Sie die Handflächen aneinander, bis sie ganz heiß werden und sich wie aufgeladen anfühlen. In den Händen kann man auf diese Weise viel Ki sammeln und zur eigenen Heilung oder zur Behandlung anderer benutzen. Mit warmem Ki aufgeladene Hände sind heilende Hände.

Wirkung:

- bessere Durchblutung der Hände;
- Aktivierung des Energie- und Blutkreislaufs im ganzen Körper;
- Stärkung der inneren Organe.

Kopf

Beschreibung:

- Massieren Sie die Kopfhaut, indem Sie mit allen zehn Fingerspitzen gleichzeitig den Kopf von der Stirn bis zum Hinterhaupt fest drücken oder leicht abklopfen; mitten über den Kopf läuft der Sonnenmeridian mit seinem Scheitelpunkt „Baek Ho'e" (LG 20, wichtiger Energiepunkt zur Harmonisierung des gesamten Organismus); seitlich am Kopf verlaufen die Meridiane von Blase und Gallenblase.

Wirkung:

- Kontrolle des Blutdrucks, besonders bei Bluthochdruck;
- Verbesserung der Gehirnfunktion, klarer Kopf;
- gegen Müdigkeit, Kopfschmerzen, Schwindel, Lähmungen und das Gefühl, daß das Gehirn „schwimmt";
- bessere Durchblutung der Kopfhaut, dadurch Vorsorge vor Haarausfall;
- Vorbeugung und Behandlung von Sehschwäche;
- gegen Erkältung.

Nacken und Schultern

Beschreibung:

- Massieren, kneten und klopfen Sie den gesamten Nacken- und Schulterbereich mit den Händen und Fingern.

Wirkung:

- Lockerung und Entspannung der gesamten Nacken- und Schultermuskulatur. Im Schulter-/Nacken-/Kopfbereich sitzen oft starke Verspannungen, die den Blutdruck, die Nerven und das Denkvermögen beeinträchtigen. Wenn man diese Blockaden löst, können Blut und Energie wieder zirkulieren, und die Nerven und das Gedächtnis werden wieder stärker.
- gegen Schlaflosigkeit;
- gegen Kopfschmerzen und Schwindelgefühl;
- gegen Hysterie und Depressionen.

Augen

Die Augen sind die Fenster der Seele. Wenn Herz und Geist klar und hell sind, leuchten die Augen und strahlen Gesundheit und Schönheit aus.

Beschreibung:

- Schließen Sie sanft beide Augen.
- Streichen Sie mit den Zeige- oder Mittelfingerkuppen vorsichtig kreisend oder nach links und rechts über die Lider (ohne Druck); oder berühren Sie die Lider nur leicht und kreisen Sie ca. 5-6mal mit den Augäpfeln in beide Richtungen.
- Reiben Sie beide Hände, bis sie warm werden, und streichen Sie mit den warmen Handtellern ganz leicht über die geschlossenen Augen oder legen Sie sie nur sanft darauf.
- Drücken Sie mit Daumen und Zeigefinger einer Hand auf den Energiepunkt „Chong Myong" (B1, Anfangspunkt des Blasenmeridians links und rechts neben der Nasenwurzel, an den Augeninnenseiten) und massieren Sie ihn leicht.
- Öffnen Sie die Augen langsam wieder.

Diese Augenmassage können Sie mehrmals täglich anwenden. Bei der Arbeit (besonders beim Lesen und am Bildschirm) schützen und stärken Sie Ihre Augen auf natürliche Weise, wenn Sie sie zwischendurch immer wieder einmal entspannen und etwas massieren.

Wirkung:

- gegen müde Augen, Sehschwäche und andere Augenbeschwerden;
- Vorsorge vor Alterserscheinungen wie z.B. Fältchen in den Augenwinkeln.

Gesicht und Hals

Beschreibung:

- Massieren Sie Ihre Hände, bis sie ganz heiß sind, und streichen Sie dann mit den Händen 3-5mal über das Gesicht (wie beim Gesichtwaschen); dadurch werden Falten geglättet, und Ihr Gesicht bekommt eine klare Ausstrahlung.
- Streichen Sie mit Zeige-, Mittel- und Ringfinger von der Stirnmitte zu den Schläfen, zum Ohransatz und dann bis zum Hals herunter (über die Schilddrüsen bis neben den Kehlkopf).

Wirkung:

Bei dieser Übung kann sich im Mund viel Speichel ansammeln. Spucken Sie ihn aber nicht aus, sondern kosten Sie ihn einmal bewußt und schlucken Sie ihn dann tief herunter.

Speichel ist sehr wichtig für die Gesunderhaltung von Mund, Hals und Magen. Er hat eine desinfizierende und verdauungsfördernde Wirkung. In der asiatischen Naturheilkunde sagt man: „Speichel ist eine bessere Medizin als Insam (Ginseng)". Wenn der Speichel unrein und mit Schleim vermischt ist, sollte man ihn natürlich ausspucken. Manchmal sehe ich aber, daß Menschen ihren gesunden Speichel auf die Straße spucken. Sie wissen nicht, was für einen Schatz sie da so gedankenlos wegwerfen. Alte Menschen produzieren oft zu wenig Speichel. Wenn das Ki trocken wird, wird auch der Mund und die Haut trocken. Die Speichelbildung anzuregen bedeutet, den Ki-Fluß zu aktivieren. Wenn der Speichel voller Ki ist, schmeckt er manchmal süß wie Nektar oder kribbelt etwas, als ob er mit Strom aufgeladen wäre.

Beim Herunterschlucken sollte man das Gefühl haben, daß der Speichel direkt in den Magen rutscht und nicht im Halse steckenbleibt. Dies erfordert etwas Übung. Wenn man das Speichelbilden und -herunterschlucken aber gut trainiert, kann man leichter leben und bekommt einen gesunden Glanz im Gesicht.

- Vorbeugung und Behandlung von Angina;
- gegen Kopfschmerzen;
- Verbesserung der Hautfunktion (gegen Trockenheit und Falten);
- leichtere Verdauung.

Zahnfleisch

Beschreibung:

- Massieren Sie bei geschlossenem Mund den Ober- und Unterkiefer, indem Sie ihn mit den Fingerspitzen drücken und abklopfen; in diesem Bereich gibt es zwei wichtige Energiepunkte: den Endpunkt des Sonnenmeridians oberhalb der Oberlippe (LG 28) und den Endpunkt des Schattenmeridians unterhalb der Unterlippe (KG 24). Auch diese Übung regt die Speichelproduktion an. Kosten Sie das wertvolle Naß und schlucken Sie es tief herunter.
- Fahren Sie mit der Zunge durch den gesamten Mundbereich (den Mund „waschen"); sammeln Sie dann intensiv Speichel im Mund, kosten Sie seinen süßen Geschmack und schlucken Sie ihn tief hinunter; spüren Sie, wie er bis in den Magen fließt.

Wirkung:

- Gesunderhaltung und Stärkung der Zähne und des Zahnfleisches;
- Unterstützung der Verdauung.

Ohren

Die Ohren werden in der asiatischen Naturheilkunde als Spiegelbild des gesamten Menschen betrachtet (wie ein mit dem Kopf nach unten gerichteter Embryo). Jedes Organ und jede Funktion des Körpers entspricht einem bestimmten Bereich der Ohren (vor allem der Ohrmuscheln und Ohrläppchen). Außerdem enthält das Ohr eine Vielzahl von Akupressurpunkten, mit denen man die verschiedensten körperlichen und geistigen Beschwerden behandeln kann. Durch die Massage der Ohren kann man daher auf den gesamten Organismus einwirken, um Gesundheit und Wohlbefinden zu fördern.

Beschreibung:

- Kneten, reiben und massieren Sie die ganze Ohrmuschel einschließlich der Ohrläppchen.
- Verschließen Sie das Ohr, z.B. indem Sie mit einem Finger auf den Knorpel vor dem Gehörgang drücken. Pressen Sie ihn etwas, so daß das Gefühl eines Vakuums entsteht, und lauschen Sie nach innen. Lassen Sie ihn dann nach ca. 2-3 Sekunden plötzlich los, so daß Sie ein „Plopp" hören.

Wirkung:

- Verbesserung der Hörfähigkeit und des Gleichgewichtssinns, Vorbeugung und Behandlung von Hörstörungen; gegen Ohrengeräusche;

- Schutz vor Vereiterung der Ohren;
- Stärkung der Lebenskraft und Aktivierung des gesamten Organismus.

Nase

Beschreibung:

- Massieren Sie mit beiden Zeigefingern den Bereich neben den Nasenflügeln und reiben Sie entlang der Linie zwischen Nase und Mundwinkeln auf und ab; dort befindet sich der Endpunkt des Dickdarmmeridians (Di 20).

Wirkung:

- Durch regelmäßige Massagen kann eine chronische leichte Nasennebenhöhlenentzündung in ca. 2-3 Monaten geheilt werden.
- Vorbeugung und Behandlung von Erkältungen (auch Husten), gegen Nasenverstopfung und Taubheitsgefühl im Gesicht;
- Verbesserung der Gehirnfunktion, klarer Kopf.

Arme

Beschreibung:

- Heben Sie einen Arm leicht an und massieren Sie ihn, indem Sie ihn von den Fingerspitzen bis zur Schulter bzw. Achsel (Ober- und Unterseite) leicht abklopfen, drücken, kneten und reiben. Massieren Sie dann den anderen Arm ebenso. In den Armen verlaufen die Meridiane von Herz, Herzbeutel, Lunge, Drei-Erwärmer und Dünndarm.

Wirkung:

- Kräftigung von Herz und Lunge;
- Lockerung der Armmuskulatur, Beseitigung von Energieblockaden („Knoten") und Schmerzen im Arm;
- Spannkraft und Geschmeidigkeit der Haut.

Hüften und Kreuz

Beschreibung:

- Reiben Sie die Hände, bis die Handflächen ganz heiß sind. Legen Sie dann beide Hände rechts und links neben die Wirbelsäule ins Kreuz (Lendenwirbelsäule, im Bereich der Nieren und Nebennieren) und reiben nach oben und unten oder drücken, kneten und massieren Sie diesen Bereich mit etwas Kraft. Im Kreuz gibt es viele wichtige Energiepunkte, vor allem vom Blasen- und Gallenblasenmeridian. Diese Übung können Sie im Stehen, Sitzen und Liegen ausführen; besonders wirkungsvoll ist sie, wenn man das Kreuz dabei durch Wärme entspannt (z.B. in der Badewanne).

Wirkung:

- gegen Hüft- und Kreuzschmerzen;
- Stärkung der Ausscheidungsfunktionen, vor allem auch der Nierenarbeit;
- Stärkung der Yang-Energie.

Beine

Beschreibung:

- Massieren Sie abwechselnd beide Beine, indem Sie sie von der Fußspitze bis zum Kreuz mit den Händen und Fingern leicht klopfen, drücken und reiben. Auf diese Weise werden die in den Beinen verlaufenden Meridiane von Magen, Milz, Nieren, Blase, Gallenblase und Leber angeregt.
- Reiben und drücken Sie mit einem Fuß die Wade und das Schienbein des anderen Beines, besonders den Punkt „Jok Sam-Ri" (wirkungsvoller Energiepunkt auf dem Magenmeridian (Ma 36) an der Außenseite des Schienbeins, etwas unterhalb des Knies). Diese Übung können Sie auch gut im Sitzen machen.

Wirkung:

- Verbesserung der Energie und Blutzirkulation;
- Entlastung und Entspannung der Beine und des Kreuzes;
- Ausgleich bei zu starker Belastung von Kopf und Oberkörper, Linderung von Kopfschmerzen;
- Unterstützung des Magens und der Verdauung;
- Verbesserung der Hautfunktion; die Haut wird geschmeidig und elastisch.

Knie

Beschreibung:

- Reiben Sie Ihre Hände, bis die Handteller ganz heiß sind. Legen Sie die Hände dann wie eine schützenden Kappe auf die Kniescheiben: die Handtellermitte direkt auf die Kniescheibenmitte. Fühlen Sie, wie heilende Wärme aus den Händen in die Knie strömt; beginnen Sie dann, die Knie durch sanft kreisende Bewegungen mit den Handtellern zu massieren. Diese Übung können Sie zwischendurch immer wieder machen, z.B. wenn sie mit Freunden zusammensitzen und sich etwas erzählen.

Wirkung:

Unsere Knie leisten Schwerstarbeit und müssen oft unter falschen und übermäßigen Belastungen leiden. Die Folgen sind Schmerzen und Verschleißerscheinungen, die unsere Beweglichkeit z.T. stark einschränken. Im Knie sammelt sich oft schweres und unsauberes Ki an. Auch die Angst konzentriert sich gern in den Knien und stört deren natürliche Beweglichkeit und Stabilität, so daß wir „weiche Knie" bekommen. Durch die Massage der Kniescheibe kann man das Ki reinigen und stärken und Beschwerden in den Knien und Beinen bis zum Kreuz vorbeugen oder abbauen.

- Vorbeugung und Behandlung von Kniebeschwerden;
- gegen Nervenschmerzen in den Beinen;
- Vorbeugung und Behandlung von Knieschwäche und daraus entstehenden Haltungsschäden (Becken-, Kreuzschmerzen etc.)

Füße

Die Füße sind, wie die Hände und Ohren, ein Spiegelbild des ganzen Menschen mit allen Organen und Funktionen. In der asiatischen Naturheilkunde wird z.B. jedem Zeh ein bestimmtes Organ zugeordnet: der große Zeh beeinflußt vor allem die Leber, der zweite und dritte Zeh den Magen, der der vierte Zeh die Gallenblase und der kleine Zeh die Blase. Eine Fußmassage ist eine Wohltat für den ganzen Körper und bringt auch dem Geist Entspannung und Erfrischung.

Beschreibung:

- Schütteln und lockern Sie abwechselnd beide Füße mit oder ohne Hilfe der Hände.
- Reiben und drücken Sie abwechselnd beide Füße mit den Händen oder mit dem jeweils anderen Fuß. Massieren Sie auch die Zehen, besonders neben den Fußnägeln.
- Drücken und massieren Sie abwechselnd beide Füße mit den Daumen und Fingern. Wenn Sie an der Fußsohle schmerzende Stellen entdecken, drücken und massieren Sie diese so lange, bis die Schmerzen verschwinden. Störungen in den Organen und Funktionen des Menschen äußern sich oft durch eine besondere Empfindlichkeit an den Füßen und können durch eine Stimulation der Schmerzstellen positiv beeinflußt werden. Dies ist u.a. auch das Prinzip der Fußreflexzonentherapie.
- Drücken und massieren Sie den Anfangspunkt des Nierenmeridians „Yong Chon" in der Vertiefung unterhalb des Ballens vom mittleren Zeh im ersten Drittel der Fußsohle (N1). Yong Chon ist ein Hauptpunkt der Lebensenergie (Ki). Sein Name bedeutet etwa „Quelle, aus der das Wasser des Lebens emporschießt wie ein Drache in den Himmel". Dieser Punkt wurde in alter Zeit häufig bei Ki-Do-In-Übungen benutzt. Manche Menschen legten sich früher sogar kleine Steinchen an diese Stelle in ihre Schuhe, um ihr Ki zu aktivieren und zu stärken.

Wirkung:

- Verbesserung des Energie- und Blutkreislaufs in den Füßen;
- gegen kalte Füße und daraus resultierende Einschlafstörungen (worunter besonders Frauen häufig leiden). Wenn Sie im Bett liegen und nicht einschlafen können, massieren Sie mit den Händen oder durch Aneinanderreiben der Füße den Punkt „Yong Chon", bis die Füße warm werden und sich vom Unterbauch aus ein Wärme- und Entspannungsgefühl wohltuend im ganzen Körper ausbreitet. Dann können Sie bald einschlafen und werden am nächsten Morgen mit frischem Mut wieder aufwachen.
- gegen Hysterie und Depressionen;
- gegen Epilepsieanfälle;
- beruhigende Wirkung auf Herz und Geist; Vorsorge vor Herzerkrankungen;
- gegen Schock und Krämpfe, besonders auch bei Kindern;
- Stärkung der Lebenskraft, Abhilfe bei Müdigkeit und Erschöpfung;
- Stärkung der Nieren und der Ausscheidungsfunktionen im allgemeinen;
- gegen Knieschmerzen.

Brust und Bauch

Beschreibung:

- Streichen, reiben oder klopfen Sie mit dem rechten Handteller von der rechten Brustseite nach unten, über den Magen und Bauch bis zu den Rippen auf der linken Seite, dann mit dem linken Handteller in die umgekehrte Richtung.

Wirkung:

- Stärkung von Herz, Lunge und Magen;
- Stärkung der Widerstandskraft, besonders nach Erkrankungen der inneren Organe.

Unterbauch-Massage mit Atemtechnik

Jedes Training, ob körperlich oder geistig, hat eine viel tiefergehende und heilsamere Wirkung, wenn es mit Atemtechniken (z.B. Bauchatmung) verbunden wird. Auch die bisher beschriebenen Massagetechniken wirken viel besser, wenn Sie sich beim Ausführen entspannen, Ihre Aufmerksamkeit still nach innen richten und in den Bauch atmen. Abschließend möchte ich Ihnen noch eine besondere Übung vorstellen, die Massage und

Atemtechnik gezielt verbindet und mit der man sein Ki unglaublich stark machen kann.

Beschreibung:

- Atmen Sie durch die Nase tief ein. Die Einatmung sollte tief, aber fein erfolgen (mit der „Nasenspitze atmen"; in Korea sagt man: „In der Nasenspitze ist ein großes Geheimnis verborgen").
- Konzentrieren Sie sich beim Einatmen auf den Unterbauch (Hah-Danjeon) und ziehen Sie die Energie (Ki) bis dorthin (Bauchatmung). Spannen Sie die Unterbauchmuskeln dabei an und wölben Sie den Unterbauch wie eine Kugel vor.
- Wenn Sie Kraft im Unterbauch gesammelt haben, klopfen Sie mit der linken und rechten Faustunterseite abwechselnd leicht auf „Ki Hae", das „Meer der Energie" ca. 3 Fingerbreit unter dem Bauchnabel. Klopfen Sie so lange, bis der Unterbauch ganz warm wird. Das Klopfen darf aber kein Unwohlsein oder gar Schmerzen verursachen! Sie können beim Klopfen die Luft anhalten oder langsam ausatmen. Bei angehaltenem Atem hat die Massage aber eine stärkere Wirkung. Entspannen Sie sich beim Ausatmen langsam und lassen Sie die verbrauchte Luft sanft ausströmen. Konzentrieren Sie die Ki-Energie dabei jedoch weiter unter dem Bauchnabel.

Diese Technik können Sie jederzeit und so oft, wie Sie wollen, üben. Der Bauch sollte dabei aber nicht zu voll oder zu leer sein, weil die Massage dann ein unangenehmes Gefühl hervorrufen kann.

Wirkung:

- Stärkung der Lebenskraft;
- Vorbeugung und Behandlung von Energiemangel und Altersschwäche;
- Stärkung des Hormonsystems;
- Regulierung des Blutdrucks.

Es gibt viele Möglichkeiten, sich gesund zu halten und sein Wohlbefinden zu steigern. Die hier vorgestellten Massagetechniken habe ich ausgewählt, weil sie eine ganz praktische Hilfe im Alltag sind und von jedem Menschen allein und ohne viel Aufwand oder Anstrengung ausgeführt werden können. Mit diesen einfachen Techniken können Sie sich z.B. im Büro von Ihrer Arbeitsmüdigkeit befreien und während einer Unterhaltung Spannungen abbauen. Sie können sie in jedem Alter anwenden, um die Lebensenergie und Gesundheit zu stärken.

Ich wäre sehr glücklich, wenn diese kleinen Übungen Ihnen helfen würden, solche ganz alltäglichen Beschwerden wie Müdigkeit und Abgeschlagenheit, Kopf- und Rückenschmerzen, Verspannungen und Energieblockaden, Nervosität und Streß abzubauen (oder von vornherein zu vermeiden) und das Leben wieder zu genießen. Wenn Sie sich jeden Tag auch nur fünf Minuten für Ki-Do-In Bop nehmen, werden Sie bald merken, wie Ihr Herz und Ihr Geist klarer und leichter wird, so daß sich sich innerlich aufrichten können und zu Ihrer natürlichen Form zurückfinden.

Ki-Heilgymnastik

Neben den Massagetechniken, mit denen man Beschwerden ganz allgemein vorbeugen bzw. lindern und sein Ki stärken kann, enthält Ki-Do-In Bop auch Übungen, mit denen man einzelne Organe und spezielle Krankheiten gezielt behandeln kann. Die folgenden acht Übungen habe ich zusammen mit mehreren Patienten getestet. Wir alle waren von der großen Wirkung überrascht. So hat z.B. die Übung gegen Bluthochdruck bei neun von zehn Patienten eine deutliche Verbesserung des Zustands bewirkt. Besonders denjenigen Patienten, die erst seit relativ kurzer Zeit unter Beschwerden litten, brachte die Übung eine rasche Erleichterung. Bereits nach 5 Minuten spürten sie, wie sich ihr Blutdruck normalisierte. Solche Übungen sollten generell zusätzlich zu der medikamentösen Behandlung durchgeführt werden. Sie verbessern deutlich die Wirkung der Medikamente und unterstützen den Selbstheilungsprozeß des Körpers. Die Heilwirkung ist dabei umso größer, je langsamer die Bewegung und Atmung ausgeführt wird.

Stärkung von Herz und Lunge

Beschreibung:

- Stellen Sie die Füße etwa schulterbreit auseinander; stehen Sie aufrecht und entspannt. Atmen Sie tief ein (Bauchatmung).
- Heben Sie die Arme zu den Seiten bis in Schulterhöhe hoch; lassen Sie die Arme und Hände dabei ganz entspannt und atmen Sie ruhig und tief aus (Grundstellung).
- Atmen Sie tief ein. Schauen Sie nach links und beugen Sie beide Knie (Reiterstellung); strecken Sie den linken Arm ganz nach links aus, als ob Sie gegen eine Wand drücken (der Handteller ist nach außen gerichtet); schauen Sie auf den linken Handrücken; heben Sie gleichzeitig die rechte Hand über Ihren Kopf („den Himmel tragen": den Arm strecken, der Handteller weist nach oben). Spüren Sie die Streckung der Arme, die Dehnung des Brustkorbs und das Vibrieren des Ki in den Händen.

- Kehren Sie mit dem Ausatmen wieder in die Grundstellung zurück.
- Führen Sie dann die gleiche Bewegung zur anderen Seite aus.

Bitte üben Sie diese Technik 8mal (4mal auf jeder Seite).

Bluthochdruck

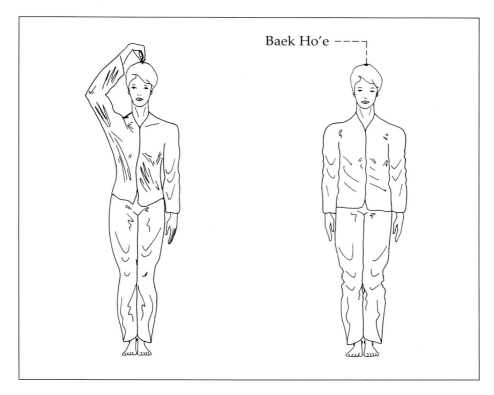

Beschreibung:

- Stehen oder sitzen Sie aufrecht und entspannt. Atmen Sie ruhig in den Bauch.
- Legen Sie die fünf Fingerkuppen einer Hand zusammen und führen Sie damit folgende Akupressur aus: drücken Sie den Punkt oberhalb der Ohrmuschel und wandern Sie dann von dort aus in einer geraden Linie bis zum Scheitelpunkt mitten auf Ihren Kopf (Baek Ho'e, Punkt 26 auf dem Schattenmeridian); drücken Sie langsam mehrere Punkte auf dieser Linie. Drücken Sie Baek Ho'e besonders langsam und lange (ca. 7 Sek.). Atmen Sie bei jedem Drücken aus.
- Führen Sie dann die gleiche Akupressur mit der anderen Hand auf der anderen Seite des Kopfes aus.

Bitte üben Sie diese Technik 8mal.

Stärkung der Leber

Beschreibung:

- Setzen Sie sich im Schneider- oder Lotossitz auf den Boden; sitzen Sie wie bei einer Meditation (entspannt und aufrecht, das Kinn leicht nach hinten gezogen, die Augen halb geschlossen). Atmen Sie natürlich ein und aus (Bauchatmung) und sammeln Sie im Unterbauch Kraft.
- Winkeln Sie die Unterarme nach oben an und heben Sie beide Arme leicht nach oben (s. Bild).
- Strecken Sie beide Ringfinger aus, während Sie die anderen Finger beugen (Aktivierung des Drei-Erwärmer-Meridians).
- Atmen Sie tief ein und strecken Sie beide Arme von den Schultern aus langsam ganz nach oben (mit den Schultern und Oberarmen Kraft geben); stellen Sie sich dabei vor, mit Ihren Ringfingerspitzen ein schweres Gewicht nach oben zu heben; achten Sie auf das Ziehen in der Lebergegend, das durch die von den Schultern ausgehende Anspannung entsteht.

- Bleiben Sie in dieser Position, solange Sie den Atem unverkrampft anhalten können.
- Atmen Sie dann langsam aus und winkeln Sie die Arme wieder an.

Bitte führen Sie diese Übung langsam 8mal aus.

Durchfall

Beschreibung:

- Falten Sie die Hände und legen Sie sie auf den Unterbauch (unterhalb des Bauchnabels).
- Atmen Sie tief in den Bauch ein und heben Sie den Bauch mit den Händen etwas nach oben. Drücken Sie den Bauch hoch und halten Sie den Atem dabei an.
- Wenn Sie den Atem nicht mehr anhalten können, atmen Sie tief aus und lösen den Druck.

Bitte üben Sie diese Technik 8mal.

Kniegelenkschmerzen, Kältegefühl und Schmerzen im Unterleib

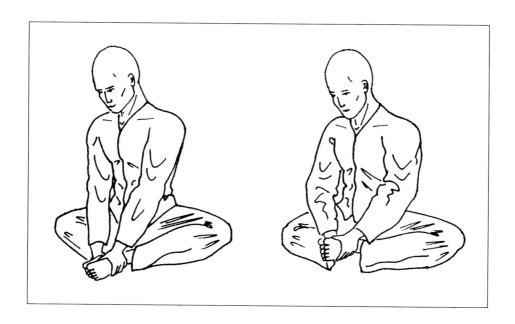

Beschreibung:
- Setzen Sie sich auf den Boden und legen Sie beide Fußsohlen aneinander; halten Sie die Füße mit den Händen und ziehen Sie sie nahe an den Körper heran.
- Atmen Sie tief ein uns heben Sie beide Füße mit den Händen vom Boden. Lassen Sie die Fußsohlen dabei zusammen. Schicken Sie Kraft vom Unterbauch in die Beine, besonders in die Knie.
- Atmen Sie aus und legen Sie die Füße wieder auf dem Boden ab.

Bitte achten Sie während der ganzen Übung darauf, den Rücken möglichst gerade zu halten. Üben Sie die Technik 8mal.

Entspannung und Stärkung von Kreuz und Rücken

Beschreibung:
- Stellen Sie die Füße etwa schulterbreit auseinander; stehen Sie aufrecht und entspannt. Sammeln Sie durch Bauchatmung Kraft im Unterbauch.

- Heben Sie die Arme zu den Seiten bis in Schulterhöhe hoch (Grundstellung); lassen Sie die Arme und Hände dabei ganz entspannt und atmen Sie ruhig und tief ein.
- Atmen Sie aus, beugen Sie sich vor und umfassen Sie mit der rechten Hand das linke Fußgelenk; strecken Sie die linke Hand gerade nach oben und schauen Sie zu den linken Fingerspitzen. Lassen Sie Ihre Beine während der Übung möglichst gestreckt. Spüren Sie die Spannung und den Ki-Fluß in den gestreckten Armen und Beinen, im Kreuz und im Rücken.
- Kehren Sie mit dem Einatmen wieder in die Grundstellung zurück.
- Führen Sie dann die gleiche Bewegung zur anderen Seite aus.

Bitte üben Sie diese Technik langsam 8mal.

Diabetes (Zuckerkrankheit)

Beschreibung:

- Stehen Sie mit geschlossenen Füßen aufrecht und entspannt und sammeln Sie durch Bauchatmung Kraft im Unterbauch (Ausgangsstellung).
- Kreuzen Sie die Arme vor der Brust und heben Sie das linke Knie möglichst bis zum Bauch hoch. Atmen Sie dabei tief ein.
- Atmen Sie langsam aus. Heben Sie dabei den linken Arm gerade hoch, richten Sie den Handteller zum Himmel („den Himmel tragen") und schauen Sie nach oben zu dem linken Handrücken. Strecken Sie gleichzeitig den rechten Arm nach rechts aus, als ob Sie eine Wand zur Seite schieben wollen.
- Atmen Sie ein, setzen Sie den linken Fuß wieder ab und legen Sie die Hände vor der Brust zusammen (Hap Jang: die Handteller zusammenlegen wie zum Gebet). Fühlen Sie die Wärme, die Ihre Hände durchströmt. Lassen Sie die Hände dann mit dem Ausatmen sinken und kehren Sie in die Ausgangsstellung zurück.
- Führen Sie die Übung dann zur anderen Seite aus.

Bitte üben Sie diese Technik langsam 8mal.

*Förderung der Blut- und Energiezirkulation
(besonders gegen niedrigen Blutdruck)*

Beschreibung:

- Stellen Sie die Füße etwa schulterbreit auseinander; stehen Sie aufrecht und entspannt.
- Atmen Sie tief ein und breiten Sie die Arme zu den Seiten aus (die Ellenbogen weisen nach unten, die Handteller nach oben). Neigen Sie Ihren Oberkörper vom Becken aus hinten (bitte nicht zu sehr ins Hohlkreuz gehen). Lassen Sie dabei die Arme zu den Seiten und etwas nach hinten ausgebreitet.

- Atmen Sie dann tief aus und beugen Sie den Oberkörper vom Becken aus vor. Schauen Sie nach vorne. Lassen Sie die Arme zu den Seiten ausgebreitet, drehen Sie sie während des Vorbeugens aber so, daß Ellenbogen und Handteller nach oben weisen, und heben Sie sie so weit wie möglich nach hinten hoch. Heben Sie gleichzeitig die Fußspitzen an, so daß Sie nur noch auf den Fersen stehen.

Bitte führen Sie diese Übung langsam 8mal aus.

Jahse: Die Ausbildung der natürlichen Form und Haltung

Haltung und Gesundheit

Jeder Mensch hat seine eigene Form und Haltung (Jahse), d.h. seine besondere Art, dazusein und sich zu bewegen, zu stehen, laufen, sitzen, liegen, essen, trinken usw. Die körperliche Form und Haltung ist dabei in der Regel ein Spiegelbild der inneren Einstellung. Jede innere Verspannung und Verkrampfung zeigt sich auch in der äußeren Form, Haltung und Bewegung. Wenn man z.B. ängstlich oder wütend ist, verspannt man meistens den Nacken und zieht die Schultern hoch - sei es, um sich zu schützen und zu verstecken oder um Stärke zu demonstrieren. Auf diese Weise blockiert man aber seinen Energie- und Blutkreislauf, kann nicht mehr tief und ruhig atmen und auch nicht mehr klar denken. Gehirn, Herz, Lunge und alle anderen Organe werden nicht mehr ausreichend mit frischer Energie versorgt und verlieren ihre natürliche Widerstandskraft. Man bekommt z.B. Kopfschmerzen, Husten, Herzrhythmusstörungen oder Ischiasbeschwerden. Wenn die inneren und äußeren Verspannungen chronisch werden, können daraus auch schwere Herz-/Lungenkrankheiten, Nervenerkrankungen und Depressionen entstehen. Die inneren Knoten können sich sogar in unheilbaren Krebs verwandeln.

Jede Krankheit kommt von innen, zeigt sich aber in der äußeren Haltung und ist dort manchmal schon zu erkennen, lange bevor sich die typischen Krankheitssymptome bemerkbar machen. Über die äußere Haltung kann man daher auch Zugang nach innen bekommen und Krankheiten vorbeugen oder einen Heilungsprozeß einleiten.

In der heutigen Zeit leiden viele Menschen - sogar auch schon Kinder - unter Krankheiten, die von einer schlechten Haltung oder einseitigen Belastung verursacht werden. Wer bei der Arbeit viel sitzt, z.B. im Auto oder im Büro, schwer trägt wie ein Möbelpacker oder sich einseitig bewegt wie ein Maler oder Geigenspieler, erhält bald die ersten Warnungen: Kopf,

Nacken und Kreuz schmerzen, der Kreislauf wird instabil, und die Hände und Beine schlafen immer wieder ein. Besonders wenn man sich beim Sitzen oder Stehen nicht aufrecht hält und das Gewicht nicht gleichmäßig verteilt, sondern immer auf eine Seite verlagert, bekommt man früher oder später Schmerzen, weil die Bandscheiben sich verformen und auf die Nerven im Rückgrat drücken. Davon ist vor allem der Ischiasnerv im unteren Teil der Wirbelsäule betroffen. Ischias wird meistens durch eine falsche Haltung verursacht. Wenn der Ischiasnerv z.B. durch eine Wirbelsäulenverkrümmung oder einen Bandscheibenvorfall eingeklemmt wird, strahlt er einen starken Schmerz in das Bein aus, häufig verbunden mit schweren Durchblutungsstörungen und Krämpfen. Immer mehr Menschen leiden heute unter dieser Krankheit. Kreuzschmerzen können aber auch auf eine Störung der inneren Organe, z.B. auf eine Nierenschwäche, hinweisen. Die inneren Organe werden von Fehlhaltungen ebenso beeinträchtigt wie die Knochen, Gelenke und Nerven. Sie werden eingedrückt und können nicht mehr richtig mit Energie und Blut versorgt werden.

Eine Fehlhaltung ist aber nicht nur ein Ungleichgewicht von rechts und links oder vorne und hinten, sondern auch eine Unausgewogenheit von oben und unten. Wer in seinem Beruf viel denken und sprechen muß wie z.B. ein Wissenschaftler, Lehrer oder Arzt, zieht die Energie oft zu hoch in den Kopf und bekommt ebenfalls Kopfschmerzen, Herz-/Kreislaufstörungen und Probleme mit dem Kreuz. Aber auch körperlich arbeitende Menschen leben oft zuviel im Kopf und verlieren die Verwurzelung mit der Erde. Die Folge sind häufige Unfälle und Krankheiten oder Verletzungen an den Fußgelenken, Knien und Hüften.

„Konzentriere Dich und bleibe auf den Beinen!" sagt man in meiner Heimat Korea zu jemandem, der durch eine traurige Nachricht oder durch zuviel Freude einen Schock bekommt, schwindelig wird und ohnmächtig zu werden droht. Das bedeutet, daß man in jeder Situation die Haltung bewahren soll, nicht nur äußerlich, sondern auch innerlich. Die Haltung zu bewahren heißt, sein Leben zu schützen. Unsere Haltung hat einen sehr großen Einfluß auf unser Leben. Eine falsche Haltung macht uns schwach und krank. Durch eine gute Haltung aber bekommen wir Mut und Selbstvertrauen. Eine gute Haltung ist immer eine gesunde, natürliche und harmonische Haltung. Sie ist nicht nur stabil, sondern auch schön und in Einklang mit der Natur. Sie kommt aus einem klaren Herzen und ist erfüllt von einem ruhigen und tiefen Atem. Viele Krankheiten und Verletzungen können wir auch durch eine gute Haltung vermeiden oder wieder heilen. Das ist auch das Ziel des Haltungstrainings im Shinson Hapkido.

Das Haltungstraining im Shinson Hapkido

Wenn wir unseren eigenen Körper und unsere eigene Haltung einmal genauer betrachten, können wir sehr viel über uns selbst herausfinden. Die meisten Menschen haben die innerlich stabile und äußerlich weiche Haltung, die sie als Kinder hatten, verloren. Sie sind im Alltag innerlich unsicher geworden und haben sich nach außen verschlossen, verspannt und verhärtet. Das Shinson Hapkido-Training ist wie ein Spiegel: es zeigt deutlich, wie rund oder eckig, locker oder verkrampft, weich oder hart, stabil oder unsicher unsere Bewegungen sind. Das Training ist aber auch das Werkzeug, mit dessen Hilfe wir an uns arbeiten können, um all die Unsicherheiten, Verspannungen und Blockaden, die unsere innerlichen und äußerlichen Haltungen und Bewegungen so unharmonisch und schmerzhaft machen, nach und nach wieder abzubauen. Die Erfahrung und Fürsorge der Shinson Hapkido-LehrerInnen ist hierbei eine große Hilfe. Mit ihrem geübten Blick erkennen sie oft deutlicher als die Betroffenen selbst, wo die Probleme sitzen, und können durch ihre Korrekturen im Unterricht den Heilungsprozeß beschleunigen.

Alle Menschen haben von der Natur einen eigenen Charakter und eine eigene Form bekommen. Wenn man seine natürliche Form genau kennenlernt und ausbildet, bekommt man nicht nur eine ausgezeichnete Körperbeherrschung, sondern kann auch seine Charaktereigenschaften und Neigungen (z.B. beim Essen) gut kontrollieren. Dies ist eine alte Heiltechnik, auf die ich vielleicht einmal in einem anderen Buch noch näher eingehen kann.

Wenn man an seiner Form und Haltung arbeiten möchte, muß man als erstes den Umgang mit dem Werkzeug, d.h. mit den Techniken, erlernen. Am Anfang ahmt man vielleicht die Bewegungen der Lehrerin oder des Lehrers einfach nach, um die Bewegungsabläufe richtig kennenzulernen. Aber der Lehrer ist nicht der Weg (Do), er kann ihn nur zeigen! Viele Menschen sind schnell begeistert, wenn sie einen guten Lehrer und großen Meister sehen. Ein Lehrer, der akzeptiert, daß die Schüler nur seinetwegen trainieren, steht aber wie eine Mauer zwischen den Schülern und Do. Sie sehen nur seine Techniken, nicht den Weg. Sobald er ihre Erwartungen nicht mehr erfüllt, gehen sie wieder fort.

Um den Weg zu finden, muß man nach innen schauen. Man darf sich nicht zu einer Kopie seines Lehrers machen, sondern muß sich bemühen, die gezeigten Techniken mit dem eigenen Körper, Atem, Herz und Geist in

Einklang zu bringen. Jede äußere Form muß einen klaren und festen inneren Kern bekommen, sonst wird sie instabil oder starr. Nur wenn Körper, Atem, Herz und Geist zusammen fließen, bekommt die Form gleichzeitig Stabilität und Lebendigkeit: sie wird äußerlich sanft und fließend und innerlich klar und fest. Wenn man den Schritt nach innen nicht macht, findet man niemals zu sich selbst, sondern bleibt immer nur eine Kopie. So eine Kopie kann auch sehr gut sein, manchmal sogar noch besser als das Original selbst - aber sie ist kein Original. Sie ist nicht natürlich, warm und lebendig, sondern künstlich, kalt und tot.

Es gibt im Shinson Hapkido keine allgemeingültige Form, die jeder so gut wie möglich nachahmen soll. Es gibt nur Werkzeuge, mit denen jeder die eigene natürliche Form finden und ausbilden kann. Die Shinson Hapkido-Form an sich ist leer (Mu Jahse), aber in ihr sind alle Formen enthalten. Shinson Hapkido ist wie Wasser, welches die Form des Gefäßes annimmt, in welches es gegossen wird. Jeder Mensch hat eine andere Form, und es ist unnatürlich, alle in dieselbe Form pressen zu wollen. Wenn jede Haltung und Bewegung genau berechnet und vorgeschrieben wird, lernt man, zu funktionieren wie ein Soldat statt zu leben wie ein Mensch. Alle sind von der wissenschaftlichen Genauigkeit solcher Techniken begeistert! Alle stehen gerade! Aber wer das nicht kann, bleibt immer ein Außenseiter!

Shinson Hapkido besteht nur aus körpergerechten und natürlichen Formen. Die Natur hat im Gegensatz zum Menschen ihren harmonischen Charakter weitgehend noch bewahrt und kann unsere Lehrerin sein. Die Berge, so heißt es in Korea, lehren uns Stabilität und Tugend (Yang), das Meer lehrt uns Tiefe und Weisheit (Um). Manche Formen und Stellungen im Shinson Hapkido wurden daher von Tieren und Pflanzen, von den Bergen oder vom Wasser abgeschaut. Aber nicht alle Formen z.B. des Kranichs eignen sich auch für den Menschen. Daher enthält Shinson Hapkido nur ausgewählte Naturformen, die dem Charakter des menschlichen Körpers vollständig angepaßt sind. Es ist nun unsere Aufgabe, sie auch noch in Harmonie mit dem eigenen Körper und Geist zu bringen.

Die Formen, Haltungen und Bewegungen, die im Shinson Hapkido-Training unterrichtet werden, mögen manchem zunächst vielleicht etwas fremd erscheinen. Aber diese fremden Formen können uns helfen, unsere eigenen verhärteten und verkrusteten Schalen aufzubrechen und unsere verlorene natürliche Form wiederzufinden. Die anfängliche Fremdartigkeit mancher Bewegungen zwingt uns, das gewohnte Haltungs- und Verhaltensmuster zu durchbrechen und Achtsamkeit zu entwickeln. Wir müssen uns genau beobachten, gut konzentrieren und wie ein kleines Kind neu orientieren. So können wir Fehlhaltungen leichter entdecken und korrigieren.

Wenn wir die unterrichteten Techniken nicht äußerlich und mechanisch nachahmen, sondern innerlich mit Leben, Gefühl und Bewußtsein erfüllen, wird das Üben und Wiederholen der Bewegungen auch nie langweilig. Das Leben bleibt niemals stehen, sondern fließt immer weiter und ist in jedem Moment neu und frisch. Wenn wir mit dem Leben mitfließen wollen, müssen wir außen und innen, Körper, Ki und Geist in Einklang bringen. Unser Körper (Chong) und unsere Atmung (Ki) bewegen sich immer in der Gegenwart - nur unser Herz und unser Geist (Shin) weilen oft woanders. Mit dem Strom des Lebens mitzufließen bedeutet, weder an Vergangenem hängenzubleiben noch zu weit in die Zukunft vorauszueilen, sondern mit Herz und Geist ganz im Hier und Jetzt zu sein. Aus der Vergangenheit können wir lernen, die Zukunft können wir planen - aber leben können wir nur in der Gegenwart.

An unserer natürlichen und lebendigen Form sollten wir Freude haben wie ein Künstler an seinem Kunstwerk. Wenn ein Bildhauer einen Stein lange bearbeitet und poliert hat, betrachtet er das vollendete Werk voller Freude und Liebe. So müssen auch wir unsere Form und Haltung lange und geduldig bearbeiten, schleifen und polieren, bis ihre natürliche Schönheit und Klarheit zutage tritt, die das eigene Herz und auch die Herzen anderer mit Freude und Liebe erfüllt.

Eine schöne Form ist außen weich und innen stabil. Sie braucht keine Härte, um auch für die Selbstverteidigung wirksam eingesetzt werden zu können. Jeder positive Mensch kann sie anfassen und umarmen, negativen Menschen aber bietet sie keinen Angriffspunkt. Eine natürliche und klare Form hat keine Lücke, wo ein Angriff eindringen könnte. Jeder Angriff läuft daher ins Leere und wird irgendwann ungeduldig aufgegeben. Geduld ist keine Stärke von negativ geladenen Menschen. Das Licht kann von der Dunkelheit nicht berührt werden, aber es kann seinerseits die Dunkelheit mühelos erhellen. Um eine solche Kraft und Klarheit zu entwickeln, muß man lange und fleißig trainieren. Ob man liegt, sitzt, steht oder geht, in der Schule, bei der Arbeit, in der Freizeit und im Umgang mit anderen Menschen - immer sollte man sich um eine gesunde, natürliche, lebendige, klare und schöne Form, Haltung und Bewegung bemühen, welche die Umgebung mit Freude und Liebe erfüllt und die Dunkelheit in jedem Herzen erhellt.

Techniken zur Entwicklung einer gesunden Haltung

Shinson Hapkido enthält eine große Vielfalt an Formen, Stellungen und Bewegungen zur Erhaltung und Förderung der Gesundheit. Ich habe fünf Beispiele ausgewählt, die Ihnen einen Eindruck davon vermitteln sollen und mit denen Sie auch selbst einmal Ihre Haltung prüfen und vielleicht ein wenig korrigieren können.

Bitte achten Sie beim Üben der Formen immer auf eine Ausgewogenheit von rechts und links, vorn und hinten, oben und unten. Wenn eine Seite schwächer ist als die andere, sollten Sie sie solange nachtrainieren, bis das Gleichgewicht wiederhergestellt ist. Das Wichtigste bei allen Stellungen aber ist, daß man sich innerlich entspannt, durch Bauchatmung den Schwerpunkt des Körpers absenkt und unter dem Nabel Energie (Ki) sammelt. Mit Ki wird jede Form fest und sicher - und gleichzeitig lebendig, natürlich und schön. Dann dient das Üben der Formen auch der Gesundheit und kräftigt nicht nur die Muskeln und Gelenke, sondern auch die inneren Organe und Funktionen sowie den Geist. Auch Haltungsschäden können dann korrigiert oder von vornherein vermieden werden, was besonders für Kinder in der Wachstumsphase von großer Bedeutung ist.

Im Shinson Hapkido-Training werden die Stellungen meistens in Verbindung mit Bewegungen wie Laufen und Springen geübt. In der Bewegung ist es oft besonders schwer, die Haltung zu bewahren. Dann zeigt es sich, ob die äußere Haltung auch einen stabilen inneren Kern hat. Im Shinson Hapkido wird mit der äußeren Haltung immer auch die innere Haltung trainiert. Nur wenn Körper, Atem, Herz und Geist zusammen fließen wie Wasser, kann man seine ureigene, natürliche Form, Haltung und Bewegung finden und ausbilden.

Flache Stellung (Pyong Jahse)

Beschreibung:

Stellen Sie die Füße parallel zueinander etwa 1 1/2 Schulterbreit auseinander. Achten Sie darauf, daß Sie auf dem ganzen Fuß stehen und ihn nicht nach innen oder außen abknicken. Beugen Sie die Knie etwas, als ob Sie sich auf ein Pferd setzen. Beide Knie sollten gerade nach vorne weisen. Schieben Sie das Gesäß leicht nach hinten und verlagern Sie das Gewicht etwas auf die Fersen, ohne ins Hohlkreuz zu gehen. Wenn Sie zu einem Hohlkreuz neigen, kippen Sie das Becken ein wenig vor, so daß der Rücken gerade ist. Stehen Sie innerlich stabil und äußerlich federnd. Entspannen Sie den ganzen Körper, konzentrieren Sie Ihre Augen auf einen Punkt in Augenhöhe oder etwas darüber, und sammeln Sie durch Bauchatmung Energie im Unterbauch.

Diese Haltung nennt man auch Reiterstellung (Gima Pyong Jahse) oder Himmelsstellung (Chon Jahse), weil sie weit und offen wie der Himmel ist.

Wirkung:

- Kräftigung der Bauch- und Rückenmuskulatur (Kreuz);
- Kräftigung der Fußgelenke, Knie und Oberschenkel;
- Stärkung der inneren Organe (Brust und Unterleib);
- Korrektur einer schiefen Haltung der Füße, Knie und Hüften;
- Entwicklung einer guten Balance und einer sicheren und kraftvollen, aber trotzdem federnden und entspannten Haltung.

- Wenn man die Reiterstellung morgens und abends 100mal übt, wird der Unterleib und das Hormonsystem intensiv aktiviert. Dadurch wird die Lebenskraft sehr stark. Um sein Selbstvertrauen aufzubauen, sollte man diese Übung sogar öfter als 100mal machen.

Schrittstellung vorwärts und rückwärts
(Gongkyok Jahse und Bango Jahse)

Beschreibung:

Setzen Sie den linken oder rechten Fuß einen kleinen Schritt (nicht länger als Ihre Schulterbreite) nach vorne. Der vordere Fuß weist nach vorne, der hintere etwas (ca. 15°) nach außen; die Fersen befinden sich auf einer Linie. Verlagern sie das Gewicht zu etwa 60% auf das hintere Bein und beugen Sie die Knie ein wenig, so daß Sie federnd stehen. Der Oberkörper weist leicht nach außen, der Blick ist aber gerade nach vorne gerichtet. Halten Sie sich aufrecht und entspannt, und atmen Sie ruhig und tief in den Bauch.

Bei der Rückwärtsstellung setzen Sie einen Fuß nach hinten, statt nach vorne. Ansonsten ist die Stellung die gleiche.

Jede Fußstellung kann man mit verschiedenen Handhaltungen kombinieren. In der Grundhaltung befindet sich die vordere Hand in Augen-

höhe, die hintere vor der Brust (etwa vor dem Solar Plexus), beide Arme sind leicht gebeugt und entspannt. Die Hände sollten warm und voller Ki sein (Son Sallyeora: lebendige, heilende Hände).

Diese Stellung nennt man auch die Bärenstellung (Gom Jahse oder Ung Jahse).

Wirkung:

- Entwicklung einer klaren und geraden Haltung von Hals, Rücken, Kreuz und Beinen;
- Stärkung der Balance des ganzen Körpers;
- Flexibilität der Gelenke;
- leichtere Verdauung.

Tigerstellung (Bom Jahse oder Ho Jahse)

Beschreibung:

Setzen Sie den linken oder rechten Fuß einen kleinen Schritt (etwa eine Fußlänge) nach vorne. Berühren Sie den Boden nur mit der Spitze des vorderen Fußes und verlagern Sie das Gewicht zu fast 90% auf das hintere Bein. Beugen Sie dabei die Knie, das hintere etwas mehr als das vordere.

Beide Knie sollten gerade nach vorne zeigen. Halten Sie den Oberkörper aufrecht und entspannt. Achten Sie bitte darauf, nicht ins Hohlkreuz zu gehen. Schauen Sie ruhig nach vorne und sammeln Sie durch Bauchatmung Energie im Unterbauch.

Heben Sie die Hände bis in Gesichtshöhe und schieben Sie sie etwas nach vorne. Die Hände sind geöffnet, die Handteller zeigen nach vorne. Beide Arme sind leicht gebeugt und entspannt.

Wirkung:

- Stärkung der Balance des Körpers (gute Gleichgewichtsübung);
- Kräftigung der Waden und Oberschenkel;
- Entwicklung von Kraft und Flexibilität in den Gelenken der Füße, Knie und Hüften;
- Kräftigung von Herz und Lunge durch die Handhaltung.

Affenstellung (Won Sung'i Jahse oder Hu Jahse)

Beschreibung:

Stellen Sie ein Bein über Kreuz vor das andere und gehen Sie halb oder ganz in die Hocke; drücken Sie dabei das hintere Knie in die Kniekehle des

vorderen Beins. Beugen Sie den Oberkörper etwas vor und machen Sie den Rücken ganz rund. Schauen Sie seitlich von unten nach oben, atmen Sie in den Bauch und halten Sie den Schwerpunkt und das Gleichgewicht im Unterbauch.

Halten Sie eine Hand über dem Kopf, die andere hinter dem Rücken (im Kreuz); die Arme bleiben dabei leicht gebeugt.

Diese Affenstellung ist eine besondere Form der Kreuzstellung (Gyocha Jahse).

Wirkung:

- Entwicklung von Kraft und Flexibilität im Hals, Rücken und Kreuz, in den Oberschenkeln, Knien, Waden und Fußgelenken;
- Stärkung des Gleichgewichts sowie der Haltungs- und Sprungkraft in den Beinen;
- Dehnung der Wirbelsäule, besonders im Kreuzbereich (gegen Ischias);
- Reinigung und Stärkung der Nieren.

Kranichstellung (Hak Jahse)

Beschreibung:

Heben Sie ein Bein an und legen Sie die Fußsohle in Kniehöhe an die Innenseite des anderen Beins. Das angewinkelte Knie weist etwa 90° nach außen. Das Standbein ist gestreckt. Stehen Sie fest und entspannt auf dem ganzen Fuß des Standbeins, und halten Sie die Balance möglichst mit der Fußspitze. Halten Sie Kreuz und Rücken gerade und den Hals natürlich hoch. Konzentrieren Sie sich sanft nach innen und atmen Sie tief in den Bauch. Diese Stellung nennt man auch „Einbein-Stellung" (Ouae Dari Jahse).

Halten Sie eine Hand mit nach oben weisenden Fingern mit etwas Abstand flach vor das Gesicht; schauen Sie aber nicht auf die Hand, sondern „durch sie hindurch". Halten Sie die andere Hand mit nach unten weisenden Fingern und mit etwa einer Faustbreite Abstand flach vor den Unterbauch. Beide Handteller zeigen zum Körper. Diese Handhaltung wird auch als „Um-und-Yang" oder „Himmel-und-Erde" (Chon-Jie) - Haltung bezeichnet.

Wirkung:

- Entwicklung von innerer Ruhe und Klarheit (die Kranichform kann man auch gut für die Meditation (Son) benutzen);
- Stärkung der Konzentration;
- Entwicklung einer sanften und tiefen Atmung;
- Stärkung der Balance (gute Gleichgewichtsübung);
- Entwicklung einer aufrechten, klaren und schönen Haltung;
- Entlastung von Magen und Darm (leichtere Verdauung, kein Druck im Magen-/Darmbereich).

Hyong: Der lebendige Formlauf

Eine längere, fließende Kombination von Formen und Bewegungen nennt man im Shinson Hapkido „Formlauf" (Hyong). Den Formlauf können Sie sich etwa wie einen Eiskunstlauf vorstellen. Er gleicht einem Tanz, bei dem man sich zur Melodie des eigenen Herzens bewegt. Bewegungstechniken aller Art werden harmonisch miteinander verschmolzen und mit innerer Kraft und Konzentration zum Leben erweckt.

Ein Formlauf ist keine bloße Aneinanderreihung von Techniken, sondern eine organische Einheit, die leben, atmen und fließen muß. Ein Formlauf ist nur dann lebendig, wenn Bewegung und Ki in Harmonie sind. Wenn das Ki fließt, fließt auch der Formlauf. Wenn der Formlauf fließt, fließt auch das Ki. Solange die Formen harmonisch miteinander verbunden werden, kann das Ki ungestört fließen. Wo die Formen aber getrennt sind, ist auch der Fluß des Ki unterbrochen. Wenn man den Körper nicht mehr bewegt, bleibt auch das Ki bald stehen und beginnt zu faulen. Wenn sich das Ki nicht mehr bewegt, kann sich auch der Körper nicht mehr bewegen und beginnt zu faulen.

Ein Formlauf hat meistens ein besonderes Thema, das vor allem aus der Natur und Fantasie stammt. So wird im Shinson Hapkido z.B. der Formlauf im Kranich-, Affen- und Drachenstil gelehrt. Alle Formen, die dem Charakter eines bestimmten Tieres nachempfunden wurden, sind jedoch dem menschlichen Körper angepaßt und dienen der Gesundheit. Es gibt aber auch Kombinationen mit Gegenständen wie Stock und Schwert. Unsere Aufgabe beim Üben besteht nun darin, die Formen und die benutzten Gegenstände dem eigenen Körper anzupassen. Das Ziel sollte dabei nicht sein, eine fremde Form so gut wie möglich nachzuahmen, sondern die eigene natürliche Form wiederzufinden und auszubilden.

Durch eine unnatürliche Haltung und ungesunde Lebensweise im Alltag haben wir unsere harmonische Form und natürliche Beweglichkeit größtenteils verloren. Auch können wir die wahre Stimme unseres Herzens meistens nicht mehr hören und haben verlernt, uns danach zu bewegen. Der Formlauf ist wie ein Spiegel, der den Zustand des Körpers und Herzens deutlich reflektiert. Es mag nicht immer leicht sein, in diesen Spiegel zu schauen - aber wer es wagt, wird sehr schnell erkennen, wo seine inneren und äußeren Verspannungen und Widerstände sitzen, und kann beginnen, daran zu arbeiten. Dabei reicht es nicht aus, nur an der äußeren Form und Haltung zu arbeiten. Jede äußere Form muß auch einen warmen, klaren und festen inneren Kern haben, da sie sonst zu kalt und starr oder zu instabil wird. Man muß innerlich klar und sicher sein, um sich äußerlich weich und fließend, aber doch kontrolliert und kraftvoll zu bewegen. Durch geduldiges, aufmerksames und aufrichtiges Bemühen kann man seine inneren und äußeren Bewegungen nach und nach wieder fließender, runder und weicher, aber gleichzeitig auch kraftvoller und stabiler machen. Je öfter man einen Formlauf übt, desto besser kann man den äußerlichen Ablauf verinnerlichen und seine Aufmerksamkeit nach innen richten. Dann lernt man auch, die innere Melodie wieder wahrzunehmen und sich danach zu bewegen - bis man zu verstehen beginnt, daß man selbst auch nur ein Ton in dem gewaltigen Klang des Universums ist.

Für einen Formlauf braucht man drei Dinge: Fantasie, Ki und Technik (Chong-Ki-Shin). Wenn diese drei Elemente in Harmonie miteinander sind, entsteht eine schöne Form. Die größte Anmut und Schönheit aber entsteht, wenn Chong, Ki und Shin nicht nur untereinander, sondern auch mit der Natur in Einklang sind.

Der Formlauf ist ein gutes Mittel, um in Einklang mit sich selbst und der Natur zu kommen. Er lehrt uns, das Grundprinzip der Natur und des Lebens - das Fließen - zu verstehen und zu akzeptieren. Er zeigt uns, daß wir selbst auch ein Teil der Natur sind und nur gesund leben können, wenn wir vertrauensvoll mit ihr mitfließen.

Wenn wir das Fließen in der Bewegung und im Herzen wiederfinden, wird auch die innere Heilkraft wieder aufgeweckt und zum Fließen gebracht. Ein Formlauf kann daher Körper und Geist heilen. Durch das Üben des Formlaufs wird der Körper außen weich und federnd, innen aber stabil und warm. Der Atem wird kraftvoller und länger, wodurch auch die Lebenskraft gestärkt wird. Außerdem schult der Formlauf die Geduld sowie die innere und äußere Aufmerksamkeit. Wer einen Formlauf übt, muß auf vieles gleichzeitig achten: auf Haltung und Bewegung, Flexibilität und Stabilität, Ein- und Ausatmung, Spannung und Entspannung, Rhythmik und Dynamik, auf Kraftverteilung, Genauigkeit, Bewegungskoordination etc. Herz und Geist, Atmung und Bewegung müssen gemeinsam und natürlich fließen wie Wasser, sonst wirkt der Formlauf schwer und unharmonisch.

Das äußerliche Beherrschen der Techniken ist beim Formlauf zwar wichtig, reicht aber nicht aus, um ihm eine lebendige Ausstrahlung zu geben. Ein Formlauf wird erst dann lebendig, wenn er von Herzen gelaufen wird. Auch wenn die Körperbewegungen nicht so perfekt sind, wird ein Formlauf ergreifend schön, sobald er das aufrichtige Bemühen, den Mut und die Lebensfreude des Übenden widerspiegelt. Niemand wird über so einen Formlauf schlecht reden oder spotten. Wer Körper und Geist in Einklang bringt, entwickelt einen klaren, harmonischen und angenehmen Charakter, den jeder gerne mag und der überall gut zurechtkommt.

Son-Hak Hyong: Der Tanz des göttlichen Kranichs

Auf alten Shinson-Bildern sind oft Menschen zusammen mit Kranichen zu sehen. Der Kranich ist in Asien ein Symbol für Frieden, Freiheit und ein langes Leben. Seine Reinheit und Klarheit hat ihn auch zu einem Symbol für die innere Reinigung (Son) und für die Tugend gemacht. Der klare und ruhige Charakter und die elegante Form des Kranichs wurde daher nicht nur in der Malerei dargestellt, sondern fand auch in vielen Meditationstechniken, z.B. in Meditationstänzen und in der Kalligraphie, Ausdruck. Auch der „Formlauf des göttlichen Kranichs" (Son-Hak Hyong), der in der Shinson Hapkido-Grundausbildung gelehrt wird, soll eine innere Reinigung bewirken und dabei helfen, die natürliche Anmut, Leichtigkeit und Klarheit von Körper, Herz und Geist wiederzufinden. Bei diesem Formlauf braucht man eine tiefe, lange und ruhige Atmung, verbunden mit weiten, eleganten und ruhig schwingenden Bewegungen. Das Üben der reinen und lichten Kranichform hilft vor allem auch, das Herz von aller Dunkelheit und Schwere zu befreien.

Der Kranich-Formlauf bewirkt eine durchgreifende geistige und körperliche Reinigung. Durch das Üben dieses Formlaufs werden die Blut- und Energiekreisläufe im ganzen Körper aktiviert, die 14 Hauptmeridiane geöffnet und alle Organe von schlechter Energie gereinigt. Die Muskeln und Sehnen werden natürlich weich und kräftig. Auf diese Weise hilft der Kranich-Formlauf, verschiedene Krankheiten und Beschwerden zu lindern oder gar zu heilen.

Sie können den Kranich-Formlauf mehrmals am Tag üben, besonders wenn Sie ihn langsam und weich ausführen. Wenn Sie ihn regelmäßig trainieren, wird Ihr Ki- und Blutkreislauf stabil und kräftig, Ihr Herz ruhig und klar und Ihre Lebensenergie sehr stark, so daß Sie lange und gesund leben können.

Der Kranich-Formlauf wird meistens auf einer geraden Linie (einfach) bzw. im Oval (zweifach, einmal hin und einmal zurück) gelaufen. Sie können aber auch eine andere Laufrichtung wählen, z.B. einen Kreis, ein Viereck oder eine Acht. Um Ihnen den Aufbau des Kranich-Formlaufs verständlich zu machen, habe ich ihn in einzelne Schritte unterteilt und bei jedem Schritt die Bedeutung, die Form und die Atmung erklärt. Bitte trennen Sie beim Üben die einzelnen Schritte aber nicht, sondern lassen Sie sie fließend ineinander übergehen und zu einem harmonischen Ganzen verschmelzen.

Aufbau des „Son-Hak Hyong"

I. Teil

- Begrüßung: Verneigung vor der Natur (Charyot Jahse, Kyongyeh); beim Verbeugen ausatmen, beim Aufrichten einatmen (Abb. 0).
- Der Kranich bereitet sich auf die Meditation vor (Abb. 1). Geschlossene Stellung (Moa Jahse); den Atem beruhigen und vertiefen (Bauchatmung), die Aufmerksamkeit nach innen richten (Son) und innerlich das Bild eines Kranichs entstehen lassen.
- Der Kranich ruht in seiner Mitte und meditiert (Abb. 2). Kranich-Meditationsstellung (Hak Jahse): Stand auf dem linken Bein (Ouen Ouae Dari Jahse), Himmel-und-Erde-Handhaltung (Yok-Sudo/Sudo Gyocha Bango Sul); den Atem zwischen Himmel und Erde zirkulieren lassen.
- Der Kranich schnappt mit dem Schnabel zu und zieht den Kopf nach hinten (Abb. 3+4). Mit beiden Händen nach vorne schnappen (Abb. 3), dann Ausfallschritt mit rechts nach hinten, sich nach hinten wenden (Orn Ban-Pyong Jahse) und beide Hände nach hinten ziehen (Yang Samagui Danggigi, Abb. 4); einatmen.
- Der Kranich schiebt den Kopf wieder nach vorne (Abb. 5). Sich wieder nach vorne wenden (Ouen Ban-Pyong Jahse) und beide Handteller nach vorne schieben (Yang Sujang Milgi); ausatmen.
- Der Kranich richtet sich hoch auf (Abb. 6). Stand auf dem linken Bein (Ouen Ouae Dari Jahse), beide Handkanten nach oben heben (Yang Sudo Ollyo Makki); einatmen.
- Der Kranich sticht mit dem Schnabel nach vorne (Abb. 7). Die rechte Handspitze (vertikal gehalten) nach vorne stoßen (Orn Myon Kwan-Su Jierigi); ausatmen.

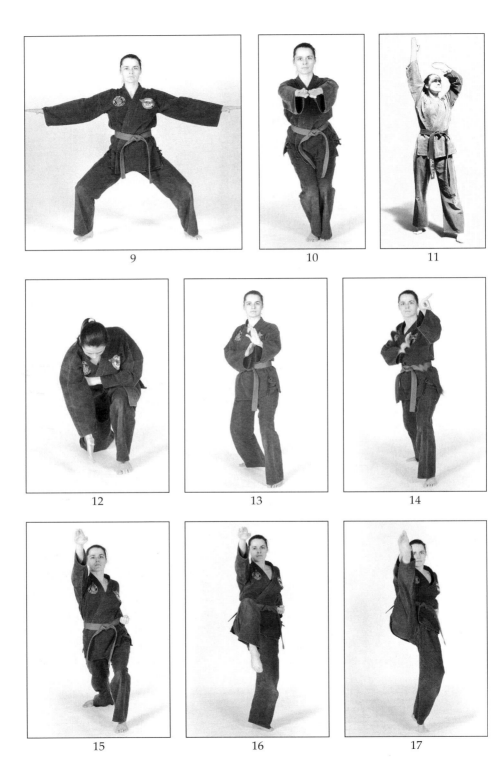

- Der Kranich schlägt die Flügel nach oben (Abb. 8). Beide Handkanten gekreuzt nach oben heben (Yang Sudo Gyocha Bango Sul); einatmen.
- Der Kranich schlägt die Flügel nach unten (Abb. 9); bis jetzt hat sich der Kranich nur am Boden bewegt, nun erhebt er sich in die Luft. Flache Stellung (Reiterstellung, Pyong Jahse), mit beiden Handkanten zu den Seiten schlagen (Yang Sudo Bolryo Chigi); ausatmen.
- Der Kranich stößt vom Himmel zur Erde herab, um nach Nahrung zu schnappen (Abb. 10-12). Den rechten Fuß zum linken ziehen und die Hände zusammenführen (Moa Jahse, Abb. 10); dann den rechten Fuß etwas nach hinten setzen (Zehenspitzenstand), die linke Handkante nach oben stoßen (Ouen Sudo Sangdan Bango Sul, Abb. 11), mit rechts weit und hoch ausholen und mit der rechten Handkante nach unten schlagen, das rechte Knie dabei leicht auf dem Boden absetzen (Orn Sudo Gaanaerigi, Abb. 12); Abb. 10+11: einatmen, Abb. 12: ausatmen mit Kihap (Energieschrei aus dem Unterbauch).
- Der Kranich erhebt sich wieder und fliegt frei in die Luft (Abb. 13). Sich wieder aufrichten, das linke Bein bleibt vorne (Ouen Pyong Jahse), beide Hände kreisförmig nach vorne bewegen, mit der linken Handkante dabei nach vorne schlagen (Ouen Sudo Gama Chigi); weiter ausatmen.

II. Teil

- Der Kranich fliegt schnell wie ein Pfeil in den Himmel (Abb. 14+15). Mit der linken Hand nach links schnappen (Ouen Samagui Makki, Abb. 14), dann die rechte Handspitze (waagerecht gehalten) weit nach vorne hochstoßen (Orn Pyong Kwan-Su Jierigi, Ouen Ban-Pyong Jahse, Abb. 15); einatmen.
- Der Kranich tanzt in der Luft (Abb. 16-21). Den rechten Fußrücken nach oben zur rechten Hand schwingen (Orn Baldung Sujang Ap Chagi, Abb. 16+17);

dann mit der rechten Hand nach rechts schnappen (Orn Samagui Bango Sul, Abb. 18), mit dem linken Handteller nach vorne schlagen (Ouen Sujang Chigi, Abb. 19+20), den rechten Fuß nach vorne absetzen (Orn Pyong Jahse) und die rechte Faust nach vorne stoßen (Orn Chong Kwon Chigi, Abb. 21); während der ganzen Übung ausatmen.

- Der Kranich fliegt wieder ruhiger und langsamer (Abb. 22). Mit links einen Schritt vorwärts gehen (tiefe Reiterstellung, Ouen Gima Pyong Jahse), dabei den linken Handteller nach vorne stoßen (Ouen Sujang Chigi); erst kurz einatmen, dann ausatmen.

- Der Kranich sticht mit dem Schnabel nach oben (Abb. 23). Den linken Fuß zurückziehen und nur mit dem Fußballen absetzen, dabei mit der rechten Faust von unten nach oben stoßen (Hah Kwon Ollyo Chigi); weiter ausatmen.

- Der Kranich fliegt nach unten und sticht mir dem Schnabel nach vorne (Abb. 24). Ausfallschritt mit rechts nach vorne (Orn Ban-Pyong Jahse), mit dem rechten Ellenbogen gegen ein Ziel (die linke Hand) stoßen (Orn Palgup Mokpyomul Chigi); erst kurz, aber tief einatmen, dann ausatmen mit Kihap.

- Der Kranich fliegt niedrig über dem Boden (Abb. 25). Flache Stellung, das rechte Bein bleibt vorne (Orn Pyong Jahse); beide Hände kreisförmig nach vorne bewegen, mit der rechten Handkante dabei nach vorne schlagen (Orn Sudo Gama Chigi); weiter ausatmen.

III. Teil

- Der Kranich landet und schlägt dabei mit den Flügeln (Abb. 26+27). Halbe Drehung nach rechts in die geschlossene Stellung (Moa Jahse), gleichzeitig mit beiden Händen vor dem Oberkörper zuschnappen (Yang Samagui Gama Makki, Abb. 26), dann in die Reiterstellung gehen oder springen (Pyong Jahse), beide Handrücken dabei zu den Seiten hochschlagen - „Flügelschlagtechnik" (Yang Samagui Sondung Ollyo Chigi - „Nalge Pyoggi", Abb. 27); Abb. 26: einatmen, Abb. 27: ausatmen.

27

28

29

30

31

32

33

34

35

- Der Kranich schlägt die Flügel zusammen (Abb. 28). Das rechte Bein heranziehen, beide Arme vor dem Oberkörper kreuzen (Yang Pal Gyocha Anggi); einatmen.
- Der Kranich schlägt die Flügel auseinander und fliegt niedrig über der Erde (Abb. 29). Das rechte Bein nach rechts vorne setzen und in die Kreuzstellung gehen oder springen, sich dabei etwas nach rechts neigen (Orn Gyocha Jahse), gleichzeitig beide Handrücken zu den Seiten hochschlagen (Yang Samagui Sondung Chigi); ausatmen.
- Der Kranich stößt mit dem Schnabel dicht über der Erde (Abb. 30+31). Mit der rechten Hand nach rechts unten schnappen (Hahdan Samagui Bango Sul, Abb. 30), dann mit dem rechten Handteller von unten nach oben schlagen (Hah Sujang Chigi, Abb. 31); weiter ausatmen.
- Der Kranich schlägt die Flügel wieder zusammen (Abb. 32). Sich nach links wenden, beide Arme vor dem Oberkörper kreuzen (Yang Pal Gyocha Anggi); einatmen.
- Der Kranich schlägt die Flügel wieder auseinander und fliegt etwas höher über der Erde (Abb. 33). Das linke Bein nach links vorne setzen und in die Kreuzstellung gehen oder springen, sich dabei etwas nach links neigen (Ouen Gyocha Jahse), gleichzeitig beide Handrücken zu den Seiten hochschlagen (Yang Samagui Sondung Chigi); ausatmen.
- Der Kranich stößt mit dem Schnabel in mittlerer Höhe (Abb. 34+35). Mit der linken Hand in Brusthöhe nach links schnappen (Jungdan Samagui Bango Sul, Abb. 34), dann mit dem linken Handteller in Brusthöhe von unten nach oben schlagen (Jung Sujang Chigi, Abb. 35); weiter ausatmen.

36

37

38

39

40

41

42

43

44

45

46

- Der Kranich richtet sich im Flug stolz auf (Abb. 36). Sich hoch aufrichten und die linke Handkante nach vorne oben richten (Sudo Sangdan Jahse); einatmen.

- Der Kranich schlägt mit den Flügeln und sticht mit dem Schnabel (Abb. 37-42). Das rechte Bein im Kreis von außen nach innen schwingen (Orn Andari Chagi, Abb. 37+38), es dann sanft absetzen; mit der rechten Hand nach links schnappen (Orn Samagui Makki, Abb. 39), dann mit der rechten Handkante nach rechts vorne schlagen (Orn Sudo Chigi, Abb. 40), mit dem linken Handteller nach vorne schlagen (Ouen Sujang Chigi, Abb. 41) und schließlich mit den Fingerknöcheln der rechten Hand von unten nach oben stoßen (Orn Maedub-Kwon Chigi, Abb. 42), dabei die Diamantstellung einnehmen (Marumo Jahse: Fersen geschlossen, Knie leicht nach außen gebeugt); ausatmen.

- Der Kranich richtet sich stolz auf und reckt sich weit nach oben (Abb. 43). Sich hoch aufrichten (Zehenspitzenstand), die rechte Handkante gerade nach oben stoßen (Orn Sudo Bango Sul), mit dem linken Handrücken nach links oben/hinten peitschen (Ouen Sondung Yop Chigi); einatmen.

- Der Kranich schlägt mit dem Flügel zur Seite (Abb. 44+45). Den linken Fußrücken nach links oben (zur linken Hand) schwingen (Ouen Baldung Yop Chagi); ausatmen mit Kihap.

- Der Kranich schlägt die Flügel zusammen (Abb. 46). Den linken Fuß anziehen, sich auf dem rechten Bein etwas nach rechts drehen, beide Hände zusammenlegen und zurückziehen (Son-Mock Jaba Danggigi); einatmen.

47

48

49

50

51

52

53

54

- Der Kranich dreht sich und fliegt ganz niedrig über dem Boden (Abb. 47+48). Den linken Fuß absetzen, mit dem rechten Bein einen Rückwärtsdrehschritt um ca. 180° ausführen, dabei mit der Ferse nach hinten haken (Orn Dwidgumchi Hahdan Dollyo Gamggi); ausatmen.
- Der Kranich dreht sich weiter im Tanz (Abb. 49-50). Beide Handteller nach vorne links schieben (Yang Sujang Milgi); flache Stellung (Pyong Jahse); weiter ausatmen.
- Der Kranich schaut dorthin zurück, woher er gekommen ist (Abb. 51). Mit einem Ausfallschritt links (Ouen Ban-Pyong Jahse) sich noch weiter drehen, bis man gerade in die Ausgangsrichtung schaut; Himmel- und-Erde-Handhaltung (Yok-Sudo/Sudo Bango Sul); einatmen.
- Der Kranich kehrt zurück in die Meditation (Abb. 52). Wieder die Kranich-Meditationsstellung (Hak Jahse) einnehmen; tief und ruhig ausatmen, dann den Atem zwischen Himmel und Erde zirkulieren lassen; sich nach innen konzentrieren.
- Der Kranich beendet seinen Tanz (Abb. 53). Geschlossene Stellung (Moa Jahse); ruhig und tief atmen.
- Abschiedsgruß: Verneigung vor der Natur (Abb. 54).

Nakbop: Fallen wie eine Katze

Wer hat nicht schon einmal die eleganten, geschmeidigen und federnden Bewegungen einer Katze beobachtet und bewundert: selbst wenn sie aus großer Höhe springt oder fällt, landet sie ganz sanft und sicher und verletzt sich nicht. Ursprünglich haben auch die Menschen solche weichen und anmutigen Bewegungen. Bei Kindern und Naturvölkern kann man das noch sehr gut beobachten - bei den meisten von uns aber sind die Bewegungen eher unharmonisch, hart und eckig.

Durch eine unnatürliche Lebensweise, z.B. durch zuviel Umgang mit künstlichem Material, haben wir den Kontakt mit der Natur und das Vertrauen in die Erde verloren. Im Alltag belasten wir uns oft falsch und einseitig, z.B. durch zuviel Sitzen, zuviel Kopfarbeit usw., und verspannen dabei Körper und Geist. Wenn wir dann nicht durch gesunde Bewegungen und tiefes Atmen für einen Ausgleich sorgen, wird unser Ki schwer und kann nicht mehr richtig fließen. Wir bekommen Angst und Streß, werden schwach und krank und verlieren immer mehr das Vertrauen in die Natur und in den eigenen Körper.

Wenn man das Vertrauen verliert, will man sich absichern und festhalten. Man kann nicht mehr loslassen, weder körperlich noch geistig. Man bekommt z.B. große Angst davor, hinzufallen, und verkrampft sich völlig, wenn es wirklich einmal passiert. Die Folge ist, daß das Fallen tatsächlich die befürchteten Auswirkungen hat, nämlich Schmerzen und Verletzungen, vor allem Kopfverletzungen und Knochenbrüche. Das geht fast jedem so und wird daher für normal gehalten. Obwohl im Alltag so viele Gefahren lauern, die uns zu Fall bringen können, und obwohl besonders auf der Straße Unfälle an der Tagesordnung sind, weiß kaum jemand, daß und wie man sich durch vertrauensvolles Loslassen und weiches Fallen vor Verletzungen schützen kann.

Eine Möglichkeit, das Vertrauen in den Körper und in die Erde wiederaufzubauen, besteht darin, das sanfte Fallen wieder zu erlernen. Im Shinson Hapkido-Unterricht wird ganz langsam - erst im Liegen, dann aus dem Sitzen und schließlich aus auch dem Stehen, Laufen und Springen -, gezeigt, wie wir uns sanft fallenlassen und der Erde anvertrauen können. Auf diese Weise können wir lernen, unsere Ängste und Verspannungen nach und nach loszulassen, das Fallen selbst zu akzeptieren und die Erde, die uns auffängt und trägt, anzunehmen, statt uns dagegen zu wehren.

Auch für untrainierte und ältere Menschen, deren Gelenke, Muskeln und Knochen schwach oder steif geworden sind, gibt es im Shinson Hapkido geeignete, ganz weiche Falltechniken. Solche Menschen und auch Schwangere müssen natürlich sehr vorsichtig sein und dürfen sich nicht überbelasten. Man kann Shinson Hapkido aber durchaus auch ohne die Falltechniken trainieren.

Die Shinson Hapkido-Falltechniken werden auch „Katzenfalltechniken" (Goeyangi Nakbop) genannt, weil sie so weich und doch so kraftvoll

und federnd wie die Bewegungen von Katzen ausgeführt werden. Durch das Üben der Falltechniken wird der Körper gleichzeitig fest und elastisch. Das Fallen wirkt wie eine Massage für den ganzen Organismus: der Energiekreislauf in den Meridianen wird aktiviert, die Durchblutung wird angeregt, die Muskeln und Gelenke werden gelockert und gekräftigt. Die inneren Organe - vor allem im Brustraum (Herz und Lunge) - werden gestärkt, und die Haut erhält neue Spannkraft. Der ganze Körper wird „wach".

Aus des Baumes Krone
löst sich sanft ein Blatt:
fröhlich wirbelt es im Wind,
leicht gleitet es zur Erde,
weiter rollt es mit dem Wind -
wer weiß, wohin?

Wie alle Shinson Hapkido-Bewegungen werden auch die Falltechniken immer mit Atemtechniken und innerer Achtsamkeit (Son) verbunden, so daß die Übungen ein inneres und äußeres Lösen und Loslassen bewirken. Bei den Falltechniken tritt die doppelte Bedeutung des Shinson Hapkido-Trainings als Ausbildung von Körper *und* Geist besonders klar hervor: beim Üben eines runden, leichten und federnden Fallens spürt man zunächst vielleicht deutlich die Verhärtungen und Verspannungen seines Körpers und Charakters, lernt aber bald, diese Ecken und Kanten etwas runder zu machen, seine Ängste abzubauen, die Gedanken und das Herz etwas leichter zu machen und sprichwörtlich „über den eigenen Schatten zu springen".

Wenn wir unser Herz von den schweren Steinen, die es niederdrücken, befreien, wird auch unser Atem und unser Körper spürbar leichter, und wir können frei und unbeschwert fallen - nicht mehr wie ein Stein, sondern eher wie ein Blatt im Wind.

Die Falltechniken werden im Shinson Hapkido zunächst auf Matten oder in der Natur auf einem weichen Untergrund geübt. Wenn man die Angst vor dem Fallen langsam abgelegt und den Körper an die Techniken gewöhnt hat, kann man in jeder Situation, auch auf einem harten Untergrund, richtig fallen. Durch geduldiges Üben werden die Falltechniken schließlich soweit verinnerlicht, daß man auch in Überraschungsmomenten oder Gefahrensituationen wie z.B. bei Eisglätte oder bei einem Unfall automatisch richtig reagiert und damit Verletzungen vermeidet oder wenigstens reduziert.

Im Notfall, wenn man ernsthaft angegriffen wird, sind die Falltechniken auch eine sehr gute Selbstverteidigung: einerseits kann man mit ihnen die Wirkung eines Haltegriffs, z.B. eines Armhebels, weitgehend neutralisieren, indem man mitfließt, nachgibt und fällt; andererseits kann man eine Falltechnik auch dazu benutzen, um den Abstand zum Gegner schnell und effektiv zu vergrößern und so einem Angriff rechtzeitig auszuweichen - oder um den Abstand überraschend zu verringern und einen unerwarteten Gegenangriff einzuleiten. Falltechniken sind ein gutes Mittel, um Leben und Gesundheit zu schützen.

Sugi Sul und Jok Sul:
Bewegungen mit Hand und Fuß

Wenn ich von Hand- und Fußtechniken rede, denken Sie bitte nicht gleich an Schlagen und Treten, wie Sie es vielleicht im Kino oder auf der Straße gesehen haben. In den Shinson Hapkido-Schulen geht es nicht zu wie in einem Kampfsportfilm, wo Menschen ihre Aggressionen rücksichtslos gegeneinander ausleben! Im Shinson Hapkido werden alle Techniken nur zu einem Zweck unterrichtet: sie sollen helfen, unseren Körper, unser Herz, andere Menschen und die Natur zu schützen und zu heilen. Shinson Hapkido enthält eine Vielzahl von Hand- und Fußtechniken, mit denen wir Körper und Geist gesunderhalten und in Einklang bringen können. Die Hände gelten in der asiatischen Naturheilkunde als Yang (Himmel), die Füße als Um (Erde). Durch das gleichmäßige Bewegen der Hände und Füße können wir Himmel und Erde (Geist und Körper) ins Gleichgewicht bringen und unsere Lebenskraft (Ki) stärken.

Wie alle Shinson Hapkido-Bewegungen machen die Hand- und Fußtechniken am meisten Spaß, wenn man sie mit anderen Menschen, z.B. mit der Familie, zusammen trainiert. Diese Techniken können von jedem erlernt werden, ob jung oder alt, auch von Leichtbehinderten. So wie wir als Kinder gelernt haben, mit den Händen zu greifen und mit den Füßen zu laufen, können wir auch ganz einfach lernen, mit Händen und Füßen unsere Gesundheit zu schützen und notfalls sogar unser Leben zu verteidigen.

Sugi Sul: Handtechniken

Die Handtechniken werden mit allen Teilen und Formen der Hand und des Armes bis zur Brust ausgeführt, z.B. mit Handteller, Handrücken, Handinnen- und -außenkante, Fingerknöcheln, Fingerspitzen, Handgelenk, Unterarm, Ellenbogen, Oberarm, Schulter etc. Alle Handtechniken bestehen aus natürlichen Bewegungen und können für die Gymnastik und Massage ebenso benutzt werden wie für die Selbstverteidigung. In der

Sudo: Handkanten-Abwehr

Palduck: Unterarm-Abwehr

Samagui: Handgelenk-Abwehr

Sudo: Handkanten-Abwehr

Yang Palduck: Beidseitige Unterarm-Abwehr

Samagui Kwon: Handballen-Angriff

Jung-Jie Maedub Kwon: Knöchel-Angriff

Hah Sujang Chigi: Handteller-Angriff

Palgup Chigi: Ellenbogen-Angriff

Yok Sudo Chigi: Handinnenkanten-Angriff

Selbstverteidigungskunst unterscheidet man grundsätzlich zwei Arten von Handtechniken:

- die Abwehrtechniken (Bango Sul), die dazu dienen, einen Angriff wirkungslos zu machen, indem man ihn fließend und drehend zur Seite ablenkt;
- die Gegenangriffstechniken (Gongkyok Sul), mit denen man die Angriffskraft zusammen mit der eigenen Kraft fließend und drehend auf den Angreifer zurückleitet, um einem weiteren Angriff vorzubeugen.

Abwehr- und Gegenangriffstechniken werden meistens miteinander kombiniert. An dieser Stelle möchte ich jedoch eines nochmals ganz klar sagen: Shinson Hapkido darf niemals für den Angriff benutzt werden! Wenn in Zusammenhang mit den Selbstverteidigungstechniken dennoch manchmal von „Angriff" die Rede ist, sind nur solche Aktionen gemeint, die über das reine Umleiten der gegnerischen Angriffskraft hinausgehen und darauf zielen, den Angreifer soweit wie unbedingt erforderlich außer Gefecht zu setzen. In echten Notwehrsituationen ist dabei die Verhältnismäßigkeit der Mittel zu wahren. Selbstverteidigung darf niemals in Vergeltung ausarten! Das Ziel des Shinson Hapkido-Trainings ist aber nicht der Kampf, sondern die Entwicklung einer inneren Klarheit, die uns hilft, Kämpfe aller Art mit Herz und Klugheit statt mit Angst und Aggressionen durchzustehen, zu beenden und möglichst von vornherein zu vermeiden.

Jok Sul: Fußtechniken

Zu den Fußtechniken zählen Bewegungen mit allen Teilen und Formen der Füße und Beine bis zu den Hüften, wie Fußballen, Fußrücken, Fußaußen- und -innenkante, Ferse, Zehenspitzen, Schienbein, Knie, Oberschenkel etc. In der Selbstverteidigung können alle Fußtechniken ebenfalls sowohl für die Abwehr als auch für den Gegenangriff benutzt werden.

Bei den Shinson Hapkido-Hand- und -Fußtechniken wird der ganze Körper von Kopf bis Fuß natürlich bewegt und gesund erhalten. Jede Bewegung kommt „aus dem Bauch" und aus den Hüften, nicht aus den Armen, Schultern, Beinen oder gar aus den Ellenbogen und Knien. Jede Technik wird auch mit Bauchatmung und innerer Aufmerksamkeit (Son) ausgeführt. Das bedeutet, daß man weniger mit Muskelkraft als mit innerer Kraft (Ki) arbeitet. Körper, Ki und Geist müssen in der Bewegung verschmelzen und zusammen fließen wie Wasser. Den Körper brauchen wir, um uns bewegen zu können. Wenn wir uns aber vorwiegend mit Muskelkraft bewegen, ermüdet der Körper schnell und wird überanstrengt. Ki (Bauchatmung) hingegen ist eine schier unerschöpfliche Kraftquelle, die umso stärker wird, je mehr sie fließen kann. Das ist auch die Erklärung dafür, daß man sich nach dem Shinson Hapkido-Training meistens wesentlich frischer und energiegeladener fühlt als vorher. Das Ki muß aber durch Herz und Geist ausgebildet und kontrolliert werden. Wenn man während des Trainings nicht mit Herz und Geist dabei ist, werden die Bewegungen fahrig und unbeherrscht, so daß man sich selbst und anderen großen Schaden zufügen kann.

Apgumchi Ap Chagi: Fußballentritt nach vorne

Murub Chagi: Kniestoß

Dwidgumchi Chahnogi: Fersenschub

Hahdan Dora Chagi: Rückwärtskreistritt tief

Dwimyeo Yop Chagi: gesprungener Seitwärtstritt

Balnal Yop Chagi: Seitwärtstritt

Angumchi Chahnogi: Innenfußtritt

Angumchi Andari Chagi: Kreistritt

Du Bal Moa Ap Chagi: Fußballen-Sprungtritt

Du Bal Bolryo Baldung Yop Chagi: Scherentritt

Die gesundheitliche Wirkung der Hand- und Fußtechniken

Beim Üben der Handtechniken strömt Ki und Blut bis in die Fingerspitzen und aktivert die dort angehäuften Energiepunkte sowie die in den Armen und im Oberkörper verlaufenden Meridiane. Dadurch wird der Kreislauf im ganzen Körper reguliert: ist der Blutdruck zu niedrig, wird er angeregt, ist er zu hoch, wird er normalisiert. Durch die Aktivierung der Kreisläufe von Blut und Ki werden alle inneren Organe massiert und gekräftigt. Der ganze Körper, vor allem die Hände, Arme, Schultern, Brust und Hüften, werden gleichzeitig gelockert und gestärkt. Fehlhaltungen, die aufgrund einer schwachen oder verspannten Muskulatur der Schultern und des Rückens entstanden sind, werden nach und nach abgebaut.

Durch das Üben der Fußtechniken kann man Haltungs- und Fußschäden mit allen Nebenwirkungen wie etwa Hüft- und Kreuzschmerzen abbauen bzw. ihnen vorbeugen. Die Füße, besonders die Gelenke und Zehen, erhalten mehr Flexibilität und Sprungkraft. Das Bindegewebe und die Bänder werden gestärkt, so daß man z.B. nicht mehr so schnell umknickt. Die Beinmuskulatur wird gekräftigt, wodurch die Knie- und Hüftgelenke entlastet werden. Die inneren Organe, vor allem im Unterleib, werden ebenfalls gestärkt, nicht zuletzt auch durch die Aktivierung der in den Füßen vorhandenen Akupressurpunkte. Der Kreislauf wird reguliert, so daß z.B. Probleme mit kalten und schlecht durchbluteten Füßen und Beinen verschwinden. Zudem entwickelt sich ein ausgeprägter Gleichgewichtssinn. Die Fußtechniken sind durch ihre kräftigende und stabilisierende Wirkung speziell auch für Kinder und Jugendliche eine wertvolle Übung in der Wachstumsphase und für ältere Menschen eine wirksame Medizin gegen Zivilisationsbeschwerden wie schwere Beine, Krampfadern, Rheuma und Gicht.

Die Hand- und vor allem die Fußtechniken haben eine stark ausgleichende Wirkung auf die Verteilung des Ki in unserem Körper. In den drei Stufen unserer Entwicklung - Kindheit, mittlere Erwachsenenzeit und Alter - steigt das Ki langsam von unten nach oben:

- In der Kindheit ist das Ki normalerweise unterhalb des Bauchnabels am stärksten. Kinder atmen meistens in den Bauch und haben einen ausgeprägten Bewegungsdrang: sie wollen laufen und klettern, spielen und toben. Sie sind unbeschwert und spontan. Sie machen sich zwar auch Gedanken, bekommen dabei aber keinen schweren Kopf. Sie können kurzzeitig durchaus in Streß geraten, schütteln ihn aber schnell wieder ab, so daß er sich nicht aufstauen kann. Ihr Blutdruck ist deshalb meistens normal. Diese Phase wird in der asiatischen Naturheilkunde als „oben leer und unten stabil" charakterisiert.

- In der mittleren Erwachsenenzeit konzentriert sich das Ki eher im Bereich von Brust und Hüften. In diesem Lebensabschnitt arbeitet das Hormonsystem sehr stark. Man hat viel Energie und Tatkraft. Lebenspläne werden entworfen und in die Tat umgesetzt. Man gründet eine Familie, ist im Beruf aktiv und baut vielleicht ein Haus. Oben und unten sind normalerweise im Gleichgewicht und durch den Bauchnabel miteinander verbunden. Wenn man in dieser Phase allerdings die Atmung zu weit nach oben in den Brustraum zieht, wird die Verbindung zum Bauchnabel immer schwächer, und man verliert mehr und mehr Energie.

- Im Alter steigt das Ki weiter nach oben. Dieser Lebensabschnitt hat den entgegengesetzten Charakter der Kindheit: er gilt als „oben stabil und unten leer". Das Alter ist die Zeit, in der man zu hoher geistiger Reife und Weisheit gelangen kann. In dieser Phase besteht jedoch die große Gefahr, daß das Ki zu weit in den Kopf steigt und die Verbindung mit dem Bauchnabel verliert, so daß man seine Kraft und Stabilität einbüßt. Alte Menschen haben oft eine extrem flache Atmung und atmen „in den Hals". Dadurch wird der ganze Körper, besonders aber der Unterleib, nicht mehr ausreichend mit Energie versorgt. Man bekommt Probleme mit den Verdauungs- und Ausscheidungsorganen. Die Beine werden wackelig und steif. Längerfristig führt dies zu degenerativen Erkrankungen der Gelenke, Nervosität und hohem Blutdruck. Dies wiederum kann Störungen der Gehirndurchblutung und Schlaganfälle zur Folge haben. Man wird vergeßlich und schwindelig, die Geisteskraft nimmt ab, und das Gehirn wird alt.

Wenn die Lebensenergie relativ gleichmäßig auf alle drei Stufen verteilt und in lebendiger Verbindung mit dem Bauchnabel ist, bleiben wir gesund und vital. In der heutigen Gesellschaft aber ist das Ki bei den meisten Menschen im Ungleichgewicht. Bereits in der mittleren Erwachsenenzeit und sogar bei Kindern ist es oft schon zu weit nach oben gestiegen. Die Kinder sitzen vor Fernsehern und Computern, anstatt im Freien herumzulaufen und zu spielen. Für solche Kinder und für alle, bei denen das Ki zu weit in den Kopf gestiegen ist und die Verbindung zum Bauchnabel verloren hat, sind die Fußtechniken - zusammen mit der Bauchatmung - die beste Medizin. Durch das Bewegen der Beine und Füße wird das Ki wieder nach unten gezogen und der Kopf entlastet. Daher ist z.B. auch das

Spazierengehen für ältere Menschen ganz wichtig. Auch durch die Massage der Füße kann man sein Ki ausgleichen, Müdigkeit beseitigen und seine körperliche und geistige Gesundheit fördern.

Liebe Leserinnen und Leser, wenn Sie sich Ihr Leben lang wenig bewegt haben und nun vielleicht mit dem Training der Hände und Füße beginnen möchten, sollten Sie ganz langsam anfangen und erst einmal ein Gefühl für den eigenen Körper entwickeln. Achten Sie immer auf die Stimme Ihres Körpers, die Sie warnt, wenn Sie sich überbelasten oder unnatürlich bewegen. Übertriebener Ehrgeiz schadet nur. Dies gilt besonders für die Fußtechniken. Schauen Sie nicht auf andere, die ihren Fuß mühelos bis über den Kopf schwingen. Wenn man sich und andere ständig be- und verurteilt, wird das Training und das ganze Leben anstrengend. Akzeptieren Sie Ihren Körper, auch wenn Sie den Fuß vielleicht nur bis in Kniehöhe heben können. Freuen Sie sich über Ihre Bewegungen und trainieren Sie fleißig weiter für Ihre Gesundheit.

Das Ziel des Shinson Hapkido-Trainings besteht nicht darin, Rekorde zu brechen, sondern die inneren und äußeren Verhärtungen und Verspannungen abzubauen, damit die Lebenskraft besser fließen kann. Hierfür ist vor allem ein regelmäßiges Training nötig. Es ist immer besser, wenig, aber dafür regelmäßig, als viel, aber unregelmäßig zu trainieren. Achten Sie auch immer darauf, sich zu Beginn des Trainings ausreichend aufzuwärmen, zu lockern und zu dehnen. Dies können Sie mit einfachen Gymnastikübungen oder auch mit den Hand- und Fußtechniken selbst machen, indem Sie sie ganz weich und locker ausführen. Sorgen Sie auch immer für eine Ausgewogenheit von rechts und links, vorne und hinten, oben und unten, damit der Körper gleichmäßig belastet wird. Wenn eine Seite schwächer ist als die andere, sollten Sie sie solange nachtrainieren, bis das Gleichgewicht wiederhergestellt ist. Werden diese einfachen Regeln beim Training nicht beachtet, entstehen gerade die gegenteiligen gesundheitlichen Auswirkungen, nämlich Verspannungen, Schmerzen und Verschleißerscheinungen.

In der asiatischen Naturheilkunde vergleicht man die Arme und Beine gerne mit den vier Jahreszeiten. Wenn die Harmonie der vier Jahreszeiten gestört ist, gerät die ganze Natur aus dem Gleichgewicht. Ähnlich ist es mit dem Menschen. Wenn wir die Arme und Beine nicht gleichmäßig belasten, wird unser gesamter Organismus gestört. Jede äußere Fehlhaltung beeinträchtigt auch die inneren Organe und Funktionen. Andererseits zeigen sich innere Störungen auch schnell in einer äußeren Unbalance. Durch ein ausgleichendes und ausgewogenes Training der Arme und Beine können wir unsere innere und äußere Balance und Gesundheit wiederherstellen. Durch ein solches Training bekommen wir in unseren Händen und Füßen auch genug Kraft, um uns in Notfällen gegen körperliche Angriffe verteidigen zu können. Wer lange und gesund leben möchte, kann die Hand- und Fußtechniken daher gut brauchen.

유월화

Vier goldene Regeln für eine gesunde und natürliche Bewegung

Es ist gar nicht so schwer, sich gesund und natürlich zu bewegen, wenn man auf dem Weg der Mitte bleibt. Das Geheimnis des Lebens und der Gesundheit ist das Vertrauen und die Liebe zu Mensch und Natur sowie das Gleichgewicht und die Harmonie von Um und Yang. Viele Menschen aber haben ihren klaren Geist (Hanol) ebenso wie ihr inneres und äußeres Gleichgewicht verloren und kennen ihre natürliche Form und Kraft nicht mehr. Um solchen Menschen zu helfen, zu einer ausgewogenen, gesunden und natürlichen Form, Bewegung und Lebensweise zurückzufinden (nicht nur im Training, sondern auch im Alltag), werden im Shinson Hapkido vier Bewegungsregeln gelehrt:

Das Ganzheitsprinzip:

    Hap-Ki-Do: Harmonie der Kräfte untereinander und mit der Natur

Das Naturprinzip:

    Yu-Won-Hwa: Fluß-Kreis-Harmonie (fließende, runde und harmonische Bewegungen)

Das Balanceprinzip:

    Won-Bang-Ghak: Harmonie, Gleichgewicht und lebendige Stabilität

Das Rhythmusprinzip:

    Chong-Jung-Dong: Kraft in der Ruhe, Ruhe in der Kraft (Rhythmus von Spannung und Entspannung)

Hap-Ki-Do: Das Ganzheitsprinzip

Ein Meister wurde von seinem Schüler einmal nach dem Geheimnis seiner inneren und äußeren Kraft gefragt. Er antwortete: „Das ist ganz einfach: Wenn ich sitze, sitze ich. Wenn ich stehe, stehe ich. Wenn ich laufe, laufe ich." Der Schüler sagte: „Das mache ich doch auch!" Der Meister entgegnete: „Wenn du sitzt, stehst Du schon. Wenn Du stehst, läufst Du schon. Wenn Du läufst, bist Du in Deinen Gedanken schon am Ziel."

Nur wenn die drei Kräfte des Menschen (Körper, Lebensenergie und Geist) gemeinsam und natürlich fließen wie Wasser, kann man das Leben voll ausschöpfen und auch die Arbeit genießen. Das ist heutzutage durchaus keine Selbstverständlichkeit. Oft führen wir mit dem Körper irgendwelche Arbeiten aus, sind aber mit dem Geist ganz woanders. Wenn wir Körper und Geist nicht zusammen bewegen, entsteht eine „Lücke", aus der Ki herausfließen kann und durch die wir angegriffen werden können. Wir verlieren unser Ki, werden bei der Arbeit schnell lustlos und müde und sind anfällig für Krankheiten aller Art. In letzter Konsequenz bedeutet die Trennung von Körper und Geist sogar den Tod. Wenn wir unser Leben und unseren Alltag wirklich lebendig machen wollen, müssen wir Körper, Herz und Geist zusammen bewegen. Dann kann die Lebensenergie gut fließen, und wir bekommen genug Kraft und Mut, um das Beste aus unserem Leben zu machen.

Wir leben oft nicht ehrlich: wir lächeln, wenn wir schimpfen wollen, und schweigen, wenn wir schreien wollen. Ich denke nicht, daß wir unsere Gefühle immer zeigen sollten, aber wir dürfen sie auch nicht aus Angst und Scham unterdrücken. Wir müssen genug Kraft entwickeln, um so mit ihnen umzugehen, daß sie uns selbst und anderen nicht schaden. Dann können wir, obwohl wir weinen möchten, lächeln - aber nicht aus Unsicherheit oder Unaufrichtigkeit, sondern aus Mitgefühl und Liebe für andere Menschen, die wir nicht verletzen möchten. Und wenn wir schimpfen und schreien wollen (nicht um zu verletzen, sondern um uns und andere zu retten), so können wir dies auch tun - ohne lange darüber nachzudenken, ob wir wohl ausgelacht oder für verrückt erklärt werden.

„Hap-Ki-Do" bedeutet nicht nur Harmonie von Körper, Geist und Lebenskraft untereinander, sondern auch Einklang mit den Gesetzen des Lebens und des Universums. Was nützt die Harmonie der Kräfte, wenn sie für Zwecke mißbraucht wird, die der Gesundheit und dem Leben schaden? Die volle Bedeutung von Hap, Ki und Do richtet sich immer nach zwei Seiten: nach innen und nach außen. Hap bedeutet Harmonie mit sich selbst*und* mit anderen Menschen und der Natur. Ki ist die Einheit von Körper, Geist und Lebenskraft untereinander *und* der Einklang mit der Urenergie des Universums. Do ist der eigene klare Lebensweg zu Menschlichkeit und Naturliebe *und* der große Weg des Universums zurück zum Licht, von wo er gekommen ist. Hapkido ist daher ein Weg der Harmonie von innen und außen - ein Weg des Gleichgewichts und der Mitte (Jung Do).

Yu-Won-Hwa: Das Naturprinzip

Eine Bewegung ist nur dann gesund, wenn sie natürlich ist. Die Natur bewegt sich fließend (Yu), rund (Won) und harmonisch (Hwa). Wir haben jedoch im Alltag die Verbindung zur Natur und das Fließen in der Bewegung und im Herzen größtenteils verloren. Unnatürliche Bewegungen aber verursachen Schmerzen und Krankheiten. Wenn wir uns hart, eckig und gegen die Natur unseres Körpers bewegen, werden die Muskeln, Gelenke, Sehnen und Knochen überlastet und können dauerhaft geschädigt werden. Die so entstehenden Struktur- und Haltungsschäden wirken sich auch auf die inneren Funktionen aus und beeinträchtigen die Atmung, die Durchblutung, die inneren Organe und sogar den Geist. Natürliche Bewegungen aber können uns helfen, solchen Schäden vorzubeugen oder sie Schritt für Schritt wieder abzubauen.

Fließende, runde und harmonische Bewegungen sind Bewegungen, mit denen wir unser Leben und unsere Gesundheit schützen können. Dies ist nicht nur ein Prinzip der Heilkunst, sondern auch eine Grundregel der Selbstverteidigung. Alle Shinson Hapkido-Selbstverteidigungstechniken werden daher nach dem Yu-Won-Hwa-Prinzip ausgeführt:

Yu: weich mitfließen wie Wasser im Fluß
Wenn man bei einer Auseinandersetzung - ob körperlicher oder geistiger Art - Kraft gegen Kraft setzt, kann man nur gewinnen, wenn man stärker als der Angreifer ist. Klüger ist es daher, einem

Angriff zunächst sanft und fließend auszuweichen, und zwar nicht einfach nach hinten, sondern möglichst zu den Seiten, um die Angriffskraft vorbeigleiten zu lassen und von der Seite abzufangen. Wenn man festgehalten wird, folgt man der Richtung der Angriffskraft, d.h. man zieht, wenn man geschoben wird, und schiebt, wenn man gezogen wird.

Sollte ein Ausweichen nicht möglich sein, kann man versuchen, den Hauptstrom der Angriffskraft zu spalten und in kleinere, ungefährliche „Nebenflüsse" zu leiten, indem man z.B. die Hände des Angreifers zu den Seiten auseinanderzieht. Nur in sehr gefährlichen Situationen wie z.B. bei einem Messerangriff mag es erforderlich sein, den Angriff zunächst einmal abzublocken, um ein Auftreffen der Waffe auf jeden Fall zu verhindern - aber auch dann folgen fließende Bewegungen, mit denen der Angreifer soweit wie nötig außer Gefecht gesetzt wird.

Won: harmonisch im Kreis fließen

Nachdem man den Angriff von der Seite abgefangen hat, führt man ihn kurz in seiner ursprünglichen Bewegungsrichtung weiter (wobei man ihn durch Ziehen oder Schieben sogar noch verstärken kann - s.o.). Dann aber wird die Angriffskraft kreisförmig umgeleitet, indem man den Angreifer durch schwungvolle Kreis- und Drehbewegungen aus dem Gleichgewicht bringen. Wenn man sich nach außen wegdreht, schleudert man den Angreifer um sich herum bzw. von sich weg; wenn man sich nach innen hineindreht, zieht man ihn an sich wie ein Wasserstrudel.

Hwa: vereint zurückfließen

Wenn der Angreifer das Gleichgewicht verloren hat, ist er relativ hilflos und kann leicht kontrolliert werden. Seine Angriffskraft ist durch die Drehung zu einem vom Verteidiger geführten Schwung geworden. Um weitere Angriffe zu verhindern, kann man den

Angreifer nun mit einer Gegenangriffstechnik soweit wie nötig kampfunfähig machen. Bei der Gegenangriffstechnik verbindet man die Kraft des Angreifers mit der eigenen Kraft und leitet sie wieder dorthin, von wo sie gekommen ist, also auf den Angreifer zurück. Auf diese Weise kann man auch einen Angreifer überwinden, der stärker ist als man selbst.

Das Yu-Won-Hwa-Prinzip funktioniert nur, wenn man in seiner Mitte ruht und innerlich stabil ist. Von der Mitte aus können wir alle Kräfte und Bewegungen überblicken und kontrollieren. Sobald wir aber die Mitte verlieren, werden wir vom Strom der Kräfte mitgerissen und immer mehr nach außen getrieben. Wir verlieren den Halt und das Gleichgewicht und werden zum Spielball des Schicksals. Um einE MeisterIn des Lebens zu werden, müssen wir uns bemühen, zur Mitte zurückzufinden. Die Mitte ist - wie die Nabe eines Rades - gleichzeitig in Ruhe (Um) und in Bewegung (Yang). Sie ist das Zentrum der Harmonie, des Gleichgewichts, der Stabilität und der Kraft. Aus der Mitte heraus kommen alle Bewegungen ohne große Anstrengung und Mühe. Wenn wir in der Mitte ruhen, können wir handeln, ohne in unsere Handlungen hineingezogen und verstrickt zu werden. Wir brauchen nichts zu bekämpfen, denn wir können alles, was kommt, annehmen, ohne davon umgeworfen zu werden, es in eine gefahrlose Richtung wenden, ohne aus dem Gleichgewicht zu geraten, und es wieder loslassen, ohne unsere Kraft, Klarheit und Harmonie zu verlieren.

Won-Bang-Ghak: Das Balanceprinzip

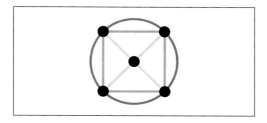

Der Kreis (Won) ist das Symbol für das Nichts (Ol) und die Einheit (Han), aus der alles entstanden ist. Das Universum und alle Lebewesen sind eins (Hanol). Der Kreis verbindet die vier Ecken des Quadrats (Bang). Die Ecken oder Seiten des Quadrats symbolisieren die vier Himmelsrichtungen, in deren Mitte sich die Erde befindet. Durch die Verbindung der vier Ecken des Quadrats mit der Mitte, d.h. durch die Verbindung von Himmel und Erde, entsteht das Dreieck (Ghak), das Symbol für den Menschen.

> **Won** steht für das Prinzip der Harmonie und Einheit, aus der alle Formen entstanden sind.
>
> **Bang** symbolisiert das Prinzip der Geburt und Entstehung der Welt mit ihrer physischen Balance und Stabilität.
>
> **Ghak** ist das Prinzip des Lebens, das durch die Schwingung von Um (Harmonie) und Yang (Stabilität, Gleichgewicht) entsteht. Es bedeutet daher „lebendige Stabilität".

Als Bewegungsprinzip hat Won-Bang-Ghak die folgende Bedeutung:

Won: Kreis, Harmonie, Himmel

Der Kreis als Symbol für die Einheit und Harmonie bedeutet in diesem Zusammenhang nicht nur, daß unsere Bewegungen rund sein sollen, sondern auch, daß sie zu unserem Körper und Charakter passen und in Einklang mit der Natur, den anderen Menschen und der Situation sein sollen. Innen und außen müssen in Harmonie miteinander sein (Jung Do). Das Himmelszentrum im Körper des Menschen ist „das dritte Auge" innen zwischen den Augenbrauen (Sang-Danjeon). Wenn das dritte Auge sich öffnet, werden wir geistig klar und frei und können und leicht und tänzerisch bewegen.

Bang: Viereck, Gleichgewicht, Erde

Das Viereck als Symbol für das Gleichgewicht lehrt uns, bei jeder Aktion im Gleichgewicht und in der Mitte zu bleiben und die Richtung unserer Bewegung klar zu machen.

Um und Yang, Körper und Geist, innen und außen, Entspannung und Spannung müssen bei jeder Bewegung im Gleichgewicht sein (Jung Do). Das Zentrum des Gleichgewichts ist der Unterbauch (Hah-Danjeon), auch die „Erdmitte des Menschen" genannt. Wenn wir in diesem Zentrum ruhen, kann uns nichts aus dem Gleichgewicht bringen. Jede innere und äußere Bewegung wird kraftvoll und stabil.

Ghak: Dreieck, lebendige Stabilität, Mensch

Das Dreieck als Symbol für den Menschen und seine lebendige Stabilität lehrt uns, eine klare, aber bewegliche (Ein-)Stellung in jeder Situation und Lebenslage zu bewahren. Nur wenn wir innerlich stabil sind, können wir uns äußerlich sicher und doch fließend bewegen. Festigkeit und Beweglichkeit gehören zusammen (Jung Do): Flexibilität ohne Stabilität wird zu Haltlosigkeit; Stabilität ohne Flexibilität wird zur Erstarrung.

Der Mensch steht zwischen Himmel und Erde und kann die Eigenschaften beider in sich vereinigen: die Offenheit, Klarheit und Freiheit des Himmels und das Gleichgewicht und die Stabilität der Erde. Das Zentrum dieser Vereinigung ist unser Herz (Jung-Danjeon: das „Herzzentrum" in der Brustmitte). Wenn dieses Zentrum geöffnet ist, sind alle inneren und äußeren Bewegungen von Kraft und Schönheit erfüllt und strahlen Klarheit und Wärme aus.

Der Mensch steht wie eine lebendige Säule zwischen Himmel und Erde. Solange er seine innere und äußere Harmonie, Balance und Stabilität bewahrt, bleiben auch Himmel und Erde klar und fest. Wenn das Herz des Menschen aber zu schwanken beginnt, erbebt die Erde und erzittert der Himmel.

Chong Jung Dong: Das Rhythmusprinzip

In der heutigen Zeit gibt es viel zuviel Spannung (Yang). Zu starke Spannung aber ist gegen die Natur und gegen das Leben. Nur wenn man das Weibliche (Um) mit dem Männlichen (Yang) verbindet, entsteht Leben (Ki). Wenn man sich keine Entspannung gönnt, wird die Spannung bald zur Verspannung und verursacht Schmerzen und Krankheiten. Wo Knochen auf Knochen reiben, entsteht eine schmerzhafte Entzündung. Eine Bewegung ohne Schmerzen ist nur möglich, wenn sich zwischen den Knochen eine weiche Knorpelschicht befindet. Weichheit und Entspannung bedeuten aber nicht Kraftlosigkeit, Trägheit und Bequemlichkeit, sondern stellen einen Zustand der Gelöstheit dar, in dem das Ki ruhig und warm durch den ganzen Organismus strömen, ihn stärken und heilen kann (Kraft in der Ruhe). Spannung bedeutet auch nicht Härte und Gewalt, sondern eine natürliche Anspannung, durch die das Ki gesteuert und für bestimmte körperliche oder geistige Arbeiten eingesetzt werden kann (Ruhe in der Kraft). Die Entspannung ist die Kraft, aus der die

Spannung hervortritt und in die sie wieder zurückkehrt. Die Spannung hat sich schnell erschöpft; das ist die „Schwäche der Stärke". Die Entspannung ist ausdauernder als die Spannung; das ist die „Stärke der Schwäche". Beides - Spannung und Entspannung - muß sinnvoll miteinander verbunden werden. Wer immer nur angespannt ist, vergeudet seine Kraft und ist bald erschöpft und ausgebrannt - aber ohne jede Anstrengung und Mühe verliert man auf die Dauer auch seine Energie und wird träge, lustlos und schwach.

In der Selbstverteidigungskunst ist die Harmonie von Spannung und Entspannung ein Grundprinzip der Bewegung. Schnell und geschmeidig bewegen können wir uns nur, wenn wir entspannt sind; eine besondere Aktion wie etwa eine Abwehr- oder Gegenangriffstechnik hingegen erfordert Kraft und Anspannung. Beim Üben der Selbstverteidigungstechniken können wir die Bedeutung dieses Prinzips am eigenen Körper deutlich erfahren und daraus auch für den Alltag lernen:

Entspannt fließen (Kraft in der Ruhe)

Beim Vorbereiten und Einleiten der Selbstverteidigungsaktionen bewegt man sich ganz locker, gefühlvoll, entspannt und fließend, wobei man durch Bauchatmung unter dem Bauchnabel Kraft sammelt.

Kraftvoll und blitzschnell fließen (Ruhe in der Kraft)

Beim Ausführen der Techniken bewegt man sich wie ein Bach, der zum reißenden Strom wird, aktiviert die volle Kraft aber erst auf dem Höhepunkt der Technik wie in einem Blitzschlag; während der gesamten Aktionseinheit (auch wenn sie aus mehreren Einzeltechniken besteht) wird ruhig und fließend ausgeatmet. Die größte Kraftentfaltung entsteht dabei in der zweiten Hälfte des Ausatmens. Im Moment des Auftreffens wird das Ausatmen der Luft oft auch unmittelbar beendet, um das Ki wie im Blitz zu entladen und der Technik eine explosive Wirkung zu verleihen.

Wieder entspannt fließen (Kraft in der Ruhe):

Beim Zurückziehen entspannt man sich und kehrt zu sanft fließenden Bewegungen zurück, um erneut Energie zu sammeln - ruhig wie das Meer nach dem Sturm.

Oft wird im Augenblick der größten Spannung oder bei der Spannungsentladung ein kurzer, aber kraftvoller Schrei ausgestoßen, den man „Kihap" nennt*. Dieser Schrei kommt - wie das Ki selbst - tief aus dem Unterbauch (Hah-Danjeon) und hilft, Körper und Geist ganz und gar zu verschmelzen. Er macht den Geist ganz wach und verursacht oft einen starken Adrenalinstoß. In echten Verteidigungssituationen kann man manchmal allein schon durch ein starkes Kihap den Angreifer aus der Fassung bringen und in die Flucht schlagen**. Aber auch von den inneren Feinden wie Aggressionen und Ängsten kann man sich durch einen lauten Schrei, der tief aus dem Inneren kommt, befreien. Die heilsame Wirkung eines solchen Schreis ist auch in der Psychotherapie anerkannt. Wie der Schrei eines Neugeborenen ist das Kihap ein Urschrei der Befreiung, nicht voller Angst, sondern voller Kraft und Selbstvertrauen. Wenn man diesen Schrei herunterschluckt, wird das Herz krank. Wer nicht schreien kann, immer nur schweigt und alles herunterschluckt, wird bald müde und schwach. Manchmal muß man sich auch Luft machen können. Ein Kihap schafft innerlich Luft, so daß das Herz wieder atmen kann. Es macht das Herz gesund und frei.

Die vier Bewegungsregeln - das Ganzheitsprinzip (Hap-Ki-Do), das Naturprinzip (Yu-Won-Hwa), das Balanceprinzip (Won-Bang-Ghak) und das Rhythmusprinzip (Chong Jung Dong) - werden in der Praxis nicht voneinander getrennt. Sie sind die vier Grundpfeiler einer natürlichen Bewegung und gesunden Lebensweise. Im Shinson Hapkido sind diese Regeln in alle Bewegungen integriert und können durch das Üben der Techniken besser verstanden und verinnerlicht werden. Wir haben im Alltag größtenteils verlernt, uns gesund und natürlich zu bewegen. Durch das Shinson Hapkido-Training aber können wir den ausgewogenen Rhythmus, die innere und äußere Einheit, Balance und Stabilität und das Fließen in der Bewegung und im Herzen wiederfinden. Wenn wir diese Erfahrung dann vom Training auf unser ganzes Leben übertragen, können wir unsere Menschlichkeit wiederfinden und auch unseren Alltag wieder frisch und lebendig machen. Fließendes Wasser wird nie faul.

   *   *Ki = Energie, Hap = Harmonie, Einheit*
  ** *Es gibt allerdings auch ein lautloses Kihap, das nur im Innern gehört wird, aber dennoch eine gewaltige Kraftausstrahlung nach außen bewirkt. Ein solches Kihap erfordert jedoch viel Übung.*

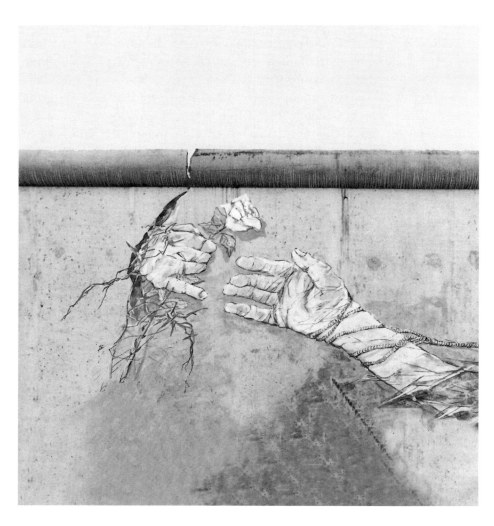

Gemälde auf der ehemaligen Berliner Mauer

Wege der inneren und äußeren Selbstverteidigung

Was ist die beste Selbstverteidigung?

Was ist die beste Selbstverteidigung? Wie kann man sein Leben und seine Gesundheit am sichersten schützen und Haß und Gewalt am wirkungsvollsten abwenden?

Diese Fragen werden mir oft gestellt. Meistens erwartet man von mir, daß ich ein paar effektive Techniken beschreibe, und ist enttäuscht, wenn ich anfange, etwas über Menschlichkeit und Do zu erzählen. Wenn ich aber nur Techniken weitergebe, bin ich wie ein Waffenhändler für den Krieg. Alle Selbstverteidigungstechniken können auch zu Mitteln der Gewalt und Ungerechtigkeit werden, wenn sie in die falschen Hände geraten. Auch wenn man sie wirklich nur in der Absicht anwendet, sich zu verteidigen, kann man anderen Menschen damit Gewalt und Unrecht zufügen. Wir sind ja umgeben von Haß und Gewalt; ist uns überhaupt bewußt, inwieweit wir schon davon infiziert sind, so daß wir für Recht halten, was in Wirklichkeit unrecht und unmenschlich ist? Wenn man die Achtung vor anderen Menschen und vor der Natur verloren hat, hält man sich leicht selbst für einen Gott, der alles kann und alles darf. Wenn ich hier nur über Techniken schreibe, unterstütze ich damit also möglicherweise auch die Gewalt. Das habe ich nicht gelernt, und das will ich auch nicht verbreiten. Ich möchte nicht für den Kampf, sondern für ein Leben in Frieden, Gesundheit und Menschlichkeit arbeiten. Auf diesem Weg bin ich auch heute noch ein Schüler und habe noch viel zu lernen. Was ich aber bisher gelernt habe, möchte ich gerne mit Ihnen teilen - jedoch nur für den Frieden und das Leben, nicht für den Kampf.

Selbstverteidigung darf niemals zu einem Mittel der Gewalt werden. Daher sollte das Erlernen der Techniken immer mit der Ausbildung der Menschlichkeit verbunden werden. Ich denke, die beste Selbstverteidigung ist nicht, zu kämpfen, sondern Frieden zu schaffen. Frieden kann man aber nicht dadurch schaffen, daß man kämpft und als Sieger Frieden verkündet. Ein Frieden, der durch Kampf entstanden ist, wird auch immer wieder durch Kampf beendet werden. Wer mit der Faust gewonnen hat, wird durch die Faust auch wieder verlieren. Wenn man aber mit Liebe und Tugend lebt, bleiben am Ende nur Liebe und Tugend.

Wenn wir Frieden haben möchten, müssen wir selbst friedlich leben und dafür sorgen, daß die Kämpfe aufhören. Das gilt auch für die Selbstverteidigung. Solange die Selbstverteidigung vom Geist des Kampfes geprägt wird, bleibt sie ein Mittel der Gewalt. Dann kann man sich mit ihr zwar wirksam gegen Gewalt verteidigen, aber sie trägt nicht dazu bei, die Gewalt abzuschaffen.

Wenn man Haß und Gewalt wirklich ein Ende bereiten will, muß man bei sich selbst anfangen, indem man seine Ängste und Aggressionen abbaut und durch aufrichtige Achtung vor sich selbst, vor anderen Menschen und vor der Natur ersetzt. Frieden kommt nicht von außen, sondern von innen, aus dem eigenen Herzen. Echte Selbstverteidigung besteht daher vor allem darin, seine inneren Feinde wie Mißtrauen, Angst, Haß und Egoismus zu besiegen und mit Helligkeit, Klarheit und Tugend zu leben. Das ist unser größter Sieg. Wenn man einem Menschen, dessen Herz und Geist voller Klarheit und Tugend ist, ein Messer gibt, möchte er niemanden damit verletzen. Wenn man ihm eine Pistole gibt, möchte er nicht damit schießen. Wer jedoch keine Achtung vor anderen Menschen und vor dem Leben hat, kann nicht klar denken, und jede Technik oder Waffe in der Hand eines solchen Menschen wird zu einem Mittel der Gewalt und Ungerechtigkeit.

Selbstverteidigung bedeutet in erster Linie, innerlich, d.h. mit sich selbst, zu kämpfen, damit alle äußeren und letztendlich auch die inneren Kämpfe unnötig werden. Irgendwann muß der Gedanke an Selbstverteidigung durch äußere Techniken ganz verschwinden. Dann bleibt nur noch die Selbstverteidigung durch innere Kraft und Ausstrahlung.

Um soweit zu kommen, braucht man ein langes Ki- und Do-Training. Es ist sehr wichtig, Ki und Do zu trainieren - nicht um zu kämpfen, sondern um innerlich klar und stabil zu werden. Mit Ki und Do kommt in Gefahrensituationen von innen die richtige Lösung für jedes Problem. Ob wir im Büro durch Worte oder auf der Straße, auf dem Bahnhof oder im Zug körperlich angegriffen werden: wir können uns wirksam und angemessen verteidigen. Wenn man Ki und Do regelmäßig trainiert, gerät man in solchen Situation nicht in Panik und verliert nicht den Kopf, sondern bekommt blitzartig eine Eingebung und weiß instinkiv, was zu tun ist. Man kann weglaufen, laut schreien oder seine Selbstverteidigungskraft ganz einfach und natürlich anwenden - ohne Angst und Brutalität. In Bruchteilen von Sekunden kann man gut reagieren, weil man seine Kraft und Klarheit nicht verliert. Ohne diese Klarheit gibt es keine effektive Selbstverteidigung. Um seinen Geist und sein Ki so klar und stabil zu machen, muß man jeden Tag trainieren - nicht zu kämpfen, sondern tief zu atmen und positiv, mutig, hell und klar zu leben. Dann bekommt man Ki und kann Do klar sehen. Ist es nicht viel zu anstrengend, jeden Tag immer nur zu kämpfen?

Selbstverteidigung und Gleichberechtigung

Heutzutage werden viele Frauenselbstverteidigungskurse angeboten. Warum gerade Frauenselbstverteidigung? Die Idee der Frauenselbstverteidigung ist sicher gut gemeint und soll den Frauen helfen. Ich aber denke, das Wort an sich ist im Grunde auch schon eine Form von Gewalt. Es besagt, daß Frauen schwach und die Opfer von Männern sind. Das Wort „Frauenselbstverteidigung" hilft den Frauen letztendlich nicht, sondern läßt sie unbewußt akzeptieren, daß sie schwach sind. Ich meine, wir sollten diesen Gedanken ganz aus unseren Köpfen verbannen. Wie müssen aufhören, zu denken, daß irgendein Mensch - besonders eine Frau - schwach ist und sich verteidigen muß. Der Gedanke, daß man sich selbst verteidigen muß, ist schon schwach und mit Angst verbunden. Mein größter Wunsch ist, daß das Wort Selbstverteidigung irgendwann aus dieser Welt verschwindet.

Ich halte es für sehr wichtig, daß die Frauen ihre Stärke erkennen und aufstehen. Was hat es aber für einen Sinn, wenn sie genauso hart und gewaltsam werden wie die Männer? Eigentlich bräuchten wir eine „Männerselbstverteidigung", welche die Männer von ihrer Härte und Brutalität befreit! Echte Selbstverteidigung muß die Menschen frei von Haß und Gewalt machen und für Frieden und Gleichberechtigung arbeiten.

Über Gleichberechtigung wird zwar viel geredet, aber in der Praxis sind wir noch weit davon entfernt. Auch in der Selbstverteidigungskunst stehen Frauen immer noch an zweiter Stelle. Mehr als 90 % aller Meister sind Männer. Solange die Selbstverteidigung und das ganze Leben nur aus Kraft, Technik und Kampf besteht, hat alles Sanfte und Weibliche nur

wenig Chancen. Es wird immer der siegen, der die bessere Technik und die größere Brutalität hat. Angst und Gewalt kann man so nicht abbauen! Die Selbstverteidigung muß sich ändern, wenn sie Leben und Gesundheit schützen und auch selbst gesund werden will.

Wenn wir Frieden finden wollen, müssen wir die verlorene Harmonie und Balance von Um und Yang wiederherstellen - im eigenen Herzen ebenso wie in der ganzen Welt. Wir müssen aufhören, die Unterschiede zu betonen, und beginnen, die Gemeinsamkeit zu sehen. Wir sind alle Menschen, ob groß oder klein, dick oder dünn, schwarz oder weiß, stark oder schwach, Frau oder Mann. Wir müssen die Achtung vor jedem Menschen und vor der Natur wiederfinden! Wenn wir das gegenseitige Verurteilen nicht beenden, werden wir immer gegeneinander kämpfen müssen. Und wenn wir immer nur trennen und verurteilen, wird die Welt irgendwann zerbrechen.

Leben und Gesundheit, so heißt es in der asiatischen Naturheilkunde, entstehen durch das Gleichgewicht und die Harmonie von Um und Yang, der weiblichen und männlichen Kraft des Universums. In der Natur sind Um und Yang in Balance und bewegen sich miteinander, nicht gegeneinander. Jeder Kampf, der in der Natur ausgetragen wird, dient nur zur Erhaltung und Entwicklung des Lebens, nicht zur Befriedigung von Egoismus und Habgier. In der Natur gibt es einen gesunden Kampf, der das Gleichgewicht der Kräfte erhält. Wir Menschen aber kämpfen für den eigenen Vorteil, beuten die Natur rücksichtslos aus und zerstören ihr natürliches Gleichgewicht.

Wir haben das eigene Gleichgewicht verloren und bewegen uns immer mehr in eine männliche Richtung. Man bringt es nur zu etwas, wenn man einen klugen Kopf, viel Geld, gute Beziehungen und genügend Rücksichtslosigkeit besitzt. Wer das nicht hat, wird an den Rand gedrängt und ausgeschlossen. Wo man auch hinschaut: in Wissenschaft, Medizin, Sport und Kunst, z.B. in der Architektur und Kochkunst, ja in unserem ganzen Leben - ob in der Schule, im Beruf oder in der Freizeit - überall zählen nur noch Leistung und Luxus, aber die weibliche Seite - das Gefühl und die Liebe des Herzens - fehlt. Jeder Mensch, ob Frau oder Mann, hat aber beide Seiten: eine weibliche und eine männliche. Der Mensch entsteht ja schließlich durch die Vereinigung von Um und Yang (Ei- und Samenzelle). Die Vereinigung und gemeinsame harmonische Bewegung von Um und Yang läßt uns leben und wachsen. Wenn Um und Yang (Körper und Geist) sich trennen, müssen wir sterben. Wenn wir dieses einfache Gesetz mißachten und immer in eine männliche Richtung gehen, arbeiten wir nicht für Frieden, Gesundheit und Leben, sondern für Gewalt, Krankheit und Tod.

Wenn wir uns selbst und die Natur wieder gesund machen wollen, müssen wir dafür sorgen, daß die weibliche Seite wieder stärker wird und gleichberechtigt neben der männlichen steht. Wenn die Welt weiter in die männliche Richtung geht, kann sie nicht überleben. Die männliche Kraft wird immer stärker, bis sie irgendwann hart und brutal wird und alles zerstört. Die Frauen müssen aufstehen, damit das Gleichgewicht wiederhergestellt wird. Aber sogar die Frauen möchten heute oft in die männliche Richtung gehen und werden auch hart und brutal. Wenn wir aber wie Menschen leben wollen, müssen wir das natürliche Gleichgewicht von Um und Yang und damit unsere volle Menschlichkeit wiederfinden!

Wie können wir Angst und Gewalt überwinden?

Jeder Mensch hat das Recht auf Leben. Und nicht nur die Menschen, sondern jedes Lebewesen hat dieses Recht! Wir meinen vielleicht, ein Wurm sei unbedeutend, weil er nicht viel Kraft hat. Aber auch ein Wurm hat das Recht zu leben. Er will leben! Er bäumt sich auf und kämpft, wenn man auf ihn tritt. Viele Menschen denken, daß man eine Mücke ruhig erschlagen kann, weil sie sticht. Aber auch die Mücke hat das Recht zu leben. Eigentlich nimmt sie nur einen kleinen Tropfen unseres Blutes, um selbst zu überleben. Es gibt aber Menschen, die nicht nur das Blut, sondern sogar den Geist anderer Menschen aussaugen. Sie haben keine Achtung mehr vor anderen Menschen und Lebewesen und saugen sie aus, bis diese umfallen. Sie wollen nur ihre eigene Gier befriedigen. Zu diesem Zweck wollen sie immer mehr Techniken und Kraft haben.

Gewalttätige Menschen suchen schwache und ängstliche Menschen. Gewalttäter wissen ganz genau, daß man heutzutage nur wenig Interesse für seine Mitmenschen hat. Daher können sie andere Menschen oft ungestört belästigen, unterdrücken und verletzen. Sie wissen, daß die meisten, die das sehen, ängstlich oder gleichgültig reagieren und sie nicht daran hindern werden. Das ist eines der größten Probleme in unserer Gesellschaft: wir haben nicht genug Interesse für unsere Mitmenschen. Um helfen zu können, brauchen wir Interesse für die Sorgen und Nöte unserer Mitmenschen. Und wenn wir Ungerechtigkeiten sehen, müssen wir mutig aufstehen und einschreiten. Dadurch zeigen wir den Gewalttätern, daß Gerechtigkeit, Gemeinschaft und Menschlichkeit noch nicht tot sind! Sogar die Gewalttäter selbst können wir auf diese Weise vielleicht noch retten und wieder in die Gemeinschaft zurückbringen. Auch sie haben nur das Gleichgewicht verloren und sind im Grunde selbst ein Opfer von Angst und Gewalt.

Jeder Mensch hat Angst - ich habe auch Angst. Aber wir dürfen angesichts von Unrecht und Gewalt nicht verzagen, weil wir sie damit immer noch stärker machen. Ich habe in meinem Lebenstraining gelernt, daß man vor Ungerechtigkeit und Gewalt keine Angst haben darf. Ich trainiere aber nicht, um mich zu verteidigen, sondern um zu leben. Wenn jemand mir, meiner Familie, meinen Nachbarn und Mitmenschen oder der Natur jedoch Schaden zufügen will, werde ich kämpfen. Ich werde nicht aufgeben, auch wenn ein Messer an meine Kehle gehalten wird.

Wenn wir in Frieden leben wollen, dürfen wir vor der Gewalt nicht die Augen verschließen. Wenn wir mit Angst wegschauen, wird die Gewalt immer noch härter und brutaler. Dann sucht und findet sie tausend Gründe, um uns anzugreifen. Die Angst zieht die Gewalt an, und die Gewalt sucht die Angst. Wenn wir uns vor der Gewalt schützen und uns gegen sie verteidigen wollen, müssen wir unsere Angst abbauen. Dazu brauchen wir eine tiefe Atmung und ein klares und stabiles Herz. Wir müssen tief atmen, stolz auf unsere Menschlichkeit sein und mutig leben.

Wenn wir Angst haben, wird unser Atem immer kürzer und flacher. Das Herz beginnt stark zu klopfen und verbraucht zuviel Energie. Um sich mit Energie zu versorgen und seine Überhitzung abzukühlen, zieht es viel Wasser aus den Nieren. Die Aufgabe der Nieren ist es, Lebensenergie aufzubauen. Das heiße Herz schluckt diese Energie und verbrennt sie. So wird die Lebenskraft immer schwächer. Der Unterleib beginnt zu zittern, der Oberkörper überhitzt und verkrampft sich, und der Blutkreislauf wird blockiert.

Wenn die Kraft im Unterbauch schwach wird, verlieren wir das Gleichgewicht und öffnen in Körper, Herz und Geist eine Lücke für Angriffe aller Art, auch für Angriffe auf unsere Gesundheit. Gesundheit hat ein einfaches Rezept: einen warmen Bauch und einen kühlen Kopf. Liebe Leserinnen und Leser, wie fühlt sich *Ihr* Körper jetzt in diesem Augenblick an? Wenn der Kopf zu heiß ist, blockiert und verbrennt er zuviel Energie, so daß der Unterleib und auch die Hände und Füße kalt werden. Wenn man ständig so lebt, kann man noch so viele Gesundheits- und Selbstverteidigungstechniken lernen - man wird nicht genug Kraft haben, um sie anzuwenden.

Um Gesundheit und Leben zu schützen, brauchen wir vor allem eine einfache und gute Atemtechnik wie z.B. die Bauchatmung. Durch Bauchatmung können wir die Energie wieder nach unten ziehen. Wenn wir diese Atemtechnik ständig anwenden, können wir unser Herz beruhigen, so daß es nicht so viel Wasser von den Nieren abzieht. Dann sind die Nieren in der Lage, ihre eigentliche Aufgabe zu erfüllen und Lebensenergie für den gesamten Organismus zu erzeugen. Wenn wir die Bauchatmung regelmäßig trainieren, lernen wir, die Energie zu kontrollieren, d.h. das Feuer nach unten zu ziehen, so daß es uns Wärme, Stabilität und Kraft gibt, und das Wasser kontrolliert nach oben steigen zu lassen, so daß wir ein klares Herz und einen kühlen Kopf bekommen.

Auch durch das Üben von Selbstverteidigungstechniken kann man natürlich lernen, seine Angst abzubauen. So ein Training sollte aber nicht den Kampf, sondern die Menschlichkeit zum Ziel haben. Wenn wir ständig für den Kampf trainieren, werden Körper und Geist hart und verstärken noch das Ungleichgewicht der Kräfte, statt es abzubauen. So ein Training schadet den Organen ebenso wie die Angst und kann der Gesundheit nicht helfen. Klarheit hingegen ist eine Quelle der Lebensenergie. Sie gibt uns Kraft, um zu wachsen und uns frei zu entfalten. Es gibt unglaublich viele Techniken, mit denen man sich verteidigen kann, und es werden immer noch mehr Techniken entwickelt - aber was nützen sie, wenn Herz und Geist nicht klar sind? Dann kann es sogar passieren, daß man aufgrund seiner Techniken noch mehr Probleme bekommt und noch stärker unterdrückt wird.

Dunkelheit zieht Dunkelheit an. Je stärker die Kampfkraft wird, desto stärker werden auch die Angreifer, mit denen man sich auseinandersetzen muß. Wir entwickeln immer noch bessere Techniken und stärkere Waffen. Gewalt und Krieg werden immer brutaler, immer unmenschlicher und immer besser organisiert. Überall schreien die Menschen nach Frieden, und überall bekämpft man den Krieg mit modernster Technik und wirksamsten Waffen! Wir haben eine perfekte Technik, aber wir haben kein Gefühl mehr! Wir sehen dem Töten und Leiden meistens gleichgültig zu und denken: „Was geht es mich an, wenn das Haus meines Nachbarn brennt?" Wir wollen nichts hören und wissen von den Schmerzen der anderen Menschen. Das ist nicht unser Problem! Wir haben Angst, die Wahrheit zu hören. Wir haben Angst, weil wir unser bequemes und sicheres Leben aufgeben müssen, wenn wir Gewalt und Krieg wirklich beenden wollen. Wir müssen kämpfen, aber nicht mit Angst, Haß und Gegengewalt, sondern mit Mut, Klarheit und innerer Kraft! Wir müssen der Gewalt den Boden unter den Füßen wegreißen! Der Boden der Gewalt ist die Angst. Die Schwachen haben Angst vor den Starken, aber auch die Starken haben Angst: Angst vor dem Leben. Sie wollen nur haben und festhalten; sie können nicht loslassen und mit dem Strom des Lebens mitfließen. Auf dem Boden der Angst wachsen Mißtrauen, Egoismus, Haß und Gewalt.

Die Angst ist wie eine Mauer in unseren Herzen. Sie verdeckt das innere Licht und macht unser Leben dunkel und stickig. Wir müssen diese Mauer abreißen, damit das innere Licht wieder leuchten kann! Das ist echte Selbstverteidigung. In vielen Selbstverteidigungskünsten werden Bruchtests geübt. Was hat es aber für einen Sinn, wenn wir zwei oder drei Steine zerschlagen können? Unser Gegner kann vielleicht vier oder fünf Steine zerschlagen, und wir haben keine Chance gegen ihn. Wir müssen lernen, die Mauer vor unserem Herzen und das Brett vor unserem Kopf zu zerschlagen! Das ist ein richtiger Bruchtest! Dann können wir mit der Klarheit unseres Geistes und der Liebe unseres Herzens alle Mauern der Angst und Gewalt abbauen! Angst, Haß und Gewalt lieben die Dunkelheit, nicht das Licht! Wer einen klaren Geist und ein helles Herz hat, kann Gefahren schon lange im voraus spüren und ihnen rechtzeitig ausweichen - oder, wenn es sein muß, sie auch beherzt und mutig durchstehen und beenden. Angst und Gewalt aber nicht nur abzuwehren, sondern ihnen auch vorzubeugen und sie letztendlich überflüssig zu machen, das ist der wahre Sinn der Selbstverteidigung.

Die Natur hat *allen* Lebewesen das Recht gegeben, zu leben und das Leben zu genießen. Wir müssen endlich wach werden und nicht nur die Menschen, sondern auch die Tiere und die Natur insgesamt respektieren! Zuallererst aber müssen wir das Vertrauen in die Natur wiederfinden! Ohne Vertrauen in die Kraft der Natur können wir keinen Frieden finden. Wenn wir Angst durch Vertrauen ersetzen, beginnt unsere eigene Lebenskraft (Ki) stark zu fließen. Dann können wir Haß mit Liebe begegnen. Dann bekommen wir Interesse und Mut für das Leben, können anderen Menschen die Hand reichen und gemeinsam mit ihnen für den Frieden arbeiten.

Wie wird die Selbstverteidigung zu einem Weg des Friedens?

Das wahre Ziel jeder Selbstverteidigung ist ein langes Leben in Frieden und Gesundheit. Frieden kann man aber nicht durch körperlichen Kampf schaffen. Wenn man in einem körperlichen Kampf gesiegt hat, kann man vielleicht eine kurzfristige Befriedigung verspüren, aber keine dauerhafte Zufriedenheit und keinen Frieden finden. Immer bleibt in Geist und Herz die Unruhe, weiterkämpfen zu müssen, und die Angst, irgendwann zu verlieren. Unbewußt wird man ständig von dem Gedanken beherrscht, sich verteidigen zu müssen.

In Frieden zu leben bedeutet, ohne Unruhe und Angst zu leben. Wenn die Selbstverteidigung für Frieden und Gesundheit arbeiten soll, dürfen auch die Selbstverteidigungstechniken nur zu diesem Zweck - und nicht für den Kampf - unterrichtet werden. Verbunden mit der Ausbildung der Menschlichkeit sind Selbstverteidigungstechniken ein ausgezeichnetes Mittel, um Ängste und Aggressionen zu überwinden, ein natürliches Selbstvertrauen aufzubauen und sich selbst (und andere) zu heilen. Sie geben uns Mut und Kraft, um sicher für den Frieden und das Leben einzustehen.

Mit Angst und Aggressionen kann man einen Kampf niemals ohne Schaden beenden, welche Techniken man auch benutzt. Im Gegenteil, der Schaden wird immer nur noch größer. Wenn man Kampf und Gewalt sicher beenden will, braucht man innere Ruhe und Konzentration sowie ein klares und starkes Ki. Dann verliert man in der Gefahr nicht den Kopf, sondern bleibt ruhig und kann angemessen reagieren. In Sekundenbruchteilen weiß man, was zu tun ist, um aus seiner gefährlichen Lage herauszukommen. Man kann weglaufen, laut schreien oder seine Techniken anwenden - aber ohne Angst, Haß und Brutalität.

Wir gehen in den Dojang (Do-Übungsraum), um die hohe Kunst der Selbstverteidigung zu lernen. Der Dojang ist aber keine Sportschule, sondern ein Ort (Jang), an dem man den Weg der Menschlichkeit und des Lebens (Do) finden und gehen kann. Wenn man dort nur äußerliche Techniken unterrichtet und lernt, hat der Dojang seine innere Bedeutung verloren und wird zu einer einfachen Sportschule. Do ist die Wurzel der Menschlichkeit und des Lebens! Wenn man in der Kampfkunst nur körperliche Techniken ohne Do unterrichtet, nimmt man in Kauf, daß man einem Verbrecher ein Messer in die Hand drückt.

Es gibt heute sicherlich viele LehrerInnen, die Do unterrichten - nicht nur in der Kampfkunst, sondern auch in anderen Künsten und natürlich auch im Sport. Mit Do kann man allerdings kein Geschäft machen. Do und Menschlichkeit kann man nicht kaufen oder verkaufen. Das größte Gewaltproblem ist heutzutage, daß wir denken, wir könnten alles kaufen und verkaufen. Sogar Gesundheit, Achtung und Liebe! Wir arbeiten, um Geld zu verdienen, und mit dem Geld wollen wir uns Gesundheit, Achtung und Liebe kaufen. Das ist ein sehr gefährlicher Gedanke, der unweigerlich zur Gewalt führt. Überall ist die Gewalt eingedrungen und übernimmt mehr und mehr die Kontrolle. Die Liebe degradiert sie zur Sexualität, die Achtung zur Anbetung von Luxus und Leistung, die Heilkunst zu einem Geschäft mit Drogen und Organen. Liebe und Organe, geraubt von anderen Menschen, kann man heute auf der Straße kaufen! Das ist unmenschlich!

Ich habe nicht so viel Ahnung von Selbstverteidigung. Aber ich weiß eins: wir müssen aufhören, Techniken zu verkaufen! Es gibt viele gute LehrerInnen, die nur Menschlichkeit unterrichten und keine Techniken verkaufen, obwohl sie Hunger leiden. Aber viele MeisterInnen verkaufen sich und ihre Techniken und unterstützen damit die Gewalt. Sie haben nicht viel Interesse, Achtung und Liebe für die Menschen. Sie verkaufen Techniken, je härter und sensationeller, desto besser. Spitzenleistung und Action sind gefragt. Damit läßt sich Geld und Ruhm verdienen. In vielen Selbstverteidigungskünsten wird Do, der Weg des Lebens und der Menschlichkeit, zwar gelehrt, aber nicht praktiziert. Man trainiert nicht für das Leben, den Frieden und die Gleichberechtigung, sondern für Kampf und Sieg.

Meistens stellt man sich beim Trainieren der Selbstverteidigungstechniken vor, wie man einen Angriff effektiv abwehren kann. Körper, Herz und Geist beschäftigten sich ständig mit gewaltsamen Fantasien. Dies geschieht übrigens nicht nur in der Selbstverteidigung: wo wir auch hinschauen - im Fernsehen, im Kino, in den Zeitungen - überall herrscht der Geist der Gewalt. Die Welt ist voller Gewalt, weil die Köpfe und Herzen der Menschen voller Gewalt sind. Wir gestalten die Welt mit der Kraft unseres Herzens und Geistes. Warum konzentrieren wir uns auf die Dunkelheit statt auf das Licht? Wenn wir uns immer vorstellen, wie wir uns bei Angriffen verteidigen, indem wir schlagen, treten, hebeln etc., rufen wir unbewußt solche gewaltsamen Situationen herbei. Irgendwann möchten wir vielleicht sogar selbst einmal ausprobieren, wie wirkungsvoll unsere Selbstverteidigungstechniken sind, und begeben uns bewußt oder

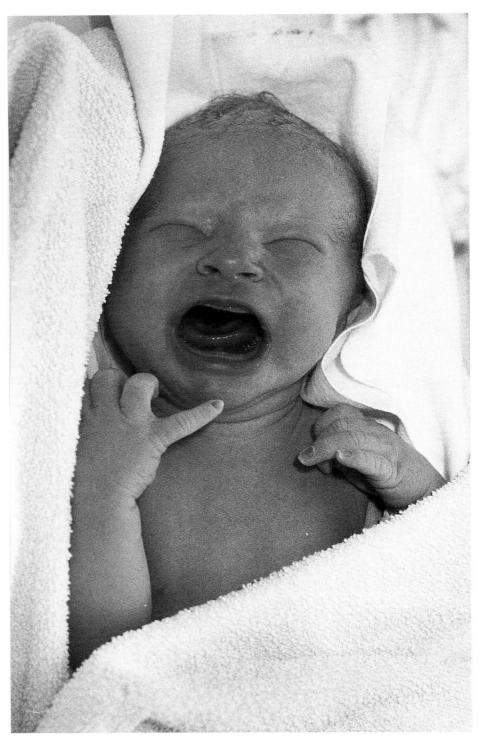

unbewußt in gefährliche Situationen.

Selbstverteidigung und Kampfkunst sind wie ein scharfes Messer: man kann jemanden damit verletzen, oder man kann es benutzen, um Kartoffeln zu schälen, Gemüse zu putzen und für die Menschen ein gesundes Mahl zuzubereiten. Es ist allein unsere Entscheidung, was wir damit machen! Wenn wir die Selbstverteidigung als Kampf trainieren, ist sie ein Mittel der Gewalt. Wenn wir sie als Weg zu Gleichberechtigung und Frieden trainieren, ist sie ein Mittel der inneren und äußeren Heilung.

Selbstverteidigung im Alltag

Wenn man sich schwach fühlt, braucht man Mut. Wenn man sich stark fühlt, braucht man Demut - dann sind Um und Yang im Gleichgewicht. Liebe Leserinnen und Leser, bitte denken Sie niemals, Sie seien schwach. Wenn Sie das bisher gedacht haben, sollten Sie sich bemühen, diese negative Einstellung durch eine positive zu ersetzen. Sagen Sie sich: „Ich werde stark" oder „Ich bin stark". Das ist das erste und wichtigste Training zur inneren Heilung und Selbstverteidigung. Sie müssen sich hierbei viel Mühe geben, denn die jahrelangen negativen Denkgewohnheiten sind oft sehr hartnäckig. Negative und schwache Gedanken und Gewohnheiten sind wie ein Sog, der Sie unweigerlich in den Strudel der Angst und Gewalt zieht, wenn Sie sich nicht energisch daraus befreien.

Wenn man immer unzufrieden und ängstlich lebt, fügt man sich selbst geistig Gewalt zu und macht sich kaputt. Außerdem ruft man Mißgeschicke, Krankheiten und Gewalt von außen herbei. Gewalttäter suchen schwache Menschen! Haß und Gewalt lieben die Dunkelheit, nicht das Licht. Daher ist es so wichtig, Herz und Geist hell und klar zu machen. Bitte hören Sie auf, sich selbst zu verurteilen! Ob Sie dick oder dünn, stark oder schwach, jung oder alt sind - sagen Sie „ja" zu sich selbst als Mensch. Wie Ihr Leben auch aussieht - machen Sie es sich zur Gewohnheit, mutig zu leben. Sagen Sie sich „Das kann ich!", dann ist der schwerste Schritt schon getan.

Ob Sie auf die Straße oder in den Park gehen, mit der Bahn fahren, in der Schule, im Büro oder im Restaurant sitzen - überall können Sie in gefährliche oder gewaltsame Situationen geraten. Überall kann es passieren, daß Sie belästigt oder unterdrückt werden. Trotzdem sollten Sie nicht in ständiger Angst vor solchen Situationen leben. Wenn man sich im Geiste immer mit allen möglichen Gefahren beschäftigt, verliert man sein Selbstvertrauen und seine Klarheit. Man bekommt immer mehr Angst vor anderen Menschen und sogar vor dem Leben selbst. Dann kann man auch nicht mehr gut reagieren, wenn man tatsächlich in Gefahr gerät. Angst und Aggressionen blockieren die Reaktionsfähigkeit, so daß man wie gelähmt ist oder die Beherrschung verliert. Nur Mut und Klarheit kann in solchen Fällen helfen.

Wenn Sie im Alltag angesprochen werden, müssen Sie ganz klar „ja" oder „nein" sagen. Viele Menschen können nicht richtig „nein" sagen. Sie unterdrücken ihre wahren Empfindungen, und wenn sie dann doch irgendwann „nein" sagen, ist dieses Wort voller Schärfe, Aggressionen und Angst. Wenn man innerlich klar ist, kann man ganz ruhig und deutlich „nein" sagen, ohne sich selbst und andere damit zu verletzen. Gewalt entsteht oft dann, wenn man seine Meinung nicht ganz klar zum Ausdruck bringt. Unklarheit ist ein Zeichen von Schwäche und eine Lücke in der inneren Haltung, durch die man angegriffen werden kann. Wenn Sie z.B. auf der Straße gegen Ihren Willen angesprochen werden, bleiben Sie mutig stehen, schauen Sie Ihr Gegenüber klar an und sagen Sie deutlich „nein". Haben Sie dabei keine Schuldgefühle. Sie haben das Recht auf Leben, auf Freiheit und auf eine eigene Meinung! Wenn Sie Unruhe oder Angst aufsteigen spüren, atmen Sie tief durch, um Herz und Geist ruhig und klar zu machen. In meiner Heimat sagt man: „Wenn man dreimal tief atmet, kann man einen Mord verhindern." Durch tiefes Atmen können Sie nicht nur die eigene „Mordswut" oder „Mordsangst" beherrschen, sondern auch einem Angreifer klar zu verstehen geben, daß er mit Ihnen nicht machen kann, was er will.

Ein ruhiges Herz und eine klare Konzentration sind nicht nur in der Selbstverteidigung, sondern im ganzen Leben von größter Wichtigkeit. Wenn man die Ruhe und Konzentration einbüßt, zerstreut sich die Energie, und man verliert seine innere und äußere Kraft. Wenn man keine Kraft mehr hat, beginnen die Beine zu zittern, und man kann sich nicht mehr gut verteidigen. Man kann sich nicht schützen, indem man ein ängstliches Gesicht macht oder sich zitternd zurückzieht. Im Gegenteil, das bereitet den Gewalttätern Spaß und macht sie noch brutaler. Jeder Angreifer ist aber auch nur ein Mensch. Er hat auch Angst und überlegt es sich gut, ob er jemanden angreift, der klar und ordentlich dasteht, natürlich atmet und einen festen Blick hat. Mit Klarheit und Sicherheit kann man die Energie des Angreifers schwächen und ihn vertreiben. Wenn Sie trotzdem belästigt werden oder wenn jemand versucht, Sie anzufassen, werden Sie nicht nervös, sondern machen Sie Ihre Meinung weiterhin ganz klar - mit Worten und mit Ihrer Körpersprache. Sagen Sie deutlich Ihre Meinung und entfernen Sie sich dann möglichst rasch aus der Gefahrsituation. Das ist meistens die sicherste Selbstverteidigung.

Meine SchülerInnen haben mich einmal gefragt, was sie denn tun sollen, wenn sie einmal in Situationen geraten, in denen körperliche Selbstverteidigungstechniken nicht weiterhelfen. Ich habe geantwortet, sie sollten dem Angreifer deutlich in die Augen schauen, aus dem Unterbauch Kraft schicken und laut schreien. So ein Geschrei ist ungewohnt, versetzt dem Gegner oft einen Schreck und bringt ihn aus dem Konzept. Wenn man in einer Gewaltsituation seine Meinung - auf welche Weise auch immer - klar zum Ausdruck bringt, hat man oft schon gewonnen. Wenn man nicht schreien kann, ist das ein Zeichen dafür, daß man ängstlich ist und ein schwaches Herz hat. Solche Menschen können im Leben ihre Meinung auch oft nicht richtig sagen und haben es sich zur Gewohnheit gemacht alles herunterzuschlucken. Irgendwann werden dann Körper, Herz und Geist schwach und krank. Energisch zu schreien oder seine Meinung klar zu sagen ist eine gute Übung, um Körper, Herz und Geist zu stärken.

Liebe Leserinnen und Leser, wenn Sie auch immer alles herunterschlucken und in sich hineinfressen, gehen Sie doch einmal in die Natur und schreien Sie alles heraus, was Ihr Herz bedrückt. Schreien Sie auch beim Meditieren und Beten einmal heraus, was Ihnen tief im Inneren so weh tut. Dann wird Ihr Herz bestimmt viel freier und Ihr Leben etwas lockerer. Ist das nicht menschlich? Wenn man schreien will, sollte man schreien, wenn man schimpfen will, sollte man schimpfen, wenn man lachen will sollte man lachen - aber ohne seinen tiefen Atem und seine innere Klarheit dabei zu verlieren! Das ist ein erster Schritt zur Befreiung, Selbstverteidigung und Heilung. Wenn man mit dieser Einstellung die Techniken lernt, kann man in jeder Situation klug und mutig reagieren und ohne Angst leben.

Su: Das Gesundheits- und Selbstverteidigungstraining im Shinson Hapkido

Wenn Sie das Wort „Selbstverteidigung" hören, denken Sie wahrscheinlich zuerst an Techniken, mit denen man sich vor körperlicher Gewalt schützen kann. Das ist aber nur *eine* Bedeutung der Selbstverteidigungskunst. Körperliches Training ist immer auch inneres Training, und daher können alle äußeren Selbstverteidigungstechniken auch helfen, eine andere Art von Angreifern abzuwehren, z.B. Krankheiten, welche die Gesundheit von Körper und Geist bedrohen, und negative Kräfte, die das innere Gleichgewicht und den inneren Frieden stören.

Shinson Hapkido enthält eine Vielzahl von Befreiungs- und Selbstverteidigungstechniken (Su-Techniken), mit denen man lernen kann, sich vor äußeren *und* inneren Angriffen zu schützen bzw. gut damit umzugehen. Diese Techniken werden im Shinson Hapkido aber nicht für den Kampf, sondern nur zum Schutz von Leben und Gesundheit und zur Entwicklung von innerem und äußerem Frieden unterrichtet. Alle Su-Techniken basieren auf den Lehren der Naturheilkunde und richten sich nach den vier Regeln für eine gesunde und natürliche Bewegung. Beim Üben der Su-Techniken kann man diese Regeln ganz praktisch anwenden und sie dadurch leichter verstehen und verinnerlichen.

Die Su-Techniken können von jung und alt erlernt werden. Die meisten Bewegungen lassen sich auch so abwandeln, daß sie sich ebenfalls für Behinderte eignen. Beim Üben der verschiedenen Su-Techniken (Ziehen, Schieben, Drücken, Drehen, Hebeln, Werfen usw.) werden die Muskeln und Gelenke gelockert, massiert und gekräftigt, und durch das Drücken der Energiepunkte wird der Ki- und Blutkreislauf im ganzen Körper reguliert. Auch die mit den Punkten und Meridianen verbunden inneren Organe werden dadurch gestärkt. So wird der gesamte Organismus aktiviert und gesund erhalten. Im Notfall kann man sich mit diesen Techniken auch wirksam gegen Angriffe verteidigen und aus Haltegriffen befreien.

Die Su-Techniken bestehen gewöhnlich aus drei Elementen (Yu-Won-Hwa):
- einer weich fließenden Ausweich-, Abwehr- oder Lösetechnik, mit der man einen Angriff zunächst einmal entschärft. Man folgt dem Strom der Angriffskraft und leitet ihn fließend an sich vorbei bzw. spaltet ihn

in kleine „Bäche" auf, oder man befreit sich mit fließenden und drehenden Bewegungen aus einem Haltegriff (Yu);
- einer harmonisch fließenden Drehbewegung, mit der man die Angriffskraft kreisförmig umleitet und von sich wegschleudert oder wie in einem Strudel an sich zieht, wodurch der Angreifer aus dem Gleichgewicht gebracht wird (Won);
- einer dynamisch fließenden Gegenangriffstechnik, mit der man den Angreifer soweit wie unbedingt erforderlich außer Gefecht setzen. Hierbei verbindet man die umgeleitete Angriffskraft mit der eigenen Kraft und lenkt sie auf den Angreifer zurück, und zwar besonders auf dessen Schwachstellen (Gelenke, Nervenpunkte, „Lücken" in der Haltung u.a.). So kann man auch einen Gegner überwinden, der stärker ist als man selbst (Hwa).

Die Su-Techniken gleichen den Zügen in einem Schachspiel. Sie erfordern Klarheit über den Weg und das Ziel der Aktion (Do), vereinte innere und äußere Kraft für die Planung und Durchführung (Ki) und eine gute innere und äußere Koordination und Einheit (Hap). Auch ohne den ausgewogenen Rhythmus von Entspannung und Spannung (Chong Jung Dong) und ohne Harmonie, Gleichgewicht und Stabilität (Won-Bang-Ghak) funktionieren diese Techniken nicht.

Eine Besonderheit von Shinson Hapkido besteht darin, daß Heiltechniken wie z.B. die Akupressur in die Bewegungstechniken miteinbezogen werden. Durch das Drücken der sensiblen Energiepunkte im Körper des Menschen können Beschwerden wie Müdigkeit, Kopf- und Rückenschmerzen, Kreislaufstörungen etc. beseitigt und Krankheiten gelindert oder gar geheilt werden. Im Notfall, wenn man angegriffen wird, kann man aber durch einen festen Schlag auf diese Punkte den Energie- und Blutkreislauf des Angreifers unmittelbar unterbrechen und einen Schock auslösen, der die Funktion der mit dem jeweiligen Punkt verbundenen Organe nachhaltig stört. Da ein starker Schlag auf die Punkte jedoch sehr gefährlich ist, darf man diese Technik nur in echter Notwehr anwenden. Im Shinson Hapkido-Training werden die Punkte immer nur gedrückt, wobei ein leichter bis mittelstarker Druck den Kreislauf reguliert und wie eine Massage für die inneren Organe wirkt, während ein fester Druck Energieblockaden, Schmerzen und Verspannungen beseitigen und sogar chronische Krankheiten abbauen kann. Schlagtechniken dürfen nur ohne Kontakt oder mit einem ganz leichten, gut kontrollierten Kontakt geübt werden! Das Erlernen und anfängliche Trainieren der Akupressurtechniken (Jie-Abb Sul) wird im Shinson Hapkido immer von erfahrenen LehrerInnen beaufsichtigt, welche die Lage und Wirkungsweise der Punkte genau kennen und Fehler beim Üben gleich korrigieren können. So lernen die Shinson Hapkido-SchülerInnen beim Üben der Bewegungstechniken eine einfache Methode der Naturheilkunde kennen, mit der sie sich selbst und andere schützen und heilen können.

Im Shinson Hapkido werden die Su-Techniken nur als ein Weg zu Gesundheit, Ausgeglichenheit und Harmonie mit der Gemeinschaft trainiert - ohne Angst, Aggressionen und Gewaltfantasien. Durch ein langes und geduldiges Üben der Su-Techniken können wir die Naturgesetze besser verstehen, unseren eigenen natürlichen Charakter wiederfinden und unsere Menschlichkeit ausbilden. Für die Selbstverteidigung dürfen sie nur in Notwehrsituationen benutzt werden. Die Shinson Hapkido Su-Techniken sind wie natürlich fließendes Wasser und können im Notfall zu einer sehr scharfen Waffe werden. Die Kraft der Natur kann alle unnatürlichen Kräfte vernichten. Wasser kann auch den stärksten Damm sprengen. Es reißt fort, was zu schwach ist, und bricht, was zu hart ist. Wer nicht mit dem Naturprinzip zusammen fließt, kann großen Schaden erleiden.

Beim Üben der Techniken lernt man, im Umgang mit anderen Menschen äußerlich weich und flexibel zu reagieren, dabei aber innerlich klar und stabil zu bleiben. Das Su-Training lehrt, auch in ungewohnten und schweren Situationen oder in Überraschungsmomenten nicht aufzugeben, sondern Gelassenheit und Klarheit zu bewahren, beweglich zu bleiben, die Sache in die Hand zu nehmen und mit Herz und Klugheit in eine positive Richtung zu lenken.

Beim Su-Training können wir lernen, auf die Aktionen einer Partnerin oder eines Partners beherzt und angemessen, statt ängstlich oder hart zu reagieren. Wie alle Partnerübungen sind die Su-Techniken auch ein ausgezeichnetes Mittel, um sich selbst und sein Gegenüber besser kennenzulernen. Wenn zwei Menschen miteinander trainieren, ist einer der Spiegel des anderen. Beim Umgang mit der Partnerin oder dem Partner treten die Ecken und Kanten des Körpers und Charakters meistens noch deutlicher zutage als bei den Einzelübungen. Beide Seiten mögen sich zunächst fühlen wie kantige Steine, die hart aneinanderreiben. Jeder hat seine Zu- und Abneigungen, Ängste, Verspannungen und Verhärtungen, die alle Bewegungen unharmonisch und oft sogar schmerzhaft machen. Solange wir uns beim Su-Training nicht bemühen, etwas weicher und runder zu werden, die inneren Mauern abzubauen und auf unser Gegenüber einzugehen, können die Techniken nicht harmonisch fließen. Das Training macht dann auch nur wenig Spaß, und man kann sich leicht dabei verletzen. Nur wenn wir unser Herz öffnen, können wir das eigene Ki fließen lassen und es mit dem Ki der Partnerin oder des Partners verbinden. Dann können wir lernen, gemeinsam zu fließen, in der Bewegung miteinander zu verschmelzen und uns zusammen leicht und freudig zu bewegen wie bei einem Tanz. So reiben sich beim Üben der Su-Techniken die beiden kantigen Steine aneinander, schleifen sich ab und polieren sich gegenseitig, bis sie rund sind wie Flußkiesel und glänzen wie Edelsteine.

Konkurrenz kann das Wachstum und die Entwicklung fördern, aber heutzutage gibt es fast überall nur noch eine sehr ungesunde Konkurrenz, bei der man nicht mehr miteinander für das gemeinsame Wohl, sondern gegeneinander um die Vorherrschaft und für den eigenen Vorteil kämpft. Unterschwellig herrschen daher Angst und Mißtrauen in unserer Gesellschaft - vor allem Angst davor, ausgenutzt, mißbraucht und dann einfach weggeworfen zu werden. Angst auch vor dem Kontakt mit anderen Menschen. Ein solches Leben macht sehr einsam. Vor den Menschen Angst zu haben bedeutet, vor dem Leben Angst zu haben. Die Menschen zu lieben heißt, das Leben zu lieben. Das Leben zu lieben heißt, die Natur zu lieben. Ohne Vertrauen und Liebe zwischen den Menschen und gegenüber der Natur wird es niemals Frieden geben.

Ich denke, daß die Su-Übungen in der heutigen Gesellschaft einen wichtigen Beitrag für den Frieden leisten können. In vielen Kampfkünsten lernt man, Abstand zu halten und sich nicht anfassen zu lassen. Dadurch wird man sehr kalt und hart. Durch das Shinson Hapkido-Training aber sollte man eine Ausstrahlung entwickeln, die ganz warm und weich ist, die jeder gerne spürt und umarmt. Beim Üben der Su-Techniken können wir lernen, andere Menschen wieder ohne Angst zu berühren und uns ohne Angst von ihnen berühren zu lassen. Der Kontakt zwischen Menschen sollte wie eine gute Su-Übung sein: Man begegnet sich mit offenem Herzen, reicht sich vertrauensvoll die Hände, bewegt sich harmonisch miteinander und läßt sich sanft und unverletzt wieder los.

Wenn wir unser Herz öffnen, können wir uns ohne Angst treffen, miteinander lachen und weinen, und uns ohne Bitterkeit wieder trennen. Dann können wir uns entspannen, wieder zusammen atmen und in Frieden miteinander leben. Dann kann unser Körper, unser Herz und die ganze Welt wieder gesund werden. Im Training wie auch im Alltag sollten wir aber nicht darauf warten, daß die anderen Menschen auf uns zukommen und uns die Hand reichen, sondern wir müssen selbst den ersten Schritt machen, uns öffnen und das Eis im Herzen der Menschen durch die Wärme unseres eigenen Herzens zum Schmelzen bringen!

Techniken zur Heilung und Selbstverteidung aus dem Programm von Shinson Hapkido

Liebe Leserinnen und Leser, die nachfolgenden Techniken und Fotos stammen aus dem Shinson Hapkido-Unterricht, in dem Frauen und Männer, jung und alt, gleichberechtigt miteinander - nicht gegeneinander! - trainieren. Sie proben keine Gewaltsituationen, sondern lernen, harmonisch miteinander umzugehen und sich gemeinsam für das Leben und die Gesundheit zu bewegen. Leben und Gesundheit entstehen nur durch die Gemeinschaft und Harmonie von Um und Yang.

Wurftechnik: Ki fließen lassen

Ausgangssituation:

IhrE PartnerIn (P) faßt Sie mit links am rechten Handgelenk oder Ärmel und zieht.

Lösetechnik:

- Atmen Sie tief, sammeln Sie Kraft im Unterbauch und schicken Sie Ki in die Hände, bis in die Fingerspitzen (Hände öffnen und zu „Fächerhänden" spreizen); schauen Sie P in die Augen, behalten Sie P dabei aber ganz im Blick.
- Mitfließen (Yu):
Folgen Sie P's Ziehen, indem Sie zwei Schritte vorwärts gehen: setzen Sie zuerst den rechten Fuß außen neben P's linken Fuß und machen Sie dann noch einen Schritt mit links vorwärts, außen an P vorbei.
- Drehen (Won):
Führen Sie die festgehaltene Hand im Halbkreis in Laufrichtung hoch und drehen Sie sich unter P's Achsel um 180° nach rechts. Beugen Sie dabei beide Knie, so daß Sie in einer tiefen Reiterstellung stehen. Drehen Sie Ihre Hand ebenfalls nach rechts, so daß der Daumen nach unten zeigt. Dadurch wird P's Handgelenk verdreht, und der Spalt zwischen P's Daumen und Zeigefinger öffnet sich, so daß Sie Ihre Hand herausziehen können.

1

2

3

4

5

6

7

- Zusammenfließen (Hwa):
  Führen Sie mit der rechten Hand den angefangenen Kreis schwungvoll weiter, indem Sie die Hand kreisförmig bis vor Ihren Unterbauch ziehen. Dadurch wird P aus dem Gleichgewicht gebracht und fällt ins Leere.

Prinzip:

Beim Autofahren ist die ganze Bewegungsenergie nach vorne gerichtet. Wenn man aber plötzlich bremst, kann die Energie nicht sofort anhalten, sondern fließt weiter, so daß man nach vorne fällt. Dieses Prinzip wenden Sie hier an. P's Zugkraft ist nach hinten gerichtet. Durch das Mitfließen (Yu) verstärken Sie diese Kraft noch. Durch das Drehen (Won) lenken Sie die Kraft abrupt, aber ohne große Anstrengung, in die entgegengesetze Richtung und übernehmen die Kontrolle (Hwa). P kann diesem plötzlichen „Bremsen" nicht so schnell folgen, verliert das Gleichgewicht und fällt ins Leere. Um feste Körper miteinander zu verbinden, braucht man Wasser. Atmen Sie daher während der gesamten Technik fließend aus. Nur wenn Ihr Atem und Ihr Ki wie Wasser fließt, können Sie mit einem anderen Menschen in der Bewegung verschmelzen.

Hebeltechnik: den Ki-Fluß schließen und öffnen (Innenhandgelenkhebel)

Ausgangssituation:

IhrE PartnerIn (P) greift mit links von oben Ihres rechtes Handgelenk und zieht.

Lösetechnik:

- Schicken Sie Ki vom Unterbauch in Ihre Hände (vgl. 1. Technik).
- Schwingen Sie die rechte Hand kurz nach innen, dann nach außen und umfassen P's Handgelenk von außen (der eigene Daumen weist nach unten). Fassen Sie gleichzeitig mit links von oben in P's Hand (Hebelgriff, siehe Foto).
- Verdrehen Sie P's Hand gegen P's Unterarm, indem Sie Ihre eigenen Händen gegeneinander nach außen verdrehen und P's Hand nach innen (auf P zu) drücken.
- Lösen Sie dann den Hebel wieder und lassen Sie P los.

1

2

3

4

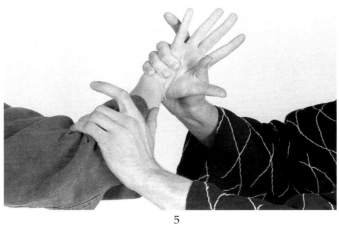

5

Prinzip:

An der Innenseite der Handgelenke befinden sich einige sehr sensible Akupressurpunkte; der empfindlichste Punkt in diesem Bereich ist Yang Gye (Di 5). Durch den Hebel wird der Energiefluß in den Handgelenk-Punkten und den dazugehörigen Meridianen blockiert. Im Training kann man durch leichtes Hebeln den Energiefluß anregen (Pumpeffekt durch das Schließen und Öffnen der Energiebahnen). In Notwehr aber kann man diese Technik auch zur Verteidigung benutzen, indem man den Ki-Fluß beim Angreifer durch einen starken Hebel völlig blockiert.

Außenhandgelenkhebel

Ausgangssituation:

IhrE PartnerIn (P) greift mit links von oben Ihren rechten Arm oder Ärmel in Ellenbogenhöhe und zieht oder schiebt.

Lösetechnik:

- Schicken Sie Ki vom Unterbauch in Ihre Hände (vgl. 1. Technik).
- Drücken Sie Ihre freie (linke) Hand von oben fest auf P's Hand, so daß P nicht mehr loslassen kann.
- Winden Sie dann Ihren rechten Unterarm von außen über P's Arm, und fassen Sie mit der rechten Hand auf Ihren eigenen linken Ellenbogen oder Unterarm (P's Hand einklemmen).
- Wenn P zieht, gehen Sie mit dem rechten Fuß einen Schritt vorwärts; wenn P schiebt, setzen Sie den linken Fuß einen Schritt nach hinten. Drehen Sie dabei Ihre rechte Schulter leicht nach innen und drücken Sie sie etwas nach vorne herunter. Dadurch wird P's Handgelenk stark gehebelt.
- Lösen Sie dann den Hebel und lassen Sie P wieder los.

Prinzip:

Wie bei Technik Nr. 2, jedoch unter Benutzung der Akupressurpunkte an der Außenseite des Handgelenks, z.B. Yang Gok (Dü 5) und Shin Mun (H 7).

1

2

3

4

5

Drehhebel

Ausgangssituation:

IhrE PartnerIn (P) greift mit rechts Ihr rechtes Handgelenk von innen oder hält Ihre Hand wie bei einer Begrüßung fest.

Lösetechnik:

- Fassen Sie P's rechtes Handgelenk mit rechts von innen (Ihr Daumen liegt oben) bzw. halten Sie P's Hand ebenfalls fest.
- Setzen Sie den rechten Fuß außen neben P's rechten Fuß und drehen Sie sich nach links, so daß Ihr Rücken zu P gekehrt ist.
- Drücken Sie P's Hand mit rechts zu Ihrer rechten Hüfte und fassen Sie mit links hinter Ihren Rücken ebenfalls P's Hand.
- Drehen Sie sich ruckartig aus der Hüfte noch weiter nach links; setzen Sie dabei dem linken Fuß einen Schritt nach hinten; dadurch wird P's Handgelenk stark verdreht und gehebelt.
- Lösen Sie den Hebel und drehen Sie sich im Uhrzeigersinn wieder in Ihre Ausgangsgposition zurück.

Prinzip:

vgl. Technik Nr. 2 und 3.

1

2

3

4

Akupressurtechnik: Ki-Punkte pressen

Energiepunkte:

- **Guk Chon:** 1. Punkt auf dem Herzmeridian, unter der Achsel.
  Durch das Stimulieren dieses Punktes (z.B. durch Massieren und Drücken) kann man Herzbeschwerden vorbeugen oder heilen und Schmerzen im Brust-/Rippenbereich beseitigen. Wenn man im Notfall aber auf diesen Punkt fest schlägt, bekommt das Herz einen Schock, und vom Brust-/Rippenbereich strahlen starke Schmerzen bis in den ganzen Arm aus.
- **Yom Chon:** 23. Punkt auf dem Schattenmeridian, zwischen Kinn und Kehlkopf.
  Dieser Punkt wird bei Sprachstörungen und Taubheit in der Zunge behandelt. In Notwehr kann man durch einen starken Schlag auf diesen Punkt den Energiefluß vom Hals in den ganzen Körper blockieren und das Sprachzentrum lähmen.

Ausgangssituation:

IhrE PartnerIn (P) hält Sie mit links an der rechten Schulter fest.

Lösetechnik:

- Schicken Sie Ki vom Unterbauch in Ihre Hände (vgl. 1. Technik).
- Setzen Sie den linken Fuß vor. Stoßen Sie gleichzeitig mit den Fingerknöcheln oder Fingerspitzen der rechten Hand auf den Punkt „Guk Chon" unter P's Achsel und führen Sie mit der anderen Hand einen Sichelstoß (Stoß mit der Spanne zwischen dem gespreizten Daumen und Zeigefinger) gegen den Punkt „Yom Chon" oberhalb des Kehlkopfes aus.

Prinzip:

Im Shinson Hapkido werden Akupressurtechniken nur zur Erhaltung und Stärkung der Gesundheit unterrichtet und trainiert. Sie werden daher ohne Kontakt oder nur mit einem ganz leichten Kontakt, der für die PartnerInnen wie eine Gesundheitsmassage wirkt, ausgeführt. Durch das Üben dieser Techniken lernt man, Ki in die Hände zu schicken und auf andere Menschen zu übertragen. Nur in Notwehr dürfen diese Techniken zur Verteidigung benutzt werden.

1

2

3

4

5

Kombinierte Hebel- und Akupressurtechnik

Energiepunkt:

- **Chog Taeg:** 5. Punkt auf dem Lungenmeridian, an der Außenseite der Ellenbeuge.
  Die Behandlung dieses Punktes mit Akupressur, Akupunktur oder Moxa dient zur Vorbeugung und Behandlung von Husten, Bronchialbeschwerden, Angina, Fieber und Schmerzen im Arm. Wenn man in Notwehr diesen Punkt aber stark drückt, verliert der ganze Arm plötzlich alle Kraft und schmerzt vom Zeigefinger bis zur Brust.

Ausgangssituation:

IhrE PartnerIn (P) will Sie mit der rechten Hand greifen.

Verteidigungstechnik:

- Weichen Sie mit einem Vorwärtsschritt (rechts) nach rechts vorne aus.
- Fassen Sie P's rechtes Handgelenk mit rechts von innen und ziehen sie es nach rechts unten.
- Umfassen Sie mit links P's rechten Ellenbogen und drücken Sie mit dem linken Daumen auf den Chog Taeg-Punkt an der Außenseite von P's Ellenbeuge.
- Setzen Sie das linke Bein einen Schritt vor und tauchen Sie unter P's Arm hindurch, wobei Sie sich rechtsherum um 180° drehen (vgl. 1. Technik); knicken Sie dabei P's Arm mit Druck auf Chog-Taeg ein und ziehen Sie ihn nach unten (Beugehebel an Ellenbogen und Schulter).

Hüftwurf

Ausgangssituation:

IhrE PartnerIn (P) faßt Sie mit links am rechten Handgelenk oder Ärmel.

Lösetechnik:

- Setzen Sie den rechten Fuß vor P's rechten Fuß.
- Drehen Sie Ihre rechte Hand nach innen hoch und umfassen Sie P's linke Hand von innen/oben (Ihr Daumen weist nach unten).
- Ziehen Sie P's Hand nach unten vorne und winden Sie gleichzeitig die linke Hand von außen um P's Hüfte; drehen Sie sich dabei vorwärts ein, indem Sie Ihren linken Fuß vor P's linken Fuß setzen, so daß Sie mit dem Rücken zu P gewandt sind.
- Schieben Sie die linke Hüfte weit nach außen und beugen Sie beide Knie, so daß sich Ihre Hüfte unter P's Schwerpunkt befindet.
- Laden Sie P auf der linken Hüfte auf, federn Sie dann mit Knien und Gesäß hoch und werfen Sie P unter gleichzeitigem Zug am Arm und Druck gegen den Rücken über die Hüfte kopfüber nach vorne.

1

2

3

4

Akupressurtechnik im Sitzen oder Liegen

Energiepunkt:

- **Sam Um Gio:** 6. Punkt auf dem Milzmeridian, ca. drei Fingerbreit oberhalb des Fußinnenknöchels.

    Mit diesem Punkt kann man sehr viele Krankheiten vorbeugend und heilend behandeln. Besonders hilfreich ist Sam Um Gio bei Schlafstörungen, austretenden Hämorrhoiden, Verdauungs- und Ausscheidungsproblemen, Harnwegserkrankungen, ziehenden Bauchschmerzen, halbseitiger Lähmung und vor allem bei Frauenbeschwerden wie Regelschmerzen, Gebärmuttersenkung, schwerer Geburt und wenig Milchfluß bei Müttern.

VORSICHT: Bei Schwangeren darf man diesen Punkt nicht stark drücken und keinesfalls akupunktieren! Ein fester Druck oder Schock auf diesen Punkt verursacht strahlende Schmerzen bis in den Unterbauch und kann den Unterleib so kraftlos machen, daß man umfällt.

Ausgangssituation:

Sie wurden gestoßen und sind hingefallen, oder Sie sitzen auf dem Boden und werden angegriffen.

Verteidigungstechnik:

- Umfassen Sie mit der linken Hand von außen P's rechtes Fußgelenk.
- Öffnen Sie die rechte Hand zur Sichel (gespreizter Daumen und Zeigefinger) und drücken Sie mit dem Grundgelenksknochen des Zeigefingers auf den Punkt Sam Um Gio. Drücken Sie den Punkt in Notwehr so fest, daß IhrE AngreiferIn alle Kraft verliert und umfällt.

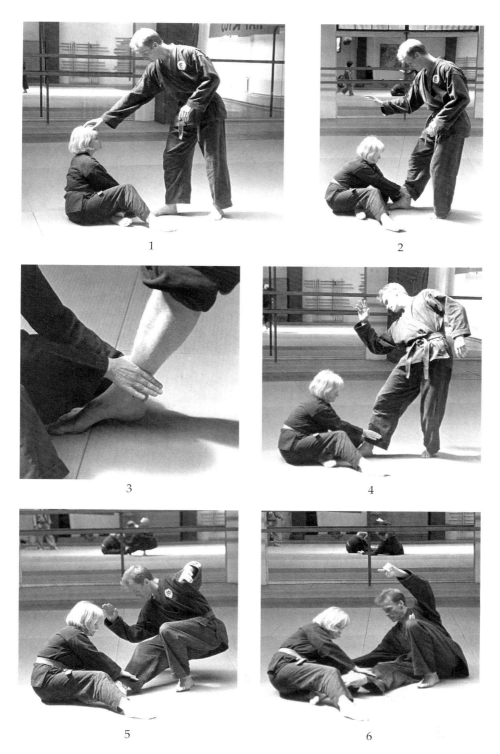

Akupressurtechnik zum Lösen eines Griffs in die Haare

Energiepunkte:

- **Ki Sa:** Punkt 11 auf dem Magenmeridian, in der Vertiefung oberhalb des Schlüsselbeins.
- **Gyol Bun:** Punkt 12 auf dem Magenmeridian, ca. 1 Fingerbreit außen neben Ki Sa.
  Beide Punkte helfen gegen Brustschmerzen und Magenbeschwerden. Sie sind sehr schmerzempfindlich und können in Notwehr gut zur Selbstverteidigung eingesetzt werden.

Ausgangssituation:

IhrE PartnerIn (P) greift mit links von oben in Ihr Haar und zieht.

Lösetechnik:

- Drücken Sie mit der rechten Hand P's Hand fest auf Ihren Kopf, so daß P nicht mehr loslassen kann.
- Haken Sie den Zeige- und Mittelfinger der linken Hand in die Vertiefung oberhalb P's Schlüsselbeins und pressen Sie sie tief in die Punkte Ki Sa und Gyol Bun. (Wenn Sie zu weit von P entfernt sind, um diese Technik ausführen zu können, gehen Sie mit links einen Schritt vor.)

1

2

3

4

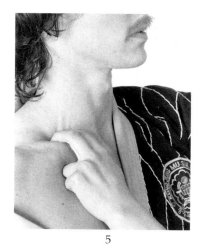

5

387

Akupressurtechnik zur Befreiung aus einer Umklammerung

Energiepunkt:

- **Yeepung:** 17. Punkt auf dem Dreierwärmermeridian. Wenn man das Ohrläppchen andrückt, befindet sich dieser Punkt in der Vertiefung hinter der unteren Spitze des Ohrläppchens.

  Durch das Stimulieren dieses Punktes (z.B. durch Akupressur oder Akupunktur) kann man Ohrengeräusche, Taubheit und Vereiterung der Ohren sowie Zahnschmerzen lindern oder gar beseitigen. Wenn man diesen Punkt in Notwehr aber fest drückt, entsteht ein sehr starker, tief strahlender Schmerz und das Gefühl, das der Hals „zu" ist.

Ausgangssituation:

Sie werden ohne Umklammerung der Arme umarmt.

Lösetechnik:

- Pressen Sie die Daumen- oder Fingerspitze fest auf den Punkt „Yeepung" in der Vertiefung unterhalb des Ohrläppchens.
- Stoßen Sie in Notwehrsituationen gleichzeitig mit dem Knie zum Bauch, Unterleib oder Gesicht des Angreifers.

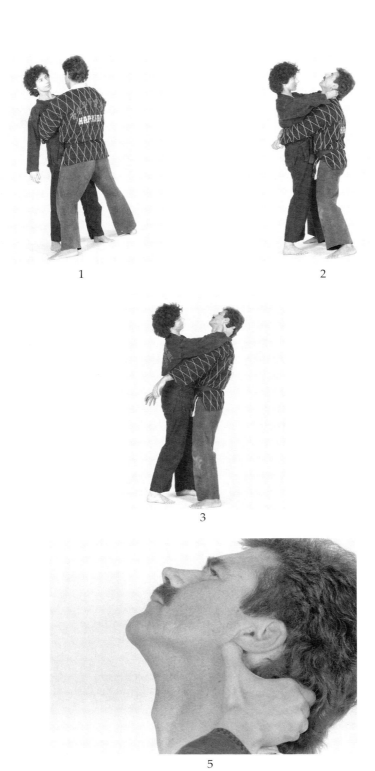

Befreiung aus einem Nackengriff

Ausgangssituation:

IhrE PartnerIn (P) steht hinter Ihnen, greift mit beiden Händen unter Ihre Armen hindurch in Ihren Nacken und drückt Ihren Kopf/Nacken nach unten.

Lösetechnik:

- Stoßen Sie mit den Knöcheln Ihrer Mittelfinger fest auf P's Handrücken (Achtung: der Handrücken ist sehr empfindlich).
- Gehen Sie dann in eine tiefe Stellung (z.B. Reiterstellung) und drücken Sie mit Ihren Ellenbogen P's Arme nach unten.
- Drehen Sie sich dann blitzschnell hintereinander nach rechts und links und stoßen Sie dabei erst mit dem rechten und dann mit dem linken Ellenbogen nach hinten zu P's Gesicht.

1

2

3

4

5

Abwehr eines Handangriffs

Ausgangssituation:

IhrE PartnerIn (P) will Sie mit rechts greifen oder führt eine Handangriffstechnik (z.B. Schlag von der Seite) gegen Sie aus.

Verteidigungstechnik:

- Weichen Sie mit einem Vorwärtsschritt (rechts) nach rechts vorne aus.
- Fangen Sie P's Hand mit der linken Hand von innen ab (greifen oder mit dem Unterarm abblocken).
- Führen Sie dann schnell nacheinander folgende Handtechniken aus:
    1. Handkantenschlag rechts (Handteller weist nach oben) von außen zu P's linker Halsseite (Vorsicht: Halsschlagader!),
    2. Handtellerschlag links unter P's rechte Rippen (Achtung: Leber!),
    3. Handtellerschlag rechts zu P's Solar Plexus (Gu Mi, Punkt 15 auf dem Schattenmeridian).

Prinzip:

Im Training werden Techniken dieser Art immer ohne Kontakt oder nur mit einem ganz leichten Kontakt ausgeführt. Dann sind solche Übungen ein sehr gutes Ki-Training für Sie selbst und eine gesunde Massage für Ihre Partnerin bzw. Ihren Partner. Lassen Sie während der Schlagkombination Ki vom Unterbauch in die Hände fließen wie ein Bach, der zum reißenden Strom wird. Verstärken Sie die Spannung bei jeder Handtechnik: die erste Handtechnik wird mit leichter Spannung ausgeführt, die zweite mit mittlerer Spannung und erst die dritte mit Hochspannung. Atmen Sie während der gesamten Aktion fließend aus (nur einmal ausatmen!). Ziehen Sie sich dann in die Ausgangsstellung zurück, um sich zu entspannen und das Ki wieder im Unterbauch zu sammeln.

1

2

3

4

5

Abwehr eines Fußangriffs

Ausgangssituation:

IhrE PartnerIn (P) kommt mit einem Fußrückentritt (rechts) halb von vorne auf Sie zu.

Verteidigungstechnik:

- Weichen Sie mit einem Vorwärtsschritt (rechts) nach rechts vorne aus.
- Fangen Sie P's rechtes Bein mit dem linken Arm ab, indem Sie das Schienbein von unten fangen und in Ihrer Ellenbeuge einhaken. Drehen Sie sich dabei nach (rechts) innen ein, damit das Bein Sie nicht trifft.
- Winkeln Sie gleichzeitig den rechten Unterarm nach oben an und stoßen Sie mit dem Unterarmknochen gegen P's rechten Oberschenkel (Gi Mun, Punkt 11 auf dem Milz-Pankreasmeridian).
- Umwinden Sie P's Bein mit rechts von oben und halten Sie es fest; drehen Sie sich rückwärts um 180°, wobei Sie den linken Fuß einen Schritt nach hinten setzen, und stoßen Sie den linken Ellenbogen in P's Solar Plexus (Gu Mi, Punkt 15 auf dem Schattenmeridian). Lassen Sie P's Bein dabei nicht los. Drehen Sie sich dann wieder genauso zurück und greifen Sie P's Bein wieder mit links von unten (s.o.).
- Setzen Sie den rechten Fuß nach hinten und haken Sie die Finger der rechten Hand von außen in P's Kniekehle. Greifen Sie mit der linken Hand P's Ferse, knicken Sie P's Bein ein und schieben Sie es mit der linken Schulter nach vorne (Kniehebel).

Bitte üben Sie alle Techniken auch seitenverkehrt, damit Ihr Körper gleichmäßig trainiert wird.

1

2

3

4

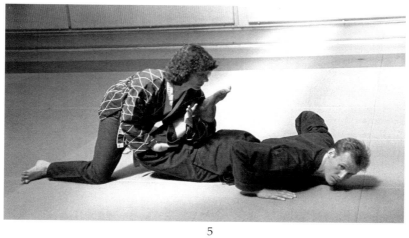
5

395

Befreiung aus einem beidseitigen Handgelenkgriff

Ausgangssituation:

IhrE PartnerIn (P) hält Ihre beiden Handgelenke von oben fest.

Lösetechnik:

- Atmen Sie tief, sammeln Sie Kraft im Unterbauch und schicken Sie Ki in die Hände, bis in die Fingerspitzen (Hände öffnen und zu „Fächerhänden" spreizen); schauen Sie dabei P in die Augen.
- Setzen Sie den linken oder rechten Fuß vor. Schlagen Sie Ihre Handteller zusammen und schwingen Sie sie gleich darauf nach außen. Drehen Sie Ihre Hände dabei im Handgelenk ruckartig nach oben, umfassen Sie P's Handgelenke (Ihre Daumen liegen oben) und drücken Sie diese nach unten. Dadurch werden P's Handgelenke gehebelt, und Sie können sich aus dem Griff lösen.

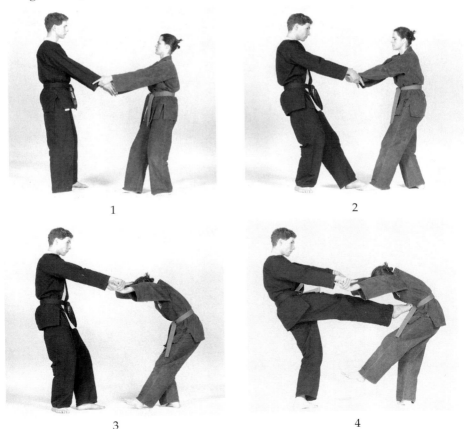

Die beste Technik von allen.

Gigu Sul: Der lebendige Umgang mit Gegenständen

Wenn wir ein Werkzeug mit einer positiven Einstellung in die Hand nehmen, fließen Liebe und warme Lebenskraft (Saeng Ki) hinein. Benutzen wir es jedoch mit negativen Gefühlen, wird es mit Aggressionen und kaltem Ki (Sa Ki - „Todeski") erfüllt. Das gilt für alle Arten von Werkzeugen. In der Selbstverteidigung verwendet man Gegenstände wie den Stock und das Schwert, in der Kunst einen Pinsel oder ein Musikinstrument, in der Medizin ärztliche Instrumente wie z.B. die Spritze oder Akupunkturnadel. Es hängt von uns ab, ob alle diese Gegenstände zu Werkzeugen des Lebens oder des Todes werden.

Wenn wir unser Herz mit Ruhe und Frieden erfüllen, uns vertrauensvoll dem Ki des Universums öffnen und mit dieser Haltung und Energie ein Werkzeug in die Hand nehmen, verschmelzen Körper, Geist und Material zu einer Einheit und erzeugen gemeinsam eine große Kraft und eine wunderschöne Form. Wenn wir dies regelmäßig üben, können wir die Kraft des Universums immer deutlicher wahrnehmen und lernen sie immer mehr achten und lieben. Der Weg der Menschlichkeit und Naturliebe wird dann hell und breit. Solche Übungen helfen uns auch, Krankheiten von Körper, Herz und Geist zu heilen. Sie machen Körper, Herz und Geist sehr klar und stabil. Wenn man aber ohne die Verbindung zu dem Ki der Natur und des Lebens (Saeng Ki) mit Werkzeugen herumspielt, kann man seinem eigenen Ki großen Schaden zufügen und sich selbst und andere verletzen.

Nur mit Saeng Ki wird der Umgang mit einem Werkzeug heilsam und fruchtbar. Dann steigt das Ki empor wie Wasser in einen Baum, und wir fühlen uns wie ein Fisch, der endlich das Wasser getroffen hat. Dann wird jede Bewegung, die wir ausführen, natürlich und tänzerisch, und jede Behandlung, die wir anderen Menschen zuteil werden lassen, ist voller Wärme und Heilkraft. Jede Musik, die wir spielen, klingt voller Harmonie und Hingabe, und jedes Essen, das wir zubereiten, schmeckt nach Sorgfalt und Liebe.

Unser warmes und lebendiges Herz kann alle Gegenstände mit Leben erfüllen. Wenn wir es aber mit zuviel unnützem Material zudecken, verliert es diese Kraft. Wenn unser warmes und lebendiges Herz an toten

Gegenständen hängt und davon beherrscht wird, kann es leicht seine Lebendigkeit verlieren und ebenfalls kalt und tot werden. In der heutigen Gesellschaft wird das Wasser des Lebens oft bereits an seiner Quelle im Herzen von den Mauern des Materialismus blockiert, so daß es nicht mehr natürlich fließen kann und zu faulen und stinken beginnt. Überall erstickt man das innere Licht mit Angst und Habgier und versucht, es durch äußeren Glanz zu ersetzen. Oft geschieht dies gar nicht einmal in böser Absicht. Man hat nur das Herz vergessen oder meint, es sei nicht so wichtig, sich darum zu kümmern. Man ist so sehr damit beschäftigt, die äußere Schale zu polieren, daß man keine Zeit mehr hat, dahinter zu schauen.

Auch in der Kampfkunst kann man dies beobachten: die meisten KampfkünstlerInnen wollen immer noch mehr Techniken lernen und funktionieren wie Soldaten. In ihren Augen kann man lesen: „Ich will haben! Ich will zeigen, daß ich gut bin!" Kaum jemand möchte anderen die Hand geben und sie umarmen. Wenn man aber nur Techniken und Leistung unterrichtet, kommen auch nur solche Menschen, die Leistung erbringen können. Die schwächeren Menschen haben keine Chance.

Das Trainieren der Techniken wird von der Ausbildung des Herzens immer mehr getrennt. Man will immer besser und stärker werden als andere und benutzt auch immer mehr Gegenstände und Waffen, um die Kampfkunst noch sensationeller zu machen. In vielen Kampfsportschulen werden Waffentechniken unterrichtet, um junge Leute, ja sogar Kinder, anzulocken und die Mitgliederzahl zu erhöhen. Das Training mit Gegenständen und Waffen nützt aber weder dem Körper noch dem Geist, wenn es nicht mit der Ausbildung des Herzens verbunden wird. Es gibt viele wunderschöne Techniken, aber ohne Herz sie sind kalt wie ein eisiger Wind. Ohne das Herz ist der Körper tot. Ohne ein warmes und lebendiges Herz sind auch die Gegenstände kalt und tot und werden zu Waffen des Todes. Man schadet damit nur sich selbst und macht anderen Menschen Angst.

Das äußerliche Training kann einem vielleicht eine gewisse Befriedigung verschaffen, aber es macht süchtig wie eine Droge. Es kann den Menschen und der Natur, dieser Gesellschaft und der ganzen Welt überhaupt nicht helfen. Am Ende ist man leer und enttäuscht. Das ist aber weniger der Fehler derjenigen, die so trainieren, als derer, die so unterrichten. Die Kampfkunst-LehrerInnen und -MeisterInnen müssen endlich begreifen, daß ihre wahre Aufgabe darin besteht, die Mauern des Egoismus und Materialismus (auch des eigenen) abzureißen, anstatt sie nur noch dicker zu machen! Sie müssen endlich die volle Verantwortung für die körperliche und geistige Ausbildung ihrer SchülerInnen übernehmen! Dann werden sie etwas hinterlassen, was die Welt retten und heilen kann.

Im Shinson Hapkido können verschiedenste, auch im Alltag gebräuchliche Gegenstände in die Bewegung miteinbezogen werden. Es gibt Techniken mit dem Fächer, mit einem Tuch oder Gürtel, mit Stock, Messer, Schwert u.v.m. In der Shinson Hapkido-Ausbildung gehören Techniken, bei denen Gegenstände benutzt werden, zu den Übungen für Fortgeschrittene. Vor dem Training mit Gegenständen (Gigu Sul) steht die Grundausbildung von Körper, Herz und Geist.

Der Umgang mit Gegenständen erfordert eine besondere körperliche und geistige Selbstbeherrschung, Konzentration und Achtsamkeit, da Reichweite und Wirkung dabei zum Teil erheblich vergrößert werden. Im Training darf mit dem Material daher nicht herumgespielt werden. Es muß mit größter Achtung behandelt und gehandhabt werden. Die Gegenstände sollten dabei auch nicht als Waffen betrachtet werden, sondern als Mittel, um mit sich selbst und der Natur in Harmonie zu kommen. Daher sollten sie auch möglichst aus natürlichen Materialien wie Holz bestehen, die sich angenehm anfassen lassen und einen warmen und lebendigen Charakter besitzen. Sie sollten wie ein Teil des eigenen Körpers empfunden werden. Wenn wir einen Gegenstand bewußt in die Hand nehmen, können wir fühlen, wie unser eigenes Ki in ihn hineinfließt, so daß er wie ein Teil von uns selbst wird. Erst wenn Körper, Ki, Geist und Material zu einer Einheit verschmelzen, werden die Techniken warm, lebendig und harmonisch. Um dies zu erreichen ist im allgemeinen ein langes und ausdauerndes Training erforderlich. Als Dank für unsere Mühen aber gewinnen wir die Weisheit, wie wir mit den Dingen dieser Welt gut umgehen und sie zu Werkzeugen des Lebens und der Gesundheit machen können.

Changbong Sul: Langstock-Techniken (Abwehr und Gegenangriff)

Abwehrtechniken mit verschiedenen Gegenständen

Dobok und Ddi: Kleidung für den Weg

Dobok: Der Shinson Hapkido-Anzug

Für das Trainieren von Shinson Hapkido gibt es ein besonderes Kleidungsstück, den „Dobok". Der Dobok besteht aus einer langen Hose und einer einfachen Jacke, die mit einem Gürtel (Ddi) zusammengebunden wird. Das ist die Bekleidung (Bok), die man traditionell anzieht, um für den Weg (Do) zu trainieren.

In vielen Kampfkünsten ist der Dobok weiß, im Shinson Hapkido ist er schwarz - aber ich denke, schwarz und weiß sollte man nicht trennen und verurteilen, denn ihre Grundbedeutung ist dieselbe.

Das Schwarz des Shinson Hapkido-Dobok soll uns daran erinnern, daß wir Do nur finden können, wenn wir unsere Habgier und unseren Egoismus ablegen und zu einem fruchtbaren Dünger für die Menschen und die Natur werden. Es symbolisiert vor allem Achtung, Geduld, Demut, innere Ruhe und Uneigennützigkeit. Es soll uns ermahnen, nicht so viel Wert auf den äußeren Glanz zu legen, sondern uns auf die Suche nach dem inneren Licht zu machen. Wer diesen Dobok trägt, sollte nicht mit seinen äußerlichen Techniken prahlen und dadurch den Abstand zu anderen Menschen noch vergrößern, sondern Demut üben und die inneren Mauern abbauen. Schwarz kann alle Farben aufnehmen und umarmen. Wer den schwarzen Shinson Hapkido-Dobok anzieht, sollte sich daher bemühen, schwarz, weiß und alle Farben des Lebens zu vereinen und in Harmonie miteinander zu bringen. Gerade die Menschen, die keinen Glanz und keine Helligkeit ausstrahlen, sehnen sich nach einer solchen Umarmung und Gemeinschaft.

> Weißer Kranich, weißer Kranich,
> bitte lache nicht über die Krähe!
> Denkst Du, was außen schwarz ist,
> müsse auch innen schwarz sein?
>
> Weißt Du denn nicht:
>
> Was außen schwarz ist,
> kann innen weiß sein,
> und was außen weiß ist,
> kann innen schwarz sein!

Obwohl wir alle äußerlich kein reines, weißes Kleid tragen, können wir innerlich hell und klar leben, wenn wir Do, dem Weg der Menschlichkeit und Naturliebe, folgen. Der Dobok soll uns helfen, alle Äußerlichkeiten loszulassen und uns im Training nur auf Do zu konzentrieren. Wenn wir nicht von Äußerlichkeiten wie unterschiedlicher Kleidung und Schmuck abgelenkt werden, können wir tiefer sehen und unseren Blick auf das eigene Herz und die Herzen der Menschen richten, mit denen wir gemeinsam trainieren.

Wenn man den Dobok anzieht, sollte man daher alles, was das Training unruhig und unkonzentriert machen könnte, ablegen: den Schmuck ebenso wie den Alltagsstreß und die persönlichen Probleme. Wenn man Alkohol oder Drogen zu sich genommen hat, darf man den Dobok nicht anziehen. Diese Regeln dienen nicht zur Einengung, sondern zum Schutz der Trainierenden. Sie sollen helfen, die Konzentration und gegenseitige Achtung zu bewahren und Verletzungen zu vermeiden. Wenn man etwa Schmuck oder Waffen mit in das Training nimmt, kann man sich und andere Menschen damit verletzen, selbst wenn man dies überhaupt nicht beabsichtigt. Auch wenn man Alkohol oder Drogen zu sich genommen hat oder wenn man seine innere Unruhe nicht abschaltet und mit Übermut oder Aggressionen trainiert, gefährdet man sich und andere z.B. durch unkontrollierte Bewegungen. Die Regeln sind also wichtig für den Schutz von Körper und Geist. Wichtiger als die Regeln aber sind die Menschen, und deshalb kann es auch immer Ausnahmen geben, wie z.B. das Therapietraining mit Drogenabhängigen.

Das Training kann Körper und Geist reinigen und heilen, aber man muß sich darauf gut vorbereiten, indem man sich bereits vor dem Anziehen des Dobok säubert und beruhigt, vom Alltagsstreß abschaltet und seine persönlichen Ansichten und Probleme zurückstellt. Nach dem Training sollte man den Dobok auch nicht achtlos beiseite legen, sondern mit Dankbarkeit zusammenfalten und ihn ordentlich und sauber aufbewahren*. Solche kleinen Aufmerksamkeiten können nicht nur das Training, sondern auch den Alltag und das ganze Leben disziplinierter, angenehmer und leichter machen.

Ddi: Der Gürtel und seine Farben

Der Dobok wird mit einem Stoffgürtel zugebunden. Das Zusammenbinden des Gürtels symbolisiert die Verbindung von Körper und Geist. Die Farbe des Gürtels ändert sich mit jeder Stufe des Weges: am Anfang steht der weiße Gürtel, es folgen neun farbige Gürtel und am Ende der schwarze.

Der weiße Gürtel ist das Zeichen für einen klaren Beginn; er erinnert daran, daß man am Anfang des Weges noch leer und frisch ist wie ein kleines Kind. Mit dem schwarzen Gürtel hat man alle Farben des Weges durchlaufen und kann mit allen mitfühlen, sie verstehen und umarmen. Wieder ist man leer und frisch wie ein Kind, aber auf einer höheren Bewußtseinsstufe. Und wieder steht man am Anfang eines neuen Weges. Der Anfang ist ein Ende, das Ende ist ein Anfang. Die Shinson Hapkido-SchülerInnen bekommen bei ihrer ersten Danprüfung zusammen mit dem schwarzen Gürtel symbolisch auch einen weißen überreicht, als Mahnung, den frischen Geist des Anfangs niemals zu vergessen, und als Erinnerung daran, daß sie am Ende ihres Weges wieder am Anfang stehen werden.

> * *Der Dobok ist das Kleidungsstück, das man zum Trainieren von Do trägt, und als solches sollte man ihn achten. Das bedeutet z.B., daß man den Dobok immer komplett und sauber anzieht und ordentlich aufbewahrt. Um die Klarheit des Dobok nicht zu verlieren, sollte man im Dobok nicht essen, trinken und rauchen (wenn man jedoch dringend etwas zu sich nehmen muß, sollte man wenigstens den Gürtel dabei abbinden). Mit dem Dobok sollte man auch nicht auf die Straße gehen, weil man dadurch andere Menschen stören und die Bedeutung und innere Kraft des Dobok verlieren kann (Ausnahme: in Verbindung mit dem Training, wie z.B. bei öffentlichen Veranstaltungen, und in Notfällen).*

Weiß und schwarz symbolisieren den Winter (Himmelsrichtung: Norden); die neun farbigen Gürtel stehen für die Entwicklung der Natur im Laufe eines Jahres. Gelb, orange und grün sind die Farben des Frühlings, der Zeit des Wachstums. Die Himmelsrichtung ist der Osten. Blau, blau-rot und rot sind die Farben des Sommers, der Zeit des Blühens und Reifens (Süden). Rot-braun, braun und braun-schwarz sind die Farben des Herbstes, der Zeit der Reife und Ernte (Westen).

In vielen Kampfkünsten werden die Gürtelfarben als eine Art Rangabzeichen betrachtet und dazu benutzt, andere Menschen zu bevormunden und zu unterdrücken. Dies gilt besonders für die schwarzen Gürtel. Im Shinson Hapkido aber sollen alle Gürtel nur als Wachstumsphasen betrachtet werden, die ebenso natürlich sind wie Frühling, Sommer, Herbst und Winter. Im Winter läßt die Natur alle Äußerlichkeiten fallen und sammelt innerlich viel Kraft, um sie im Frühjahr mit der Welt zu teilen und neues Leben hervorzubringen. Wer den schwarzen Gürtel trägt, sollte daher bereit sein, ganz nach innen zu gehen, sich in Demut hinzugeben, seine Kraft mit anderen zu teilen und zu einem fruchtbaren Boden zu werden, auf dem andere Menschen gut wachsen können.

In manchen Kampfkünsten kann man den schwarzen Gürtel nur nach dem Leistungsprinzip bekommen. Das bedeutet z.B., daß man für den ersten Dan ein Brett, für den zweiten Dan zwei Bretter, für den dritten Dan drei Bretter usw. zerschlagen muß. Ich denke nicht, daß ein Bruchtest als Ki-Training schlecht ist*. Aber viele Menschen haben ein anderes Ki-Training. Sollen alle diejenigen, die kein Brett zerschlagen können, aber genug Ki haben, um andere Menschen zu trösten und zu heilen, keine Chance haben, den schwarzen Gürtel zu bekommen? Im Shinson Hapkido bedeutet der schwarze Gürtel nicht, daß man Techniken beherrscht und ein dickes Brett oder einen Stein zerschlagen kann, sondern daß man bereit ist, die inneren Mauern zu zerbrechen, sein Herz zu öffnen, zu vertrauen, zu lieben und zu teilen. Deshalb kann man im Shinson Hapkido den schwarzen Gürtel auch dann noch bekommen, wenn man bereits 70, 80 oder 90 Jahre alt ist.

Bevor man den schwarzen Gürtel bekommt, muß man in einer Dan-Prüfung zeigen, daß man Do nicht nur mit dem Kopf verstanden hat, sondern auch danach handelt und lebt. Die Dan-Prüfung besteht im Shinson

---

* *Ein Bruchtest wird nicht mit rein körperlicher Kraft, sondern mit vereinter körperlicher und innerlicher Energie (Ki) durchgeführt. Sinn des Bruchtests ist es nicht, zu zerstören, sondern Körper und Geist in einer konzentrierten Aktion zu vereinen.*

Hapkido aus einem theoretischen und einem praktischen Teil. In der Theorie kann man sein Verständnis von Do erläutern, in der Praxis kann man es in der Bewegung und im Umgang mit anderen Menschen unter Beweis stellen.

Wer die Prüfung besteht und den schwarzen Gürtel annimmt, sollte sich nicht nach oben stellen und auf andere Menschen herabschauen, sondern sie von unten stützen und tragen. Besonders diejenigen Menschen, die schwach sind, sich in Not befinden oder am Rande der Gesellschaft stehen, brauchen einen solchen Boden, der ihnen Kraft und Halt gibt. Wenn man Do gefunden hat, wartet man nicht, bis man um Hilfe gebeten wird, sondern sieht von selbst, wo Hilfe nötig ist, und möchte sie freudig geben. Dann macht es einem auch gar nichts mehr aus, Arbeiten zu übernehmen, die andere nicht so gerne tun, denn man weiß, daß auch die niedrigste Arbeit - oder gerade diese - der Ausbildung der Menschlichkeit dient.

Shinson Hapkido Dan-TrägerInnen (1.-3. Ki) im Jahre 1989.

Die Ausbildungsstufen im Shinson Hapkido

Die Shinson Hapkido-Grundausbildung besteht aus drei Stufen mit insgesamt neun SchülerInnen-Graden (9.-1. Kup), welche durch farbige Gürtel gekennzeichnet werden. Es folgen neun Schwarzgürtel-Grade (1.-9. Dan), von denen die ersten drei als Ausbildungsstufen für LehrerInnen (Kyosa) dienen; ab dem 4. Dan beginnen dann die MeisterInnen-Grade (Sabum). Mit dem 6. Dan erreicht man die Stufe des Son-Lehrers/Meisters bzw. der Son-Lehrerin/Meisterin (Sonsa). Das ist eine Besonderheit von Shinson Hapkido.

Neun ist die höchste Grundzahl. Alle Zahlen, die danach kommen, sind aus den Zahlen 0-9 zusammengesetzt. Nach 9 kommt 10. Zehn entsteht durch die Verbindung von eins (Han) und Null (Ol) und ist damit die Zahl der Vollkommenheit (Hanol). In der Shinson- und Do-Lehre gibt es keinen 10. Dan, denn wer hat die Vollkommenheit, um ihn zu geben, und wer ist so vollkommen, daß er ihn annehmen könnte? Der Gürtel, der nach dem 9. Dan kommt, ist wieder weiß. Diesen Gürtel aber gibt es nur symbolisch. Er kann weder verliehen noch getragen werden. Eigentlich ist es schon vermessen, den 9. Dan, den höchsten Grad vor der Vollkommenheit, zu verleihen. Wenn heutzutage in vielen Kampfkünsten trotzdem der 9., 10., 11., 12. ... Dan verliehen wird, ist das meiner Meinung nach ein Zeichen dafür, daß man Do verloren hat und nur noch nach Macht und Ruhm strebt. Wo soll dieser Rangwettkampf enden?

Für die Schwarzgürtel gibt es im Shinson Hapkido zusätzlich zu der Dan-Graduierung ein besonderes Generationen-System: Jede Prüfung zum 1. Dan bringt eine neue DanträgerInnen-Generation hervor, die „Ki" genannt wird. Die TeilnehmerInnen der ersten Shinson Hapkido Dan-Prüfung bleiben ihr Leben lang die 1. Ki, die TeilnehmerInnen der zweiten Prüfung zum 1. Dan die 2. Ki usf. Auch wenn ein Mitglied einer jüngeren Generation einmal einen höheren Dan-Grad erreicht als ein Schwarzgürtel der älteren Generation, bleibt es doch in seine ursprüngliche Ki eingebunden. So wie Kinder ihre Eltern, denen sie ihr Leben verdanken, stets achten sollten, auch wenn sie im Laufe ihres Lebens einmal mehr wissen und mehr erreichen als diese, sind die jüngeren Dan-Generationen den älteren gegenüber zu besonderer Achtung verpflichtet. Damit wird sichergestellt, daß ältere Dan-TrägerInnen von den jüngeren grundsätzlich respektiert werden. Andererseits sollen die älteren Generationen die jüngeren auch lieben, fördern und schützen wie Eltern ihre Kinder. Auf diese

Weise können alle Generationen gut miteinander auskommen, friedlich miteinander leben und einen gemeinsamen Weg gehen.

Grundausbildungsstufen	Gürtelfarbe	Symbol
Mu-Kup (0), AnfängerIn	weiß	Winter
Unterstufe (Cho Kup)		Frühling
9. Kup	gelb	
8. Kup	orange	
7. Kup	grün	
Mittelstufe (Jung Kup)		Sommer
6. Kup	blau	
5. Kup	blau-rot	
4. Kup	rot	
Oberstufe (Ko Kup)		Herbst
3. Kup	rot-braun	
2. Kup	braun	
1. Kup (Dan-Bo: Dan-AnwärterIn)	braun-schwarz	

Schwarzgürtelstufen	TITEL	SYMBOL: WINTER
1. Dan	Kyosa (LehrerIn)	
2. Dan	Kyosa	
3. Dan	Kyosa bzw. Bu-Sabum (Meister-AnwärterIn)	
4. Dan	Sabum (MeisterIn)	
5. Dan	Sabum	
6. Dan	Sabum und Sonsa (Son-LehrerIn/MeisterIn)	
7. Dan	Sabum und Sonsa	
8. Dan	Sabum und Sonsa	
9. Dan	Sabum und Sonsa	

Dojang: Raum für den Weg

„Do-Jang" bedeutet übersetzt: „Raum für den Weg". Der Dojang ist keine Sportschule, sondern eine „Lebensschule": ein Ort, an dem wir unser Ki auf natürliche Weise trainieren, unsere Menschlichkeit ausbilden und unseren Lebensweg hell und klar machen können. „Wohin soll ich gehen?" „Wie kann ich in Gesundheit und Frieden leben?" „Wie komme ich in Einklang mit der Natur?" Dies sind Fragen, auf die wir im Dojang eine Antwort finden können.

Der Dojang ist ein Ort, an dem wir uns entspannen und Kraft tanken können, wenn Körper und Geist im Alltag müde geworden sind. Der Dojang soll heilen. Ein echter Dojang hat eine warme und helle Ausstrahlung, voller Klarheit, Ruhe, Kraft und Liebe: ein Raum, in den jeder ohne Angst eintreten kann, um Hoffnung und Mut für das Leben zu schöpfen und Ki für den nächsten Tag zu tanken. Damit der Dojang zu einem solchen heilsamen Ort wird, sollte man sich in ihm bei allem, was man denkt, fühlt und tut, nur auf Do, den Weg der Menschlichkeit und Naturliebe, konzentrieren.

Der Dojang ist einer der „drei Schätze" von Shinson Hapkido: der erste Schatz ist der Weg, der zweite ist der Raum, in dem man den Weg finden und gehen kann, und der dritte sind die Menschen, die den Weg suchen und gehen. Ein Dojang braucht nicht viel Material, aber er braucht Menschen. Die Menschen sind die Säulen des Dojang.

Durch das natürliche Lebenstraining vieler Menschen wird der Dojang mit einem starken positiven Ki erfüllt. Das macht ihn zu einem besonderen Raum der Kraft. Wer einen Dojang betritt, spürt meistens ganz deutlich die beruhigende, reinigende, heilende und stärkende Ausstrahlung dieses Ortes. Diese geistige Strahlung sollte so stark sein, daß jeder Dolch, den man vielleicht im Herzen gezückt hat, sofort dahinschmilzt, wenn man den Dojang betritt.

Ein gesunder Dojang sollte vor Achtung und Liebe überfließen. Obwohl sich so viele Menschen in ihm bewegen, sollte er Klarheit und Ruhe ausstrahlen und bis in die kleinste Ecke sauber wie der eigene Körper sein - besonders dort, wo niemand hinschaut. Das Training im Dojang besteht daher nicht nur aus Bewegungstechniken, Atemübungen und Meditation, sondern auch aus Aufräumen, Putzen, Hilfsbereitschaft, Freundschaft, Dienst an Mensch und Natur usw. In einem gesunden Dojang redet man wenig, tut aber viel. Viel zu reden und wenig zu tun ist nicht gesund. Wenn man die Bedeutung des Dojang versteht, wird man gerne und ohne große Worte mithelfen, ihn warm, hell und sauber zu halten, weil man weiß, daß man damit gleichzeitig das eigene Herz erwärmt, erhellt und reinigt. Was man still tut, ohne Dank und Anerkennung zu erwarten, bringt den größten Lohn. Die Natur sieht alles und gibt alles wieder zurück - im Dojang genauso wie in der ganzen Welt.

Sie werden vielleicht fragen: „Wo kann ich so einen Dojang finden?" Ganz einfach! Der nächste Dojang ist nicht weit entfernt: er ist in Ihrem Herzen. Da jeder seinen Weg im eigenen Herzen trägt und überall mit hinnimmt, ist im weitesten Sinne das eigene Herz, der eigene Körper, die Familie, die Nachbarschaft und die ganze Welt ein Dojang. Im engeren Sinne ist hier mit dem Begriff „Dojang" jedoch nur die Shinson Hapkido-Schule bzw. der Do-Übungsraum gemeint. Wenn wir wirklich einst unser Herz und die ganze Welt zu einem gesunden Dojang gemacht haben, werden wir solche Schulen und Trainingsräume nicht mehr brauchen. Noch aber sind sie wie kleine Oasen der Hoffnung, wie Wasserquellen für trockene Herzen in einer dürren Welt.

Der Dojang ist für jeden da, gleich welchen Alters, welchen Geschlechts, welcher Nationalität, Hautfarbe, Rasse, Religion, Weltanschauung usw. Im

Dojang gehen wir ein Stück des Weges gemeinsam mit anderen Menschen und lernen, das zu sehen, was uns verbindet, nicht das, was uns trennt. Gemeinsam ist uns allen das Licht im Herzen, es trennen uns jedoch die harten Schalen, die es verbergen. Im Dojang können wir uns gegenseitig helfen, diese Schalen abzulegen und das Licht wieder zu befreien. Wenn meine SchülerInnen den Dojang betreten, bitte ich sie im Herzen daher immer, alle persönlichen Ansichten, Zu- und Abneigungen, Alltagsprobleme und Aggressionen zurückzustellen und die inneren Mauern des Mißtrauens und Egoismus zu überwinden.

Der Weg von der Schülerschaft zur Meisterschaft ist der Weg vom „ich" zum „wir". Wenn man den Dojang als AnfängerIn betritt, denkt man vielleicht: „Ich will hier viele Techniken lernen, ich will viel trainieren, ich will perfekt werden, ich will, ich will, ich will ...". Das ist bei vielen SchülerInnen die erste Stufe, auf der sie sehr stark auf Äußerlichkeiten achten. Diese Stufe ist auch nicht schlecht, sofern man nicht darauf stehenbleibt. Nur wenn man weitergeht, kann man den Weg (Do) finden. Dann denkt man irgendwann nicht mehr „Was kann ich haben?", sondern „Was kann ich geben?" Dann erst ist man wahrlich reich und lebendig. Haben Sie nicht auch schon einmal Menschen gesehen, die Sie für arm halten, obwohl sie sehr reich sind, oder die ganz tot wirken, obwohl sie noch leben? Und haben Sie sich schon einmal gefragt, was einen Menschen eigentlich reich und lebendig macht? Ich denke, es ist Do. Wer Do gefunden hat, kann mit dem Leben mitfließen und all seine Fülle genießen, ohne daran hängenzubleiben. Mit Do kann man wirklich leben wie ein Mensch: voller Klarheit, Vertrauen und Liebe. Wer nur Techniken hat, ist wie eine Maschine: innerlich einsam, kalt und tot. Material und Techniken sind eine Sackgasse, die zum Ende hin immer enger und für immer weniger Menschen begehbar wird. Do erscheint oft als schmaler Pfad für diejenigen, die Material und Techniken nicht loslassen wollen, ist aber in Wahrheit ein breiter Weg zu Leben und Freiheit, der für alle offen ist.Damit der Dojang für alle Menschen offen sein kann, braucht er eine gewisse Disziplin und Achtung. Egoismus und Habgier gehören nicht hierher. Es gibt nicht „meinen Dojang" oder „Deinen Dojang", „meine Bewegungskunst" oder „Deine Bewegungskunst", „meine SchülerInnen" oder „Deine SchülerInnen". Nichts im Dojang gehört „mir", aber alles gehört „uns". Es gibt nur einen Dojang für alle. Jeder soll den Dojang lieben können wie sein eigenes Herz, und wer ihn liebt, wird ihn auch schützen und pflegen, ohne extra dazu aufgefordert werden zu müssen.

Um die Kraft und den Geist des Dojang als „Raum für den Weg" zu bewahren, muß man diesen Schatz sehr sorgfältig hüten. In den Shinson Hapkido-Schulen gibt es daher neun Grundregeln für den Umgang mit dem Dojang. An dieser Stelle möchte ich jedoch nochmals daran erinnern, daß alle Regeln und Gesetze für die Menschen gemacht sind, nicht die Menschen für die Regeln und Gesetze. Im Dojang respektieren wir daher nicht die Regeln an sich, sondern durch die Regeln respektieren wir die Menschen und die Natur. Die neun Dojang-Regeln sollen die Trainierenden also nicht einschränken und unterdrücken, sondern sie schützen und in ihrer ganzheitlichen Entwicklung unterstützen.

Dojang - Raum für den Weg

1. Der Dojang sollte nur mit dem Dobok, die Trainingsmatte nur barfuß betreten werden. Nach Rücksprache mit den verantwortlichen MeisterInnen (Sabum) oder LehrerInnen (Kyosa) kann aber auch eine andere geeignete Trainingsbekleidung und eine leichten Fußbekleidung getragen werden. Uhren und Schmuck legt man besser ab, da sie eine große Verletzungsgefahr bergen.

2. Körper und Trainingsbekleidung sollten sauber sein, damit die Konzentration im Dojang nicht durch Schmutz und Geruch gestört wird. Die Finger- und Fußnägel sollten kurz geschnitten sein, damit man im Training niemanden verletzt.
3. Der Dojang darf nicht mit Waffen betreten werden (außer mit Trainingswaffen nach vorheriger Zustimmung der Sabum bzw. Kyosa).
4. Im Dojang wird nicht gegessen, getrunken und geraucht. Wer Alkohol getrunken oder sonstige Rauschmittel zu sich genommen hat, darf den Dojang nicht betreten (Ausnahme: besondere Therapiegruppen unter der Aufsicht von dafür qualifizierten Sabum oder Kyosa).
5. Um den Geist des Dojang und die Konzentration auf das Training nicht zu stören, sollte man Privatunterhaltungen im Dojang unterlassen. Über Trainingsangelegenheiten kann man leise sprechen.
6. Ohne Erlaubnis der Sabum bzw. Kyosa darf im Dojang kein Unterricht erteilt und kein Freikampf durchgeführt werden. Die Anweisungen der MeisterInnen/LehrerInnen sind im eigenen Interesse zu befolgen, da diese in der Regel die größere Erfahrung haben und mehr sehen als die SchülerInnen. Sabum und Kyosa erweisen sich dieses Vertrauens würdig, indem sie ihren SchülerInnen mit ihrem Wissen und ihrer Erfahrung dienen und nur deren Wohl im Auge haben. Sie sollen Vorbild sein, aber nicht für Macht, sondern für Menschlichkeit.
7. Wer während des Trainings den Dojang verlassen möchte, sollte sich bei den Sabum, Kyosa oder deren VertreterInnen abmelden, damit alle Bescheid wissen und sich keine Sorgen machen müssen.
8. Der Dojang und die ganze Shinson Hapkido-Schule sollte von den Trainierenden wie ein Teil von sich selbst betrachtet und mit der gleichen Achtung behandelt werden, die man für sich selbst wünscht. Alle, die im Dojang trainieren, sind mitverantwortlich für die innere und äußere Reinheit, Ruhe und Klarheit in diesem Raum.
9. Wenn man den Dojang betritt, sollte man sein Ich-Denken loslassen. Der Dojang ist kein Spiel- und Sportplatz. Was auch immer man im Dojang macht, sollte von Achtung vor Mensch und Natur und von innerer Aufmerksamkeit geprägt sein.

Im Dojang sollte man nur mit der Do-Lehrmethode (Vertrauen, Achtung, Geduld, Demut und Liebe) trainieren.

Die meisten Menschen, denen die Bedeutung des Dojang bewußt ist, verneigen sich beim Betreten und Verlassen dieses Raumes. Diese Geste bewirkt einen Moment der inneren Sammlung und ist ein Zeichen der dankbaren Würdigung dieses heilsamen Ortes, in dem man jederzeit Ruhe und Entspannung finden, Hoffnung und Mut schöpfen und Kraft und Liebe tanken kann. Man bezeugt auf diese Weise aber nicht nur Achtung vor dem Raum und den darin trainierenden Menschen, sondern verneigt sich auch vor der ganzen Welt, die ebenfalls ein großer Dojang ist. Man zeigt, daß man bereit ist, seinen Egoismus loszulassen, sich zu öffnen und in Einklang mit der Natur zu leben.

Ich werde manchmal gefragt, wie oft ich Shinson Hapkido trainiere und anwende. Dann antworte ich: „24 Stunden." Für mich hört das Shinson Hapkido-Training nicht am Ende einer Übungsstunde und mit dem Verlassen des Dojang auf, sondern erfüllt jede Sekunde meines Lebens. Ich wäre sehr glücklich, wenn auch meine SchülerInnen Shinson Hapkido mit in ihren Alltag hineinnehmen und damit mehr Helligkeit und Wärme in das eigene Leben und in die ganze Welt bringen würden.

Der Weg (Do) braucht keine Reichtümer und keinen Besitz, aber er braucht Menschen, die Vertrauen und Liebe empfinden und wachsen lassen wollen - er braucht Sie! Liebe Leserinnen und Leser, wollen wir nicht gemeinsam diese Welt in einen großen Dojang des Lebens und der Liebe verwandeln, in dem wir ohne Angst leben können?

Nach-Gedanken

In der Welt naht das Ende des Sommers. In dieser Zeit hat das äußere Wachstum seine natürliche Grenze erreicht. Der Herbst steht vor der Tür, und wir müssen aufhören, immer noch weiter wachsen und immer noch mehr Macht, Besitz und Techniken haben zu wollen. Der Herbst ist nicht die Zeit des Nehmens, sondern die Zeit des Gebens.

Der Herbst kommt - ob wir es wollen oder nicht. Wenn wir uns aber weigern, mit dem Kreislauf der Natur mitzufließen, müssen wir viele Schmerzen erleiden. Wenn wir uns an dem, was wir haben, festklammern statt uns wie eine reife Frucht vom Baum zu lösen und unsere Kraft mit der Erde zu teilen, werden wir in der letzten Glut des Sommers verdorren. Angst, Haß, Gewalt und Krieg werden uns verbrennen. Wenn wir überleben wollen, müssen wir das Feuer, das unsere Herzen und die ganze Welt verzehrt, wieder unter Kontrolle bekommen. Aber statt Wasser gießen wir Benzin darauf: mit Alkohol, Drogen, Sex und Gewalt. Viele Menschen halten sich selbst für Gott und wollen andere Menschen und die Natur beherrschen. Sie wollen auf Kosten der anderen immer noch weiter wachsen und wuchern. Aber die Natur geht trotzdem ihren Gang: wenn der Herbst kommt, hört sie auf zu wachsen, teilt ihre Früchte mit der Welt und gibt der Erde die Kraft, die sie von ihr zum Wachsen und Reifen genommen hat, wieder zurück. Es ist eine große Dummheit, zu denken, der Sommer würde ewig dauern. Nach dem Sommer kommt der Herbst. Das ist ein Gesetz der Natur. Das müssen wir verstehen und akzeptieren.

Der Mensch ist ein kleines Universum. Wie das große Universum muß er dem Kreislauf der Natur folgen, wenn er sein Leben gesund und fruchtbar machen will. Wenn in unserem Körper und Geist immer nur Hochsommer ist, müssen wir verdorren wie ein Baum in der Wüste. Die heiße Energie (Yang) steigt immer nur nach oben, ohne sich wieder abzukühlen, und verbrennt unser Herz und unseren Geist. Die kalte Energie (Um) sinkt tief ab und läßt das Wasser des Lebens zu Eis erstarren. Um und Yang sind getrennt und können sich nicht mehr harmonisch miteinander bewegen. Das Feuer in Herz und Geist läßt nur Asche zurück, welche die Energiekanäle immer mehr verstopft. Das Wasser des Lebens *kann* dann gar nicht mehr aufsteigen, um das Feuer abzukühlen. Körper, Herz und Geist vertrocknen und werden krank. Mit Alkohol, Sex, Drogen, Tabletten, Diäten usw. wollen wir das Wasser des Lebens wieder in Gang bringen. Mit materiellen Mitteln und Techniken wollen wir die Krankheiten des Materialismus betäuben oder heilen. Angestrengt fächern wir Wind in das Feuer des Materialismus, um uns Kühlung zu verschaffen. Die Flammen werden dadurch zwar kurzfristig niedergedrückt, schlagen aber danach nur noch höher. Die Hitze wird noch unerträglicher, man brennt noch stärker und wird noch schneller zu Asche.

Die meisten Menschen haben es verlernt, mit der Natur und dem Leben mitzufließen. Sie sind entweder zu schnell oder zu langsam. Herz und Geist weilen ständig in der Zukunft bzw. in der Vergangenheit oder an einem ganz anderen Ort als der Körper. Wenn man sitzt, steht man in Gedanken schon; wenn man steht, läuft man schon; wenn man läuft, ist man im Geiste schon am Ziel; wenn man sein Ziel erreicht hat, denkt man schon voller Angst an das Sterben. Der Kopf ist schneller als der Körper. Herz und Geist sind nicht mit dem Körper in Harmonie. Das kostet Kraft. Wenn man schneller oder langsamer als der Strom des Lebens fließt, verliert man viel Ki. Wir müssen aufhören, das Tempo mit unserem Kopf bestimmen zu wollen. Wir müssen unser Herz wieder öffnen und mit dem natürlichen Strom des Lebens mitfließen. Das heißt, wir müssen mit der Natur in Einklang leben.

Ein Sprichwort in meiner Heimat besagt: „Die Menschen können nichts für die Natur tun. Sie sollen nur leben." Die Welt brennt, weil die Menschen die Natur und das Leben beherrschen wollen, ohne das Grundgesetz der Natur und des Lebens zu verstehen oder zu respektieren. Leben entsteht nur durch die Vereinigung und Harmonie von Um und Yang, der weiblichen und männlichen Kraft des Universums. Die Menschheit und die ganze Welt ist nur dann gesund, wenn Um und Yang in Harmonie sind. Wir aber wollen nur in die männliche Richtung gehen. Das bedeutet Angst, Haß, Gewalt und Krieg. Wir leben nicht, sondern wir sterben. Und mit uns stirbt die Natur auf dieser Erde.

Wenn wir überleben wollen, müssen wir die weibliche Seite, die jeder von uns - ob Mann oder Frau - hat, wieder respektieren. Wir müssen lernen, zu verzeihen, zu umarmen, zu lieben und zu teilen. Das ist das einzige, was die Erde und die Menschen retten kann. Es ist höchste Zeit, die Liebe wieder fließen zu lassen - nicht die heiße, egoistische und eifersüchtige Liebe des Materialismus, sondern die warme und mitfühlende Liebe des Herzens.

Woher sind wir gekommen? Wohin gehen wir? Diese Frage haben sich die Menschen seit Urzeiten gestellt. Sind wir nicht alle aus der Natur gekommen, und gehen wir nicht alle auch wieder dorthin zurück? Eigentlich sind wir nie von der Natur getrennt. Wir sind immer eins mit ihr. Wenn wir aber den Glauben an die Natur verlieren, fühlen wir uns einsam und verlassen. Wir bekommen Angst und wollen die Natur besitzen. Unser Herz wird immer enger und kleiner. Wir verschließen es und können das innere Licht nicht mehr sehen. Wir werden nicht mehr von Vertrauen und Liebe, sondern von Angst und Habgier geleitet. Der Materialismus beginnt, die Liebe zu kontrollieren. Der Körper will das Herz besitzen. Was aber nützt es uns, wenn wir die ganze Welt gewinnen, aber unsere Liebe, Lebensfreude und Gesundheit verlieren?

Unsere Habgier blockiert den Kreislauf des Lebens, der Reinigung und Erneuerung in unserem Körper ebenso wie in der ganzen Welt. Sie macht uns krank und die Natur schmutzig. Aus der Natur sind wir gekommen, und in die Natur werden wir zurückkehren. Liebe Leserinnen und Leser, wollen Sie in eine schmutzige Natur zurückkehren? Was können wir mitnehmen? Was müssen wir hierlassen? Es gibt nichts, was wir mitnehmen können oder hierlassen müssen. Wir sind eins mit der Natur. Wenn wir daran wieder glauben, wird unser Leben und die ganze Welt wieder hell und sauber werden. Wir müssen unseren Naturglauben wiederfinden! Wenn wir wieder tief atmen und uns auf die Suche nach dem inneren Licht machen, werden wir unsere Verbindung mit der Natur wiederentdecken und verstehen. Dann brauchen wir keine Angst mehr zu haben und können unser Herz wieder öffnen. Je stärker wir unsere Verbundenheit mit der Natur spüren, desto größer und freier wird unser Herz.

Zwei Schüler gingen einen Weg. Der Lehrer sagte zu dem einen: „Du lebst." und zu dem anderen: „Du bist tot." Letzerer geriet in Wut und fragte zornig: „Warum denken Sie, daß ich tot bin? Schauen Sie doch her: meine Hände, Füße, Augen, Ohren ... alles lebt!" Der Lehrer antwortete: „Ohne Vertrauen in die Natur ist man tot." Ohne Naturvertrauen ist man ein Sklave seines kleinen „Ichs" und all seiner Ängste und Emotionen. Dann kann man nicht mehr in sein Herz blicken und das Licht darin sehen. Das Herz ist verschlossen und erstickt oder explodiert beim kleinsten Anlaß in Haß und Wut. Ohne Vertrauen gibt es keine Liebe. Was aber ist ein Mensch ohne Vertrauen und Liebe? Nicht mehr als eine Maschine! Ohne Herz ist man innerlich tot und funktioniert nur noch wie ein Roboter.

In der Natur beginnt die Zeit des Herbstes. Das ist die Zeit, in der wir nicht mehr weiter wachsen und uns gegenseitig Konkurrenz machen, sondern unseren Materialismus überwinden, unser Herz öffnen und Vertrauen und Liebe miteinander teilen sollen. Dann werden wir Frieden finden. Es wird höchste Zeit, Gewalt und Krieg aus unseren Köpfen und Herzen zu verbannen und nur noch „Frieden" zu denken, „Frieden" zu reden und „Frieden" zu leben. Dies ist der Weg, den wir an die nächste Generation weitergeben müssen, wenn die Menschheit überleben soll.

Shinson Hapkido ist ein Weg des Lebens. Ich weiß, daß es auf diesem Weg auch Schmerzen und Probleme gibt. Aber wie können wir ohne Schmerzen und Schwierigkeiten wissen, was Freude ist? Wie können wir ohne Schmerzen gesund werden? Wie können wir erkennen, was Licht und Leben ist, wenn es keine Dunkelheit und keinen Tod gibt? In der Dunkelheit der Nacht können wir die Sterne sehen, durch Schmerzen können wir die Wahrheit finden. Ohne Tod gibt es kein Leben, ohne Schmerzen keine Freude und Gesundheit. Heutzutage aber will man alle Krankheiten ohne Schmerzen heilen. Dadurch werden wir immer noch kränker. Ohne Schmerzen wollen wir Freude haben! Das ist nicht unser natürlicher Weg. Wir können nur in Freude leben, wenn wir alle Schmerzen und Schwierigkeiten akzeptieren und miteinander teilen. Gemeinsam können wir sie ertragen und überwinden. Die wahre Freude des Lebens steht über allem Glück und Leid. Sie entsteht nicht durch Glück, sondern durch Vertrauen und Liebe. Wenn wir sie gefunden haben, wissen wir auch im Regen und Sturm, daß die Sonne immer da ist.

Wenn man den Weg des Vertrauens und der Liebe zu Mensch und Natur geht, kann es auch passieren, daß man noch stärker als andere von Schmerzen, Schwierigkeiten und Versuchungen angegriffen und von anderen Menschen verspottet und verleumdet wird. Aber die Natur sieht genau, wer diesen Weg geht, und wird Licht senden, wenn die Dunkelheit am größten ist. Liebe Leserinnen und Leser, ich bitte Sie: lassen Sie den Mut und die Hoffnung nicht los! Nur wenn Sie durch all Ihre Schmerzen und Schwierigkeiten hindurchgehen, werden Sie die ewige Freude finden. Erwarten Sie bitte nicht, daß andere diesen Weg für Sie gehen. Sie selbst müssen Do leben und weitergeben. Es gibt viele gute Lehrmethoden, aber wenn man sie nicht praktiziert und weitergibt, sind sie nur wie Schaum auf dem Wasser. Vor all den Menschen, die es auf sich nehmen, Do - in welcher Form auch immer - trotz aller Schmerzen zu leben und zu lehren, verneige ich mich tief. Wer für Menschlichkeit und Naturliebe lebt, hat eine große Aufgabe in dieser Welt.

Es gibt viele Wege zur Harmonie mit der Natur, zu Gesundheit, Frieden und Menschlichkeit. Das müssen wir akzeptieren. Wenn jeder nur seinen eigenen Weg für den richtigen hält und stur dafür kämpft, werden wir niemals Frieden finden. Die Natur birgt eine unendliche Vielfalt an Formen, dennoch ist sie eins. Warum können wir die Vielfalt der Natur und des Lebens nicht einfach akzeptieren und genießen? Es gibt viele Wege, aber alle Wege sind Ein Weg (Il Do), geboren aus Einem Geist (Hanol). Wenn wir das verstehen, können wir aufhören, zu kämpfen. Obwohl die äußeren Formen unterschiedlich sind, können wir alle Menschen respektieren, weil wir das Eine Licht in ihren Herzen sehen.

Obwohl es nach Sonnenaufgang in der Welt ganz hell ist, können wir das Licht nicht sehen, wenn unsere Augen zu sind. Wenn die Augen unseres Herzens geschlossen sind, müssen wir in der Dunkelheit leben. Wenn wir sie aber öffnen, sehen wir, daß das ganze Universum hell wie der Tag ist. Das nennt man Erleuchtung. Erleuchtung ist nichts Besonderes! Es bedeutet, zu erkennen, wer man selbst eigentlich ist: ein Funke in dem Licht des Universums.

Wenn wir immer nur kämpfen, zerbricht der Spiegel unseres Herzens oder wird trübe und blind, so daß er das Licht des Universums nicht mehr auffangen und zurückstrahlen kann. Wir müssen den Spiegel des Herzen wieder heilen und polieren, damit er das Licht erneut empfangen und weitergeben kann. Dann werden wir die Freude des Lebens wiederfinden.

Freude kann man nicht mit Geld kaufen. Freude kann nur von innen, aus dem eigenen Herzen kommen. Wenn der Spiegel unseres Herzens hell und klar ist, können wir Licht und Freude empfangen und in die ganze Welt strahlen. Unsere Freude ist auch die Freude unserer Familie. Die Freude unserer Familie ist auch die Freude unserer Nachbarn. Die Freude unserer Nachbarn ist die Freude des Dorfes oder der Stadt. Die Freude der Stadt ist die Freude des Landes. Die Freude des Landes ist die Freude der Welt. Die Freude der Welt ist die Freude von Do. Die Freude von Do ist unsere Freude.

Ich persönlich wünsche mir - auch wenn dies vielleicht etwas egoistisch ist -, daß Shinson Hapkido den Menschen Freude bringt. Im Leben kann man auf zwei Arten Freude gewinnen:

- Man kann fleißig für seinen Lebensunterhalt und seine Familie arbeiten, um Geld, Sicherheit und Ansehen zu erlangen, und das Erreichte voller Stolz und Freude genießen.
- Man kann fleißig für den Lebensunterhalt und die Familie arbeiten, einen Teil seines Besitzes und seiner Freizeit aber für einen guten Zweck verwenden, ohne Geld und Anerkennung dafür zu erwarten, und trotzdem Freude am Leben haben.

In beiden Fällen hat man Freude am Leben, aber denken Sie nicht, daß die zweite Art der Freude etwas tiefer geht als die erste? Das ist die Art der Freude, die ich mir in Zusammenhang mit Shinson Hapkido wünsche. Natürlich gibt es auch andere Arten der Freude. Manche Menschen haben Freude daran, ihre Mitmenschen zu berauben oder zu verletzen - aber diese Freude kommt nicht von Herzen, bringt keine dauerhafte Zufriedenheit und ist wohl kaum menschlich zu nennen. Wahre Menschlichkeit basiert auf der Klarheit des Geistes und der Liebe des Herzens. Ohne Klarheit und Liebe stehen wir auf derselben Stufe wie die Tiere oder sogar noch weit darunter. Die Menschlichkeit auszubilden, zu verbreiten und zur vollen Reife zu bringen bedeutet daher im Shinson Hapkido vor allem, Herz und Geist klar zu machen, seinen Egoismus zu überwinden und gegenseitiges Verständnis und Mitgefühl zu entwickeln. Klarheit und Liebe sind die Wurzel der Menschlichkeit. Shinson Hapkido lehrt, sich zu einem Dünger zu machen, auf dem die Wurzel der Menschlichkeit gut wachsen, erblühen und Früchte tragen kann. Dann können alle Menschen den Weg des Lebens (Do) gemeinsam gehen und genießen.

Ein alter Meister lehrte, daß man über Do nicht soviel reden, sondern es leben soll. Ich fürchte, daß ich diesen Rat nicht immer genug beachte. Ich selbst muß auch noch viel lernen. Ich glaube aber, daß es ein Wunsch der Natur ist, daß ich das, was ich bereits über Do gelernt und erfahren habe, mit anderen Menschen teile. Ich hoffe, daß ich dabei die Do-Lehrmethode richtig weitergebe - ohne daß mein Ego hineinfließt und das Licht verdunkelt. Ich wünsche von Herzen, daß dieses Buch einen kleinen Beitrag zum Weltfrieden leistet, und ich wäre sehr glücklich, wenn Sie, liebe Leserinnen und Leser, daraus etwas Rat und Hilfe für Ihr Leben schöpfen könnten.

Zum Schluß möchte ich mich nochmals bei all denen bedanken, die im Hintergrund soviel gearbeitet haben, bis dieses Buch erscheinen konnte. Gott aber danke ich zutiefst, daß ich diese Aufgabe bekommen habe.

Ein grober Fels, gelöst von Sonne, Wind und Regen,
beginnt, sich zu bewegen und fällt
vom Gipfel des Berges hinab in einen Fluß.

Er traut dem Weg des Wassers und strebt,
mal langsam und mal schnell,
mit Achtung, Geduld und Demut zu seinem großem Ziel.

Dabei wird er gereinigt, geschliffen und poliert,
verliert all seine Kanten
und wird ganz fest und rund.

Nach langer Zeit dann endlich kommt er am Meere an,
die Form ist sanft und fließend,
das Herz stabil und klar:

ein Edelstein, den jeder liebt.

Anhang

Die Bedeutung des Shinson Hapkido-Abzeichens

Das Kreisinnere (weiß): Klarheit (Mu), Vollkommenheit

Der zweigeteilte Kreis (rot-blau): Symbol für Um und Yang (das Prinzip der Gegensätze)

Der dreigeteilte Kreis (rot-blau-gelb): Symbol für Chon-Jie-In (Himmel, Erde, Mensch)

Die fünfblättrige Blume (grau): Symbol für Oh Haeng (die Natur mit den fünf Grundelementen Holz, Feuer, Erde, Metall, Wasser)

Grau: entstanden aus der Vereinigung von Um und Yang (schwarz und weiß)

Der Kreis: Symbol für das Universum in seiner Gesamtheit und Einheit; der Große Geist und das Große Herz des Universums (Hanol, Do)

Kleines Shinson Hapkido-Wörterbuch

Einige Anmerkungen vorweg:
1. Hinweise zur Aussprache:
   j und je = weiches dsch; ch = tsch; sh = sch; y = i.
2. Manche Wörter tauchen in dieser Liste doppelt auf, da sie zwar eine identische oder sehr ähnliche Aussprache, aber eine unterschiedliche Bedeutung haben. Im Koreanischen werden diese Begriffe meistens auch unterschiedlich geschrieben.

Abb	Drücken, Drucktechnik (Akupressur)
Bang	Viereck, Symbol für die Erde und das Gleichgewicht
Bonjeon	der natürliche Charakter der Lebenskraft
Bonjil	der natürliche Charakter von Herz und Geist
Bontae	der natürliche Charakter des Körpers
Bop	Technik, Kunst
Chim Bop	Akupunktur
Cho-Shin	Meisterung des Körpers
Cho-Shik	Meisterung der Lebenskraft
Cho-Shim	Meisterung von Herz und Geist
Chon	Himmel
Chon-Bu Gyong	die Schrift über die Weisheit des Himmels
Chon-Jie-In	Himmel-Erde-Mensch; Lehre von der Stellung des Menschen als Mittler zwischen Himmel und Erde
Chong	Klarheit, Reinheit, Ruhe
Chong	körperliche Kraft 1. körperliche Grundkraft, materielle Urenergie 2. körperliche Kraft aus Nahrung, Bewegung, Arbeit etc.
Chong Do	der klare Weg
Chong Jung Dong	das Rhythmusprinzip von Shinson Hapkido: Kraft in der Ruhe, Ruhe in der Kraft

Chong-Ki-Shin	Einheit von Körper (Chong), Lebenskraft (Ki) und Geist (Shin)
Dae Do	der Große Weg
Dan	LehrerInnen- bzw. MeisterInnen-Grad (Schwarzgürtel-Grad)
Dan	Energie, Heilkraft, Ki
Danjeon	Energiebereich(e) im menschlichen Körper
Danjeon Hohupbop	Energieatmung, meistens: Bauchatmung
Ddi	Gürtel zum Binden des Dobok
Do	der Weg (und das Ziel); 1. das Urprinzip des Universums (Dae Do) 2. der klare Lebensweg (Chong Do) zur Erkenntnis des universellen Urprinzips
Dobok	Kleidung zum Trainieren von Do, Shinson Hapkido-Trainingsanzug
Dojang	„Raum für den Weg"; Do-Übungsraum, Shinson Hapkido-Schule
Ghak	Dreieck, Symbol für den Menschen und seine lebendige Stabilität
Gigu Sul	Techniken mit Gegenständen/Werkzeugen
Giomson	Demut
Gyeong Nak	Meridiane
Hah-Danjeon	das untere Energiezentrum ca. 3 Fingerbreit unter dem Bauchnabel, „Meer der Energie", „Erdmitte" des Menschen
Hanol	der Eine Geist (und das Eine Herz) des Universums, Vollkommenheit, Erleuchtung
Hap	Harmonie, Gemeinschaft, Einheit; 1. Einheit des Universums 2. Einklang mit sich selbst, mit anderen Menschen und mit der Natur
Hapkido	Weg zur Harmonie der Kräfte; Harmonie von Körper, Lebenskraft und Geist untereinander und mit den Naturgesetzen (Ganzheitsprinzip)

Hong-Bom Ku-Ju	die neun Grundformeln des Lebens; die philosophische Bedeutung der Zahlen von 0-9 (Zahlenlehre)
Hwa	Zusammenfließen, Zusammensein, Harmonie, Einklang
Hwal-In Sul	Heilkunst, Naturheilkunde
Hyong	Formlauf
Il Shim	das Eine Herz des Universums (Hanol)
In	Mensch
Innee	Geduld
In-Kyok Doya	Menschlichkeit verbreiten
In-Kyok Suyang	Menschlichkeit ausbilden
In-Kyok Wanson	Menschlichkeit erreichen
Jahse	Form, Stellung, Haltung
Jie	Erde
Jie	Finger
Jie-Abb Bop	Akupressur
Jie-Abb Sul	Fingerdrucktechniken zur Heilung und Selbstverteidigung
Jok Sul	Fußtechniken
Jung Do	der Weg der Mitte
Jung-Danjeon	das mittlere Energiezentrum in der Brustmitte, das „Herzzentrum"
Ki	Licht, Energie, Lebenskraft 1. universelle Lebens- und Schöpfungskraft; 2. Lebensenergie (Saeng Ki); Einheit von Körper und Geist untereinander und mit der Urkraft der Natur
Ki	Schwarzgürtel-Generation im Shinson Hapkido
Ki-Do-In Bop	Ki-Bewegungs- und Ki-Massagetechniken zur inneren und äußeren Heilung
Ki-Gong	Heilung durch Ki-Strahlung
Ki Hae	„Meer der Energie", Energiezentrum unter dem Bauchnabel (Hah-Danjeon)

Kihap	Ki-Schrei zur Verschmelzung von Körper, Geist und Lebenskraft
Kung Jung Mu Sul	die geheime königliche Kampfkunst (alter Name für Shinson Hapkido)
Ku Bop	Moxa-Behandlung, Moxibustion
Kup	SchülerInnengrad (9.-1. Kup)
Kyosa	LehrerIn (1.-3. Dan), Anredeform: Kyosanim
Midum	Vertrauen, Glauben
Min-Cho Sasang	ein Volk wie Gras (Philosophie des koreanischen Volkes)
Mom	Körper
Mu	das Nichts; die Leere, in der alle Möglichkeiten enthalten sind; Vollkommenheit
Mu (Bu)	Kämpfen, Kampf
Mu-Do (Bu-Do)	Kampfkunst als Lebensweg
Mu Sul (Mu-E)	Kampfkunst, Kampftechnik
Nakbop	Falltechniken
Oh Haeng	die fünf Grundelemente der Natur (Holz, Feuer, Erde, Metall, Wasser)
Pal Ko'e	die acht elementaren Naturerscheinungen: Himmel, See, Feuer, Donner, Wind, Wasser, Berge, Erde
Pung-Yu Do	Pung = Wind, Yu = fließen, Do = der Weg des Lebens; Pung-Yu Do = der Weg des leichten, freien und schönen Lebens; das Leben genießen
Sa Ki	schädliche, „tote" Energie
Sabum	MeisterIn (ab 4. Dan); Anredeform: Sabumnim
Saeng Ki	Lebensenergie
Sang-Danjeon	das obere Energiezentrum zwischen den Augenbrauen, das „dritte Auge"
Sarang	Liebe
Sasang	Philosophie, Lehre
Shim	Herz (und Geist)

Shin	Geist (und Herz) 1. der Geist des Universums, das Gesetz der Natur (Hanol oder Tae-Il Shin) 2. der Geist des Menschen (und aller Lebewesen) als Funke des universellen Geistes
Son, Shinson	Leben in Harmonie mit dem Geist des Universums, Meditation, Weg zu innerer Klarheit, Gutes tun
Shinson Hapkido	Weg zur Harmonie der Kräfte in Einklang mit dem Geist des Universums
Shinson Sasang	Naturphilosophie, Naturglaube
Sonsa	Son-LehrerIn/MeisterIn; Shinson Hapkido-MeisterIn ab dem 6. Dan; Anredeform: Sonsanim
Su	Befreiungs- und Selbstverteidigungstechniken
Sul	Technik, Kunst
Sugi Sul	Handtechniken
Suyang	Ausbildung (der Menschlichkeit)
Taeguk(ki)	philosophisches Symbol des Universums, dargestellt auf der Fahne Koreas
Tae-Il Shin	der Eine Große Geist des Universums (Hanol)
Um + Yang	das Polaritätsprinzip, die Gegensätze (Um = der weibliche Pol, Yang = der männliche Pol)
Won	Kreis, Symbol für den Himmel, für Harmonie und Einheit
Won-Bang-Ghak	Kreis-Viereck-Dreieck 1. Lehre von der Einheit aller Formen 2. das Balanceprinzip von Shinson Hapkido (Harmonie, Gleichgewicht, Stabilität) 3. Symbol für Himmel, Erde und Menschen (Chon-Jie-In)
Yeey	Achtung, Respekt
Yu	Fließen, Fluß
Yu-Won-Hwa	Fluß-Kreis-Harmonie; Bewegungsprinzip von Shinson Hapkido: fließende, runde und harmonische Bewegungen (Naturprinzip)

Literaturnachweis

Kultur und Geschichte

TITEL	VERFASSER	VERLAG
Chon-Bu Gyong Oei Bi-Mil Gwa Baek-Du San Jok Mun-Hwa	Kwon Tae-Hun	Chong Shin Segye Sa
Choson Sango Sa	Shin Chae-Ho	Dae Jae Ginyom Sa-Ob Hwe
Hankuk Yok Sa	Ham Sok-Hun	Jae Il
Hankuk Mun-Hwa Sa	Choi Byong-Hun, Kim Chul-Jun	Il Jie Sa
Hankuk Yok-Sa	Hankuk Yok-Sa Young Hwe	Yok-Sa Bi Pyong Sa
I Ya Gi Hankuk Sa	Kyo Yang Guk Sa Yon Gu Hwe	Chong-A
Sam-Guk Sagi	Kim Bu-Shik	
Sam-Guk Yusa	Ilyon	

Medizin

TITEL	VERFASSER	VERLAG
Bie Jon Nae-Gong Yang Saeng-Sul Jonso	Sok Won-Tae	Sulim Mun Hwa Sa
Dong Oei Bo-Gam	Hurjun	
Han Bang Ki Chae Jo Gun Gang Sul	Kim Young	Tae Ung Chul Pan
Hurjun Dong Oei	Hong Mun-Hwa	Dung Jie

Philosophie

TITEL	VERFASSER	VERLAG
Lee Tae Gye Oei In Gan Sang	Kim Yu-Hyok	Chong Tab
Shin I Dae Nun Gil	Lee Sung-Hun	Han Mun-Hwa Won
Won-Bang-Ghak Mun Hwa	Kang Mu-Hak	Myong Mun Dang

Meditation

TITEL	VERFASSER	VERLAG
Chong Tong Son Oei Hyang Hun	Chong Hwa	Dae Han Bul-Gyo Kum Ryun Hwe
Son Oei Segye	Bop Hung	Ho Yong

Kunst

TITEL	VERFASSER	VERLAG
Hwe Hwa	An Gwang-Jun	Yee-Chong Sanop
Yom-Jae Chong Son	-	Chung Ang Il Bo

Kampfkunst

TITEL	VERFASSER	VERLAG
Mu-E Do-Bo-Tong Jie	Kim Wi-Hyon	Min Jok Mun-Hwa Sa

Zeitungen

Verschiedene Artikel zu den Themen Geschichte, Philosophie und Medizin aus den folgenden koreanischen Zeitungen:

Segye Il Bo, Choson Il Bo

sowie aus verschiedenen Broschüren der Korea National Tourist Corporation (Korean Overseas Information Service).

Bewegung für das Leben:
Shins

9783980419505.4